Nick Fiddes

Fleisch. Symbol der Macht

Nick Fiddes

FLEISCH

Symbol der Macht

Aus dem Englischen von
Annemarie Telieps

Zweitausendeins

1. Auflage, August 1993.
2. Auflage, Februar 1998.

Titel der englischen Originalausgabe *MEAT, A Natural Symbol.*
Erschienen 1991 bei Routledge, London.

Lektorat: Annette Gabriel-Reinecke, Wuppertal.
Umschlag nach der englischen Originalausgabe, Gestaltung von Gary Bates.
Umschlagillustration: Gary Bates.
Satz und Herstellung: Dieter Kohler & Bernd Leberfinger, Nördlingen.
Druck: Gutmann + Co. GmbH, Talheim.
Einband: G. Lachenmaier, Reutlingen.
Printed in Germany.

Dieses Buch gibt es nur bei Zweitausendeins
im Versand (Postfach, D-60381 Frankfurt am Main,
Telefon 01805-23 2001, Fax 01805-24 2001)
oder in den Zweitausendeins-Läden in Berlin, Düsseldorf,
Essen, Frankfurt, Freiburg, Hamburg, Köln, Mannheim,
München, Nürnberg, Saarbrücken, Stuttgart.

In der Schweiz über buch 2000, Postfach 89,
CH-8910 Affoltern a. A.

ISBN 3-86150-019-1

Inhalt

Abbildungen

Vorwort

Mein Interesse an Fleisch entstand aufgrund verschiedener Ereignisse in meiner Vergangenheit, die in mir eine vage, aber deutliche Neugier weckten. Mir ist noch lebhaft ein Ferienaufenthalt in Frankreich im Gedächtnis – ich muß damals ungefähr sechs gewesen sein –, bei dem wir Kinder uns mit einem Kalb anfreundeten, dem wir den Namen Paddington gaben. Vor allem erinnere ich mich an das unbehagliche Gefühl, das in mir aufkam, als wir erfuhren, daß wir Paddington in Kürze, wenn er ein bißchen gewachsen war, essen würden. Ich weiß mittlerweile, daß viele Kinder irgendwann einen solchen Schock erleben. Im Verlauf meiner Arbeit an dieser Studie begegnete ich erstaunlich vielen Menschen, die erzählten, daß der Ursprung ihrer Rebellion gegen das Fleischessen in einer ähnlichen Geschichte liegt. Wie die meisten Kinder lernte ich jedoch bald, die Situation als normal zu anzusehen.

Ich erinnere mich noch daran, daß ich später mit meinen Eltern Gespräche über die Frage führte, warum wir Kühe als »Beefsteak« und Schweine als »Schnitzel« bezeichnen, wenn sie uns bei der Mahlzeit begegnen – da muß ich 10 oder 12 gewesen sein [das Englische unterscheidet zwischen beef, »Rindfleisch« und cow, »Rind«, sowie zwischen pork, »Schweinefleisch«, und pig, »Schwein«, Anm. d. Übers.]. Die genaue Erklärung, die mir aufgetischt wurde, habe ich vergessen, es wurde eben als höflicher empfunden, diese Ausdrücke zu benutzen und nicht ihre wörtlichen Entsprechungen. Mein jugendlicher Stolz sträubte sich, das zu akzeptieren: wenn wir Kühe und Schweine essen, warum sagen wir das nicht ehrlich? Warum versuchen wir, es als etwas anderes zu umschreiben, als ob wir uns fürchteten, der Wahrheit ins Gesicht zu sehen? Ich erhielt nie eine befriedigende Antwort auf diese Fragen und hatte eine gewisse hämische Freude daran, Fleisch dann und wann, in Situationen, in denen wohlerzogene Kinder das nicht tun sollten, als »totes Tier« zu bezeichnen.

Ein anderes Aha-Erlebnis hatte ich als Teenager, als einer meiner Lehrer in einer Geographiestunde eine Fotokopie über die Weltfleischproduktion verteilte. Tagelang beschäftigte mich die für mich neue, erstaunliche Erkenntnis, daß es auf der Welt gar keinen Mangel an Nahrung gibt, sondern daß das Massensterben, von dem ich schon seit langem wußte, weitgehend ein Ergebnis ungleicher Verteilung ist. Dieser Vorfall fiel mir einige Jahre später in einer Geographievorlesung an der Universität wieder ein, in der ich lernte, wie ökologisch ineffektiv es ist, daß ein großer Teil der Bevölkerung an der »Spitze der Nahrungskette« ißt: es ist zehnmal effektiver, das Getreide selbst zu essen, als es an Rinder zu verfüttern und diese dann zu verspeisen.

Jahre später, als ich gemeinsam mit einem Partner einen Cateringservice betrieb, erhielten wir einen Auftrag für einen Workshop an der Universität Edinburgh (Centre for Human Ecology 1985) zum Thema Fleisch. Das Essen, das wir vorbereiteten, sollte zu den Diskussionen beitragen, und das geschah dadurch, daß die Gerichte jeweils in kurzen Texten beschrieben wurden. Die Vorbereitungen trafen wir in enger Zusammenarbeit mit den Veranstaltern. Am erstaunlichsten fand ich dabei, wie wenig über das Phänomen des Fleischessens bekannt war. Die Debatte drehte sich um ernährungswissenschaftliche, historische, ökonomische, politische und Umwelteinflüsse, aber es war offensichtlich, daß nichts davon die zentrale Stellung von Fleisch in der herkömmlichen Ernährung befriedigend erklären konnte – und zu der Frage, warum Fleisch eigentlich so wichtig ist, schien niemand mehr anführen zu können als anekdotenhafte Beweise.

Der wichtigste Einfluß aber, der mich dazu anregte, die vorliegende Untersuchung durchzuführen, war letztlich persönlicherer Art. Ich hatte jahrelang damit gelebt, daß viele meiner Freunde und Freundinnen VegetarierInnen waren, aber ich selbst aß weiter Fleisch. Ich hörte überzeugende Argumente gegen das Essen von Fleisch und hatte dennoch nie das Gefühl gehabt, es aufgeben zu wollen oder zu können. Zuweilen dachte ich, daß es richtig wäre, mit dem Fleischessen aufzuhören. Aber ich schaffte es nicht und hatte wegen meiner mangelnden Willenskraft und meines moralischen Versagens Schuldgefühle. Dann wieder vertrat ich die

Ansicht, daß das Essen von Fleisch ganz natürlich und in Maßen nicht ungesund sei, es also keine Veranlassung gäbe, sich darüber aufzuregen. Ich führte in meinem Inneren eine dauernde Auseinandersetzung und verspürte ein allgemeines Unbehagen. Ich wollte herausfinden, warum mich dieses Problem derart verwirren konnte.

Dieses Buch entstand aus einer Doktorarbeit, an der ich drei Jahre lang in der Abteilung für soziale Anthropologie an der Universität Edinburgh arbeitete (Fiddes 1989). Ich stellte dabei eine Reihe von Beispielen zusammen, die die Rolle, die Fleisch in unserem Leben spielt, unter den verschiedensten Gesichtspunkten beleuchten, und untersuchte sie. Meine Informationen bezog ich aus theoretischem Material, den Massenmedien und aus individuellen Gesprächen sowie aus einer Reihe von ungefähr fünfzig Tonbandinterviews. Viele dieser Interviews führte ich mit Personen durch, die ein spezielles Interesse an Fleisch und eine ausdrückliche Meinung zu der Frage haben, ob wir Fleisch essen sollten oder nicht. Die Zitate in diesem Buch dienen vor allem dazu, bestimmte Vorstellungen zu illustrieren und verschiedene Möglichkeiten darzustellen, wie sie sich im täglichen Leben auswirken können. Sie repräsentieren nicht ganz bestimmte, einzelne Menschen. Ich kam während der Interviews nicht zu dem Ergebnis, daß ich bestimmte Standpunkte sozialen Gruppen wie der »Arbeiterklasse« oder den Jugendlichen zuordnen konnte. Die hier vorgestellten Ideen beruhen auf Gedanken und Ansichten, die in der Öffentlichkeit gängig sind, sie sind Stoff für die weitere Interpretation bestimmter Standpunkte, für die Auseinandersetzung mit ihnen und ihre erneute Darstellung in der Gesellschaft.

Ich selbst sah mich durch diese Arbeit zu einer Neubewertung meiner inneren Einstellungen veranlaßt. Das betrifft nicht nur meine Haltung zu Fleisch, sondern meine Herangehensweise an viele andere Dinge: die Art und Weise, wie wir uns zueinander verhalten und wie wir dem Umfeld gegenüber auftreten, auf das wir angewiesen sind. Ich glaube, daß ich einem Aspekt meiner Identität ins Auge blicken mußte, der mir bislang kaum bewußt war, und den ich ansonsten vielleicht lieber nicht wahrgenommen hätte. Ich denke heute, daß wir uns oft dafür entscheiden, lieber nicht zu erkennen, daß bestimmte Aspekte unserer Worte und Taten wichtig sind.

Die folgende Untersuchung führt eine Reihe von Beispielen über die vielen verschiedenen Arten an, wie wir über Fleisch denken, über Fleisch reden und Fleisch verwenden. Es ist mein Ziel, hinter die Fassade des allgemein Bekannten zu blicken und eine in sich stimmige Interpretation bestimmter gesellschaftlicher Vorgänge zu ermöglichen, die sich auch auf Vorstellungen beziehen läßt, die nicht ausdrücklich geäußert werden, aber gleichwohl eine Wirkung haben. Die Ideen, die ich im Zusammenhang mit Tierfleisch darstelle, sollen keine umfassende Erklärung für die bestehenden Konsumtionsmuster liefern. Natürlich sind auch andere Faktoren wie z. B. der Nährwert von Bedeutung. Aber solche Faktoren, die oft als direkte, objektive Ursache für Ernährungsverhalten aufgefaßt werden, können neu interpretiert werden, wenn sie in Zusammenhängen betrachtet werden, auf die wieder andere Vorstellungen einwirken. Diese Analyse versucht – manchmal durch bewußte Übertreibung –, zur Herstellung eines Gleichgewichts beizutragen und die wichtige soziale Dimension von Ernährungsgewohnheiten zu berücksichtigen, die in einer Gesellschaft, die sich für besonders vernunftbetont hält, allzuoft übersehen wird. Es handelt sich um eine anthropologische Studie über Fleisch, aber in gewisser Weise auch um eine Ethnographie von »uns«: einer Gesellschaft im Wandel.

Mein aufrichtiger Dank gilt allen, die mir mit Rat, Hilfe, Motivation und finanziell zur Seite standen. Ich danke Anna Ashmole für ihre Anregung, diese Studie zu erstellen, für ihren Beistand und ihren Rat im Verlauf der Arbeit und dafür, daß sie mir auch am Ende noch mit Rat und Tat zur Seite stand. Dr. Alan Campbell und Dr. Mary Noble vom Department of Social Anthropology an der Universität Edingburgh möchte ich dafür danken, daß sie mir so hervorragende LehrerInnen und mehr waren; meinen Eltern, Brian und Dorothy Fiddes, danke ich für ihre uneingeschränkte Liebe und Unterstützung, ohne die ich niemals so weit gekommen wäre, und besonders meiner Mutter für das Korrekturlesen. Ulrich und Francesca Loening vom Edingburgh University Centre for Human Ecology gilt mein Dank dafür, daß sie mich auf das Thema aufmerksam machten, und Professor Sir Keith Thomas danke ich für seine kluge Kritik und sein aufmunterndes Lob, Miranda France für ihren scharfsichtigen Elfuhrnachtskommentar, Geoff Harrington von der Meat & Livestock Commission für seine großzügige Mitwirkung und seine interessanten Ideen, all meinen KollegInnen und FreundInnen für ihre unbezahlbaren Kommentare, Kürzungen und Ermutigungen, und nicht zuletzt danke ich den vielen Menschen, die so freundlich ihre Zeit und Geduld zur Verfügung stellten, als sie mich mit meinem Kassettenrekorder ertrugen. Ich bin ebenfalls sehr froh über die Unterstützung durch den Carnegie Trust, Fitch Lovell plc., den Konrad Zweig Trust, Greg Sams, das Vans Dunlop Scholarship Committee der University of Edinburgh und die Vegetarian Society.

Nick Fiddes
1991

Einleitung

Dieses Buch handelt von Fleisch. Es befaßt sich damit, welche Körperteile von welchen Tieren wir normalerweise essen, an welchen Orten wir das tun und in welcher Gesellschaft. Es geht der Frage nach, warum wir Fleisch essen oder warum nicht. Vor allem aber will es Gedanken darüber anregen, wie sich Fleisch zu dem ganz besonderen Nahrungsmittel entwickelt hat, das es heute in Großbritannien und in anderen Ländern des Westens ist. Die Frage ist nicht, warum wir überhaupt Fleisch essen, sondern warum wir so viel und so häufig davon essen und das mit ganz speziellen Zeremonien. Das Buch beschäftigt sich damit, warum es heute bestimmte Veränderungen in unseren Eßgewohnheiten gibt.

Die Antworten auf diese Fragen erscheinen uns vielleicht so offensichtlich, daß sie kaum der Rede wert sind. Es könnte leicht für selbstverständlich gehalten werden, daß Fleisch ein wichtiger Bestandteil unserer Ernährung ist, weil es reich an kraftspendendem Protein ist, gekocht oder gebraten gut schmeckt und ein Bedürfnis befriedigt. Die Tatsache, daß sich Eßgewohnheiten verändern, wird oft ähnlich beiläufig erklärt: das sei eben eine Modeerscheinung, oder Fleisch rufe wegen des hohen Anteils an gesättigten Fettsäuren Gesundheitsbedenken hervor, oder die in Fleisch enthaltenen chemischen Rückstände seien zu groß, oder vielleicht reagierten die Leute auch ablehnend auf die Grausamkeit, die mit der Massentierhaltung verbunden ist... »Wo ist das Problem?« könnte man denken.

Solche Überlegungen des gesunden Menschenverstandes müssen hinterfragt werden. Das, was für uns, in unserer ganz bestimmten Gesellschaft, in dieser speziellen Zeit, eine natürliche Tatsache zu sein scheint, entpuppt sich als rein kulturelle Übereinkunft, wenn es einer Reihe von Vorstellungen und Praktiken anderer Gesellschaften gegenübergestellt wird, oder wenn wir untersuchen, wie sich im Verlauf der Geschichte gesellschaftliche Vorstellungen entwickelt haben. Viele Menschen sind gesund, obwohl ihre Ernährung wenig oder gar kein Fleisch enthält. Andere ernähren sich fast ausschließlich von Fleisch und sind auch nicht öfter krank. Die Gesundheitsängste in bezug auf das Fleischessen scheinen, zumindest manchmal, in keinem Verhältnis zu der tatsächlichen Gefährdung zu stehen (worauf natürlich auch die Fleischindustrie gerne verweist).

Warum werden Befürchtungen, die den angeblich hohen Fettgehalt von Fleisch betreffen, gerade jetzt vorgebracht? Der Ausspruch »Du siehst dick aus« gilt im Pandschab als Kompliment (Naipaul 1964, S. 80). An anderen Orten wird geglaubt, daß Fleisch dünn macht. Selbst heute halten viele Menschen (fälschlicherweise, wie uns jetzt gesagt wird) an der Auffassung fest, daß Kartoffeln oder Reis die größten Dickmacher sind. Warum ist der Absatz des traditionell hoch angesehenen roten Fleisches zurückgegangen, während es im Verhältnis zum Durchschnittseinkommen immer preiswerter wurde? Und warum gewinnen ethische Gesichtspunkte seit einiger Zeit an Bedeutung? Die meisten Menschen haben jahrelang mit Genuß Tierprodukte verzehrt und hatten keine Probleme damit. Unsere üblichen Erklärungen reichen nicht aus. Es müssen umfassendere Antworten gesucht werden, und sie können gefunden werden, wenn wir untersuchen, wofür Fleisch in unserer Kultur steht.

Der englische Originaltitel dieses Buches unterstellt, daß Fleisch ein »natürliches Symbol« ist. Dies spielt auf Mary Douglas' Arbeit über den Körpersymbolismus an, die den Titel *Natural Symbols* (1970) [Ritual, Tabu und Körpersprache, 1991] trägt. Sie führte in diesem Buch Beweise dafür an, daß der menschliche Körper als unmittelbar zugängliche und natürliche Metapher dient, mit der gesellschaftliche Erfahrung ausgedrückt wird. Das weltweite Auftreten bestimmter Vorstellungen über Fleisch könnte nahelegen, daß sie aus der besonderen »Natur« von Fleisch entstehen. Solch eine Vermutung wäre nicht verwunderlich, denn schließlich sind die Nahrungsauswahl und der Verzehr von Nahrung biologisch sehr bedeutsam. Young zum Beispiel schreibt, daß die »Nahrung den nahezu bedeutendsten Einfluß darauf [habe], wie die Organisation des Gehirns und das Verhalten, das durch das Gehirn diktiert wird, strukturiert wird« (1968, S. 21). Wir wissen, daß Gesellschaften zur Regelung ihrer inneren und äußeren Beziehungen Klassifikationssysteme benutzen (siehe z. B. Douglas 1973). Die vorliegende Arbeit geht davon aus, daß die Tatsache, daß wir Fleisch als Nahrung verwenden, ein Ausdruck davon ist, wie wir unsere Beziehung zu Tieren – als Konkurrenten, Kameraden und Ressourcen – bestimmen. So gesehen ist es vielleicht nur »natürlich«, daß Fleisch häufig in sozialen und rituellen Zusammenhängen eine Rolle spielt, wozu auch gehört, daß es manchmal ausdrücklich vermieden wird.

Fleisch als ein »natürliches Symbol« zu bezeichnen, spiegelt den Grundgedanken dieser Arbeit wider. Die Untersuchung kreist um die These, daß das wichtigste Merkmal von Fleisch seine greifbare Verkörperung der Herrschaft des Menschen über die natürliche Welt ist. Dieses Merkmal ist sowohl für sein positives Image als angesehene und vitale Nahrung verantwortlich als auch für sein entgegengesetztes Image: unmoralisch und potentiell ungesund zu sein. Das Muskelfleisch anderer hochentwickelter Tiere zu verzehren, drückt eindringlich unsere überragende Macht aus.

Dies bedeutet nicht zwangsläufig, daß jede und jeder von uns immer dann, wenn sie oder er in ein Stück Fleisch hineinbeißt, bewußt die Unterjochung von Tieren gutheißt. Der Zusammenhang zur Beherrschung der Umwelt muß nicht individuell bewußt hergestellt werden, um zu wirken. Er bleibt dennoch die Grundlage dafür, daß Fleisch in unserem gemeinschaftlichen Wertesystem eine hohe Stellung einnimmt. Das Prinzip der Macht über die Natur zieht sich wie ein allgegenwärtiger roter Faden durch die uns prägende Kultur. Nach ihm richtet sich unser Denken und Streiten. Dieser Faden ist nicht unsichtbar, aber aus Gründen, die noch untersucht werden, sehen wir ihn normalerweise nicht. Die Unterjochung der »wilden« natürlichen Welt durch den Menschen war über weite Strecken der britischen Geschichte und der Geschichte des Abendlandes insgesamt ein zentrales Thema – zeitweise ein geradezu religiöses Gebot –, und ich werde zeigen, daß sich der Verzehr von Tierfleisch hervorragend dazu eignete, diese Kontrolle zu verkörpern. Unsere moderne wissenschaftliche Zivilisation verfolgt, ungeachtet unserer Rationalisierungen und Verfeinerungen, diese Vorstellungen weiter. Die besondere Bedeutung von Fleisch beruht auf diesen grundlegenden Anschauungen. Auch in diesem Sinne ist Fleisch ein natürliches Symbol.

»Fleisch« ist für uns das Fleisch von Tieren, die wir zu unserem Verzehr bestimmt haben. Das englische Wort meat, »Fleisch«, war bis ungefähr zum vierzehnten Jahrhundert ein allgemeiner Ausdruck für Nahrung. Mit der Zeit beschränkte sich der Gebrauch des Begriffs auf die tierische Nahrung (so wie früher auch das Wort Drink nicht in erster Linie eine Bezeichnung für Alkohol war); in neuerer Zeit schließt der Begriff meat oft sogar Fisch oder Geflügel aus. Nach der Genesis (Kap. 9, Vers 3) kann Fleisch von »allem Lebendigen«, das sich regt, stammen, aber die Lebewesen vieler Arten, einschließlich derjenigen unserer eigenen Spezies, zählen für uns nicht dazu. Ich beabsichtige nicht, den Begriff »Fleisch« noch enger zu definieren. Das zu tun, würde nur zu unnötigen Definitionsproblemen führen, vergleichbar mit den Schwierigkeiten von WissenschaftlerInnen, die sich mit dem Vegetarismus befassen. Einige unterscheiden zwischen den Menschen, die a) nur auf rotes Fleisch verzichten, und denen, die b) auch kein Geflügel essen. Dann gibt es noch die Menschen, die c) keinen Fisch und d) keine Milchprodukte essen und welche, die e) die Verwendung von Tierprodukten ganz und gar ablehnen, usw. (z. B. Dwyer u. a. 1973). Feine Differenzierungen und eine wissenschaftliche Terminologie wie OvolactovegetarierInnen, PescovegetarierInnen und ähnliches sind in einigen Zusammenhängen zweifellos notwendig, hier jedoch nicht von Interesse. Ich kenne einen Mann, der rotes Fleisch ißt, aber keinen Fisch, einen anderen, der keine Einwände gegen den Verzehr von Geflügel hat, auf Milchprodukte aber verzichtet, und einen weiteren, der überlegte, welche Stellung die Hefe in seinem täglichen Brot einnahm. Solche unterschiedlichen Verhaltensweisen können und müssen nicht in einer einzigen nahtlos stimmigen Kategorisierung erfaßt werden.

Fleisch wird hier einfach als das genommen, was die jeweiligen Menschen für Fleisch halten. Ist eine Person der Meinung, daß nur Rindfleisch Fleisch ist, dann ist für sie eben Rindfleisch Fleisch. Schließt eine zweite Person auch Lamm, Geflügel, Wild und Fisch in ihren Fleischbegriff mit ein, dann ist eben das ihre Definition von Fleisch. In britischen und anderen westlichen Gesellschaften bezieht sich das Wort im allgemeinen auf das sogenannte rote Fleisch – das Fleisch gezüchteter Rinder und vielleicht auch noch das von Schafen, Schweinen und Wild. Geflügel und besonders Fisch halten viele Menschen nicht so sehr für »Fleisch« (einige

Gründe dafür werden später behandelt), obwohl beides manchmal dazugehört. Der Gegenstand dieser Untersuchung ist nicht die Substanz, sondern das damit verbundene Konzept. Fleisch ist für unsere Zwecke das, was Sie und ich und der Mann, der im Omnibus nach Clapham sitzt, für Fleisch halten.

Obwohl es sich hier nicht um eine Studie über den Vegetarismus handelt, finden sich im ganzen Text Bezüge auf ihn, weil das Fleischessen und der Vegetarismus zwei Seiten derselben Medaille sind – jede ist jeweils als Gegensatz der anderen von Bedeutung. Die Forschung über den Vegetarismus beinhaltet, wie bereits am oben angeführten Beispiel zu sehen war, ein Definitionsproblem: wie sind die verschiedenen Anschauungen und Motive einzuordnen, die als Erklärung für diese kulinarische Vorliebe angeführt werden? Die meisten ForscherInnen verwirrt es, daß sie keinen vereinheitlichenden Faktor finden können. Sie täuschen sich in zweierlei Hinsicht. Erstens erwarten sie, daß der Begriff »Vegetarismus« durch ein einziges Merkmal definiert werden kann, statt durch eine Reihe möglicher Merkmale: Needham bezeichnet das als eine polythetische Anordnung wiederkehrender und komplexer Ähnlichkeiten (1983, S. 36–65). Zweitens, und das ist noch wichtiger, besteht das Problem darin, einen Grund für den Vegetarismus zu finden, der in ihm selbst liegt, und das ist kaum möglich, da sich der Vegetarismus letztlich nicht darüber definiert, was er ist, sondern darüber, was er nicht ist.

VegetarierInnen essen kein Fleisch (oder zumindest bestimmtes Fleisch nicht). Das einzige Attribut, das alle VegetarierInnen unabhängig von ihrer Rasse, ihrem Glauben, ihrer Klassenzugehörigkeit, ihrem Geschlecht, Alter oder Beruf charakterisiert, ist, obwohl das oft übersehen wird, daß sie in ihrer Ernährung auf Tierfleisch verzichten. Die Frage nach den Motiven der VegetarierInnen kann also nur mit Hilfe einer Untersuchung der Motive von FleischesserInnen geklärt werden: was also ist das Besondere an Fleisch, das die Menschen dazu verlockt, es zu essen. Die Ablehnung solcher Motive ist das einzige, was allen VegetarierInnen gemeinsam ist. (Ich schließe dabei Menschen aus, die Fleisch zwar gerne, wegen seines hohen Preises jedoch nur selten essen.)

Die Tatsache, daß sich die meiste Literatur über den Vegetarismus nicht weiter mit den Gründen für das Essen von Fleisch auseinandersetzt, könnte damit zusammenhängen, daß die Mehrheit der Bevölkerung annimmt, daß Fleisch ein normaler, natürlicher Bestandteil der Ernährung ist und nicht das Fleischessen, sondern der Vegetarismus einer Erklärung bedarf, da er ihrer Meinung nach vom Normalverhalten abweicht. Dies war in der britischen Gesellschaft bis jetzt auch weitgehend der Fall. Kinder wurden dazu erzogen, den Verzehr von Tierfleisch als normal und wünschenswert anzusehen. Das Essen von Fleisch ist ein Teil dessen, was Bourdieu (1977) unseren »Habitus« nennt – eine von den meisten Menschen nicht hinterfragte Grundregel. Der Großteil der veröffentlichten Forschung geht gleichfalls von einer solchen Ansicht aus. Dies wird auch an der Sprache deutlich, die in solchen Publikationen benutzt wird: es ist die Rede von »Moden«, »Eigenheiten« oder »Abweichungen«. Es ist leicht, Menschen zu finden, die der Aussage zustimmen würden, daß der Vegetarismus generell ideologisch, wenn nicht sogar ausdrücklich politisch ist. Die meisten dieser Menschen wären wahrscheinlich schwer davon zu überzeugen, daß das auch für das Fleischessen zutrifft. Jede Untersuchung von Ernährungsgewohnheiten muß berücksichtigen, daß die Nahrungsauswahl mit sozialen Regeln und Bedeutungen zusammenhängt. Die Tatsache, daß Fleisch oft mit kulturellen, religiösen und weltlichen Ritualen verknüpft ist, läßt bereits erkennen, daß Fleisch viele soziale Bedeutungen trägt. Ein Vorurteil zugunsten der Mehrheit ist also von einem theoretischen Standpunkt aus unbefriedigend. Es kann nur gesagt werden, daß Ernährungsgewohnheiten sich unterscheiden, und die Gewohnheit des Fleischessens genauso erklärungsbedürftig ist wie die, kein Fleisch zu essen.

Die Analyse der Vorstellungen, die Menschen über Fleisch haben, trägt vielleicht dazu bei zu erklären, warum immer mehr Menschen Fleisch als Bestandteil ihrer Ernährung ablehnen. Andererseits ist das Studium der Anschauungen von VegetarierInnen eine Voraussetzung dafür, das Phänomen des Fleischessens zu verstehen. Da dieses Verhalten traditionell als so selbstverständlich empfunden wurde, daß es schon fast der natürlichen Ordnung entsprach, ist es schwierig herauszufinden, welche Vorstellungen ihm zugrundeliegen. Die Untersuchung der Vorstellungen der Menschen, die die Grundsätze des Fleischessens ablehnen, kann dazu beitragen, daß wir einige der Meinungen und Werte der FleischesserInnen besser verstehen. Ich gehe davon aus, daß unser Standpunkt zum Fleisch unsere Weltanschauung widerspiegelt, und wenn sich an der Sitte des Fleischessens etwas ändert, könnte das ein Zeichen dafür sei, daß sich unsere Wahrnehmung der Welt, in der wir leben, verändert.

Das Buch ist in vier Hauptteile gegliedert. Es ist ratsam, sie in der angegebenen Reihenfolge zu lesen. Der erste Teil enthält den Hintergrund. Er ist für das Verständnis des Themas wichtig, obwohl manche LeserInnen vielleicht lieber gleich zu Teil II springen würden. Kapitel 1 illustriert die seltsame Tatsache, daß Fleisch in der ganzen Welt und in den unterschiedlichsten Zeiten ein besonders geschätztes Nahrungsmittel war und immer noch ist. Das geht manchmal so weit, daß es als einzige »wahre« Nahrung gilt. In Kapitel 2 werden einige Änderungen in den Gewohnheiten des Fleischverzehrs dargestellt, die sich im Laufe der Jahre entwickelt haben. In Kapitel 3 wird ausgeführt, daß mit dem Begriff »Geschmack« zwar Vorlieben ausgedrückt werden können, aber nicht zu erklären sind. Kapitel 4 befaßt sich mit der Vorstellung, daß Fleisch, wie jede andere Nahrung, nicht nur unseren Körper ernährt, sondern auch unseren Geist; es ist mehr als ein Essen, es ist Teil unseres Lebensstils.

Der zweite Teil, Fleisch ist Muskel, stellt das Hauptargument der Analyse vor und führt es aus. Ich behaupte, daß der hohe Wert von Fleisch weitgehend darauf beruht, daß es ein greifbares Symbol für die menschliche Kontrolle der Natur ist und für die Herrschaft, die der Mensch über sie ausübt. Im fünften Kapitel wird erörtert, welcher Zusammenhang zwischen den Ursprüngen der menschlichen Spezies bzw. der menschlichen Zivilisation und dem Aufkommen der Jagd bzw. des Ackerbaus hergestellt wird. Kapitel 6 untersucht, wie sich geschichtlich die Behauptung entwickelt hat, daß der Mensch der Natur überlegen ist. Es befaßt sich damit, daß Blut eine wichtige Rolle als Symbol für diese Überlegenheit spielt und in welchem Ausmaß solche Werte jede Stufe des Systems der Fleischproduktion und -konsumtion durchdringen. In Kapitel 7 wird eine alternative Ethik dargestellt, die die Menschheit als ergänzenden Teil der Natur, nicht als Gegensatz zu ihr begreift; es wird gezeigt, daß dieser alternative Standpunkt über weite Strecken der Geschichte des Abendlandes einen Einfluß auf das Fleischsystem ausgeübt hat. Heute drückt er sich unter anderem darin aus, daß wir einen wachsenden Widerwillen dagegen empfinden, mit Dingen konfrontiert zu werden, die uns an den tierischen Ursprung von Fleisch erinnern.

Gemischte Fleischmetaphern, der dritte Teil der Arbeit, behandelt einige Aspekte des Fleischsystems, deren Bedeutung wir oft nicht erkennen. Er geht darauf ein, wie sich die symbolische Bedeutung von Fleisch als Ausdruck unserer Kontrolle der Umwelt auf einzelne Details des Nahrungssystems bezieht, die ansonsten eher rätselhaft bleiben könnten. Arens' (1979) Behauptung, daß kein ausreichender Beweis dafür existiert, daß es irgendwo gewohnheitsmäßigen Kannibalismus gibt oder gab, wird in Kapitel 8 behandelt. Dort werden außerdem Argumente dafür angeführt, daß das Kannibalismustabu dazu beiträgt, daß wir alles nicht Menschliche als »Freiwild« betrachten (auch wenn es dann aus anderen Gründen geächtet wird) und daß dieses Tabu das traditionelle Gedankengebäude der westlichen Welt untermauert. Diesem Gedanken wird in Kapitel 9 weiter nachgegangen, und er wird herangezogen, um unseren Widerwillen gegen das Essen von Haustieren oder von Tieren zu erklären, die wir als dem Menschen nahestehend einordnen. Kapitel 10 befaßt sich mit der Frage, warum in der englischen Sprache Fleisch immer wieder für sexuelle sprachliche Anspielungen benutzt wird.

Der dritte Teil des Buches behandelt also Aspekte unseres Fleischsystems, die mehr beinhalten, als wir normalerweise wahrnehmen. Der vierte und abschließende Teil des Buches setzt sich mit den Standarderklärungen für den Status von Fleisch auseinander – mit unseren modernen Fleischmythologien – und zeigt, daß sie zusätzlich zu ihren offen geäußerten und offensichtlichen Bedeutungen wichtige symbolische Aspekte besitzen. Die Wirtschaftswissenschaft kann als eines der einflußreichsten Gedankensysteme unseres Zeitalters gelten. In Kapitel 11 wird gezeigt, daß ökonomische Techniken den hohen Wert, den wir Fleisch beimessen, lediglich quantifizieren können. Die Quellen für die Wertschätzung von Fleisch müssen an anderer Stelle gesucht werden, und sie stehen wiederum in Zusammenhang mit der symbolischen Rolle von Fleisch. Kapitel 12 stellt die Behauptung auf, daß unsere Gesundheit nicht das zwangsläufige Ergebnis von Ernährung und Vergiftung ist. Befürchtungen über die Gesundheitszuträglichkeit von Fleisch drücken weiterreichende Sorgen über unsere Beziehung zu der Welt aus, in der und von der wir leben. In Kapitel 13 werden ethische und religiöse Anschauungen über Fleisch diskutiert, und es wird gezeigt, daß auch sie grundlegende Machtverhältnisse widerspiegeln. Kapitel 14 befaßt sich mit einigen der vielen Punkte, in denen die Fleischproduktion der Umweltzerstörung angeklagt wird – wörtlich wie metaphorisch. Das abschließende Kapitel faßt die wesentlichen Ergebnisse zusammen und äußert Gedanken darüber, in welche Richtung sich das Fleischsystem in der Zukunft entwickeln könnte.

TEIL I
Hintergrund

1
Nahrung = Fleisch

Fleisch ist schon etwas Seltsames … in Uganda werden Pflanzen, die eine Familie vier Tage lang ernähren würden, zuweilen gegen ein »dürres« Huhn eingetauscht, das weniger als ein Zwanzigstel des Nährwertes dieser Pflanzen enthält (Bennet 1954, S. 32). Die Sharanahua in Peru betrachten die Jagd nach Fleisch als die wichtigste Aufgabe des Menschen, aber die aktivsten von ihnen verwenden nur einige Stunden pro Tag auf die Jagd, und das nur an weniger als der Hälfte der zur Verfügung stehenden Tage (Siskind 1973, S. 93). Bei den Begräbniszeremonien der Toraja in Indonesien kann die Menge und die Art des Fleisches wichtige Aufschlüsse darüber geben, welchen Status die Ehrenbezeugung hat und von welcher Art sie ist (Wellenkamp 1984). Und es heißt, daß das Bestreben der deutschen Kriegsregierung, ihre Truppen mit einer »übermäßigen« Proteinzufuhr zu versorgen, zwangsläufig zu

> einer einseitigen Ausrichtung der Landwirtschaft auf Tierprodukte [führte] und in der Folge zu einer niedrigen Gesamtnahrungsproduktion sowie zu der Unfähigkeit des Landes, sich der Blockade der Alliierten zu widersetzen. Großbritannien dagegen unterstützte die Philosophie der Mindesternährung, und durch die Umstellung auf die Getreideproduktion konnten Nahrungsreserven gesichert werden. (Rivers 1981, S. 20)

Unabhängig davon, ob die militärische Schlagkraft Deutschlands durch diese Ernährungsmaßnahmen gesenkt wurde oder nicht, ist es bemerkenswert, daß sich seine Führer entschlossen, ihre Bevölkerung um jeden Preis mit genügend Fleisch (oder »Protein«) zu versorgen. Amerika dagegen rationierte für seine Zivilbevölkerung das Fleisch, während »jeder mutmaßliche amerikanische Soldat verstärkt mit ausreichend fettem Rindfleisch versorgt wurde« (Baker 1973, S. 43). Überall auf der Welt spielt Fleisch in den Angelegenheiten der Völker eine einzigartige Rolle, und dies ist nicht zuletzt deshalb der Fall, weil es allgemein mit Stärke und Aggression in Verbindung gebracht wird.

Chagnon beginnt seine Beschreibung der Ernährung der Yanomamo – des »wilden Volkes« – Amazoniens mit der Feststellung, daß »der Dschungel zahlreiche Arten von Nahrungsmitteln, Tiere und Pflanzen, bereithält. Zu denen, die normalerweise verzehrt werden, gehören viele Affenarten, zwei Arten wilder ›Truthähne‹, zwei Wildschweinspezies...« Er verrät dann, daß es »wilde Tiere nicht im Überfluß gibt und ein Gebiet schnell leergejagt« ist (Chagnon 1977, S. 29, 33). Tatsächlich verbringen die Yanomamo annähernd genausoviel Zeit mit der Jagd wie mit dem Anbau von Pflanzen, obwohl ihre gesamte Nahrung zu 85 Prozent oder mehr aus angebauter Nahrung besteht. Ist es nicht ziemlich unangemessen, daß die Yanomamo einen so großen Teil ihrer Zeit auf das Beschaffen von Fleisch verwenden und erst recht, daß Chagnon einer Nahrung, die weniger als 15 Prozent der Ernährung des von ihm untersuchten Volkes ausmacht, einen derart großen Teil seiner Aufmerksamkeit schenkt?

In einem modernen Lehrbuch heißt die Überschrift des Kapitels zur Ernährungstheorie: »Proteine, die wir brauchen«, und als solche werden vor allem diejenigen aufgeführt, die »aus Fleisch, Fisch, Käse, Milch und Eiern stammen« (Matthews und Wells 1982, S. 1). Das Kapitel wird mit einem historischen Rückblick eingeleitet, der folgendermaßen beginnt: »Der Mann war in früheren Zeiten ... stets in Bewegung, lebte in Stämmen und beschaffte sich seine Nahrung durch das Fischen oder das Jagen wilder Tiere und das Sammeln eßbarer Pflanzen und Früchte und Beeren« (1982, S. I). Die Erwähnung der vom »Mann« beschafften tierischen Nahrung vor der sammelnden Aktivität (der Frauen?) ist bezeichnend dafür, wie orthodox hier die Schwerpunkte gesetzt werden. Gerade die Sammeltätigkeit könnte in früheren Zeiten für den Großteil der Nahrung gesorgt haben, so wie es in den meisten modernen Selbstversorgungsgesellschaften der Fall ist. Die Ernährung in den »unterprivilegierten Ländern« wird im Schlußkapitel abgehandelt, in dem Ignoranz und »Tabus« dafür verantwortlich gemacht werden, daß der »beste Gebrauch« der vorhandenen Nahrungsmittel verhindert wird. Dieser beste Gebrauch sollte speziell durch schwangere Frauen geschehen, von denen es heißt, sie »haben den höchsten Proteinbedarf der Gesellschaft und brauchen das ganze tierische

Protein, um ihren gestiegenen Bedarf zu befriedigen« (1982, S. 232). Das Buch spricht sich für eine »bessere Erziehung« durch entsprechende Aktivitäten in den westlichen Nationen aus und übersieht dabei ganz, daß unsere eigene hohe Bewertung des »Proteins« dazu beiträgt, den Mangel in den »hungrigen Nationen« *herbeizuführen*. Das für die anspruchsvollen Vorlieben der reichen Länder gekaufte Getreide raubt traditionellen Gesellschaften ihr fruchtbares Land und ihre fruchtbare Arbeit (George 1984).

Die Vorrangstellung tierischen Proteins war viele Jahre lang unter »Experten« wie bei einem großen Teil der Öffentlichkeit ein unantastbarer ernährungswissenschaftlicher Grundsatz. In einer vor einiger Zeit erstellten Studie über die Ernährungsgewohnheiten britischer Familien wurde auf die Frage, was die Familie zu essen braucht,

> von den Frauen häufiger als irgendein anderes Nahrungsmittel Fleisch erwähnt. Nur fünf Frauen (von 200) meinten, daß Fleisch nicht ein wichtiger Bestandteil der Familienernährung sei. Fleisch, oder Fisch als Ersatz, wurde im allgemeinen als eine wesentliche Zutat zu der täglichen Hauptmahlzeit angesehen, und ein ordentliches Gericht enthielt in der Regel Fleisch und zwei Sorten Gemüse. ... in den meisten Familien sorgte die männliche Vorliebe für Fleisch dafür, daß es regelmäßig auf den Tisch kam, und wenn sich die Inflation oder ein geringeres Einkommen auf den Speiseplan der Familien auswirkten, wurde in der überwiegenden Anzahl der Fälle über die Einschränkung der Quantität und Qualität des Fleischkonsums berichtet und dies auch am meisten bedauert.
>
> (Kerr und Charles 1986, S. 140)

Fleisch spielt immer wieder, in verschiedenen Zusammenhängen, Kulturen, gesellschaftlichen Gruppen und Geschichtsperioden, eine wesentliche Rolle. Der Anteil tierischer Produkte an der Ernährung ist heute in den meisten Nationen um so größer, je höher das Einkommen der jeweiligen Bevölkerungsschicht ist. Einer Studie zufolge, die über 50 Länder umfaßte, bezogen Menschen aus höheren Einkommensgruppen einen viel größeren Teil ihrer Fette, Proteine und Kalorien aus tierischen Quellen als Menschen aus niedrigeren Einkommensgruppen (Perisse u. a. 1969). Julia Twigg stellt fest:

> Fleisch ist die Nahrung, die am meisten kostet. Es ist der Kern, um den eine Mahlzeit angeordnet wird. Es ist in gewisser Weise der Inbegriff von Nahrung ... unser Fleisch und Brot. An der Spitze der Hierarchie steht Fleisch und insbesondere rotes Fleisch, denn der

> Status und die große Bedeutung von Fleisch finden sich im wesentlichen in rotem Fleisch. »Blutloses« Fleisch – Geflügel und Fisch – hat einen niedrigeren Status, und noch niedriger ist der von Eiern und Käse. Diese stehen hoch genug in der Hierarchie, um als Grundlage einer Mahlzeit zu dienen, die allerdings auf Ereignisse von geringerem Status beschränkt ist – wie ein Omelette oder ein Käsekuchen zu einem leichten Abendessen. Noch tiefer stehen die Gemüse, die im vorherrschenden Denkschema als ungeeignet angesehen werden, die Grundlage einer Mahlzeit zu bilden, und lediglich als Beigabe dienen. (Twigg 1983, S. 21–22)

Fleisch hat eine so große Bedeutung, daß Menschen überall auf der Welt einen »Fleischhunger« kennen, der sich vom normalen Hunger unterscheidet. Bei den Canelas in Amazonas zum Beispiel heißt *ii mo plam* »ich bin hungrig«, *iiyate* dagegen wird als »ich bin hungrig nach Fleisch« übersetzt (Gross 1975, S. 532). Marvin Harris (1986, S. 26) geht davon aus, daß die Menschen genetisch so programmiert sind, daß sie instinktiv tierische Nahrung bevorzugen. Er argumentiert dabei fast ausschließlich mit Überzeugungen, da sein Standpunkt nicht durch die Wissenschaft gestützt wird. »Instinkt« ist aber ein interessanter *Gegenstand*, nicht ein nützliches *Werkzeug* der Analyse. Biologische und anthropologische Fakten weisen darauf hin, daß »Menschen Allesfresser sind ... Als eine direkte Konsequenz daraus kann das Erkennen von Nahrungsmitteln nicht genetisch vorherbestimmt sein« (Rozin 1976, S. 286). Ein bestimmtes Ernährungsverhalten ist »ein gesellschaftliches Merkmal und in eine Struktur gesellschaftlicher Werte integriert, die teilweise nichts mit Ernährungsgrundsätzen zu tun haben« (Le Gros Clark 1968, S. 69). Viele von uns glauben wie Harris, daß ein biologischer »Instinkt« uns dazu bringt, Fleisch zu essen. So erzählte mir zum Beispiel eine normalerweise Fleisch essende Frau in einem Interview, wie sehr sie Fleisch vermißte, während sie mit VegetarierInnen zusammenlebte:

> Also ich glaube, auf einer unterbewußten Ebene denkst du irgendwie, daß es sättigender sein könnte, daß es angenehmer wäre, daß du dich dadurch besser fühlen würdest ... du denkst, du müßtest danach nicht noch sechs Cremetörtchen oder so haben wollen. Wir waren eigentlich andauernd hungrig, als wir vegetarische Kost aßen. Ich meine, wir waren es immer ... Tatsache war, daß wir ganz ohne Fleisch – ich meine, selbst wenn es sonst nur einmal am Tag war ... auch wenn es nur eine Spur von Fleisch war – ohne ein Stück Fleisch zu irgendeiner Zeit hatten wir immer ein leichtes Hungergefühl.

Diese Art des »Fleischhungers« wird auf verschiedene Weise beschrieben. Viele Menschen halten Fleisch geradezu für die einzig »richtige« Nahrung. Für einen gewohnheitsmäßigen Fleischesser kann es schwierig sein, sich das Nichtvorhandensein von Fleisch vorzustellen, denn nur Fleisch hat die richtige Beschaffenheit, nur Fleisch ist echte Nahrung. Das geht z. B. aus der Äußerung eines Marktleiters hervor, dem seine Frau eine vegetarische Alternative vorgeschlagen hatte: »Naja, ich meine, du kannst es irgendwie nicht kauen. Worauf kaust du? Was ißt du?«

Fleisch ist nicht nur die beliebteste Nahrung, es wird häufig mit Nahrung an sich gleichgesetzt – wie Brot, das in der britischen Tradition eine ähnliche, wenn auch untergeordnetere, symbolische Rolle spielt. Die Kung der Kalahari zum Beispiel bezeichnen gesammelte Lebensmittel als »Dinge wie nichts«, während Fleisch (das die Männer beschaffen) »Nahrung« genannt wird (Lee 1972; Shostak 1983). Auf Fleisch zu verzichten, wird manchmal mit einem Verhungern gleichgesetzt. Eine Engländerin mittleren Alters, die normalerweise Fleisch ißt, antwortete auf die Frage, wie sie sich fühlen würde, wenn sie für ihr Fleisch selber Tiere töten müßte: »Ich glaube nicht, daß ich das könnte. Ich glaube, ich würde lieber verhungern.«

Eine ähnliche Verwechslung von »Nahrung« mit »Fleisch« zeigt sich ebenfalls in theoretischen Schriften. Lévi-Strauss ist für seine Strukturanalysen von Ernährungssystemen bekannt, bei denen er sich auf Bräuche und Mythologien stützt. Er zeigt in einer Reihe von Publikationen (z. B. Lévi-Strauss 1966, 1971, 1972, 1973, 1977, 1981) unter anderem auf, daß Feuer die Nahrung von einem natürlichen in einen kulturellen Status befördert, der nach seiner Auffassung die Grenze zum Menschsein darstellt. In späteren Arbeiten wurde sein Gedankengebäude höchst komplex, und er bezog sich auf eine Reihe von Kochhandlungen, durch die die Nahrung entweder natürlich oder kulturell transformiert wird. Diese Gedanken sind in seinem berühmten Buch *Culinary triangle* zusammengefaßt (1966). Lévi-Strauss' Arbeit ist an dieser Stelle unter anderem deshalb von Interesse, weil er bei der Erörterung des Kochens zwar einen bestimmten Punkt herausarbeitet, einen anderen jedoch ganz außer acht läßt.

Er stellt fest, daß das gewohnheitsmäßige Kochen als allgemeines Merkmal des Menschen zumindest von gleich großer Bedeutung wie die Sprache ist, die die menschliche Zivilisation vom Rest der natürlichen Welt unterscheidet. Er versäumt zu erwähnen, daß er sich in den meisten Fällen nicht einfach auf das Kochen von *Nahrung*, sondern vor allem auf das Kochen von *Tieren* bezieht. Wenn er zum Beispiel argumentiert, daß das Räuchern ein »natürliches« Mittel ist, Nahrung für »kulturelle« Zwecken zu transformieren, meint er sicherlich nicht das Räuchern von Wurzeln oder Pflanzen, sondern von Fleisch. Wenn er behauptet, daß das Braten gleichfalls einen besonderen Status besitzt, dann handelt es sich um das Braten von Fleisch. Lévi-Strauss unterscheidet nur in seinen komplexesten Arbeiten das Kochen von Tieren von dem Kochen von Pflanzen, wobei der besondere Unterschied nicht thematisiert wird (1972). Er betrachtet offenbar Fleisch als das wesentliche Nahrungsmittel.

Lévi-Strauss ist nicht der einzige Wissenschaftler, der in dieser Weise Nahrung mit Fleisch gleichsetzt. Seeger zum Beispiel erklärt in seinen Ausführungen über das Suya Volk von Zentralbrasilien, daß deren stärkster Ausdruck für einen Geruch – *ku-kumeni*, was als »geschlechtliche Vereinigung« übersetzt werden könnte – sich auf Sexualexkretionen und leicht verdorbene, aber nicht verfaulte Nahrung bezieht (1981, S. 93). Er meint eindeutig verdorbenes Fleisch. Edmund Leach spricht in seiner Analyse *Animal categories und verbal abuse* (1964) allgemein von »Nahrungswerten« und »Nahrungsbezeichungen« – seine Erörterung befaßt sich mit Tieren und Fleischnahrung. Dies geschieht in einem Umfang, der, gemessen am Geldwert von Fleisch, an seinem Nährwert oder seiner Menge, in keinem Verhältnis zu seiner Rolle in der Ernährung steht. Seine gewohnheitsmäßige Gleichsetzung von »Nahrung« und »Fleisch« spiegelt nur die herausragende Stellung wider, die Fleisch in der westlichen Ernährung und im westlichen Denken einnimmt.

Fleisch spielt beim Essen normalerweise die Hauptrolle. In England wird zwar scherzhaft von *meat and two veg*, »Fleisch und zwei Sorten Gemüse«, geredet, die sichere Antwort auf die Frage: »Was gibt es zum Mittag?« wird jedoch sein: »Schweinefleisch« oder »Huhn« oder »Rind« oder was auch immer die Fleischkomponente der Mahlzeit ist. Selbst wenn das Mittagessen mit Rosenkohl anfängt, ist es unwahrscheinlich, daß er als erstes erwähnt wird:

> »Vieles von dem, was ich mochte, hatte nichts mit Fleisch zu tun. Ich merkte auf einmal, daß ... wissen Sie, wenn die Leute eine Mahlzeit besonders loben, dann wird immer das Fleisch am meisten hervorgehoben. Wenn jemand ein Essen kocht, ist das dabei das Wichtige. Und ich mochte gerade die anderen Sachen so gerne.«

Die besondere Stellung von Fleisch unterstreicht eine anscheinend unbedeutende, aber interessante kleine persönliche Prozedur:

> »Ich weiß, daß es nicht viel Sinn macht: ich muß immer das Fleisch zuerst auf den Teller legen, vor dem Gemüse. Ich weiß wirklich nicht warum. Es erscheint mir auf die Art einfach richtig – das Fleisch zuerst, danach das Gemüse. Ich frage mich, warum ich das tue, aber ... anders herum wäre es halt nicht richtig.«

Das Auftragen des »Bratens« bei Tisch kann ein Akt sein, der von einer besonderen Zeremonie begleitet wird. Dies ist der einzige Anlaß im traditionellen britischen Haushalt, bei dem das männliche Oberhaupt des Haushaltes beim Servieren hilft, und es hat wahrscheinlich den Erwerb des guten Stückes überwacht. Das Auftischen des Fleisches wird von gespanntem Schnuppern und erfreuten Ausrufen über sein Aroma begrüßt, und dem ersten Bissen sollten passende Bemerkungen über seinen Wohlgeschmack und seine Zartheit folgen. Ein Braten ist nach wie vor der Inbegriff einer richtigen Mahlzeit, und das wesentliche an ihm ist die Vorstellung von Fleisch, das Gefühl von Fleisch, der Geist von Fleisch:

> »Es gibt, glaube ich, bei mir zu den meisten Mahlzeiten Fleisch. Wir essen vielleicht hin und wieder ein Omelette, aber normalerweise gibt es zumindest ein bißchen Fleisch, wie in Spaghetti Bolognese oder so. Ich meine, auch wenn es Berge von Gemüse und so gibt, würde es ohne dieses kleine bißchen Hackfleisch nicht genauso schmecken.«

Die verschiedenen Fleischanalogien auf Sojabasis und die anderen Fleischersatzstoffe, die es heute gibt, sind Ausdruck der zentralen Bedeutung des Fleisch*begriffs*, nicht seiner Überflüssigkeit. Viele Menschen, die auf Fleisch verzichten möchten, haben das Gefühl, daß die Lücke, die durch diesen Verzicht in ihrem Ernährungssystem entsteht, mit einem direkten Äquivalent gefüllt werden muß, das die Form oder den Ernährungsinhalt von Fleisch nachahmt. Bei der Präsentation von Quorn, einer neuen, »hochwertigen proteinhaltigen, faserigen Substanz, die ganz aus einer mikroskopisch kleinen Pflanze hergestellt wird«, fragt Saffron Davies:

> Wer wird es kaufen? Eine offenkundige Zielgruppe sind VegetarierInnen, die »Fleisch« essen wollen, das kein Fleisch ist. Es kann so aufbereitet werden, daß es mehr oder weniger wie Fleisch für Pflanzenfresser aussieht, es kaut sich wie Fleisch und besitzt eine ähnliche Struktur. (Davies 1988, S. 34)

Viele FleischesserInnen würden es wahrscheinlich sogar dann ablehnen, auf etwas anderes als Fleisch umzusteigen, wenn ein perfekter Ersatz dafür entdeckt würde, der in keiner Beziehung vom eigentlichen Fleisch zu unterscheiden ist. Es ist eben wichtig, daß das Fleisch von einem Tier stammt. Der technische Direktor einer Gesellschaft, die Sojaprotein herstellt, bemerkt zu der Tatsache, daß mehr von seinem Produkt an Haustiere verfüttert wird als an Menschen: »Hunde mußt du nicht erziehen, ihnen mußt du das Zeug nur vorsetzen« (Clayton 1978, S. 6). Zudem sind leider nur wenige Fleischersatzstoffe ganz zufriedenstellend. Tivall, ein Streiter für Produkte auf Sojabasis, hält es für

> ein Hauptproblem, die Bohne wohlschmeckend zu machen. Die Technik hat es ermöglicht, das Protein in der Bohne zu isolieren, um es so als Textured Vegetable Protein (TVP) zu nutzen oder in Fleischersatzstoffen mit Getreide zu mischen. TVP zu essen ähnelt dem Versuch, ein gehacktes Trampolin zu verdauen, und alle Fleischersatzstoffe in Großbritannien haben mir so schlecht geschmeckt, daß ich es vorziehen würde, hungrig zu bleiben. Diese Produkte, die die britische Wurst nachzuäffen versuchen, setzen zuviel Getreide mit dem entsprechenden Kohlenhydratbestandteil zu, und sie erlauben einem aufdringlichen Nachgeschmack, sich wie eine alte Socke auf den Gaumen zu legen. (Spencer 1988, S. 23)

Sogar wenn auf das Fleisch völlig verzichtet wird, sind Ersatzstoffe wie Käse oder Eier in den meisten Fällen tierischen Ursprungs. Dies liegt möglicherweise an der nach wie vor weit verbreiteten Überzeugung, daß zu einer gesunden Ernährung große Anteile an Protein gehören. Fleisch und Tierprodukte nehmen in unserem Ernährungssystem eine herausragende Stellung ein, und dies trifft gleichermaßen auf die Ernährungssysteme vieler anderer Kulturen zu, selbst wenn wir die Tatsache berücksichtigen, daß viele Ethnographien von westlichen AnthropologInnen mit westlichen Interessen geschrieben wurden.

Fleisch ist nicht nur das am höchsten bewertete Nahrungsmittel, es wird auch am meisten gefürchtet und verabscheut. Die Nahrungsmittel, die heutzutage unseren Ekel erregen, sind jene, die erkennbar tierischen Ursprungs sind – Knorpel, Blutgefäße, Organe, Augen. Pflanzliche Kost fürchten wir selten. Wenn irgendwo auf der Welt in irgendeinem Zusammenhang ausdrücklich auf bestimmte Nahrungsmittel verzichtet wird, konzentriert sich dieser Verzicht häufig auf Fleisch, es fällt unter Tabus und unterliegt besonderen Regeln (Simoons 1967). Hindus lehnen es ab, Kühe zu schlachten und würden nicht einmal daran denken, sie zu essen, Juden und Moslems verabscheuen Schweinfleisch als unrein. In der westlichen Gesellschaft beziehen sich Ekelempfindungen gegenüber Nahrungsmitteln ebenfalls oft auf Fleisch oder andere Tierprodukte (Angyal 1941). In Macbeth zum Beispiel ist fast jeder Bestandteil des niederträchtigen Hexengebräus tierischen Ursprungs (IV.I; in der Übersetzung v. Schlegel/Tieck):

ERSTE HEXE.
Um den Kessel dreht euch rund,
Werft das Gift in seinen Schlund.
Kröte, die im kalten Stein
Tag' und Nächte, dreimal neun,
Zähen Schleim im Schlaf gegoren,
Sollst zuerst im Kessel schmoren!

ALLE.
Spart am Werk nicht Fleiß noch Mühe,
Feuer sprühe, Kessel glühe!

ZWEITE HEXE.
Sumpf'ger Schlange Schweif und Kopf
Brat' und koch' im Zaubertopf:
Molchesaug' und Unkenzehe,
Hundemaul und Hirn der Krähe;
Zäher Saft des Bilsenkrauts,
Eidechsbein und Flaum vom Kauz:
Mächt'ger Zauber würzt die Brühe,
Höllenbrei im Kessel glühe!

ALLE.
Spart am Werk nicht Fleiß noch Mühe,
Feuer sprühe, Kessel glühe!

DRITTE HEXE.
Wolfeszahn und Kamm des Drachen,
Hexenmumie, Gaum' und Rachen
Aus des Haifisch scharfem Schlund;

Schierlingswurz aus finsterm Grund;
Auch des Lästerjuden Lunge,
Türkennas' und Tartarzunge;
Eibenreis, vom Stamm gerissen
In des Mondes Finsternissen;
Hand des neugebornen Knaben,
Den Metz' erwürgt im Graben,
Dich soll nun der Kessel haben.
Tigereingeweid' hinein,
Und der Brei wird fertig sein.

ALLE.

Spart am Werk nicht Fleiß noch Mühe,
Feuer sprühe, Kessel glühe!

ZWEITE HEXE.

Abgekühlt mit Paviansblut,
Wird der Zauber stark und gut.

Selbst wenn wir Fleisch ablehnen – oder uns bemühen, die unangenehmen Assoziationen zu vermeiden, die mit ihm verbunden sind – bleibt für die meisten von uns an der Substanz Fleisch etwas einzigartig Wichtiges. Wie sehr wir auch ein Unbehagen über seine Herkunft empfinden – diejenigen, die ganz auf Fleisch verzichten können, bleiben eine kleine, wenngleich wachsende Minderheit. Fleisch bereitet uns Wohlbehagen und ernährt uns. Es kann bei uns Bestürzung und Verwirrung hervorrufen. Es weckt unseren Widerspruch und trägt zu unserer Zufriedenheit bei. Es spricht offenbar ein inneres Bedürfnis an. Es ist wirklich etwas Rätselhaftes an Fleisch.

2

Kurze Geschichte des Fleischessens

Das Aufkommen der Jagd (je nach Schätzung datiert auf die Zeit vor zwei bis vier Millionen Jahren) markiert den Beginn der Menschheitsgeschichte. In der Prähistorie drehte sich das Leben um die Sicherung der Fleischzufuhr ... so oder so ähnlich heißt es im allgemeinen. Jane Renfrew zum Beispiel schreibt, daß »die ersten Menschen Britannien vor ungefähr 300000 Jahren besiedelten. Diese Menschen waren Jäger« (Renfrew 1985a, S. 6). In Kapitel 5 wird gezeigt, daß diese Zeitangabe weitgehend auf Vermutungen beruht, die, da sie in der heutigen Zeit angestellt werden, durch unsere Zeit geprägt sind. Renfrew gesteht sogar stillschweigend ein, daß das übliche Bild vom Fleischfressertum der frühen Menschheit im wesentlichen auf Vermutungen beruht: »Aus den bisher freigelegten Lagerstätten ergeben sich nur wenige Hinweise auf den pflanzlichen Teil ihrer Ernährung, aber in Anlehnung an moderne Jägergesellschaften könnten bis zu 80 Prozent ihrer Nahrung aus pflanzlichen Quellen gestammt haben.« (1985a, S. 6).

Archäologische Ausgrabungen deuten darauf hin, daß die Menschen, die früher die Britischen Inseln bewohnten, Fleisch gegessen haben. Ringe aus Hammelknochen, die rund um Feuerstellen von keltisch-belgischen Stämmen gefunden wurden, lassen zum Beispiel vermuten, daß Angehörige dieser Stämme abgenagte Knochen über ihre Schultern warfen (Pullar 1970, S. 45). Solche Beweise können jedoch keinen genauen Aufschluß darüber geben, *wieviel* Fleisch gegessen wurde oder *wie regelmäßig* dies der Fall war. Archäologische Funde weisen darauf hin, daß die viehhaltende Landwirtschaft im frühen christlichen Irland nicht so sehr auf die Erzeugung von Fleisch, sondern in erster Linie auf die Milchproduktion ausgerichtet war (McCormick 1987). Dies deckt sich mit einigen Beweisen aus späteren Perioden. Über die Zeit vor dem

Einfall der Normannen ist historisch nur wenig belegt, und die vorhandenen Informationen beziehen sich vorwiegend auf die jeweils herrschende Oberschicht. Renfrew schreibt in ihrer Untersuchung zu Eßgewohnheiten in römischen Zeiten, daß es

> die vielleicht beste Einführung in römische Kochsitten ist, sich die überlieferte Beschreibung einiger der kunstvollsten Bankette anzusehen – obwohl zu beachten ist, daß sie mehr die Ausnahme als die Regel waren. Sie verschaffen lebendige Einblicke in die extravaganten Bestrebungen und Werke der römischen Köche.
>
> (Renfrew 1985b, S. 11)

Sie führt unter anderem auf, daß es mit Mohnsamen und Honig gewürzte Haselmäuse gab, »Eier«, die aus gewürzten Singvögeln in Blätterteig zubereitet wurden, Rindernieren und -hoden, die Gebärmutter eines Mutterschweins, Hühner, Hasen, Wildschweine mit noch lebenden Drosseln, bei Tisch geschlachtete Schweine, die mit schwarzem Pudding und Würsten gefüllt wurden – und das alles bei einer einzigen Mahlzeit! Das sagt uns viel über die Exzesse einer herrschenden Klasse, aber wenig darüber, wie die meisten Menschen wirklich lebten. Nach einem weiteren Dutzend Seiten mit ähnlichen Beschreibungen enthüllt Renfrew, daß »die Römer Gemüse liebten« und listet in einem Absatz von sieben Zeilen Gemüsegerichte auf (1985b, S. 23). Dies wirft ein bezeichnendes Licht darauf, wie klein die Menge zuverlässiger Daten über die Normalernährung prämoderner Zeiten ist, zeigt aber auch die Vorliebe der meisten modernen AutorInnen für das farbenprächtige Leben einer Minderheit.

Es kann aus den vorliegenden Erkenntnissen geschlossen werden, daß tierische Produkte bis vor kurzem, also bis in die letzten paar Jahrhunderte, für die meisten Menschen nicht so vorherrschend waren wie in unserer Zeit. Eine Untersuchung angelsächsischer Manuskripte, die der Reverend Oswald Cockayne durchführte (1864), zeigt zum Beispiel eindeutig, daß Fleischgerichte nur ein Teil des Repertoires eines Koches waren; es wurden neben Gänseklein, Schweinepfoten und Tauben in einer pikanten Sauce auch Erbsen mit Honig und in Wasser gekochte Nesseln empfohlen. Philippa Pullar hält in ihrer Geschichte der englischen Nahrung fest, daß immer dann, wenn betont wird, wie ärmlich die Nahrung während einer Periode war, die Tatsache keine ausreichende Berücksichtigung findet, daß die Menschen ihr Vieh nicht in erster

Linie wegen des Fleisches hielten. Ochsen, sagt sie, »waren Zugtiere, Kühe waren für Milch da, Schafe wurden wegen ihrer Wolle und Milch gehalten. Die Ernährung bestand weitgehend aus Milchprodukten, Gemüse, Getreide, Wild, Fisch, wilden Vögeln und Jungtieren«. Diese Passage illustriert Pullar allerdings wieder nur mit Fleischgerichten: »Fleischbrühen und Stews wurden zusammen mit Suppenkraut in riesigen Kesseln zubereitet. Fleisch kam auch gebraten, gedünstet oder geröstet und auf langen Spießen auf den Tisch« (1970, S. 74).

Das Verbot des Fleischverzehrs während christlicher Fastenperioden wie dem Fasten vor Ostern läßt vermuten, daß Fleisch bereits damals eine bevorzugte Nahrung war. Bis zum achten oder neunten Jahrhundert bedeutete Fasten zeitweise, daß fünfzig oder sechzig aufeinanderfolgende Tage kein Fleisch gegessen werden durfte. Derartige Abstinenzregeln umfaßten in bestimmten Fällen die Hälfte aller Tage des Jahres. Im Mittelalter gab es die größten Unterschiede in den Eßgewohnheiten nicht so sehr zwischen verschiedenen geographischen Gebieten als zwischen der Masse der Bevölkerung und einer zahlenmäßig kleinen, aber außergewöhnlich reichen Oberschicht. Deren Ernährung zeichnete sich durch einen in bezug auf Qualität, Quantität und Abwechslungsreichtum ansehnlichen Konsum aus (Pullar 1970, S. 75; Kisbán 1986, S. 3–4). Norbert Elias stellt über diese Periode fest:

> Das Verhältnis zur Fleischnahrung bewegt sich in der mittelalterlichen Welt zwischen folgenden Polen: In der weltlichen Oberschicht ist der Fleischverbrauch außerordentlich groß, verglichen mit dem Standard unserer eigenen Zeit. Es herrscht dort eine Neigung, Fleischmengen zu verzehren, die uns oft phantastisch anmuten.
>
> In den Klöstern herrscht z. T. asketischer Verzicht auf Fleischnahrung überhaupt vor, also Verzicht mehr oder weniger aus Selbstzwang, nicht aus Mangel, und oft radikale Geringschätzung oder Einschränkung des Essens. Aus diesen Kreisen kommen die Äußerungen starken Abscheus gegenüber der »Völlerei« unter den weltlichen Oberen.
>
> Auch der Fleischverbrauch der Unterschicht, der Bauern, ist oft in höchstem Maße beschränkt. Aber nicht aus einem seelischen Bedürfnis, aus mehr oder weniger freiwilligem Verzicht im Hinblick auf Gott und das Jenseits, sondern aus Mangel. Vieh ist wertvoll und daher lange Zeit wesentlich für die Herrentafel bestimmt.
>
> (Elias 1976, S. 158)

Die Gewohnheiten der Oberschicht sind besser dokumentiert, und deshalb werden meistens sie zur Charakterisierung von Epochen herangezogen. Wenn wir also hören, daß die EuropäerInnen des Mittelalters im Vergleich zu den pflanzenessenden Völkern des Ostens außergewöhnlich starke FleischesserInnen waren (Braudel 1974, S.248–249), so ist die Rede von den Verhaltensweisen der reichen und mächtigen EuropäerInnen. Für sie trifft das bekannte Bild, also gelegentliche Verschwendung und prahlerisches Fasten, zumindest teilweise zu. Ansonsten war Fleisch knapp – abgesehen von der Zeit kurz nach der Pest, in der sich mehr und besseres Land und die entsprechenden Vorräte auf eine dezimierte Bevölkerung verteilten.

Im späten Mittelalter gab es durch den verstärkten Einsatz von Zugpferden einen weiteren Anreiz für den Fleischverzehr, denn dadurch dienten Ochsen vermehrt zur Fleischversorgung der Menschen (Thirsk 1978). Es gab im achtzehnten Jahrhundert in England mehr domestizierte Tiere pro Morgen und Person als in jedem anderen Land Europas außer in den Niederlanden (O'Brien 1977, S.169), und das Fleischessen genoß ein hohes Ansehen, das sich über lange Zeit herausgebildet hatte. Ein Fremder, der 1790 England besuchte, berichtete (wobei er sich wahrscheinlich auf die Oberschicht bezog):

> Ich hatte immer gehört, daß [die Engländer] große Fleischesser seien, und ich fand es bewahrheitet. Ich kannte in England Menschen, die nie Brot essen, und im allgemeinen essen sie sehr wenig. Sie knabbern davon ein paar Krümchen, während sie Fleisch in dicken Brocken kauen. (zitiert in Stead 1985, S.20)

Ein anderer Grund für den Anstieg des Fleischverbrauchs im achtzehnten Jahrhundert lag in einer Reihe landwirtschaftlicher Umgestaltungen. Neue Methoden der Tierfütterung und die Einzäunung von Land verlagerten die Notwendigkeit, Tiere zu schlachten, um sie einzupökeln, auf einen Zeitpunkt kurz vor dem Winteranfang. Der Import neuer Rassen aus Holland erhöhte deutlich die Produktivität. In vielen Familien ersetzte das Fleisch landwirtschaftlich aufgezogener Tiere allmählich das Wildfleisch, auch deshalb, weil die Jagdgesetze für Nichtlandbesitzer strenger wurden. Das Ergebnis dieser Entwicklungen war, daß ein hoher Fleischkonsum über eine starke Minderheit hinaus allgemein üblich wurde. »Fleisch vom Schlachter war billig«, aber »wenn man die

Preise mit den Löhnen vergleicht, ist zu erkennen, daß Arbeiter es sich nicht leisten konnten, gut zu essen« (Stead 1985, S. 23).

Technische Neuerungen führten zu einem starken Anstieg des durchschnittlichen Fleischkonsums, der seit dem achtzehnten Jahrhundert festzustellen ist. (Diesbezügliche Zahlen sind mit Vorsicht zu genießen, da die regelmäßige Sammlung landwirtschaftlicher Statistiken in Irland erst 1867 begann und die Fleischverkaufszahlen in Großbritannien bis 1907 nicht offiziell ermittelt wurden (Perren 1978, S. 2).) Es ist jedoch wichtig festzustellen, daß sich während dieser Periode ein tiefgreifender Wandel in der Wahrnehmung der Gesellschaft von – und also die Beziehung mit – der Welt, die sie bewohnte, vollzog. Schnelle Veränderungen in den wissenschaftlichen Lehrmeinungen und die expandierende industrielle Leistungsfähigkeit trugen dazu bei, daß die Art und Weise, wie die Menschen ihre Umgebung betrachteten, ganz neue Züge annahm. Die Menschen priesen in einem noch nie dagewesenen Ausmaß die Vorzüge der Beherrschung der Umwelt. Nach den Worten von Eszter Kisbán erlebte diese Geschichtsperiode

> das Emporkommen der modernen Naturwissenschaften, technische Innovationen, Industrialisierung, Urbanisierung. Obwohl dies zu verschiedenen Zeiten und an verschiedenen Orten geschah, sorgte es insgesamt für die charakteristischen Merkmale …
>
> Es ist kein Zufall, daß parallel zu diesen großen ökonomischen und sozialen Veränderungen der Fleischkonsum stetig anstieg.
>
> (Kisbán 1986, S. 8)

Nachdem der Fleischverbrauch der BritInnen während der »mageren Vierziger« zurückgegangen war, steigerte er sich ab der Mitte des neunzehnten Jahrhunderts immer weiter. 1881 wurde mehr Geld für Fleisch als für Brot ausgegeben (Burnett 1966, S. 13, 129).

Reay Tannahill sieht den Grund für einen höheren Fleischverbrauch unter anderem in einem größeren Angebot, denn die späteren Jahrzehnte des neunzehnten Jahrhunderts, »des Höhepunkts des Imperialismus, waren Jahre des Landraubs und der Nutzbarmachung des Landes auf einem fürstlichen Niveau« (Tannahill 1988, S. 316). Perren verweist darauf, daß dem Fleischmarkt verschiedene ergänzende Faktoren zugute kamen. Dazu zählten ein allgemeiner Anstieg des Realeinkommens, die Liberalisierung der Zollpolitik, durch die Einfuhren begünstigt wurden, sowie Fortschritte in der Transport- und Gefriertechnik (1978, S. 216). 1880,

Abbildung 1 Durchschnittlicher jährlicher Pro-Kopf-Verbrauch von Fleisch in Großbritannien, 1831–1984 (in Pfund)

Quellen: Perren 1978, S. 3; Frank 1987

als der Dampfer *Strathleven* seine erste Ladung erfolgreich von Melbourne nach London transportiert hatte, erbrachten gefrorenes Rindfleisch und Lammfleisch für anderthalb Pennies in Smithfield fünfeinhalb Pennies (Burnett 1966, S. 101).

Die Segnungen der industriellen Revolution waren ungleichmäßig verteilt. Die Ernährung der zahlenmäßig starken Arbeiterklasse war im frühen neunzehnten Jahrhundert so schlecht, wie sie es stets gewesen war, und die meisten ArbeiterInnen bekamen nur selten frisches Fleisch zu Gesicht. Ein Stück Schinken war Luxus. Farmer zwangen manchmal ihre ArbeiterInnen, anstelle des Lohnes das unverkäufliche Fleisch von erkrankten Tieren zu nehmen (Burnett 1966, S. 14–50, 120). Nach Edward Smiths Untersuchung aus dem Jahre 1863 über die Ernährung der Armen war die Ernährung der Arbeiter kaum ausreichend, ihre Familien waren sogar häufig unterernährt, denn das meiste Essen ging an den Ernährer (E. Smith 1863). Die Reichen dagegen konsumierten Fleisch in großen Mengen. Das 1824 veröffentlichte *Family Oracle of Health* [Familienratgeber für die Gesundheit] erklärt: »Es handelt sich um ein schlechtes Essen, wenn es dabei nicht mindestens fünf Dinge gibt – als Grundlage ein Fischgericht, dann eines aus Fleisch, eines aus Wild, eines aus Geflügel und zusätzlich ein Ragout mit Trüffeln« (Burnett 1966, S. 58). Zur Zeit der Wende zum 20. Jahrhundert durfte die feine Mahlzeit schon leichter und abwechslungsreicher sein:

> Das ausgiebige Fleischessen früherer Generationen wurde zumindest teilweise durch Gerichte vegetarischerer Art ersetzt, da die neuen Kenntnisse über die Ernährung betonten, wie wichtig frisches Obst und Gemüse in der Ernährung sind. Zur Jahrhundertwende gab es in London mindestens zwei vegetarische Restaurants, und es ist aufschlußreich, daß die späteren Ausgaben von Standardkochbüchern der Zubereitung und dem Anrichten von Gemüsegerichten immer mehr Raum widmeten. (Burnett 1966, S. 180)

Vor dem zweiten Weltkrieg hatte sich der durchschnittliche Pro-Kopf-Verbrauch etwas angeglichen, es gab allerdings noch merkliche Unterschiede zwischen den sozialen Gruppen, sowohl in bezug auf die Quantität als auch auf die Qualität der Fleischkäufe (siehe Abbildung 2).

Der Fleischkonsum erreichte seinen niedrigsten Stand nicht während des Krieges, sondern, da die Rationierung danach fort-

Abbildung 2 Wöchentlicher Fleischkonsum der sozialen Klassen im Jahre 1937

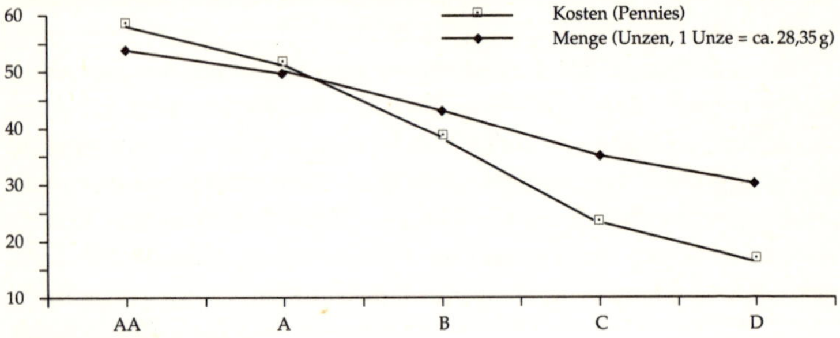

Quelle: Burnett 1966, S. 254)

gesetzt wurde, vor allem 1948, 1949 und 1951 (Frank 1987). Mit dem Ende der Rationierung stieg die Nachfrage stark an. Dieser Anstieg hatte sich um 1958 wieder normalisiert und setzte sich bis 1971 nur langsam fort. Von 1972–1976 begann der Konsum zu sinken, obwohl er sich zwischen 1976 und 1979 wieder belebte. Dies war vor allem auf die EG-Politik zurückzuführen, die den Abbau des Fleisch»berges« zum Ziel hatte. Seitdem ist ein ständiges, langsames Sinken festzustellen (Frank 1987).

Die Landwirtschaft Großbritanniens bleibt ein Hauptindustriezweig. Sie steuert zwei Prozent zum nationalen Brutto-Inlandsprodukt bei, wobei auf den Fleischsektor um die 40 Prozent und auf Milchprodukte weitere 30 Prozent entfallen. In ihr sind 3 Prozent der Arbeitskräfte beschäftigt. Von der viehhaltenden Landwirtschaft ist der Lebensunterhalt von ungefähr 400000 Menschen abhängig. Mit ungefähr 159 Pfund Fleisch pro Person und Jahr liegt Großbritannien aber am untersten Ende der europäischen Fleischverbrauchsliga, in Frankreich zum Beispiel werden über 220 Pfund pro Person und Jahr konsumiert (Sloyan 1985, S. 3–4). Der britische Fleischkonsum erfordert jedes Jahr die Schlachtung von 450 Millionen Hühnern, 25 Millionen Truthähnen, 14 Millionen Schafen, 13 Millionen Schweinen, acht Millionen Enten, drei Millionen Hasen und einer Million Wachteln … ganz zu schweigen von ziemlich vielen Rindern. Das ergibt insgesamt mehr als zwei Millionen Tonnen roten Fleisches und fast eine Million Tonnen Geflügel (Jackman 1989 b, S. 50).

In den beiden Dekaden zwischen 1966 und 1986 fiel der Gesamtverkauf von Fleisch und Fleischprodukten in Großbritannien nur unwesentlich, von 1,08 kg pro Person und Woche auf 1,05 kg, aber innerhalb dieses Marktes entwickelten sich wichtige Unterströmungen. Der Konsum von Rindfleisch und Kalbfleisch sank, vor allem in den achtziger Jahren, von 230 g pro Woche und Person auf 187g/Woche/Person, Hammel- und Lammfleisch fiel von 178g/W/P auf 85g/W/P. Der Schweinefleischkonsum stieg von 78g/W/P auf 103g/W/P. Dies war begleitet von einem Sinken des Schinkenverbrauchs von 150g/W/P auf 104g/W/P. Der wesentliche Anstieg war für Geflügel und Brathähnchen zu verzeichnen, von 115g/W/P auf 207g/W/P, und für »andere Fleischprodukte«, von 79g/W/P auf 161g/W/P (Central Statistical Office 1990).

Abbildung 3 Tabelle des häuslichen Fleischverzehrs, 1961–1988

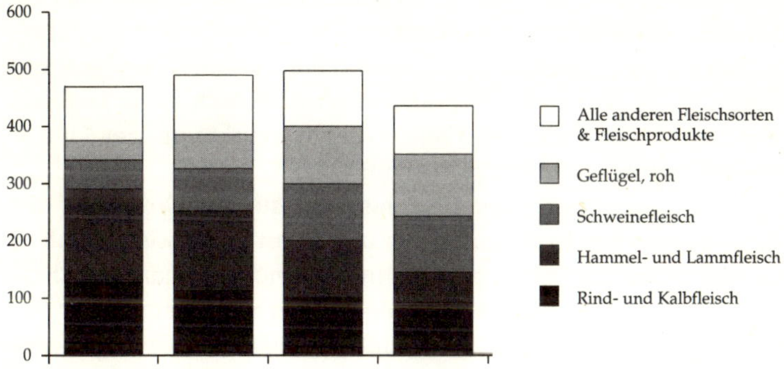

Quelle: Social Trends, S. 16

Von 1980 bis 1985 sank der Rindfleisch- und Kalbfleischverbrauch um 20 Prozent, der Hammel- und Lammfleischkonsum verringerte sich um 27 Prozent und der Schweinefleischkonsum um 17 Prozent. Dieser Niedergang wurde von einem Anstieg des Verbrauchs von Fleisch ausgeglichen, das außer Haus, besonders in Fast-Foodgaststätten, verzehrt wurde (Sloyan 1985, S. 4). Diese Entwicklung hatte in den sechziger Jahren begonnen. Eine weitere wichtige Verschiebung gab es beim Einzelhandelsverkauf von Fleisch: der Anteil des Fleisches am Fleischmarkt, das unabhängige

Schlachter verkauften, fiel zwischen 1979 und 1989 von 56 auf 39 Prozent, während der in Supermärkten verkaufte Anteil von 20 auf 38 Prozent anstieg (*Butcher & Processor* 1989a, S. 5).

Mittlerweile ist die Nachfrage nach Fleisch gestiegen, das als gesünder empfunden wird: das betrifft Produkte mit niedrigerem Fettgehalt und weißerem Fleisch sowie das Fleisch von frei weidenden, organisch ernährten Tieren. Hieraus hat sich ein kleiner, spezialisierter Markt entwickelt. 1984 wurde ungefähr sechsmal so viel Geflügel gegessen wie 1954, und im Juli 1989 verkündete der *Chicken Information Service*, daß »Hühnerfleisch jetzt das populärste Fleisch Großbritanniens ist – es verbannte Rindfleisch zum ersten Mal auf den zweiten Platz.« (Frank 1987; *Meat Trades Journal* 1989a, S. 15).

Die Vorliebe für bestimmte Fleischsorten unterscheidet sich deutlich von Region zu Region. Die SchottInnen zum Beispiel konsumierten in der Periode von 1975 bis 1980 ungefähr 40 Prozent mehr Rind- und Kalbfleisch und 65 Prozent mehr frischen Fisch als die britische Durchschnittsbevölkerung. Die EinwohnerInnen Groß-Londons aßen ungefähr 43 Prozent mehr Hammel- und Lammfleisch, 28 Prozent mehr Schweinefleisch, 32 Prozent mehr Geflügel und 56 Prozent mehr verarbeitete Fischprodukte als der Durchschnitt (Landwirtschaftsministerium 1982).

Auch die Zahl der VegetarierInnen ist gestiegen. Obwohl es den Vegetarismus bereits im Mittelalter und selbst im klassischen Altertum gab, ganz zu schweigen von Indien und vielen anderen Kulturen, trat das Phänomen in seiner modernen Ausprägung erst langsam ab dem späten achtzehnten Jahrhundert zutage. (Der Vegetarismus zeichnet sich seitdem dadurch aus, daß er Teil eines Systems miteinander verwandter Ideen ist, die sich auf die Gesundheit, das Wohlergehen der Tiere, Spiritualität und andere soziale und Umweltbelange beziehen.) Der Vegetarismus breitete sich im neunzehnten Jahrhundert kontinuierlich aus. Deutlich markiert war diese Entwicklung durch die Gründung der vegetarischen Gesellschaft 1847, und sie zog mit unterschiedlicher Geschwindigkeit immer weitere Kreise (Twigg 1983, S. 20).

In Großbritannien ließen sich während des zweiten Weltkriegs 120000 BezieherInnen von rationierten Lebensmittelkarten – ungefähr 0,25 Prozent der Bevölkerung – als VegetarierInnen registrieren. Die meisten von ihnen waren mittleren Alters oder älter

(Erhard 1973, S. 5). Mitte der achtziger Jahre aßen ungefähr 2 Prozent der erwachsenen Bevölkerung überhaupt kein Fleisch, weitere 2 Prozent lehnten rotes Fleisch ab (Harrington 1985, S. 5; Realeat Survey 1986). Zum Zeitpunkt des Abfassens dieser Schrift, im Jahre 1990, war der Anteil der VegetarierInnen auf 3,7 Prozent gestiegen und der der Menschen, die auf rotes Fleisch verzichten, auf 6,3 Prozent – das sind insgesamt 10 Prozent der Bevölkerung Großbritanniens (5,6 Millionen Menschen). Die Zahl der VegetarierInnen stieg seit 1984 um 76 Prozent, die Zahl der Menschen, die rotes Fleisch ablehnen, verdreifachte sich in diesem Zeitraum.

Abbildung 4 Nicht-FleischesserInnen. Zusammensetzung und Veränderungen 1984–1990

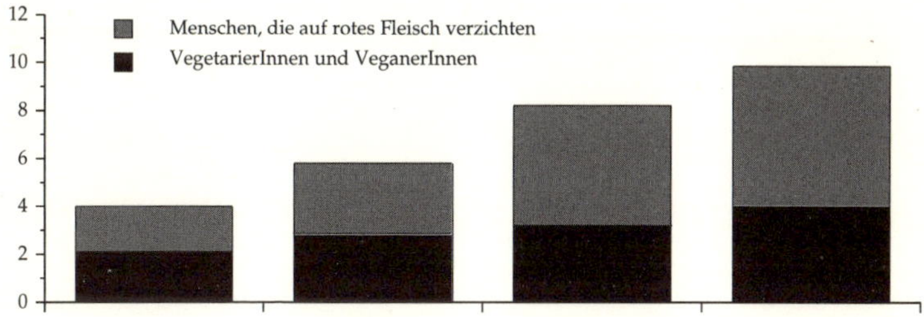

Quelle: Realeat Surveys 1984–1990

Der Verzicht auf Fleisch ist bei Frauen verbreiteter als bei Männern – besonders bei den jungen. Nach den letzten Untersuchungen essen 22,4 Prozent der 16- bis 24jährigen Frauen und 12,8 Prozent aller Frauen kaum oder überhaupt kein Fleisch, wogegen das nur für 9,1 Prozent der jungen Männer und für 7,1 Prozent aller Männer zutrifft. Die Hälfte aller britischen Frauen gibt an, daß sie »weniger Fleisch essen«. Es sind gleichfalls geographische Unterschiede zu beobachten: 1988 sagten über 44 Prozent der SchottInnen, daß sie weniger Fleisch verzehren, in Wales waren es 21,5 Prozent und in London 35,3 Prozent. Der Zuwachs an VegetarierInnen war 1990 im Süden Englands am größten. Dort verzichteten 1990 37 Prozent mehr Menschen auf Fleisch als 1988, wogegen in Schottland der Vegetarismus deutlich, um 12 Prozent, abnahm. Der Verzicht auf Fleisch findet sich außerdem eher unter Wohlhabenderen. 4,5 Prozent der Mitglieder der sozioökonomischen Gruppen A und B essen überhaupt kein Fleisch, und unter den Mitgliedern der C1-Gruppe sind es 5,5 Prozent. Dagegen lehnen nur 2,5 Prozent der Menschen, die der C2-Gruppe und 2,9 Prozent der Menschen, die der DE-Gruppe zugeordnet werden, Fleisch ab (Realeat Surveys 1988, 1990). Dies weist auf einen der wichtigsten Aspekte des rapiden Anstiegs der Zahl der Menschen hin, die neuerdings kein Fleisch mehr essen: der Verzicht auf Fleisch ist heutzutage – vielleicht zum ersten Mal in der Geschichte – eher selbstgewählt als eine Notwendigkeit, und er gewinnt unter finanziell besser gestellten und besser informierten Teilen der Bevölkerung am stärksten an Boden.

3
Eine Frage des Geschmacks

Das Wort »Geschmack« hat verschiedene Bedeutungen. Wir benutzen es, um die besondere Qualität einer Sache zu beschreiben, drücken mit ihm aber auch aus, ob uns etwas gefällt oder nicht – ob sozusagen der Geschmack dieser Sache nach unserem Geschmack ist. Beides ist nicht unbedingt dasselbe, obwohl wir unsere Essensvorlieben normalerweise so behandeln, als würden sie direkt in den Substanzen an sich begründet liegen: wir sagen »Steak schmeckt gut« oder »dieses Fleisch ist wirklich hervorragend«.

Bevor wir die Diskussion über Fleisch weiterführen, sollten wir uns also mit der irreführenden Vorstellung befassen, daß wir Tierfleisch nur wegen seiner physischen Qualitäten mögen. Genauso wie es heißt, daß die Schönheit im Auge des Betrachters liegt, ist der Geschmack vor allem in der Geschmacksknospe der Person angesiedelt, die etwas konsumiert – er ist eine erlernte Reaktion. Unsere Haltungen zu verschiedenen Nahrungsmitteln sind durch die Assoziationen geprägt, die wir mit ihnen verbinden, und wir lernen sie von dem Tag unserer Geburt an. Mary Douglas stellt fest:

> Ernährungsfachleuten ist bekannt, daß der Gaumen erzogen ist, daß Geschmack und Geruchssinn kultureller Kontrolle unterliegen. Dennoch existiert, mangels anderer Hypothesen, noch immer die Vorstellung, daß das, was ein bestimmtes Nahrungsmittel annehmbar macht, irgendeine dem Gegenstand innewohnende Qualität sei. Die heutige Forschung über die Schmackhaftigkeit tendiert dazu, sich auf individuelle Reaktionen auf individuelle Dinge zu konzentrieren. Sie strebt an, kulturelle Einflüsse als Beeinträchtigung auszublenden. Während … gerade die kulturellen Kontrollmechanismen analysiert werden sollten. (Douglas 1978, S. 59)

Paul Fieldhouse veranschaulicht, vielleicht ungewollt, die Vorstellung, die Mary Douglas hier anspricht. Er sagt, daß »einige Nahrungsmittel den Essern einen hohen Status verleihen« (1986,

S. 77), als ob ein hoher Status eine natürliche Komponente des Nahrungsmittels sei. Wenn er sich zur Erklärung von Eßgewohnheiten darauf bezieht, daß sie Prestige verleihen oder gut schmecken, bedeutet das, »das Pferd vom Schwanz aufzuzäumen«, denn Prestige oder Wohlgeschmack sind soziale Merkmale. George Orwell nimmt fast die Rolle des Schiedsrichters ein, wenn er feststellt, daß wir dahin kommen können, fast alles zu mögen:

> [Aber der] englische Geschmack, besonders der Geschmack der Arbeiter, verschmäht inzwischen gute Nahrung fast automatisch. Die Anzahl der Leute, die Erbsen in Büchsen und Fisch in Büchsen richtigen Erbsen und richtigem Fisch vorziehen, muß jedes Jahr zunehmen, und zahlreiche Leute, die sich richtige Milch im Tee leisten könnten, haben lieber Büchsenmilch. (Orwell 1982, S. 97)

Es gibt weitgefächerte Unterschiede in den Vorlieben der Menschen, sowohl innerhalb unserer eigenen Gesellschaft als auch zwischen den verschiedenen Kulturen auf der ganzen Welt und in der Geschichte. Daraus können wir bereits ablesen, daß unsere Vorlieben und Abneigungen nicht so sehr von der Natur der Nahrungsmittel abhängen. Das Fleisch, das die eine Person mag, findet die andere unerträglich. Patricia Pullar berichtet zum Beispiel, daß Schweinebauch mit Schweineeuter – ein Gericht, das heute die meisten Menschen der westlichen Welt erschaudern lassen würde, im alten Rom eine Delikatesse war (1970, S. 10n). Nur wenige von uns denken daran, daß unsere Frühstückseier eigentlich ein Teil eines Reproduktionssystems von Tieren sind. Britische Supermärkte verkaufen kein Pferde- oder Hundefleisch, und wir essen so gut wie nie Spatzen oder Lerchen, ebensowenig Schnecken oder Raupen, Ringelblumen, Mispeln oder Quitten. Einiges davon finden wir widerwärtig, anderes wird einfach allgemein nicht als Nahrungsmittel angesehen, aber alles das wurde an anderen Orten oder in der Vergangenheit auch hier gegessen. Kayapo-IndianerInnen des Amazonasgebietes haben eine Vorliebe für Termiten, und australische Aborigines mögen Raupen. Wir im allgemeinen nicht. Die Geschmäcker sind verschieden, und die Geschmäcker ändern sich.

Die meisten erwachsenen Briten, einschließlich derjenigen unter uns, die wir für aufgeschlossen halten, würden wahrscheinlich zu Hackfleisch keinen süßen Senf essen, obwohl wir beides einzeln vielleicht mögen und es gegen diese Zusammenstellung kaum überzeugende Argumente gibt, die sich aus Vernunfts- oder Gesundheitsgründen herleiten. Sie widerspricht nur unserem üblichen kulinarischen Muster – unserem gewohnten Geschmack. Die Ansichten darüber, ob Pflanzen, Tiere oder andere Dinge als Nahrung anzusehen sind, unterscheiden sich ebenso wie die Ansichten über die Präsentation der Nahrung. Ein Autor des neunzehnten Jahrhunderts drückte es so aus:

> Es gibt im erwachsenen Menschen möglicherweise nicht so etwas wie einen ganz reinen oder natürlichen Geschmack. Der Geschmack mag ausgeprägt oder sogar verfeinert sein, aber er wird immer mehr oder weniger von Sitten und Assoziationen beeinflußt, bis er letztlich ein erworbener Geschmack ist, über den sich nicht streiten läßt und der nicht verleugnet werden kann. Der Grönländer nimmt Talg zu sich, der Südfranzose liebt Knoblauch, der Ostinder Pfeffer. Keine Macht der Vernunft kann sie davon überzeugen, daß andere Geschmäcker besser sind. Sie besitzen einen erworbenen Geschmack, der gehegt sein will. Und genau dasselbe Phänomen tritt, wenngleich weniger deutlich, auf, wenn wir ein Gericht vorgesetzt bekommen, das wir kennen, das wir erwarten und das nicht mit seiner Bezeichnung übereinstimmt. Auch ohne Sauerampfer kann eine sehr wohlschmeckende Julienne-Suppe zubereitet werden. Aber diejenigen, die auf den Sauerampfer Wert legen, werden stets das Gefühl haben, daß eine Julienne ohne Sauerampfer ein Reinfall ist.
>
> (Dallas 1877, S. 12–13)

Wir schmecken die Dinge sogar nicht in derselben Weise. In einem klassischen Experiment (van Skramlik 1926) werden Freiwillige gebeten, Ammoniumchloride zu kosten und dann gewöhnliches Salz, Weinsäure (sauer) und Chinin-Hydrochloride (bitter) so zu mischen, daß das charakteristische Aroma von Ammoniumchlorid entsteht. Die Ergebnisse unterscheiden sich stark, einige Personen benötigen überhaupt kein Chinin, manche zehnmal soviel Weinsäure wie andere. Das legt nahe, daß wir auf unvertraute Geschmacksempfindungen physisch unterschiedlich reagieren und daß der chemische Geschmack so lange kein erwarteter Geschmack ist, bis wir ihn gelernt – oder, in anderen Worten, uns eine Meinung über ihn gebildet haben.

Geschmack ist nichts Absolutes. Wir entwickeln ihn, während wir in einer Kultur aufwachsen, die ihre eigenen Vorlieben herausgebildet hat. Vieles spricht dafür, daß die Menschen eine »frühe und möglicherweise angeborene Vorliebe für süße Geschmacksempfindungen« besitzen. Zucker fungiert vielleicht als eine Art biologische Bezeichnung für nützliche Kalorien. Negative Reaktionen kleiner Kinder auf saure und bittere Aromen könnten auf uralte Umwelterfahrungen zurückzuführen sein, denn »die meisten Drogen und Gifte schmecken bitter« (Cowart 1981, S. 60). Aber selbst diese Neigungen können verlernt werden. Viele Kinder werden dazu erzogen, Süßes nicht zu mögen, und wir können lernen, Essen zu mögen, das äußerst heiß, bitter, salzig, süß oder sauer ist – praktisch jede Substanz, die nicht ausgesprochen giftig ist. Manche der Nahrungsmittel, die wir mögen, ernähren uns kaum: wenn wir beispielsweise Diätcola oder unverdauliche Fettersatzstoffe zu uns zu nehmen, geschieht dies sicherlich nicht wegen ihres Nährwerts, sondern weil wir aus dem einen oder anderen Grund gelernt haben, an ihrem Aroma Gefallen zu finden.

Die Vorstellungen, die wir von einem Nahrungsmittel haben, bestimmen gemeinsam mit unserer ganzen Weltsicht (also unseren Auffassungen davon, wie die Welt *ist*), wie es uns schmeckt: unsere Meinung über seine Eßbarkeit oder Erwünschtheit. Süßer Senf gehört zur süßen Richtung, Fleisch nicht. Wein schmeckt besser aus einem Kristallglas als aus einem getöpferten Keramikbecher. Jean Soler sagt über die Semiotik des Essens, die in der Bibel zu erkennen ist (1979, S. 129): die »Erklärung von Essensvorlieben und -abneigungen muß nicht in dem Essen gesucht werden, [sondern in einem] den Menschen eigenen Denkmuster«. Die Eßbarkeit einer Sache hängt nicht von ihrem Geschmack ab, sondern davon, ob wir sie als akzeptables Nahrungsmittel einordnen. Als zum Beispiel Menschen aus dem Studiopublikum der Sendung *That's Life* Kostproben von Schnecken aßen, verzogen sie erst dann ihr Gesicht und versuchten, die Überreste auszuspucken, als die Identität dieser Kostproben enthüllt wurde (BBC 1, 14. Januar 1990). Unsere Reaktion bezieht sich auf das Bild, das wir uns von einem Nahrungsmittel gemacht haben. Vollwertkost kann auf den Gaumen eines normalerweise Junkfood essenden Menschen so ungenießbar wirken wie Junkfood auf den, der lieber gesunde Nahrung ißt. Geschmack ist erlernt, er ist weitgehend davon bestimmt, ob wir glauben, wir *müßten* etwas mögen:

> »Wir haben das Café nie als vegetarisches Café bezeichnet, unter anderem, weil wir niemanden ausschließen wollen – ›ein vegetarisches Café? Also, vegetarisches Essen mag ich wahrscheinlich nicht‹ –, obwohl ich sicher bin, daß die meisten Leute den Unterschied nicht einmal merken würden, wenn sie es ausprobierten.«

Die Nahrungsmittel, für die wir uns entscheiden, spiegeln unser Denken wider. Sie entsprechen der Konzeption unseres gegenwärtigen oder gewünschten Lebensstils oder orientieren sich an der Nahrungsmittelauswahl der Menschen, mit denen wir uns gerne identifizieren möchten. Ein Beispiel für diese Eigenart ist die Beliebtheit von Kochbüchern und Markennahrungsmitteln, die den Namen von Medienstars tragen, die in bezug auf ihre kulinarischen Fähigkeiten über keinen besonderen Ruf verfügen. Es ist nicht einfach so, daß unsere Essensauswahl dann und wann von einer bestimmten Person oder Gruppe beeinflußt ist. Unser Verhalten gegenüber Lebensmitteln ist insgesamt von solchen Einflüssen geprägt. Wir essen nichts isoliert, sondern als Teil unserer Kultur – ungeachtet gewisser nonkonformistischer Angewohnheiten und zeitbedingter Wechsel.

Soziale Gruppierungen haben charakteristische Vorlieben – Barthes (1975) nimmt zum Beispiel an, daß Gruppen mit niedrigerem Einkommen in den letzten Jahren eher süße, glatte und stark gewürzte Substanzen bevorzugten, während höhere Einkommensgruppen lieber bittere, körnige und leichte Substanzen mochten. Wir haben die Tendenz, Nahrungsmittel vorzuziehen, die mit Gruppen identifiziert werden, zu denen wir gehören oder zu denen wir gerne gehören möchten, und die Vorlieben angeblich minderwertiger Gruppen abzulehnen. Diese Tendenz ist für viele Moden verantwortlich und dafür, was populär, prestigeträchtig oder -schädlich ist. Ein vielkommentiertes Beispiel für dieses Phänomen ist das wechselnde Image von weißem oder braunem Zucker und weißem oder dunklem Brot:

> Das hohe Ansehen, das weißes Brot in England und in Frankreich genießt, ist seit dem Mittelalter gut belegt: je tiefer die Menschen auf der sozialen Skala standen, desto brauner war das Brot, das sie aßen. Die Oberschicht betrachtete schwarzes und braunes Brot mit Abscheu – es wurde geradezu behauptet, ihr Magen könne es nicht verdauen – während die niedrigeren Stände nach weißem oder weißerem Brot strebten … Als sich alle weißes Brot leisten konnten und braunes Brot sozusagen auf den Boden der sozialen Skala gesunken war, tauchte das braune Brot wieder an der Spitze auf. Denn die Mode des Vollkornbrotes verbreitete sich seit den 50er Jahren von den oberen Bereichen der sozialen Skala nach unten.
>
> (Mennell 1985, engl., S. 303)

Wir stillen nicht nur unseren Hunger, sondern wir befriedigen ebenfalls unseren Wunsch dazuzugehören. Nahrung drückt gesellschaftliche Werte aus, und wenn wir Nahrung konsumieren, erkennen wir damit das entsprechende Bedeutungspaket an. Ablehnung von Nahrung kann folglich Nichtübereinstimmung signalisieren – ob nun bei Kindern, religiösen Sekten oder bei der Boston Tea Party.

Die Nahrungsauswahl wird nach allgemeiner Auffassung durch Vertrautheit oder Tradition bestimmt. Ein amerikanisches Lehrbuch über *Medical Anthropology* stellt zum Beispiel fest, daß die »Tradition eine wichtige Rolle bei der Auswahl der Nahrungsmittel spielt. Herkömmliches Essen wird zum Symbol ethnischer Identität, und die Ernährung kann gegenüber Veränderungen höchst resistent sein« (McElroy und Townsend 1985, S. 195). Die Wichtigkeit der Gewohnheit betonen auch Douglas und Nicod in ihrer Arbeit über das »grundlegende englische System, das regional unterschiedlichen Ausformungen zugrundeliegt« (1974, S. 747); jede Kultur, so argumentieren sie, besitzt eine einzigartige Mahlzeitenstruktur – ein Gerüst von Regeln, mit denen ein »Essensereignis« konstruiert werden kann, das sich immer wieder unbewußt in den Rahmen einfügt.

Solche Berichte sagen letztlich nicht viel mehr aus, als daß wir das Vertraute lieben. Das bezieht sich nicht nur auf einzelne Lebensmittel, sondern auch darauf, wie wir sie anordnen, was wir ihnen hinzufügen und welche Vielfalt und Abwechslung unsere Auswahl enthält. Dieser Struktur feste Formen zu geben, hat nur begrenzten Nutzen, da Gewohnheiten nicht feststehen. Selbst wenn wir davon ausgehen, daß wir einzelne Regeln herausarbeiten könnten – Regeln über die Kombination von Essenstypen, heiß und kalt, feucht und trocken usw. –, sind diese so veränderlich, oder unveränderlich, wie die dazugehörigen Nahrungsmittel, da sie kulturell festgelegt sind:

> »Einmal arbeitete ich als Übersetzerin für den holländischen Konsul, und ... die schottischen Ehefrauen bekamen die Telefonnummer des Konsuls, um mich anzurufen und nach einem holländischen Menü zu fragen. Ich sagte dann – so und so eine Suppe, und sie sagten: ›Oh, sehr schön! Ich werde ein bißchen davon und ein wenig hiervon dazutun‹ ... und ich ließ dieses eine durchgehen. Dann stellst du das Hauptgericht vor, und sie fragen: ›Macht es etwas aus, wenn ich Kartoffelbrei nehme – und Rindfleisch statt Schweinefleisch?‹ ›Ja, tut

> es! Denn die Idee bei der Sache ist, daß ...‹ Und am Ende hatten sie so wunderbare britische Menüs! Sie legten auf, und ich dachte, was zum Teufel tue ich da?«

Die Reihe von Zutaten und das Repertoire an Rezepten, die einem bestimmten Koch vertraut sind, setzt Änderungen gewisse Grenzen, da die Zubereitung bekannter Nahrungsmittel leichter fällt als andauerndes Experimentieren. Wenn wir einmal etwas zu uns genommen und es sicher überstanden haben, können wir nach allen Regeln der Vernunft davon ausgehen, daß es nicht sehr schädlich ist. Ratten zum Beispiel sind grundsätzlich in der Lage, neue Nahrung zu akzeptieren, tun dies aber normalerweise nur dann, wenn ihnen ihre übliche Nahrung nicht zugänglich ist, und auch dann tun sie es nur langsam. Die Annahme, daß wir uns genauso wie Ratten verhalten, wäre sicher falsch, aber es ist vielleicht überheblich zu denken, wir seien frei von biologischen Einflüssen. Simoons stellt auch über Menschen folgendes fest:

> Es scheint einiges für die Annahme zu sprechen, daß ein Nichtgewöhntsein an ein Tier zu einer Ablehnung seines Fleisches beitragen könnte. Ein »emanzipierter« Bewohner des Abendlandes wird das Fleisch ihm unbekannter Tiere wahrscheinlich unter anderem deshalb zurückweisen, weil er befürchtet, daß er davon krank wird, aber auch wegen des Widerwillens dagegen, etwas Neues auszuprobieren. (Simoons 1967, S. 112)

Simoons Zirkelschluß-Erklärungen sagen uns, obwohl sie ganz vernünftig erscheinen, nur wenig. Warum sollte der Bewohner der westlichen Welt argwöhnen, daß ein fremdes Tier weniger gesund ist als ein ihm vertrautes, wenn er weiß, daß andere Menschen das Fleisch dieses Tieres essen? Daß es Widerstand gegenüber dem Neuen gibt, ist natürlich klar, sonst aber auch nichts. Simoons ist nicht bereit anzuerkennen, daß unser Verhalten durch die Ablehnung des Unbekannten beeinflußt ist, selbst wenn wir diese Ablehnung uns gegenüber mit logischen Argumenten wie einer Ansteckungsgefahr zu begründen versuchen. Bei der Diskussion weniger »emanzipierter« Kulturen wagt Simoons sich weiter vor:

> Der Primitive betrachtet das Fleisch ihm unbekannter Tiere mit noch größerer Ängstlichkeit, denn es könnte das Medium sein, über das schädliche Geister oder andere mysteriöse Elemente in seinen Körper eindringen ... Die Furcht, ein ihm unbekanntes Tier zu essen, ist noch größer, wenn es durch eine unbeliebte oder gefürchtete Gebergruppe

> eingeführt wird, die ihm vielleicht ernsthaften Schaden zufügen will oder als unrein angesehen wird ... Bestimmte Bewohner der Andaman-Inseln [zum Beispiel] ... werden, wenn sie woanders als auf ihrem eigenen Inselabschnitt sind, bestimmte Nahrung nicht essen, vielleicht aus der Furcht heraus, daß an einem fremden Ort die Möglichkeiten einer Erkrankung größer und die Geister gefährlicher sind. (Simoons 1967, S. 112)

Unvertraute Nahrung kann uns nicht nur deshalb keine Sicherheit bieten, weil wir uns über ihre physische Ungefährlichkeit unsicher sind, ihr symbolischer Status ist uns gleichfalls unbekannt. Die Gefahr droht also genauso unserem Geist wie unserem Körper. In dieser Beziehung ähneln die BewohnerInnen der Britischen Inseln bemerkenswert den sogenannten primitiven BewohnerInnen der Andaman-Inseln, über die Simoons spricht: sie neigen dazu, sich an die kulinarischen Muster der Kultur zu halten, mit der sie sich identifizieren.

> [Von den sich selbst versorgenden britischen Urlaubern, die 1987 Spanien besuchten] kauften fast zwei Drittel keine anderen Nahrungsmittel, als sie sie normalerweise zu Hause essen würden, und etwas weniger als die Hälfte aß lieber in der Ferienwohnung als in ausländischen Restaurants ... Fast alle vermieden es, zum Frühstück Schinken und Eier oder kaltes Fleisch zu essen, die am Ort gekauft wurden: nur einer von 20 überwand sich und wagte einen Versuch. (Reeves 1988, S. 1)

Dies liefert uns hilfreichere Anhaltspunkte für die Klärung der Frage, welche Gefahr mit fremden Nahrungsmitteln verbunden ist. Die Bedrohung rührt eindeutig nicht nur von einer direkten Ansteckungsgefahr her, sondern auch von der Assoziation mit unwillkommenen Vorstellungen – in diesem Fall sind es insbesondere die von Fremden. Gewohnheit und Traditionen bieten uns Übereinstimmung mit Gleichgesinnten und knüpfen an unserer individuellen und kollektiven Vergangenheit an. Die Wohltat, die Vertrautheit und Komfort für uns bedeuten, liegt auf einer sowohl ideologischen wie praktischen Ebene: wir müssen uns nicht immer auf's Neue mit Fragen der Einordnung befassen oder mit Vorstellungen, die uns stören oder erschrecken könnten.

Besteht also eine Tradition weiter fort, so geschieht dies möglicherweise, weil die Vorstellungen, auf denen sie beruht, den Menschen nach wie vor lieb und teuer sind. Wenn die Vorliebe für ein bestimmtes Nahrungsmittel, wie zum Beispiel Fleisch, groß bleibt, werden die Anstrengungen fortgesetzt, die dazu dienen, das normale Angebot aufrechtzuerhalten. Werden geringere Anstrengungen unternommen, zeigt das vielleicht, daß sich andere Vorstellungen entwickelt haben. Individuelle Traditionen können sich genauso ändern wie die von Familien oder Nationen, und sie tun es, genauso wie Gewohnheiten ein Ende finden können. Die Ernährung englischer SiedlerInnen zum Beispiel, die sich 1829 am Swan River in Westaustralien niederließen, war nach Markey (1986) trotz des enormen Wechsels ihrer Umweltbedingungen erstaunlich widerstandsfähig gegenüber Änderungen – solange die Komplikation eines Kontaktes mit anderen Kulturen ausblieb. Sie war bis nach dem Zweiten Weltkrieg ein stabiles kulturelles Element. Seit den 60er Jahren unseres Jahrhunderts traten aber in den Essensgewohnheiten der WestaustralierInnen dramatische Änderungen ein, zu einer Zeit, sagt Markey, als die Gesellschaft auch über andere Dinge ihre Ansicht änderte. Essen ist also vielleicht nicht nur eine »kulturelle Spur«, sondern auch ein kulturelles Omen: eine Flagge, die anzeigt, wohin der Wind der Veränderung weht. George Orwell glaubte, »man könnte überzeugend darstellen, daß Veränderungen in der Ernährung wichtiger sind als Dynastie- oder sogar Religionswechsel« (1982, S. 89).

Die schon erwähnte neuerliche Beliebtheit von Vollkornmehl erfordert zum Beispiel eine tiefgehendere Erklärung als die These, daß sie durch die zyklische Dynamik konkurrierender gesellschaftlicher Schichten bedingt ist, die sich gegenseitig auszustechen oder nachzuahmen versuchen. Sie sollte vor dem Hintergrund einer allgemeinen Bewegung gesehen werden, die sich von den hochveredelten Produkten entfernt und den als gesünder empfundenen Vollwertprodukten zuwendet – womit nicht nur dunkles Brot gemeint ist, sondern zum Beispiel auch brauner Reis und sogar brauner Zucker. Diese Entwicklung kann als Vorbote einer neuen Abneigung gegen die exzessive Industrialisierung von Nahrungsmitteln interpretiert werden, eine Industrialisierung, die das ganze heutige Leben erfaßt. Vollwertkost wird als »natürlich« charakterisiert, und Vollwertkost hat in den letzten Jahren eine starke Welle der Popularität erlebt. Unverfälschte Reinheit ist ein Wert, der in Mode gekommen ist, und die Gesellschaft hat ihren Geschmack wieder zu schätzen gelernt.

4
Mehr als ein Essen

Nahrungsmittel sind überall auf der Welt mehr als nur Nahrung. Der Grund dafür, daß sie so viele verschiedene Bedeutungen für uns tragen, liegt möglicherweise darin, daß jeder Mensch, an jedem Ort der Welt, essen muß. Eine Rolle mag auch spielen, daß das Essen – so wie einige wenige andere bedeutsame Handlungen wie Sex und Darmentleerung – unsere eigentlich unantastbaren Körperschranken durchbricht. Ein anderer wichtiger Gesichtspunkt könnte sein, daß wir unserem Körper, wenn wir Nahrung zu uns nehmen, buchstäblich das physische Material – und vielleicht auch die Geistesessenz – anderer Tiere und der Außenwelt generell »einverleiben«. Wir drücken durch unsere Nahrung täglich Beziehungen aus: zu unseresgleichen und zu unserer Umwelt. Wenn andere Menschen uns Nahrung geben oder wir sie mit ihnen teilen, kann das Ausdruck einer gemeinsamen Gedankenwelt sein und insofern die Zugehörigkeit zu einer Gruppe und eine deutlich sichtbare Übereinstimmung demonstrieren. W. Robertson Smith stellte fest, daß »Menschen, die zusammen essen, mit diesem besonderen Akt durch ein Band der Freundschaft und gegenseitiger Verpflichtung aneinander gebunden sind« (1889, S. 247). Radcliffe-Brown berichtete, daß für die BewohnerInnen der Andaman-Inseln »die weitaus wichtigste gesellschaftliche Aktivität die der Nahrungsbeschaffung ist« (1922, S. 227), und Darlington (1969) geht davon aus, daß die Eßgemeinschaft als die vielleicht wichtigste Grundlage von menschlichen Zusammenschlüssen betrachtet werden kann. Nahrung ist ein Kommunikationssystem, eine Anordnung von Bildern, eine Aufzeichnung von Bräuchen, Situationen und Verhalten (Barthes 1975):

> Nahrung ist Prestige, Status und Wohlstand ... Sie ist, wie der »Apfel für den Herrn Lehrer«, ein Mittel der Kommunikation und zwischenmenschlicher Beziehungen oder ein Ausdruck von Gastlichkeit, Freundschaft, Zuneigung, gutnachbarlichem Verhalten, von Trost

und Sympathie in Zeiten der Trauer oder Gefahr. Sie kann Stärke, sportliche Betätigung, Gesundheit und Erfolg symbolisieren. Sie ist ein Mittel der Freude und Selbstbelohnung und eine Erholung von Streß. Sie ist Fest, Zeremonie, Ritual, Feiertag und Sehnsucht nach dem Zuhause, der Familie und den »guten alten Zeiten«. Sie ist ein Ausdruck von Individualität und Welterfahrenheit, ein Mittel der Selbstdarstellung und ein Weg der Revolte. Am meisten aber ist sie Tradition, Brauch und Sicherheit.

Diese Bedürfnisse und Glaubensvorstellungen werden in unterschiedlichen Kulturen durch unterschiedliche Nahrungsmittel befriedigt ... Einige Nahrungsmittel sind mit dem Alter oder dem Geschlecht des einzelnen verbunden ... Es gibt Sonntagsessen und Alltagsessen, Familienessen und Gästeessen, Nahrung mit magischen Eigenschaften und Heil- und Krankennahrung.

(Todhunter 1973, S. 301)

»Es entwickelte sich irgendwie darüber, daß ich ihr Kochen ablehnte. Wenn ich mich am Wochenende zu Hause aufhielt, war genau das die Ebene. Sie kochte wunderbare Mahlzeiten, und ich aß nicht das Fleisch, über das sich alle anderen begeistert äußerten: es war ›ein prächtiges Stück Braten, das du dies Wochenende besorgt hast‹, und: ›oh, das ist für diese Jahreszeit aber wunderbar zartes Lamm‹. Und ich sagte, daß ich nichts davon haben möchte. Es war – es war, als ob ich einen Teil von ihr zurückweisen würde ...«

Fleisch ist für britische Familien eine Lebensweise

Sir – Sie halten es vielleicht nicht für besonders wichtig, aber ich würde Ihnen gern eine Geschichte über ein Stück Schweinefleisch erzählen.

Ich und meine Familie kauften es am Samstag für unser Sonntagsessen.

Es war ein schönes Stück, und trotz einer guten Fernsehsendung am Samstagabend blieb der Gedanke an dieses Stück Fleisch in unseren Köpfen hängen, und auf unseren Gesichtern lag ein Hauch von Erwartung.

Am Sonntag heizte der Bratenduft unsere Erwartung drei Stunden lang bis zum Äußersten an. Als wir uns schließlich am Tisch niederließen, schien sich mit der Aussicht auf ein köstliches Familienessen der ganze Ärger der Woche zu verflüchtigen.

Das Fleisch war wunderbar, und ich dachte daran, wieviel doch das 5 £-Stück zu dieser typisch britischen Familienszene beigetragen hatte. Meine Familie stand wohlgesättigt und glücklich vom Tisch auf, und das kalte Fleisch ergab am Montagabend noch eine Mahlzeit.

Fleisch ist nicht nur ein Essen, es ist eine Lebensweise.

T. Cook. Basildon, Essex.

(*Meat Trades Journal* 1987, S. 2)

Menschen, die von den allgemeinen Ernährungsstandards abweichen, werden häufig negativ wahrgenommen, da ihre Nonkonformität in bezug auf die Nahrung (berechtigterweise) als ein Zeichen dafür aufgefaßt wird, daß sie in noch weitergehenden Angelegenheiten andere Werte vertreten. Beachten Sie zum Beispiel den tadelnden Ton und das ausgrenzende Vokabular eines amerikanischen Soziologen, der sich mit alternativer Ernährung befaßt:

> In Untersuchungen über soziale Bewegungen und die Bildung von Sekten und Dissidentengruppen kann die Rolle der Ernährung gar nicht hoch genug eingeschätzt werden. Durch das Festhalten an speziellen Ernährungsregeln, die bestimmen, was zu essen ist, wann oder wann nicht gegessen werden sollte, üben Gruppen über ihre Mitglieder Kontrolle aus. Sie fordern von ihren Mitgliedern, sich dann, wenn sie sich außerhalb ihrer Gruppe bewegen, von der übrigen Bevölkerung abzusondern. Dieses Verhalten stellt eine der wirkungsvollsten Möglichkeiten dar, über bestimmte Gruppencodes den Zusammenhalt sicherzustellen. Als Beispiel hierfür könnte der Vegetarismus dienen, der in der letzten Zeit eine Vielzahl von Menschen angezogen hat und im engen Zusammenhang mit verschiedenen modernen Bewegungen steht (Barkas 1975). Es ist schwer, zwischen diesen Gruppen einen gemeinsamen Nenner zu finden, außer daß sie alle in irgendeiner Weise bezwecken, eine Andersartigkeit auszudrücken und Aufmerksamkeit auf sich zu lenken. Ein neueres Phänomen scheint die Mode zu sein, nur »natürliche Nahrung« zu essen. Sie geht oft mit bestimmten politischen und sozialen Grundsätzen einher und dient so dazu, Anhänger zu gewinnen.
>
> (Back 1977, S. 31–32)

Back scheint wild entschlossen zu sein, Menschen nach ihrer kulinarischen Abweichung von der Hauptströmung einzuordnen. Wenn zum Beispiel die Rede davon ist, daß Gruppen über ihre Mitglieder »Kontrolle ausüben« und diese mit »irgendeinem politischen oder sozialen Dogma« übereinstimmen müssen, hört sich das nach Konspirationstheorie an. Seine wertebeladene Beschreibung, die abschätzig solche Begriffe wie »Mode« gebraucht oder auf Gehirnwäschen anspielt, unterstellt, daß die Ernährung der Mehrheit vernünftig ist. Backs dogmatische Ereiferung versperrt ihm den Blick dafür, welche Vielfalt von Ideen und Meinungen hier eine Rolle spielen. Dies ist nicht nur in der Minderheitengruppe der Fall, die er sich herausgreift (von deren Mitgliedern viele vielleicht wirklich aus gutem Grund das ablehnen, was Pope als »Fleischfresserei« bezeichnete), sondern auch in der vorherrschenden Kultur, mit der er sich augenscheinlich identifiziert. Er nimmt an, daß der Vegetarismus für alle VegetarierInnen so ziemlich dasselbe bedeutet und ist verblüfft, daß das einzige gemeinsame Merkmal, das er ausmachen kann, ihr »Unterschied« ist, den er etwas schwach und nicht nachprüfbar einem allgegenwärtigen Wunsch zuschreibt, Aufmerksamkeit auf sich zu lenken. Die scheinbar bizarren Eßgewohnheiten exotischer Kulturen oder Minderheitengruppen ermutigen uns oft dazu, nach außergewöhnlichen Zielsetzungen Ausschau zu halten – die uns etwas sagen können. Aber unsere eigenen Eßgewohnheiten drücken möglicherweise genausoviel aus und erscheinen Außenstehenden ähnlich fremdartig.

Nahrungsmittel symbolisieren aus sich heraus gar nichts. Sie werden dazu benutzt, bestimmte Dinge zu symbolisieren. Wenn es zum Beispiel heißt, daß in Südwales die Mahlzeit aus Fleisch und zwei Gemüsesorten die Zuständigkeit der Ehefrau für die Haushaltsführung und die ihres Mannes als Brötchenverdiener symbolisierte (Murcott 1982), steht hier die Nahrung an sich nicht für Haushaltsführung und Versorgung. Die Werte, um die es geht, sind die jeweiligen Geschlechterrollen, die Nahrung ist nur das Medium, durch das Informationen darüber mitgeteilt werden. Eine solche Funktion besitzt sie in allen Bereichen unserer Gesellschaft.

Warum ist dann Fleisch ein »natürliches Symbol«? Was meint »symbolisch« wirklich? Der Begriff wird im allgemeinen zur Bezeichnung von Kommunikation verwendet, die sich vom direkten, wörtlichen Gespräch unterscheidet. Gegenstände, Gedanken oder Handlungen werden symbolisch genannt, wenn sie etwas verkörpern, das jenseits ihrer offensichtlichen Identität liegt. Eine Flagge besitzt insofern einen Symbolwert, als sie mehr als ein Stück dekorativer Stoff ist, eine Taube, weil sie nach allgemeiner Auffassung den Frieden verkörpert. Anthony Cohen drückt es so aus: »Wenn ein Fußballtrainer einer Gastmannschaft das Kompliment macht, sie habe ihnen gut eingeheizt, meint er damit wahrscheinlich nicht, daß sie einen akzeptablen Wärmeausstoß durch eine gegebene Quantität Brennmaterial erreicht hat« (1968, S. 3).

Fleisch ist in dieser Hinsicht sicher gut verwendbar, da seine ökonomische und gesellschaftliche Bedeutung häufig größer ist, als es sein reiner Nährwert erwarten ließe. Das Denken in Symbolen umfaßt jedoch mehr als einige ätherische Assoziationen, die unsere ansonsten rationale Beurteilung brüchig werden lassen. Das ist nur die Oberfläche eines umfassenden Gedankensystems, das implizit oder explizit, privat oder öffentlich, stillschweigend oder offen sein kann. Ernährung und Ökonomie sind selbst symbolisch (Sahlins 1981). Douglas und Isherwood schreiben: »Das Problem geht so tief, daß nichts weniger Grundlegendes als eine korrigierte Version der ökonomischen Vernunft gebraucht wird« (1980, S. 4). Tatsächlich besitzen alle unsere Güter mindestens ebensosehr einen kommunikativen wie einen nützlichen Wert – sie dienen uns genauso dazu, andere einzuschätzen (und von anderen, die unsere Sicht ihres Wertes teilen, mit ihnen gesehen zu werden), wie dazu, sie zu konsumieren.

Ernährungsfachleute oder PolitikerInnen, die zum Beispiel die Energie, den Fett- oder Proteingehalt von Nahrungsmitteln diskutieren und von einer willigen Öffentlichkeit erwarten, daß sie pflichtschuldigst ihre eigenen Verhaltensweisen übernehmen, täuschen sich. Es gelingt ihnen auf diesem Weg nämlich nicht, sich den zahllosen anderen Rollen, die die Nahrung im Leben der Menschen spielt, zu nähern. Einige »Autoritäten« scheinen in einer Science-fiction-Welt ihrer Phantasie zu leben, die denjenigen unter uns fremd ist, die einfach gerne Nahrung kaufen, vorbereiten und essen:

> Einen anderen, amerikanischen Gesichtspunkt legte Dr. Carl Unger dar, ein Fleischberater aus Georgia, USA, der ein Bild des computerisierten Einkaufens Mitte der 90er Jahre entwarf.
>
> Er sagte voraus, daß der Käufer einen Computer benutzen wird, um damit den täglichen Ernährungs- und Nährwertbedarf zu ermitteln. Dies würde in eine Anzahl von Gerichten und Essenskomponenten übersetzt werden, die beim örtlichen Supermarkt bestellt werden könnten. (*British Meat* 1987a, S. 3)

Wir betonen normalerweise die wissenschaftlich nachgewiesenen Funktionen von Fleisch, die die Gesundheit und den Nährwert von Fleisch betreffen, und sind der Meinung, daß dies die grundlegenden Determinanten für seinen Status sind. Die meisten Menschen nehmen an, daß sich sein Wert im ökonomischen Austausch aus diesen Determinanten herleitet. Gelegentlich wird vielleicht eine gewisse symbolische Bedeutung anerkannt, so wie das Macho-Steak, ähnlich wie das Macho-Auto, angeblich sexuelle Potenz ausdrücken soll. Wir räumen ebenfalls ein, daß die Bedeutung oder das hohe Ansehen von Fleisch eine Art gesellschaftliches Relikt aus den Tagen sein könnte, in denen wir noch zum Überleben auf die Jagd gingen, oder der königlichen Jagd, die in alten Zeiten stattfand.

Aber Fleisch ist nicht nur ein Proteinlieferant. Das *Shorter Oxford English Dictionary* definiert Fleisch als »das Fleisch von Tieren, das als Nahrung benutzt wird« und führt einige Neben- und altertümliche Bedeutungen auf. Es wird nicht einmal seine übliche Verwendung als Synonym für »Wesen« oder »Substanz« erwähnt (wenn zum Beispiel vom »fleischlosen« Argument die Rede ist). Die Tatsache, daß die grundsätzlich anerkannte Bedeutung von Fleisch darin besteht, daß Fleisch ein Nahrungsmittel ist, reicht bei weitem nicht aus, die schwer ergründbare Tiefe seiner Bedeutung zu erfassen. Das Wort *Steak* deutet für den einen Menschen auf eine Substanz hin, mit der Überfluß oder kulinarisches Können demonstriert wird. Es kann auch Erinnerungen an ein feierliches Essen bei Kerzenlicht heraufbeschwören oder gilt als Zusicherung dafür, daß gute, körperkräftigende Nahrung konsumiert wird. Für eine andere Person verkörpert ein Steak möglicherweise Quälerei und den Abscheu, die er mit dem Gedanken an die schrecklichen Bedingungen verbindet, unter denen Tiere gehalten und geschlachtet werden. Nicht zwei Menschen werden in demselben Wort genau dieselben Bedeutungen finden, und keine dieser Assoziationen kann als »falsch« bezeichnet werden.

Solche Assoziationen sind relative oder »symbolische Wahrheiten«, denn den Handlungen der Menschen liegen Glaubensvorstellungen und Bilder zugrunde, nicht absolute Tatsachen. Diese Erkenntnis kann dazu beitragen, scheinbare Widersprüche in unserem Verhalten zu erklären. Obwohl das Mißtrauen gegenüber der industriellen Nahrungsmittelproduktion und fettem Fleisch wächst, verkauft sich Schweine- und Hühnerfleisch relativ gut – auch wenn bekannt ist, daß es unter den Bedingungen einer intensiven Landwirtschaft produziert wird und oft keinen geringeren Fettgehalt als »rotes« Fleisch aufweist. Dies liegt unter anderem daran, daß es weniger blutig ist und als weißes Fleisch vermarktet wird, dessen Fleischigkeit nicht so sehr ins Auge fällt. Viele Menschen bevorzugen Wild- und Lachsfleisch, weil es das »Wilde« verkörpert, aber in Wirklichkeit wird ein hoher Anteil dieses Fleisches landwirtschaftlich erzeugt.

Alle Bedeutungen, und unzählige andere, sind für die betreffenden Personen wahr und belegen, wie wichtig es ist, was ein bestimmtes Fleisch oder Fleisch im allgemeinen bedeutet – weit jenseits seiner Funktion als Nahrungsmittel. Diese Vorstellungen fügen sich zusammen und bilden eine Sprache und die Kultur insgesamt. All unsere Vorstellungen und Handlungen besitzen tiefe und verschiedenartige Bedeutungen. Ökonomie und Technologie sind in genau derselben Weise symbolisch wie Einhörner oder Heiligenbilder, obwohl sie sich unzweifelhaft sowohl in der Form als auch dem Inhalt nach unterscheiden. Und Fleisch trägt viele Bedeutungen.

Sperber (1975) argumentiert, daß die Symbolik sich mit Dingen befaßt, die wir nicht auf rationale Weise handhaben können (auf diesem Weg gehen sie dann in die Alltagssprache ein). Manchmal scheinen Symbole allerdings Dinge zu betreffen, die selbst dann *nicht* rational eingeordnet und ausgedrückt werden, wenn das möglich wäre. Der Umstand, daß eine bestimmte Bedeutung, die mit einem Symbol assoziiert wird, normalerweise nicht ausgesprochen wird, könnte darauf zurückzuführen sein, daß es gute Gründe gibt, sie unausgesprochen zu lassen.

Dies kann am besten an einem Beispiel veranschaulicht werden. AnzeigenkundInnen und VerkaufsleiterInnen wissen nur, daß die Menschen mehr kaufen als nützliche Gegenstände. Erfolgreiche VerkäuferInnen bieten einen bestimmten »Lebensstil« an und legen mehr Gewicht auf Sehnsüchte und Assoziationen als auf die Funktion einer Ware. In einem Großteil der heutigen Werbung wird nicht einmal mehr das Produkt erwähnt. Ein Auto zum Beispiel wird typischerweise (außer wenn es darum geht, ein bestimmtes Image aufzubauen) mit Begriffen wie Komfort, Sparsamkeit, Macht (»alles ist möglich«), Prestige und häufig mit dem Versprechen des sexuellen Erfolgs für den potentiellen (männlichen) Käufer vermarktet. Aber diese Botschaften werden auf unterschiedliche Weise übermittelt. Die Botschaften, die eher offen ausgedrückt werden, betreffen die angeblich vernünftigen Überlegungen, die der potentielle Käufer dann auch anerkennen wird. Andere, emotionalere Bedeutungen, die sich vielleicht auf die gesellschaftliche oder geschäftliche Position beziehen, auf das Ziel, nach dem man sich sehnt, eignen sich nicht dazu, im Text offen ausgesprochen zu werden, sie werden statt dessen in den dargestellten Situationen klar umschrieben.

Barthes (1975) fand heraus, daß die Nahrungsmittelwerbung vor allem drei Themengebiete anspricht: Erinnerungen, Erotik und Gesundheit. Er betonte, daß die Werbung kollektive Geisteshaltungen mehr widerspiegelt als daß sie sie hervorbringt. Ob nun das Huhn oder das Ei verkauft werden soll – es ist klar, daß ein Großteil der symbolischen Macht der Werbung in ihren unausgesprochenen Einflüsterungen liegt. Die Botschaft drängt sich als Teil des als selbstverständlich dargestellten Zusammenhangs auf, sie wird nicht offen propagiert. Eine Vorstellung kann, je nachdem, ob sie ausdrücklich oder unausgesprochen kursiert, sehr unterschiedliche Bedeutungen haben. Wenn sie nicht offen ausgesprochen wird, liegt das vielleicht auch daran, daß sie ab dem Moment, in dem sie bewußt wahrgenommen wird, für Kritik zugänglich ist. Der Autofahrer, der die gängige Assoziation von Sportwagen mit sexueller Stärke stillschweigend genießt, fühlt sich vielleicht nicht mehr halb so toll, wenn andere sich über ihn und seinen »Penisersatz« mockieren. Würden die *Gründe* für die Assoziation zwischen Autos und Sexualität genauer dargelegt, so wären sie offen für Diskussionen, Entmystifizierung und Angriffe, und sie verlören wahrscheinlich rasch ihre Wirkungskraft. Die Macht dieser Vorstellungen beruht darauf, daß sie übermittelt, aber nicht ausdrücklich benannt werden. Ihre Bedeutung kann von allen, die es angeht, verstanden werden, aber eben auf der Ebene der Vermutung, des »gesunden Menschenverstandes« und als angeblich allgemein akzeptierte Wahrheit.

Es ist bekannt, daß Tiere getötet werden, damit Menschen sie essen können. Die damit verbundene Unterjochung wird in der Nahrungsmitteldiskussion jedoch kaum einmal offen erwähnt. Unsere Entschlossenheit, die Konfrontation mit bestimmten Aspekten der Identität von Fleisch zu vermeiden, bedeutet nicht nur, daß wir es vorziehen wegzusehen, um einen unangenehmen Beigeschmack zu vermeiden. Die Tatsache, daß die meisten von uns sich wenig mit der Willkürherrschaft befassen, die darin liegt, daß Tiere nur mit dem Ziel aufgezogen werden, sie zu schlachten, zeigt nicht, daß sie für uns unwichtig ist. Im Gegenteil. Das, was über Fleisch ungesagt bleibt, enthält eine zusätzliche Bedeutungsdimension, die eine äußerst starke Wirkung hat. Die mit dem Fleischsystem verbundenen Werte werden gerade deshalb so wirkungsvoll übermittelt, weil sie als Selbstverständlichkeit erscheinen. Vernunftgründe für die Wichtigkeit von Fleisch (wie sein Nährwert oder Prestige) dienen nicht zuletzt dazu, diese Werte vor unserem Bewußtsein zu verbergen.

Gerade das Verborgensein der unausgesprochen vorhandenen Bedeutungen bewahrt und verewigt paradoxerweise ihren Einfluß, denn solange sie nicht erkannt werden, sind sie kaum angreifbar. Kalbfleisch zum Beispiel genoß viele Jahre lang deshalb ein hohes Ansehen, weil die Tiere bei seiner Produktion einer extremen Unterdrückung ausgesetzt waren. Das wurde allerdings selten ausgesprochen. Sein Wert wurde statt dessen auf solche beliebigen Attribute wie delikates Aroma und helle Farbe zurückgeführt. Erst nachdem seine Herstellungsmethoden öffentlich zur Debatte standen, wurden sie untragbar. Die stillschweigend inbegriffene Bedeutung hatte von diesem Zeitpunkt an ihre positive Kraft verloren, sie war zu einem negativen Einfluß auf das Ansehen dieses Fleisches geworden.

Was gestern für Kalbfleisch galt, könnte morgen schon für Fleisch insgesamt wahr werden. Ich werde in den folgenden Kapiteln zeigen, daß die unausgesprochenen symbolischen Werte, die die Beliebtheit von Fleisch untermauern, unsere Beziehungen zur Natur betreffen und die Wahrnehmung, die wir von ihnen haben. So gesehen können die sich ändernden Einstellungen zum Fleisch – die sich darin ausdrücken, welches Fleisch wir kaufen, wieviel davon usw. – gleichsam als ein aussagekräftiger Kommentar zu grundlegenden Entwicklungen in der Gesellschaft verstanden werden. Ich gehe davon aus, daß sich die Bedeutung von Fleisch im wesentlichen auf die Beherrschung der Umwelt bezieht. Fleisch hat gerade wegen dieser Bedeutung lange einen unumstrittenen Platz unter den Hauptnahrungsmitteln eingenommen. Aber der Status von Fleisch liegt nicht in seiner Substanz begründet. Er wurde von aufeinanderfolgenden Generationen, die seine Bedeutung hoch bewerteten, in Fleisch hineingelegt: Generationen von Menschen *mochten* die Vorstellung, Macht über die Natur zu besitzen, und Fleisch verkörpert diese Macht. Sein schwindendes Ansehen – und seine offene Ablehnung durch viele Menschen – zeigen nicht nur, daß sich der Essensgeschmack verändert. Fleisch ist wirklich mehr als ein Essen. Es verkörpert eben auch eine Lebensweise.

TEIL II

Fleisch ist Muskelkraft

5
Entwicklung und Erhöhung

Alle Menschengruppen auf der ganzen Welt, sagt Maurice Bloch, sehen sich mit den grundlegenden Fragen der menschlichen Identität konfrontiert – Fragen, die sich häufig auf ein bestimmtes Problem konzentrieren:

> Wie stark unterscheidet sich der Mensch vom Tier, inwieweit ist er eine Weiterentwicklung von Tieren, Pflanzen und sogar geographischen und kosmologischen Ereignissen? Die Antwort ist, wie jede Antwort auf diese fundamentale Frage, immer unbefriedigend, und deshalb rufen solche Fragen endlos weitere Probleme herauf und initiieren damit einen immer fortdauernden, niemals gelösten Diskurs. (Bloch 1985, S. 698)

In den Gesellschaftswissenschaften kreist die Analyse normalerweise um den vermeintlichen Unterschied zwischen Natur und Kultur: den Unterschied zwischen dem, was (vermutlich) geschehen würde, wenn wir uns einfach wie andere Affen verhielten und dem, was wir bewußt oder auf andere Weise aus dem Potential der Natur erschaffen. Manche WissenschaftlerInnen glauben, daß es eine solche Unterscheidung im ganzen menschlichen Denken gibt. Sherry Ortner zum Beispiel behauptet: »Wir könnten ... Kultur weitgehend mit dem Begriff der menschlichen Bewußtheit (das heißt mit Systemen des Denkens und der Technologie) gleichsetzen, mit deren Hilfe die Menschheit die Kontrolle über die Natur zu erlangen sucht« (1982, S. 490). Ein Beispiel für die Kultur, auf das sich Lévi-Strauss gerne bezieht, ist die Aktivität des Kochens, die offenbar allen Menschen gemeinsam ist, obwohl es keine zwingende Notwendigkeit für sie gibt. Das legt nahe, daß es sich um ein universelles Symbol handelt. Lévi-Strauss geht davon aus, daß es eben »die Unterscheidung zwischen Kultur und Natur sei, die den Menschen vom ›Tiermenschen‹ unterscheidet« (Leach 1971, S. 123).

Strathern vertrat dagegen, daß »es so etwas wie Natur oder Kultur nicht gibt« (Strathern 1980, S. 1977). Sie untermauerte damit ihre These, daß diese Begriffe falsch benutzt werden. Dies begründete sie unter anderem damit, daß (zum Beispiel) die Hagen Papua-Neuguineas »Natur« und »Kultur« nicht so verstehen, wie wir es tun. Stephen Horigan (1988) bezeichnet die Auseinandersetzung über den Gegensatz von Natur und Kultur noch ablehnender als eine intellektuelle, geradezu verschleiernde und hemmende Diskussion über fruchtlose Begriffe wie die der menschlichen Einzigartigkeit und der Autonomie der Kultur. Seiner Meinung nach müssen wir bereit sein, die Tatsache anzuerkennen, daß auch andere Spezies Kulturen herausgebildet haben, und wir selbst Tiere sind – nicht Gottheiten oder Elfen (Midgley 1980, S. 55) –, weil wir sonst leicht den Blick dafür verlieren, neue, interessante Fragen zu entdecken:

> Wir sollten nicht zu »beweisen« versuchen, daß Schimpansen eine menschliche Sprache besitzen oder auch nicht, sondern begreifen, was uns die unzweifelhaften Fähigkeiten des Affen über die Natur der Sprache mitteilen können und welche weiteren Einsichten sie uns über den Geist des Affen ermöglichen. (Horigan 1988, S.106)

Das abendländische Denken wird geradezu magnetisch von der Suche nach einem Merkmal angezogen, das uns in unserer Einzigartigkeit vom Rest der Schöpfung unterscheidet. Es forscht nach einer Epoche, in der erstmals menschliche Wesen erkennbar in Erscheinung traten. Für Lévi-Strauss war das entscheidende Merkmal des Menschen dessen Meisterschaft im Kochen (ähnlich argumentierte vor ihm Boswell). Aristoteles beschrieb die Menschen als politische Tiere, Thomas Willis nannte sie lachende, Benjamin Franklin werkzeugproduzierende und Edmund Burke religiöse Tiere. »Allen solchen Definitionen ist gemeinsam, daß sie von einem Gegensatz zwischen den Kategorien ›Mensch‹ und ›Tier‹ ausgehen und daß sie das Tier stets als untergeordnet betrachten« (Thomas 1983, S. 31).

Die Natur wird im allgemeinen nicht nur als etwas angesehen, das sich von der Kultur unterscheidet, sondern als etwas, das im Gegensatz zu ihr steht. Die menschliche Gesellschaft ist nicht nur anders, sie ist überlegen. Die materielle Welt war traditionell buchstäblich unter unserer Würde – sie war eine Ressource, die wir nach unserem freiem Willen benutzen konnten. Ihr gegenüber hatten wir nur eine geringe (oder gar keine) Verpflichtung, etwas von dem zurückzugeben, das wir uns nehmen. Es war unsere göttliche Pflicht, die Wilden zu unterwerfen. Der Einfluß dieses intellektuellen Erbes wirkt in allen unseren Auseinandersetzungen bis zum heutigen Tage fort. Er zeigt sich auch in der Art und Weise, wie wir mit den Naturressourcen der Welt umgehen ... und nicht zuletzt mit dem Fleisch anderer Tiere. Der »Gegensatz von Natur und Kultur ist im zeitgenössischen westlichen Denken so bestimmend, daß wir dazu tendieren, ihn als selbstverständlich hinzunehmen, ohne ihn ernsthaft zu bestreiten« (Birke 1986, S. 102).

Der Stierkampf liefert ein spektakuläres Beispiel für die angeblich schon immer bestehende Auseinandersetzung zwischen Kultur und Natur und kleidet sie in die Form eines zeremoniellen Kampfes. Dieser spanische Brauch lebt laut Garry Marvin fort, weil er eine populäre Arena zur rituellen Bestätigung der Überlegenheit der menschlichen Fähigkeiten und Intelligenz über die Kraft der rohen Natur darstellt.

> Die kulturelle Bedeutung der Corrida [Stierkampf] kann am besten verstanden werden, wenn sie als ein Ereignis interpretiert wird, das die wichtigen strukturellen Gegensätze von Natur und Kultur – die der Vorstellung von dem zugrundeliegen, was es bedeutet, zivilisiert und wahrhaft menschlich zu sein – verkapselt und knapp und dramatisch zusammenfaßt. (Marvin 1988, S. 128)

Das ganze Schauspiel dient dazu, den unvermeidlichen Sieg des Geistes über die brutale Kraft auszudrücken, Qualitäten, die als einzigartig menschlich bzw. auf der anderen Seite als tierisch angesehen werden. Einem guten Stier muß die menschliche Intelligenz schon per definitionem fehlen:

> Ein Stier, der abwartet, bevor er angreift, der vom Umhang zum Körper des Mannes und wieder zurück blickt, ist nicht ein Stier mit *nobleza*, sondern eher einer mit *sentido* (Geist oder Urteilsfähigkeit); er wägt offensichtlich ab, wie er angreifen soll. Gegen einen Stier mit *sentido* läßt es sich schwer kämpfen, denn der *torero* kann sich nicht sicher sein, was der Stier tun wird. Die ganze Grundlage des *toreo*, die darin besteht, daß der Mann den Stier täuscht, bricht in sich zusammen, wenn der Stier ebenfalls beabsichtigt, den Mann zu täuschen. Ein Stier mit *sentido* ist kein guter Stier, weil *sentido* Entscheidungsfähigkeit und Urteilskraft auf seiten des Stieres einschließt, Fähigkeiten, die nur Menschen auszeichnen sollten.
>
> (Marvin 1988, S. 103)

Der Stierkampf ist lediglich eine der unzähligen Arten, die menschliche Gesellschaften erfunden haben, um die Überlegenheit zu untermauern, die wir gegenüber niedrigeren Tieren empfanden. Lästige Gegenbeweise wurden zu jeder Zeit rücksichtslos unterdrückt. Wir haben unsere Umwelt immer als eine Bedrohung dargestellt, die wir überwinden müssen, als eine zu zähmende Wildnis, eine Ressource, die wir uns nur zunutze zu machen brauchen, ein Objekt mit nur wenigen eigenen Bedürfnissen oder gar Rechten. Diese ethische Position hat sich zu einer Art ideologischem Imperativ entwickelt, der in religiösen, theoretischen, kommerziellen, populären und mythologischen Formen zutage tritt.

Wir erziehen unsere Kinder noch heute mit Märchen, in denen tiefe, dunkle Wälder ein Symbol für ungebändigte Gefahr sind – die Heimat böser Hexen oder wilder und hinterhältiger Wölfe, die nur darauf warten, über unschuldige Menschen herzufallen. Oder wir erzählen aufregende Geschichten von wackeren Pionieren, die mit dem Ziel in die rauhe Wildnis vordringen, die Grenzen der Zivilisation weiter nach hinten zu verschieben. Sie fällen Wälder, um stabile Blockhütten zu bauen, die ihnen als sichere Häfen gegen die schrecklichen Gefahren der Wildnis dienen, sie pflanzen auf unbebautem Grund Getreide an und bringen Stück für Stück menschliche Organisation dorthin, wo bis dato nur das Chaos der Natur herrschte. (Science Fiction-Geschichten nach der Art der beliebten amerikanischen Fernsehserie *Raumschiff Enterprise* verlegen unseren Horizont ins Unermeßliche. Sie erschaffen eine legendäre Zukunft, in der es unsere Mission ist, »mutig loszugehen« und eine ausgeprägt menschliche Ordnung bis in die entferntesten Tiefen des Weltraumes auszudehnen – bis an »die letzte Grenze«.) Dies war nach den Aussagen des Historikers Roderick Nash genau die Haltung, die die ersten amerikanischen Kolonialisten gegenüber der Natur einnahmen:

> Wildnis ... bekam die Bedeutung eines dunklen und unheimlichen Symbols. [Die Pioniere] knüpften an die lange Tradition des Abendlandes an, sich wildes Land als ein moralisches Vakuum vorzustellen, als ein verfluchtes und chaotisches Ödland. Die Grenzansiedler besaßen als eine Konsequenz daraus ein starkes Empfinden dafür, daß sie in der Wildnis nicht nur um ihr persönliches Überleben kämpften, sondern im Namen von Nation, Rasse und Gott. Die Neue Welt zu zivilisieren, bedeutete, die Dunkelheit zu erhellen, das Chaos zu ordnen und Böses in Gutes zu verwandeln. (Nash 1967, S. 24)

Die Wurzeln solcher Haltungen reichen tief. Für unsere Antworten auf die höchst bedrängende Frage, welches Verhältnis der Mensch der Natur gegenüber einnehmen sollte, waren viele Jahrhunderte lang Religion und Philosophie zuständig. Arthur Lovejoy nimmt an, daß das Konzept der Großen Kette des Seins – eine vorgestellte Hierarchie der Schöpfung, die von Gott an der Spitze über die Engel, Menschen, die anderen Tiere und die Pflanzen bis zum Unbelebten führte –

> eine der halben Dutzend machtvollsten und dauerhaftesten Prämissen des abendländischen Denkens [war]. Sie war bis vor nicht viel mehr als einem Jahrhundert die vielleicht am stärksten verbreitete Konzeption von der allgemeinen Ordnung der Dinge, des grundlegenden Musters des Universums; und als solche bestimmte sie notwendigerweise die vorherrschenden Vorstellungen von vielen anderen Dingen. (Lovejoy 1936, S. VII)

Das zentrale Prinzip, das zum Beispiel der Auffassung von höheren und niedrigeren Tieren zugrundeliegt, kann bis zu Aristoteles zurückverfolgt werden, der die These aufstellte,

> daß die Pflanzen um der Tiere und die Tiere um der Menschen willen da sind, die zahmen sowohl zum Gebrauch als auch zur Nahrung und von den wilden, wo nicht alle, so doch die meisten zur Nahrung und zum sonstigen Lebensbedarf, um Kleidung und Gerätschaften von ihnen zu gewinnen. Denn wenn die Natur nichts zwecklos und vergebens tut, so ist hiernach notwendig anzunehmen, daß sie selber dies alles der Menschen wegen gemacht hat.
> (Aristoteles 1968, 1256b 15–20)

Lovejoy ist der Entwicklung dieser Vorstellung in der Geschichte des abendländischen Denkens nachgegangen, in der Philosophie von Aquin, Leibniz und Spinoza, der Wissenschaft von Kopernikus, Kepler und Bacon und der Kunst von Milton, Pope und Victor Hugo. Das Konzept vom Universum als der Großen Kette des Seins erreichte paradoxerweise im achtzehnten Jahrhundert seine größte Verbreitung und Akzeptanz, zu einem Zeitpunkt, als die spekulative Metaphysik bereits im Verschwinden begriffen war und der Empirismus triumphierte (Lovejoy 1936, S. 183). Die Erklärung für dieses Mißverhältnis ist einfach. Das alte System, das eigentlich zum Beweis der Existenz und des Ruhmes Gottes angetreten war, hatte eindeutig die Glorifizierung der Menschheit zur Folge, da sich unsere Zwischenposition dazu eignete, den Übergang von rein empfindenden zu intellektuellen Lebensformen zu markieren. Dieses philosophische System reflektierte und bediente die Wünsche der Kultur, aus der es entstanden war und zu deren voller Ausreifung es beitrug, obwohl seine AnhängerInnen zweifellos glaubten, daß es nach strikter metaphysischer Prüfung zu seinen Schlüssen gelangt sei:

> Heute, da unsere Herrschaft über die Natur nahezu umfassend zu sein scheint, finden sich viele Kommentatoren bereit, sehnsüchtig auf frühere Perioden zurückzublicken, in denen noch ein ausgeglicheneres Verhältnis bestand. Aber im Tudor- und Stuart-Zeitalter war die charakteristische Haltung die der Begeisterung über die hart errungene Vorherrschaft. Das selbstbewußt verkündete Ideal der frühen modernen Wissenschaftler war die Herrschaft des Menschen über die Natur. (Thomas 1983, S. 28–29)

Das Konzept der Großen Kette des Seins trug zu der Annahme bei, daß alle materiellen Dinge zum Wohle des Menschen existierten, und dieser Grundsatz bestimmte wesentlich die wissenschaftlichen und industriellen Bestrebungen dieser Zeit. Parallel zur Ausweitung der ökonomischen Aktivität, die im 17. Jahrhundert zu verzeichnen war, gewannen mechanistische Philosophien an Einfluß. Dies hing möglicherweise damit zusammen, daß ältere, »organische« Philosophien sich auf die Ausbeutung der physischen, tierischen und menschlichen Ressourcen unter Umständen einschränkend ausgewirkt hätten (Merchant 1982). Wenn es darum ging, die stetig wachsende Macht der industriellen Produktion zu rechtfertigen, wurde immer wieder, schon fast wie eine sich selbst erfüllende Prophezeiung, die Ethik einer menschlichen Überlegenheit beschworen. Andererseits exerzierte die Industrie die Ausbeutung der Natur beispielhaft vor. Sie wurde so als Bestätigung unserer offensichtlichen Andersartigkeit und unserer natürlichen Überlegenheit angesehen.

Es entspricht diesen Entwicklungen, daß der Fleischverbrauch in der frühen Zeit der Moderne rapide anstieg. Die industrielle Revolution befand sich zu dieser Zeit auf ihrem Höhepunkt, und es wurden klar und unzweideutig Auffassungen vertreten, die die ungehinderte Anwendung der wissenschaftlichen Methode und der Technologie verteidigten und den Triumph des Menschen priesen. Fleisch mußte zumindest für die einflußreicheren Mitglieder der Gesellschaft in verschwenderischer Menge zur Verfügung stehen, damit sie sich in vollem Umfang daran erfreuen konnten. Thomas

(1983) berichtet, daß Henry More, ein Philosoph des siebzehnten Jahrhunderts, der zeitweise als einer der »eifrigsten Verfechter« der Vorstellung von der Großen Kette des Seins galt (Lovejoy 1936, S. 125), davon überzeugt war, daß Rindern und Schafen nur und in erster Linie das Leben geschenkt worden war, um ihr Fleisch frisch zu halten, »bis wir sie zu essen begehren« (More 1655, S. 116). William King, der 1731 über den Ursprung des Bösen schrieb, argumentierte ähnlich, daß es kein Unrecht sei, Ochsen als Nahrung für ein »edleres Tier« zu töten, da sie nur für dieses am Leben seien (King 1731, S. 118–119).

Die Vorstellungen von einem Dualismus von Geist und Körper und von der mechanistischen Funktionsweise lebender Dinge, die vor allem Descartes mit beträchtlichem intellektuellem Talent dargestellt hatte, wurden begierig von der Gesellschaft übernommen. Sie dienten ihr als willkommene Rechtfertigung für die sich damals schnell entwickelnde technologische Erforschung und Ausbeutung unserer lebenden und nicht lebenden Ressourcen. Lockes Empirismus unterstützte derweil den Glauben an die Möglichkeit und den Wert der Objektivität – die Haltung, alles außerhalb des Selbst als ein Objekt anzusehen – und an die Notwendigkeit einer leidenschaftslosen Betrachtungsweise aller Dinge (Novak 1971). Im Geist der unbeteiligten Neugier, wenn nicht sogar offenen Feindseligkeit, mit der wir gewöhnlich unsere Umgebung betrachten, erblühten Wissenschaft und Technologie. Deren Fortschritte brachten uns das, was wir als zivilisierte Segnungen zu begreifen lernten; wenigstens trifft das für diejenigen, die Glück hatten, zu. Der materielle Fortschritt brachte den Zusatzeffekt mit sich, daß andere durch ihn zur Übernahme gleichartiger Ideale angeregt wurden, so daß heute die wissenschaftlichen, industriellen und kommerziellen Werte des Abendlandes das Denken und Handeln des größten Teils der Weltbevölkerung beeinflussen. In vielen Bereichen schwand das Gefühl von Zusammengehörigkeit und Vertrautheit. Mit anderen Worten: Die Vorstellung von der Trennung zwischen Natur und Kultur breitete sich aus.

Der *Homo sapiens* verzehrt mehr Fleisch, als es alle anderen Primaten tun. Bis vor kurzem wurde sogar angenommen, daß wir überhaupt die einzigen Primaten seien, die Fleisch essen. Dies ist nicht der Fall. Affen essen etwas Fleisch, aber eindeutig seltener und in geringeren Mengen als die meisten Menschen. Es versorgt sie gelegentlich mit seltenen Nährstoffen (Goodall 1965; Teleki und Harding 1981).

Die Tatsache, daß wir so bereitwillig annahmen, daß nichtmenschliche Primaten Vegetarier seien, ist schon für sich genommen von Bedeutung, denn das Fleischessen ist ein Schlüsselmerkmal, durch das wir uns traditionell als Menschen charakterisierten. In der Geschichte unserer nachbiblischen Versuche, den Zeitpunkt des Auftretens der menschlichen Spezies genau festzulegen, wird vielleicht am häufigsten das Jagen als entscheidendes Merkmal angeführt. Ein zeitgenössischer Autor, der über die Rotwildjagd schreibt, legt den Zeitpunkt der Geburt der Menschheit auf den Beginn der planmäßigen Jagd und sieht den Fortschritt in der Entwicklung einer effektiveren Jagdtechnologie:

> Seit der Zeit, in der sich der neolithische Mann, zweifellos aus Hunger, zuerst an ein Mastodon heranpirschte ... war es das Grundprinzip, so nahe wie möglich an sein Wild heranzukommen, um es mit einem Minimum an Gefahr für sich selbst zu töten. Der Mann, der immer auf der Jagd nach Nahrung war, benutzte seine geistigen Fähigkeiten als Hilfe und entwickelte gleichzeitig seine Waffen weiter ... Nachdem das Schießpulver erfunden worden war, veränderte sich natürlich das Bild. Vorher wurde das Wild gefangen, indem es in Fallen oder zu einem umzäunten Platz getrieben wurde, wo es niedergemetzelt werden konnte (was in schrecklicher Weise an den Walfang der Färöer erinnert), oder es wurde mit Hunden gejagt. Jetzt konnte der Mensch seine Fähigkeit, sich anzuschleichen, wiederbeleben. (Bowser 1986, S. 22)

Dieser kurze Bezug auf die Zeit, als sich der Mann »zuerst an ein Wild heranpirschte«, legt uns nahe, folgende Vermutungen anzustellen: unsere VorfahrInnen in der Prähistorie waren seit ewigen Zeiten überwiegend VegetarierInnen, das Jagen war durch Nahrungsknappheit bedingt, die Fähigkeit, sich anzuschleichen, war ein wichtiger Schritt in der Evolution der Spezies zu einer höheren Stufe der Zivilisation, das Jagen ist eine durch und durch männliche Beschäftigung, und die moderne Jagd setzt im wesentlichen uralte Traditionen fort. Der Schreiber läßt sich wie üblich und bezeichnenderweise nicht weiter über diese »Fakten« aus, die nach alledem offenbar zum Allgemeinwissen gehören.

Archäologische Zeugnisse werden meistens so interpretiert, daß sich Prä-*Homo-sapiens*-Gruppen vor zwei bis vier Millionen Jahren von anfänglich treibenden zu jagenden Gruppen entwickelten

(Lancaster 1968). Es wird ebenfalls davon ausgegangen, daß viele der wichtigen sozialen, biologischen und technischen Neuerungen, durch die wir die heutigen Rassen charakterisieren, wie zum Beispiel das Anfertigen von Werkzeug oder die Geschlechtertrennung in der Arbeit, ungefähr zu dieser Zeit begannen. Die nackte Tatsache wesentlicher Veränderungen in den menschlichen Aktivitäten und Fähigkeiten während einer Periode der Prähistorie ist unumstritten. Interessant ist allerdings, warum wir glauben, daß solche Entwicklungen genau ab diesem Zeitpunkt stattfanden, und interessant sind auch die Auswirkungen, die wir für die Beziehung zwischen den Menschen und ihrer Umwelt sehen:

> Das Jagen veränderte die Beziehungen des Menschen zu anderen Tieren und seine Ansicht von dem, was natürlich ist. Die menschliche Vorstellung, daß es normal ist, wenn Tiere fliehen, überhaupt der Gedanke, daß Tiere wild sind, ist das Ergebnis des Jagdbrauchs der Menschen. In Wildreservaten lernen viele verschiedene Arten von Tieren schnell, den Menschen nicht zu fürchten und nicht mehr vor ihm zu fliehen ... Bevor es die Jagd gab, muß das Verhältnis unserer Vorfahren zu anderen Tieren dem anderer Nicht-Fleischfresser sehr ähnlich gewesen sein. Sie könnten sich eng unter anderen Spezies bewegt, neben ihnen gegessen und dieselben Wasserlöcher geteilt haben. Aber diese friedliche Beziehung war mit dem Aufkommen der menschlichen Jagd zerstört, und seit mindestens einer halben Million Jahren ist der Mensch der Feind selbst der größten Tiere. Die Ansicht des Menschen über das, was er in seiner Beziehung zu Tieren für normal und natürlich hält, kann also als Folgeerscheinung des Jagens angesehen werden. Die Welt voller Flucht und Gefahr ist ein Ergebnis der Tüchtigkeit der Jäger.
>
> (Washburn und Lancaster 1968, S. 299)

Normalerweise wird behauptet, daß das Jagen radikale Veränderungen der menschlichen Fähigkeiten und Organisation anregte und erforderlich machte. Es wird so getan, als ob aus dem spärlichen Strandgut und den Überbleibseln lange untergegangener Gemeinschaften unmittelbar gesellschaftliche Bedingungen und sogar Gedanken und Ideen abgelesen werden könnten. Wir datieren die Entstehung der Zivilisation auf die Beherrschung der wilden, nicht-menschlichen Welt. Das Jagen, so lautet das Argument, könnte in der Evolution der modernen Menschheit sogar bedeutungsvoller gewesen sein als die später folgende Entwicklung des Ackerbaus. »Landwirtschaftliche Lebensweisen waren in weniger als einem Prozent der menschlichen Geschichte vorherrschend, und es gibt keine Beweise für wesentliche biologische Veränderungen während dieser Zeitperiode«, weshalb »die Beachtung des Jagens für das Verständnis der menschlichen Evolution so wichtig ist« (Washburn and Lancaster 1968, S. 293, 294). Auch das berühmte *Hamburger Book* teilt seinen LeserInnen mit, daß die Herausbildung der Menschheit durch den Schritt zum Fleischessen charakterisiert war:

> Fleisch ist seit ungefähr 4 Millionen Jahren eine bevorzugte Nahrung der Menschheit. Obwohl archäologische Funde enthüllt haben, daß der Prä-Mensch (eine Art fortgeschrittener Affe) bereits vor 14 Millionen Jahren existierte, wird angenommen, daß diese Wesen Vegetarier waren ... Ungefähr 4 Millionen Jahre vor Christus setzte eine Übergangsphase ein, während der sich der fortgeschrittene Affe zu einem gemischten Affen-Menschen zu entwickeln begann ... der lernte, für seine Nahrung zu töten, mit Steinen, dicken Ästen oder irgendwelchen anderen natürlichen Gegenständen, die vor ihm herumlagen. Er war auf dem Weg, ein gewohnheitsmäßiger Fleischesser zu werden. (Perl 1974, S. 13)

Robin Fox vertritt eine ähnliche Vision von den frühen Ursprüngen der Menschheit und führt die ungleiche Beziehung zwischen den Geschlechtern auf die Suche nach großen Fleischmengen zurück:

> der Wechsel vom gelegentlichen Fleischessen zu einer Ernährung, die zu mehr als 50 Prozent aus Fleisch bestand, bedeutete einen radikalen Wandel in den Beziehungen der Geschlechter und zwischen jungen und alten Männern. Diese Veränderungen schufen den Menschen, wie wir ihn heute kennen ... Im Wettkampf von der Art, daß der Sieger alles gewinnt, zählt allein die Stärke, im »hierarchischen« Wettbewerb des Primaten zählt vor allem Autorität und die Beherrschung von Zeitabläufen. In der Situation des Jagens geht es offensichtlich um die Fähigkeit, Fleisch zu beschaffen – als Lebensmittelvorrat für Frauen und Kinder. Aber es ist noch komplexer: Stärke, Autorität und die Fähigkeit zur Jagd kumulieren in ihrer Bedeutung, aber zu einem erfolgreichen, dominanten Mann in einer gemeinschaftlichen Jägergesellschaft müssen noch viele andere Qualitäten hinzukommen. Im Laufe der Zeit werden allmählich »Dominanz« und daher Zuchtvorteile durch Führungsqualitäten, Organisationstalent und selbst solche aufkeimenden Talente wie Eloquenz, schamanistische Fertigkeiten etc. charakterisiert ...
>
> (Fox 1985, S. 8–9)

Serge Moscovici argumentiert in *Society Against Nature* (1976) [Gesellschaft gegen Natur], daß der grundlegende Wandel von einer Sammler- zu einer Jägergesellschaft von der Herausbildung der Geschlechterungleichheiten begleitet war:

> Der Mann machte sich selbst zum Mann, als er sich als Jäger etablierte oder, mit anderen Worten, als er versuchte, bestimmte Fähigkeiten und Mittel zu erlangen, um sich auf eine vorhandene Umgebung einzustellen, und wurde so genetisch, sozial und technologisch transformiert ... Eine solche Definition umfaßt alles. Sie läßt sich auf eine bestimmte geschichtliche Situation beziehen, sie umgeht die beschränkte Beschäftigung mit Werkzeug und Nahrung, und sie kann mit Mythos, Ritualen und individuellen emotionalen und intellektuellen Wechselwirkungen in Zusammenhang gebracht werden. Sie schließt gleichfalls Männer – räuberische oder jagende – verschiedener Spezies ein, die einst nebeneinander existierten, wie der *Australopithecus robustus* und der *Homo habilis*, oder aufeinander folgten, wie der *Homo erectus* und der *Homo sapiens*. Sie trennte und unterschied sie von anderen Primaten, nicht weil die letzteren Primaten waren, sondern weil sie vollständig von der Vegetation abhingen. (Moscovici 1976, S. 30)

Hier spricht aus jeder Passage die herkömmliche Annahme, daß das Jagen sowohl die Beziehungen der Menschen untereinander als auch die zu ihrer Umgebung veränderte. Der Prozeß ist vielleicht am besten in Washburns und Lancasters Artikel *The Evolution of Hunting* [Die Entwicklung des Jagens] beschrieben, in dem sie Argumente dafür anführen, daß in der Kooperation beim Jagen, Schlachten und im Krieg der Ursprung männlicher Zusammenschlüsse liegt (1968, S. 295–296). Solche Betrachtungsweisen beinhalten typischerweise die Annahme einer Kausalität: daß das Jagen nämlich nicht nur das Auftreten der menschlichen Gesellschaft, einschließlich der Geschlechterunterschiede, *kennzeichnete*, sondern sie eigentlich *gestaltete*.

Genauso jedoch, wie gesagt werden kann, daß das Jagen der Ursprung der menschlichen Biologie, Gesellschaft und Technologie gewesen sei, könnte das Auftreten der Landwirtschaft als entscheidend für die Entwicklung der Zivilisation angesehen werden. Der Kern der Definition bleibt die Kontrolle über die Natur. »Der Ursprung der Landwirtschaft«, wird uns mitgeteilt, »war keine plötzliche, zufällige Offenbarung. Über Zehntausende von Jahren hinweg beobachteten die Menschen ihre Umwelt, führten Experimente durch und erlangten Fertigkeiten und Wissen, um durch die Kontrolle von Pflanzen und Tieren eine stabilere Nahrungsversorgung zu ermöglichen« (Harlan 1976, S. 89). »Die Zähmung von Nahrungstieren geschah zu einem ziemlich frühen Zeitpunkt in der landwirtschaftlichen Revolution ... Der Zweck der Domestizierung war es, sich tierische Proteinreserven zu sichern und Tiere als lebende Nahrungsmittelkonserven zu benutzen« (Dando 1980, S. 23).

Sherratt fügt hinzu, daß die Entwicklung der veredelnden Tierzucht – ein Aspekt der von ihm so genannten »sekundären Produktrevolution« – in der Entwicklung komplexer Ökonomien eine wichtige Neuerung darstellte, denn sie trug als einer der notwendigen technologischen Fortschritte zu dem Prozess der Intensivierung der Produktion bei (Sherratt 1981). Die gleiche Meinung vertrat Leslie White, der argumentierte, daß die neolithische Periode einen »großen Fortschritt in der kulturellen Entwicklung [erlebte] ... als eine Folge der großen Steigerung des Energiebetrags pro Kopf und Jahr, der durch die Mittel landwirtschaftlicher und viehhütender Fertigkeiten nutzbar gemacht und kontrolliert wurde« (White 1949, S. 372).

Sie mögen recht haben, aber das sowohl metaphysische wie physische Aufkommen der Zivilisation wird auch hier durch die Kontrolle über die Natur und über die Fortpflanzung, das Leben und den Tod von Tieren gekennzeichnet. Jede/r dieser KommentatorInnen setzt menschliche Kultur direkt mit Macht und Kontrolle gleich (in den letzteren Fällen in einer als »Energie« vergegenständlichten Form), und das sind zutiefst orthodoxe Ansichten. Ein Großteil des Kulturgutes des Abendlandes ist auf die Vervollkommnung, Demonstration und Lobpreisung einer derartigen Kontrolle ausgerichtet. Technologische Neuerungen, die wir gewöhnlich als Wohltaten auffassen, dienen dieser Aufgabe, und die Intensivierung der Produktion kann weitgehend als eine mit dieser Aufgabe verbundene Segnung angesehen werden. Wie Tannahill sagt: das »Tier auf dem Bauernhof wurde zum ersten Machtwerkzeug der Menschheit« (1988, S. 27). Die Betonung liegt gleichermaßen auf dem Wort Macht wie auf dem Wort Werkzeug.

Zeuner behauptet, daß ein guter Gradmesser für die menschliche Evolution in der späten prä-agrikulturellen Periode die Anwesenheit des Hundes sei, der von Jägern in Afrika, Australien und Amerika benutzt wurde. Der Eskimo setzte den Hund beispielweise zum Jagen, für den Transport und in Hungerzeiten als Nahrung ein (Zeuner 1963). Der Punkt, ab dem wir unsere Kraft dadurch steigerten, daß wir zur Kontrolle anderer Tiere Tiere benutzten, scheint in der Tat bedeutsam. Die Bedeutung solcher (anthropozentrischen) Verbesserungen ist jedoch ebensosehr ideologischer wie praktischer Art. Sie sind sowohl demonstrativ wie sie unsere Fähigkeiten vergrößern, sind ebenso bestätigend wie wirkungsvoll. Die Domestizierung von Tieren, der Schritt, sie als Teil unseres Vorratsbestandes in die Hürde des Menschen zu bringen, dient als Signal für die menschliche Vorherrschaft, ganz ähnlich, wie der Erwerb eines großen und starken Autos (die Kraft, die nach wie vor in Pferdestärken gemessen wird) zu mehr dient, als den modernen Geschäftsmann schnell von einem Ort zum anderen zu befördern.

Keine dieser Theorien zur Domestizierung von Tieren und zur Herausbildung der Landwirtschaft kann dazu dienen, einen wahren Grund für die Entwicklung des *Homo sapiens* zu liefern – genausowenig wie das die Theorien zum Aufkommen des Jagens können. Die Versuche, die menschliche Prähistorie zu rekonstruieren, beruhen naturgemäß auf Vermutungen. Das heißt nicht, daß Theorien über die Evolution des Menschen uninteressant sind. Sie sagen uns nur möglicherweise genausoviel über die zeitgenössischen Definitionen dessen, was als menschlich anzusehen ist, wie sie uns irgend etwas über die Vergangenheit mitteilen.

Eine differenziertere Analyse als die der ForscherInnen, die das Jagen – oder die Landwirtschaft – als Grund für Veränderungen in der menschlichen Organisation betrachten (und es gleichzeitig als deutliches Merkmal solcher Veränderungen ansehen), geht davon aus, daß die sich schnell entwickelnde rudimentäre Kultur, die sich als anders als der Rest der Natur und als ihr überlegen begriff, im Jagen einen Weg fand, auf dem sie dieser Anmaßung *Ausdruck verleihen* konnte. Ein Anstieg des Fleischverzehrs war so gesehen nur eines einer Reihe charakteristischer Merkmale, von denen es heißt, daß sie während dieser Periode aufgetreten seien. Allerdings richten wir heute gern unsere besondere Aufmerksamkeit auf eben dieses eine Merkmal. Mehr noch: viele Urwelternährungsexperten scheinen auf die Entwicklung des Jagens fixiert zu sein. Andere komplexe kulinarische und die Ernährung betreffende Entdeckungen – wie z. B. die Lagerung, das Einweichen, Zermahlen und Erhitzen von Samen – könnten mindestens ebenso wichtig dafür gewesen sein, die Menschen von den Beschränkungen zu befreien, die ihnen die Umwelt auferlegte, denn diese Entdeckungen versetzten die Spezies in die Lage, neue Gewohnheiten auszubilden und bahnten den Weg für die Landwirtschaft (Washburn und Lancaster 1968, S. 295).

Die offensichtliche Tatsache so vieler gleichzeitiger Veränderungen in den menschlichen Attributen und Aktivitäten ist es wert, untersucht zu werden, zumal verschiedene InterpretInnen unter Berücksichtigung derselben Beweise zu sehr unterschiedlichen Schlußfolgerungen kommen. Sally Slocum zum Beispiel bestreitet, daß prähistorische Gesellschaften das Jagen und Sammeln nach einem Muster zwischen den Geschlechtern aufteilten, das dem heutigen ähnelt. Sie widerspricht der Annahme, daß diese Arbeitsteilung all die anderen bekannten Entwicklungen anregte, eingeschlossen eine

> längere Zeit der Schwangerschaft, eine schwierigere Geburt; Neotenie, daß also menschliche Kinder bei der Geburt weniger entwickelt sind; eine lange Periode kindlicher Abhängigkeit; das Fehlen von Körperbehaarung; ganzjährige sexuelle Empfänglichkeit der Frauen ...; aufrechtgehende Zweifüßigkeit; der Besitz eines großen und komplexen Gehirns, das die Herausbildung eines verfeinerten Symbolsystems sowie Sprachen und Kulturen ermöglicht und dessen Ergebnis auch ein Großteil des Verhaltens ist, das unter der Kontrolle der Hirnrinde steht; das Aufteilen von Nahrung; und schließlich das Leben in Familien. (Slocum 1982, S. 476)

Solche Interpretationen spiegeln vielleicht nur die Vorurteile der modernen, maskulinen Gesellschaft wider. Slocum weist darauf hin, daß das englische Wort *man*, »Mann, Mensch«, in Diskussionen über das Jagen meistens mehrdeutig benutzt wird. Es bezeichnet häufig vermeintlich die menschliche Spezies, wenn es eigentlich als Synonym für Männer steht (1982, S. 474). Washburn und Lancaster gehen zum Beispiel davon aus, daß nur Männer auf die Jagd gehen und führen die meisten menschlichen Merkmale auf das Jagen zurück. Für Slocum liegt klar auf der Hand, was damit gesagt werden soll, und sie zitiert Jane Kephart:

> Da nur Männer jagen und die Psychologie der Spezies durch die Jagd bestimmt wurde, müssen wir schlußfolgern, daß Frauen nicht besonders menschlich sind, da sie nicht die eingebaute Grundpsychologie der Spezies besitzen: zu töten und zu jagen und letztlich andere Mitglieder derselben Spezies zu töten. Das Argument beinhaltet, daß in den männlichen Menschen Aggressivität eingebaut ist, genauso wie

> es bei menschlichen Weibchen Passivität und ihren Ausschluß von der Hauptströmung der menschlichen Entwicklung voraussetzt.
>
> (Kephart 1970, S. 5)

Die Beweise der Anthropologie, Archäologie, Psychologie und Genetik, behauptet Slocum, unterstützen einfach nicht die durch die Vorurteile der Männer geprägten spekulativen Interpretationen, mit denen sie befrachtet werden: Fertigkeiten wie Koordination, Ausdauer und Kooperation werden nicht auf dem Y-Chromosom transportiert. Es ist Unsinn, die Meisterschaft bei der Jagd als Ursache solcher Fähigkeiten wie Kontrolle, Führungsqualitäten, Beredsamkeit und vor allem Intelligenz zu nennen und im selben Atemzug zu behaupten, daß Frauen für die Jagd weniger gut ausgestattet seien als Männer. Beweise dafür, daß moderne Männer im Durchschnitt genetisch besser befähigt sind, Entfernungen abzuschätzen und genauer zu werfen als Frauen (Kolakowski und Malina 1974), und daß heutige Frauen in der Dämmerung über eine bessere Sicht verfügen und auch schärfer hören können als Männer (McGuinness 1976), bedeuten nicht, wie manche AutorInnen nahegelegen, daß durch diese Merkmale ihre Geschlechterrollen festgelegt wurden (Tannahill 1988, S. 7–10). Höher entwickelte Fähigkeiten könnten sich genausogut erst durch den Nutzen herausgebildet haben, den Männer und Frauen aus den Funktionen zogen, die ihnen gesellschaftlich vorgeschrieben waren.

Außerdem, argumentiert Slocum, hätte die steigende Nachfrage nach Nahrung in den meisten Fällen am erfolgreichsten durch eine Ausweitung der Sammeltätigkeit befriedigt werden können. Das wäre effektiver gewesen als die Ausdehnung der für die Jagd aufgewendeten Zeit. Die Erfindung von Werkzeug kann als Schritt zur Entwicklung von Waffen interpretiert werden, aber diese könnten genausogut als Hilfe beim Sammeln von Pflanzen und der Zubereitung von Pflanzennahrung benutzt worden sein. Kurz gesagt:

> Das Jagen kann für sich genommen keinen Teil der menschlichen Evolution erklären, genausowenig wie es sie insgesamt erklären kann…
>
> Die menschliche Natur aus dem Wunsch der Männer zu jagen und zu töten zu erklären, bedeutet, den Großteil der Anthropologie zu negieren. Unsere Spezies überlebte und paßte sich durch die Erfindung der *Kultur* an, wovon das Jagen nur ein Teilbereich ist.
>
> (Slocum 1982, S. 483)

Es ist klar, daß die vorliegenden Beweise auf mehr als eine Weise interpretiert werden können, und es erscheint naheliegend, daß die Interpretation, die wir als Gemeinschaft gewählt haben (die auf einen pseudo-wissenschaftlichen Ursprungsmythos hinausläuft), eine Widerspiegelung dessen ist, was die vorherrschenden Stimmen unserer Gemeinschaft von unserer Vergangenheit glauben möchten – in Übereinstimmung mit der bevorzugten Sicht unserer Gegenwart, genauso wie sie die Wirklichkeit vergangener Zeiten erfaßt. Die menschlichen Tugenden, von denen angenommen wird, daß sie durch das Jagen gefördert werden, sind bezeichnenderweise diejenigen, die normalerweise, zumindest in der westlichen Gesellschaft, den Männern der Spezies zugeschrieben werden. Die fortgesetzte Betonung solcher Attribute wie Rationalität, Führungsqualitäten, Gewaltbereitschaft, Aggressivität und Männerverbindungen sowie die entsprechend apathische Rolle für Frauen legen nahe, daß dieses ganze theoretische Gebäude einfach nur versucht, die Realität der traditionellen Welt des Mannes zu rationalisieren.

Es gibt eine lange Tradition des Primitivismus – er malt das mythische Bild von Menschen, die an anderen Orten oder in vergangenen Zeiten in einem Zustand der Natürlichkeit lebten oder leben. Stephen Horigan (1988), der diese Tradition dokumentiert hat, fand bis in die Antike hinein solche Beschreibungen. Die Tradition des Primitivismus lebte während des siebzehnten und achtzehnten Jahrhunderts als Folge der Erforschung der Südsee (und zu einer Zeit der Industrialisierung und Urbanisierung in Europa) wieder auf, und sie setzt sich bis in die heutige Zeit fort. Unsere Interpretation des Altertums spiegelt teilweise auch unseren immer noch vorhandenen Glauben an die prähistorische Unschuld wider. Horigan ist der Ansicht, daß das Bild von solchen Menschen mehrere Aspekte in sich vereint. Es schließt verschiedene Formen eines »technologischen Zustands der Natur« und eines »ökonomischen Zustands der Natur« ein, geht aber stets von einem ganz bestimmten »natürlichen dietetischen Zustand« aus, dem Vegetarismus:

> Die letztere Form ist allgemein üblich; in der Literatur des Altertums finden sich oft Bezüge auf die »Milchtrinker des Nordens« und wilde Rassen, die sich von Fisch, Milch, Kräutern und Beeren ernähren. Bei der Gestaltung solcher Figuren scheint der Vegetarismus ein beliebtes Element geblieben zu sein. Texte aus dem Mittelalter, die sich auf den mythischen »Wilden« beziehen, äußern sich oft in dieser Weise.

> Homer verweist in der *Ilias* auf das Land der edlen Stutenmelker und der milchtrinkenden Abioi, die rechtschaffensten aller Männer.
> (Horigan 1988, S. 53)

Wenn wir das Fleischessen als Symbol für die Andersartigkeit des Menschen verstehen, dann müssen prä-menschliche »edle Wilde« eindeutig VegetarierInnen gewesen sein, und das Aufkommen der Zivilisation war durch die Jagd gekennzeichnet. Die AnhängerInnen der Hauptreligion der westlichen Welt, die ChristInnen, gehen in einer ähnlichen Haltung davon aus, daß das Fleischessen zum Zeitpunkt des Sündenfalls begann, mit dem die Menschheit ihre Unschuld verlor und vollständig menschlich wurde. Unsere Religion der neueren Zeit – die Wissenschaft – hat offenbar lediglich die Überzeugungen der alten Ordnung in ihre eigenen Idiome und Strukturen übersetzt. Unser vom männlichen Denken dominiertes intellektuelles Establishment versucht seine Glaubwürdigkeit damit zu untermauern, daß es für seine Sichtweise eine logische historische Grundlage findet:

> »Ich glaube, es geht immer um die ›Bequemlichkeit‹. Ich meine, warum wurde der Mann ein Jäger? Weil es leichter war, loszugehen und ein Wildschwein zu töten, was eine halbe Stunde oder eine Stunde Arbeit erforderte, als den lieben langen Tag herumzustreifen, um Beeren zu sammeln. Es ist viel leichter.«

Jagen ist normalerweise ein weniger effizientes Mittel der Nahrungsbeschaffung als das Sammeln von Eßbarem, warum sollen wir also glauben, daß es anders ist? Das Jagen ist nicht unbedingt weniger beschwerlich, es *ist* nur insofern zivilisierter, als es die Macht des Menschen über das gejagte Tier demonstriert, und die Zivilisation ist nicht zuletzt als ein Zustand größerer Bequemlichkeit bekannt. Es ist also zivilisierter – menschlicher – wilde Tiere zu jagen, als sich herabzulassen, den lieben langen Tag Beeren zu suchen. Wir haben uns lange dadurch als zivilisierte Menschen ausgezeichnet, daß wir Räuber und Eroberer waren. Wir tun das nach wie vor, und die Vorstellung von der Macht des Menschen durchdringt jeden unserer Kommunikationskanäle, einschließlich des Ernährungssystems. Der Gedanke von der Großen Kette des Seins lebt weiter fort, obwohl der irdische Teil dieser Kette als ›Nahrungskette‹ wissenschaftlich neu formuliert wurde.

Der Glaube daran, daß die Menschen der nicht-menschlichen Welt gegenüber weder Pflichten noch Verantwortung haben, legitimiert im Ergebnis auch das Fleischessen. Wenn Tiere keine Rechte, keine Gefühle, keine wirklich unabhängige Existenz besitzen, kann kein Sinn darin liegen, es moralisch anrüchig zu finden, daß wir sie nach unserer Lust und Laune für unsere Zwecke benutzen. Wenn man diese Voraussetzungen ohne Vorbehalt akzeptiert, dann ist Grausamkeit einfach kein relevanter Begriff. Als in England die ersten Anstrengungen unternommen wurden, für Mitglieder anderer Spezies einen rechtlichen Schutz zu erwirken (im Hinblick auf das Quälen von Bullen), ereiferte sich die *Times*: »Was immer sich in die private Verfügung über das Eigentum oder die Zeit eines Menschen einmischt, ist Tyrannei« (25. April 1800).

Die Gesetzesvorlage wurde pflichtschuldigst zurückgewiesen. Papst Pius IX. lehnte es noch in der Mitte des neunzehnten Jahrhunderts ab, in Rom eine Gesellschaft zum Schutz vor Grausamkeit an Tieren zu gründen. Seine Begründung dafür war, daß die Gründung einer solchen Gesellschaft bedeute, daß Menschen gegenüber Tieren Pflichten hätten (Turner 1964, S. 163). Seit dieser Zeit haben sich die Haltungen so weit geändert, daß wir Tieren einen gewissen Schutz vor extremem Mißbrauch zugestehen, aber Landwirte rechtfertigen das Schlachten und Verzehren von Tieren immer noch mit der Begründung, daß eine Berücksichtigung der Interessen anderer Spezies die Rechte des Menschen verletzen würde:

> Es gibt in Großbritannien, der EG und weltweit eine große Nachfrage nach Fleisch, und in den meisten Ländern entspricht sie dem Pro-Kopf-Einkommen ... Diese Nachfrage negativ zu beeinflussen, wäre höchst umstritten. Es würde die freie Auswahl und die Freiheit der Handlungsweise verletzen. (Wilson und Lawrence 1985, S. 25)

Freiheit steht in diesem Zusammenhang für mehr als das Recht der KonsumentInnen, ein bestimmtes Lebensmittel zu essen. Das *Times*-Vorbild zeigt durch den Gebrauch des Begriffes »Mensch«, daß eine Einschränkung dessen, wie ein Individuum andere Tiere behandeln darf, der Menschheit symbolisch – genauso wie real – Zügel anlegt. Es wird ihr dadurch vorgeschrieben, wie sie über die natürliche Umwelt verfügen kann. Fleisch war lange ein Sinnbild für die Freiheit, frei auszubeuten. Julia Twigg stellt fest, daß »Fleisch traditionellerweise als Nahrungsmittel für die Freien und nicht für die SklavInnen angesehen wurde. Im achtzehnten und neunzehnten Jahrhundert wurde Rindfleisch allgemein als die besondere Grundlage englischer Freiheiten betrachtet« (Twigg 1983,

S. 23). Moscovici (1976, S. 1) weist darauf hin, daß der »Individualismus, zusammen mit der Individualisierung menschlicher Handlungsweisen, Interessen und Beziehungen [dazu] tendiert, den Gegensatz zwischen Natur und Gesellschaft zu betonen. Heute ist in jedem Bereich, sei es in der Physik, Biologie, Ökonomie oder Philosophie, die Bezugsgröße [das] Individuum«. Zu bestreiten, daß das Individuum unbegrenzte Rechte Tieren gegenüber hat, bedeutet, einem fast heiligen Dogma unserer alltäglichen Ideologie Widerstand entgegenzusetzen – es bedeutet anzuerkennen, daß die Macht der menschlichen Kultur über die Natur begrenzt ist. Und das ist in einer Gesellschaft, in der die Vorherrschaft des Menschen schon so lange ein zentraler Lebensgrundsatz ist, wahrlich umstritten.

6
Die Kraft von Fleisch

Der Glaube an die Vorherrschaft des Menschen rechtfertigt das Essen von Fleisch – und dieser Glaube wird durch das Fleischessen wiederum verstärkt. Das Töten von Tieren, das Kochen und Essen ihres Fleisches bedeutet eine ultimative Bestätigung der menschlichen Vorherrschaft über den Rest der Natur, was sich im Vergießen des Blutes von Tieren besonders kraftvoll ausdrückt. Für Individuen und Gesellschaften, die großen Wert auf die Kontrolle ihrer Umwelt legen, ist der Fleischverzehr oft ein Schlüsselsymbol, denn Fleisch verkörperte lange die sprichwörtliche »Muskelkraft«, mit der der Mensch die natürliche Welt beherrscht.

Die Moraltheologie des sechzehnten und siebzehnten Jahrhunderts zum Beispiel setzte die Zivilisation fast unmittelbar mit der Unterwerfung anderer Wesen gleich. Keith Thomas gibt das sadistische Vokabular wieder, mit dem die wichtige Aufgabe des Fleischzerlegens benannt wurde:

> Breche dem Hirsch die Knochen; ... greife die Gans von hinten; hänge den Schwan auf; bereite aus diesem Huhn eine Sauce; öffne die Wildente; enthäute das Kaninchen; zerlege den Reiher; falte den Kranich auseinander; rupfe den Pfau; zerteile die Rohrdommel; ... zerhacke den Kiebitz; ... spreize den Brassen; bändige diesen Krebs ...
> (Thomas 1983, S. 25–27)

Das Schlachten gefühlsbegabter Wesen ist bis heute nicht nur eine (vielleicht verzeihliche) Notwendigkeit, um ein wertvolles Nahrungsmittel zu produzieren. Der dem Fleisch beigemessene besondere Wert ergibt sich teilweise gerade daraus, daß bei seiner Produktion Blut vergossen wird. Die sichtbare Beherrschung anderer Lebewesen ist so wichtig, daß Fleisch häufig erst durch die Ausübung von Grausamkeit seine hohe Qualität erhält – die Kalbfleischproduktion ist hierfür nur ein Beispiel. Eine Anzeige, in der dagegen protestiert wird, wie in Südkorea »Haustiere« behandelt werden, kritisiert unter anderem, daß »Jungtiere, Katzen und

Hunde entsetzliche Grausamkeiten erleiden müssen, weil sie langsam erhängt ... erwürgt ... erschlagen ... oder lebendig in kochendes Wasser geworfen werden. In Angst und Schrecken versetzte Tiere, so wird behauptet, schmecken besser« (IFAW 1988: 3). Jennifer Stead stellte auch über das Großbritannien des achtzehnten Jahrhunderts fest:

> Lebende Fische wurden aufgeschnitten, damit sich das Fleisch zusammenzieht. Dies wurde »Schlitzen« genannt. Aale wurden lebendig enthäutet, Hummer lebend geröstet, gefülltem Geflügel wurden die Eingeweide zugenäht, Truthähne an den Füßen aufgehängt und durch den Mund ausgeblutet, bis sie verendet waren, Bullen reizte man vor dem Schlachten, damit ihr Fleisch zarter wurde, Schweine und Kälber wurden aus demselben Grund ausgepeitscht. Eines der Rezepte William Kitchiners beginnt mit dem Satz: »Nimm einen roten Hahn, der nicht zu alt ist, und schlage ihn, bis daß er tot ist«.
> (Stead 1985, S. 26)

Solche Praktiken, die wir aus unserer Perspektive als grausam ansehen, waren nicht einfach der Ausdruck willkürlicher Unbarmherzigkeit. Die gefühllose Behandlung anderer Tiere geschah in einer Zeit, in der die Glorifizierung der menschlichen Vorherrschaft einen Höhepunkt erreicht hatte, und ist deshalb nicht überraschend. Fleisch war und bleibt ein verehrungswürdiges Symbol der Macht und der Zivilisation. Ein schwedischer Reisender in England schrieb: »Ich glaube nicht, daß irgendein Engländer, der sein eigener Herr ist, jemals ein Mittagessen ohne Fleisch gegessen hat« (Kalm 1748, zitiert in Thomas 1983, S. 26). Fleisch wird auch jetzt noch mit ähnlichen Werten in Verbindung gebracht: »Die wohlschmeckenden Symbole des amerikanischen Kulturimperialismus in Form von McDonald's-Hamburgern kommen nach nahezu 12 Jahren der Verhandlung nach Moskau« (*Guardian* 1987b, S. 6).

Der einfache Hamburger ist eine naheliegende, wenn auch etwas klischeemäßige Metapher für die nordamerikanische Kultur – er verkörpert einen großen Teil der vielschichtigen Ideale, auf die sich diese Gesellschaft angeblich gründet: Kraft und Freiheit, Effektivität und Komfort. Als der allgegenwärtige McDonald's schließlich in der Sowjetunion seine Geschäfte aufnahm, blieb die symbolische Bedeutung des Hamburgers nicht unbemerkt: »›Es ist, als ob die Zivilisation nach Moskau kommt‹, begeisterte sich Mr. Juri Tereschtschenkow, während er sich nach dem Verzehr eines Big Mac seine Finger ableckte« (Reuter 1990, S. 20).

Die weltweite »Hamburgerkette« ist der Inbegriff einer standardisierten Lebensmittelversorgung vom Fließband, sein Produkt eine der Industriegesellschaft angemessene Nahrung: sie tritt uns vorgekocht und getarnt durch das Brötchen gegenüber, das die reine Barbarei rohen, roten Fleisches etwas abmildert. Das gepflegte Image steriler Sauberkeit und Ordnung soll die KundInnen in der Gewißheit wiegen, daß ihr »100% reines« Rindfleisch-Produkt ihr volles Vertrauen verdient. Diese Strategie war so erfolgreich, daß steigende Fleischverkäufe auf diesem Markt den ansonsten sinkenden Verbrauch von Fleisch ausgeglichen haben. Der massenproduzierte Hamburger trennt erfolgreich den Konsum von seinem ökologischen Zusammenhang, wie das auch in so vielen anderen Bereichen der Industrieproduktion geschieht. Schnellfleisch-Supermärkte locken die KonsumentInnen mit hygienischem Genuß. Hier lächelt jede und jeder, Gesundheit, soziale Belange und alle Dinge, die mit der Umwelt in Zusammenhang stehen, sind in andere, weniger verführerische Welten verbannt. Der Hamburger wurde auf diese Weise das Standardbeispiel für »Junk«-Food und häufig das Ziel der Proteste von UmweltschützerInnen. Aber das Kernsymbol bleibt das Rindfleisch. An ihm wird der »Viertelpfünder« oder »Halbpfünder« gemessen und die starke, lebendige Kraft, die er angeblich beinhaltet ... Vorstellungen, durch die selbst Gandhi einst beeinflußt war:

> In mir begann die Meinung zu wachsen, daß das Fleischessen gut sei, daß es mich stark und kühn machen würde und daß die Engländer besiegt werden könnten, wenn das ganze Land zum Fleischessen übergehen würde ... Wir brachen auf und suchten uns einen einsamen Platz am Fluß. Dort sah ich zum erstenmal in meinem Leben Fleisch. Es gab auch Bäckerbrot. Mir schmeckte beides nicht. Das Ziegenfleisch war zäh wie Leder. Ich konnte es einfach nicht essen. Mir wurde übel, und ich mußte mit dem Essen aufhören. Nachher hatte ich eine sehr schlechte Nacht. Ein schrecklicher Alpdruck quälte mich. Jedesmal, wenn ich gerade eingeschlafen war, kam es mir vor, als meckere eine lebende Ziege in mir, und ich fuhr reuevoll auf. ... Ich wußte auch, daß meine Mutter und mein Vater zutiefst erschrocken wären, wenn sie erführen, daß ich Fleischesser geworden war. Dieses Wissen nagte an meinem Herzen.
>
> (Gandhi 1977, S. 31)

Gandhi sehnte sich nach der Kraft der Technologie, die er ebenso rücksichtslos zur Unterwerfung seines Volkes benutzt sah, wie sie sich ansonsten gegen die natürliche Welt richtet. Er glaubte, daß er die gewünschte Kraft durch den physischen Konsum von Fleisch erlangen könne und verwechselte irrtümlich das *Medium*, durch das sich eine einflußreichere Tradition als die seine ausdrückte, mit der *Quelle* ihrer Kraft.

Gandhi und viele Völker meinen, daß sie durch den Konsum einer physischen Substanz an deren Wesen teilhaben könnten (siehe Kapitel 12), eine Meinung, über die viele EuropäerInnen vielleicht mitleidig den Kopf schütteln würden. Aber auch wir in der westlichen Welt scheinen zu glauben, daß nur Fleisch uns mit seiner einzigartigen Lebenskraft auszustatten vermag. Wir bevorzugen in den meisten Fällen das Muskelfleisch, weil wir metaphorisch seine Stärke zu uns nehmen. Diese Tatsache kann unsere Bewertung »besserer« Fleischstücke erklären helfen, die nicht allein durch Nährwerterwägungen oder pure ökonomische Logik zu erklären ist, denn, wie Sahlins feststellt:

> Es ist der gesellschaftliche Wert eines Steaks oder Bratens im Vergleich mit Kutteln oder Zunge, der dem Unterschied im ökonomischen Wert zugrunde liegt. Vom ernährungsmaßigen Standpunkt aus wäre eine derartige Vorstellung von ›besseren‹ und ›schlechteren‹ Stücken schwer zu rechtfertigen. Außerdem bleibt Steak das teuerste Fleisch, obwohl das Angebot an Steak absolut gesehen größer als das an Zunge ist; an einer Kuh ist sehr viel mehr Steakfleisch als Zunge. (Sahlins 1981, S. 249)

Das rituelle Essen der Astronauten vor ihrem Flug besteht aus Steak (Twigg 1983, S. 23). Dieser Flug bekräftigt unsere technologische Beherrschung des Planeten und erprobt eine Technologie, von der die dünne Verbindung des Astronauten mit der Erde in Kürze so abhängig sein wird, und das ist ein guter Grund dafür, daß die Raumfahrer symbolisch die Macht des Menschen bekräftigen. Fleisch stellt unseren Körper zufrieden, aber es nährt auch unseren Geist. Wir essen nicht nur das Fleisch der Tiere, wir trinken mit ihm ihr Lebensblut und bemächtigen uns ihrer Stärke. Auf diese Weise unterwerfen wir uns nicht nur das Tier. Sein Fleisch zu konsumieren, drückt aus, daß wir die unbestreitbaren Herren der Welt sind.

Das Leitmotiv Blut nimmt im Fleischsystem eine zentrale Rolle ein, und es scheint über die Assoziation mit der Farbe Rot das menschliche Denken insgesamt zu durchziehen. Berlins und Kays kulturvergleichende Untersuchung über »grundlegende Farbbegriffe« ergab, daß alle Sprachen mindestens Begriffe für schwarz und weiß haben (oder hell und dunkel). Wenn aber eine Sprache drei Begriffe enthält, dann ist der dritte Begriff der für Rot. Rot ist der erste wirkliche Farbbegriff. Er bildet sich heraus, wenn komplexe Sprachen entstehen (Berlin und Kay 1969).

Rot dient weltweit dazu, Vorstellungen von Gefahr, Gewalt oder Revolution zu veranschaulichen. Rot ist die Farbe der Aggression, von Macht, Ärger oder Warnung. Es sticht hervor und zieht unsere Aufmerksamkeit auf sich. Darauf beruht seine überall zu findende Verwendung in der Werbung und beim Feueralarm. Edmund Leach stellt über den Gegensatz zwischen Rot und anderen Farben fest:

> Bei all diesen Gegensatzpaaren hat Rot jedoch stets denselben Wert: es gilt als Gefahrensignal (Heißwasserhähne, elektrische Leitungen, Schulden im Kontobuch, Haltesignale auf Straßen und Eisenbahnen). Dies Zeichen erscheint auch in vielen anderen Kulturen, wobei man in vielen Fällen klar erkennen kann, daß sich die »Gefahr« beim Rot von seiner »natürlichen« Assoziation zum Blut herleitet.
>
> (Leach 1971, S. 24)

Die Verbindung zwischen Blut und Tod ist weit verbreitet. Blut ist der Strom des Lebens – vielleicht, weil das Leben endet, wenn zuviel von ihm vergossen wird. Wir fallen beim Anblick von Blut in Ohnmacht. Blut an unseren Händen zu haben, schließt Schuld ein – Lady Macbeth war, als sie wahnsinnig gemacht werden sollte, nicht dazu in der Lage, einen Blutflecken zu entfernen. Blut ist ein Zeichen für Verwandtschaft, wie bei Blutsbrüderschaft, edlem Blut oder Blutrache. Es wird als der Träger des Erbgutes bezeichnet: wir reden von Blutsverwandtschaft oder sagen, daß jemandem eine bestimmte Eigenschaft im Blut liegt. Die britischen Oberschichten werden als blaublütig bezeichnet, als ob sie so zivilisiert seien, daß sie die Sterblichkeit hinter sich gelassen hätten und nicht mehr durch das natürliche Zeichen roten Blutes zu charakterisieren seien. Für solche Wesen ist rotes Fleisch zwar eine passende Nahrung, die Farbe Rot aber nicht dazu geeignet, ihre Physiologie zu beschreiben.

Wir trinken beim christlichen Abendmahl das Blut Christi und knüpfen damit ein mystisches Band, durch das wir am Heiligen Geist teilhaben. In unseren Horrorgeschichten, wie in der von Graf Dracula, saugen wir lebenden Menschen das Blut aus und berauben sie so ihrer Lebenskraft. Blut ist auch die Quelle unserer Leidenschaft – heißblütig zu sein, heißt wild, lebhaft, frisch, impulsiv zu sein. Kaltblütige Menschen sind angeblich grausam, berechnend, unmenschlich. Die Vorstellung vom Lebensblut, die in den Traditionen der abendländischen Gesellschaft besonders beliebt war, zieht sich durch unsere ganze Kultur. Rotes Fleisch ist das Fleisch, das heute am häufigsten als ungesund geschmäht wird, und rotes Fleisch lehnen VegetarierInnen am entschiedensten ab.

Das Image rotfarbiger Früchte und Gemüsesorten wie Tomaten oder rote Äpfel scheint von solchen Assoziationen mehr oder weniger unberührt zu sein. Das hängt möglicherweise damit zusammen, daß Früchte und Gemüse im Ernährungssystem grundsätzlich im Gegensatz zu Fleisch stehen, und deshalb die Verbindung zwischen ihrer Farbe und der von Blut von geringer Bedeutung ist. Roter Wein besitzt zuweilen einen Schimmer derselben Reputation, und solche »Vollblut«marken wie »Bullenblut« spielen mit Bedacht darauf an. In der christlichen Kommunion wird roter Wein ausdrücklich mit Blut gleichgesetzt. Rotes Fleisch drückt dieses blutige Image am wirkungsvollsten aus:

> Die Vorstellung von Blut als dem Strom des Lebens ist selbst heute noch von großem Einfluß. Sie hat eine Kraft, die kein Vegetarier unterschätzen sollte. Sie liegt sicherlich auch der allgemeinen Abneigung der durchschnittlichen Hausfrau zugrunde, ihre Familie mit Sojaprotein anstatt mit Schmorbraten zu ernähren: diesen übriggebliebenen unbewußten Glauben an das Blut können anscheinend noch so viele Argumente für die Vollwertigkeit von Sojaprodukten nicht besiegen ... Vegetarier sind folglich Menschen, die diesen mystischen Glauben an die wiederbelebende Kraft von Blut irgendwie überwunden haben ... Blut ist der besondere Stoff des Lebens, und Fleisch hat an seinen Qualitäten und an seinen mythologischen und psychologischen Assoziationen teil. Diese urtümliche Logik können manchmal keine noch so starken Tatsachenbeweise oder moralischen Ermahnungen besiegen.
>
> (Cox und Crockett 1979, S. 18–19)

Fleisch bleibt ein Medium, durch das anschaulich die Vorstellung von der Macht des Menschen ausgedrückt wird, und das Image von Blut unterstützt diese Vorstellung. Gegenseitige Bezüge zwischen dem Essen von Fleisch und solchen Merkmalen wie Zivilisation, Instinkt, Komfort, Bequemlichkeit und Zufriedenheit, Prestige, Überfluß, geistiges und physisches Wohlbefinden, Potenz und

Können gibt es andauernd, täglich, an bestimmten Orten und bei bestimmten Gelegenheiten, in unseren Glaubensvorstellungen, Gedanken und Handlungen. Der rote Faden des Prinzips der Umweltkontrolle durchzieht die Segnungen, mit denen uns dieser zivilisierte Status angeblich ausstattet, und unser ganzes Leben.

Der Wert der umfassenden Herrschaft des Menschen, der als zivilisierter Standard bezeichnet wird, durchdringt auch verschiedene Stufen der Fleischbeschaffung und des Fleischverzehrs. Im folgenden werden in diesem Kapitel Beispiele dafür behandelt: namentlich das Jagen, die Landwirtschaft und die Fleischvermarktung, das Kochen und die Verarbeitung von Nahrungsmitteln.

Das Jagen

> Auf einem viertägigen Überlebenskurs in West Perthshire sollen Geschäftsleute lernen, wie man sich an wilde Tiere anpirscht, sie enthäutet und zubereitet ... durch den Kurs sollen ihre Führungsqualitäten und ihre Initiative gesteigert und ihre Selbstsicherheit vergrößert werden. (*Daily Telegraph* 1988)

Das Jagen erfüllt verschiedene Funktionen: es kann uns ernähren ... die Konkurrenz um Nahrung vermindern ... gefährliche Tiere töten ... es wird sogar argumentiert, daß das Jagen die Teilnehmer in der Kriegskunst übt. Das sind die praktischen Gründe. Aber nur ihre Funktion als Bestätigung unseres Machtgefühls beleuchtet hinreichend das kulturelle Phänomen des zeitgenössischen Sportjagens. Da viele Gesellschaften ohne den Wunsch zu jagen existieren, erscheint es entgegen der irrigen Auffassungen mancher AutorInnen unwahrscheinlich, daß es sich bei diesem Wunsch um ein biologisches Zwangsgesetz handelt. Washburn und Lancaster schließen aus der Tatsache, daß in England jährlich Millionen an Steuergeldern zur Hege des Wildes ausgegeben werden, daß »Männer es lieben, zu jagen und zu töten« (ihre laxe Begrifflichkeit läßt leider im dunkeln, ob sie diese Eigenart »von Natur aus« auf die männliche Linie beschränkt sehen):

> Die Vorstellung, daß der Mann von Natur aus aggressiv ist, und ihm die Tötung anderer Lebewesen von Natur aus Vergnügen bereitet, ist vielen Menschen unangenehm. Aber wir alle kennen Männer, die den aussichtslosen Kampf des Fisches dadurch verlängern, daß sie

> das leichteste Angelgerät benutzen, um das persönliche Gefühl der Überlegenheit und des Könnens zu vergrößern.
>
> (Washburn und Lancaster 1968, S. 299)

Es ist schwer verständlich, warum die Autoren diesen Fall anführen, wo sie doch wissen müssen, daß unter Stammesvölkern das Töten als »Sport« selten ist. Ingold zum Beispiel beschreibt, wie es bei nordischen Rentierjägern

> eine allgemeine Aufgabe zu sein scheint, sich um alle Lebewesen zu kümmern, mit denen wir es zu tun haben. Da das Leben von der harmonischen Integration der verschiedenen Lebenskomponenten oder -stufen abhängt, kann dies an dem einem Ort nur dann erreicht werden, wenn an einem anderen etwas zerfällt. Der Jäger lebt also vom Töten und Essen von Tieren, was unvermeidlich ihre Zerstückelung zur Folge hat. Ein großer Teil des Rituals ... zielt auf die Wiederherstellung der Tiere aus den Teilen ab, in die sie zum Zweck des Verzehrs zerlegt wurden. So soll für die Wiederherstellung dessen gesorgt werden, wovon das menschliche Leben abhängt ... Vor allem darf nichts verschwendet werden, da dies Ausdruck einer gleichgültig zerstörerischen Haltung gegenüber der Natur wäre und nur die geistigen Hüter der Tiere beleidigen würde.
>
> (Ingold 1986, S. 246–247)

Obwohl es seit kurzem als ökonomisch ratsam gilt, die landwirtschaftliche Zucht von Rotwild anzuregen, schießen »Sportsmänner« in der Regel nur die Arten, die normalerweise nicht gezähmt und noch nicht einmal gegessen werden. Wir essen zum Beispiel selten Fleischfresser, aber das heißt noch lange nicht, daß sie nicht getötet werden – weit gefehlt! Die Mauern manch eines Erbsitzes oder baufälligen Landgasthofs stellen die großen Jagdtrophäen zur Schau, die dort als ewiger Beweis für den Mut und die Fähigkeiten (und den Reichtum und den Status) ihres Bezwingers hängen – oder als gedankliche Verbindung zu den früheren Besitzern des Gebäudes. Es werden selbstredend nur die Körper von Tieren ausgestellt, die nicht in der Landwirtschaft genutzt werden. Den Kopf eines einjährigen Lammes, eines Schweins oder einer Kuh auszustopfen und an die Wand zu hängen, würde als absonderlich bis zur Geschmacklosigkeit angesehen werden.

Das Prestige, das mit dem Abschlachten von »Großwild« verbunden ist, hängt seltsamerweise mit seinem ausgesprochenen Nicht-Nutzen zusammen. Gewöhnliches Fleisch wird zwar im Verhältnis zu anderen Lebensmitteln als etwas Besonderes betrachtet, aber es wird verzehrt, und fast jeder kann sich seinen symbolischen Wert aneignen. Eine »große Katze« dagegen oder ein Elefant, ein Bär oder ein Elch fallen nicht solch irdischer Befriedigung anheim. Hier spielt ganz offensichtlich der Nicht-Verzehr die ausschlaggebende Rolle. Diese Tiere zu Tode zu jagen, ist zweifellos ein Ausdruck von Luxus und Muße, und deshalb waren diese machtvollen und schwer ergreifbaren Tiere immer eine Klasse für sich. Die allerbeste Trophäe, die sich ein Mann an die Wand hängen kann, um jedem zu beweisen, daß er dieses Tier besiegt hat, ist sicher der Körper des Löwen. Wir zeichnen den Löwen mit dem Titel ›König der Tiere‹ aus und wollen uns dann beweisen, daß selbst das königlichste, mächtigste, gefürchtetste Wesen es nicht mit uns aufzunehmen vermag. Die Felle furchtbarer Löwen, Tiger und Bären legen wir als Teppiche auf den Fußboden, damit Menschen auf sie treten, wörtlich und symbolisch.

Es stimmt völlig mit der zentralen Bedeutung von Fleisch als Symbol unserer Kontrolle der Umwelt überein, daß sich die Jagd auf kühne, dem Menschen trotzende Tiere zu einer Beschäftigung entwickelt hat, die weitgehend den Reichen und Mächtigen vorbehalten ist. Die Struktur der Ausbeutung der Naturressourcen entspricht der Kontrolle der menschlichen Ressourcen. Die Fuchsjagd ermöglicht den wenigen aktiven TeilnehmerInnen, ihre Souveränität rituell zur Schau zu stellen, indem sie ein zugegebenermaßen intelligentes Tier zu Tode jagen. Aber das ist nicht alles. Die Jagd ist auch ein Beweis der Souveränität über das gerittene Pferd, die kommandierten Hunde, die beschäftigten Diener oder Arbeiter und selbst über diejenigen, die (falls sie es wollten) keinen finanziellen oder gesellschaftlichen Zugang zur Verfolgungsjagd haben. Denn, wie Veblen in diesem Zusammenhang feststellt: »Wenn wir die Ehrerbietung der Menschen gewinnen und behalten wollen, genügt es nicht, Reichtum oder Macht nur sein eigen zu nennen. Reichtum oder Macht müssen unter Beweis gestellt werden, denn Ehrerbietung wird nur aufgrund von Beweisen geleistet« (Veblen 1899, S. 36). Die vielen Menschen, die dem Jagdereignis nachfolgen, können mittlerweile auch zeremoniell im Abglanz der Ehre baden. Ihre nominelle Teilnahme an der Jagdgesellschaft wird rituell durch den Brauch des »Ausblutens« bestätigt, bei dem neue Jäger mit dem Blut der gefangenen Beute – dem Symbol ihres Lebens und Geistes – beschmiert werden.

Die Teilnehmer am Blutsport betrachten ihre Aktivität als Teil der natürlichen Ordnung, genauso wie sie soziale und ökonomische Privilegien stets als eine Selbstverständlichkeit aufgefaßt haben. Schon im Mittelalter waren die Aristokraten der Überreste des westlichen Königreiches häufig stärker an der Jagd als an der Landwirtschaft interessiert (Bowle 1979, S. 149). Marion Shoard schreibt, daß die Leidenschaft Wilhelms des Eroberers für die Jagd so groß war, daß »der größte Teil von Essex, Sussex, Surrey, Hampshire, große Flächen des Nordens und Westens sowie Teile von Schottland und Wales zum königlichen Forst erklärt wurden«. Einfachen Bürgern wurde diese Form der Nahrungsmittelversorgung durch ein spezielles Forstgesetz verboten:

> Es ist unmöglich, genau zu ermitteln, welche Ausdehnung die königlichen Wälder in Willhelms Tagen hatten, aber klar ist, daß in der Mitte des zwölften Jahrhunderts, während der Regierungszeit Heinrichs II., annähernd ein Viertel Englands königlicher Forst war, und daß er im dreizehnten Jahrhundert nach einer Periode des Rückgangs weiterhin ungefähr ein Fünftel der Landoberfläche Englands bedeckte.
> (Shoard 1987, S. 37–38)

Das Jagen blieb in Großbritannien seit dieser Zeit bis heute eine höchst elitäre Beschäftigung, die durch die Androhung von Strafen vor Wilderern geschützt wurde. Sie beschränkte sich auf diejenigen, die das Geld oder die Beziehungen besaßen, die für einen Zugang zum Land erforderlich waren:

> Es gibt kaum noch Besitzer oder Pächter, die es sich leisten können, einzig zu ihrem eigenen Vergnügen und dem ihrer Freunde über ihren Grund und Boden zu pirschen. Es ist mittlerweile üblich, den Grund für eine Woche oder einen Tag zu vermieten. Der Tagespächter ... bezahlt seine 100–150 £ für eine Tagespirsch, was verglichen mit den 40 £ pro Tag vor 100 Jahren nicht teuer ist, und er will für sein Geld etwas geboten bekommen. (Bowser 1986, S. 23)

In Ländern mit einer egalitäreren Tradition als der Großbritanniens hat der Blutsport oft noch eine breitere soziale Basis – in den Mittelmeerregionen erreichte das wahllose Abschießen wandernder Zugvögel in den letzten Jahren das Ausmaß einer Massenausrottung. Die zugrundeliegende Ideologie ist dieselbe. Jagen bleibt ein Ausdruck menschlicher Vorherrschaft, die durch das Mittel individueller Fertigkeiten und kultureller Technologie ausgeübt und ausgedrückt wird.

Die verbreitetste Art der Jagd ist in Großbritannien das Fischen –

es ist der wesentliche aktive Sport der Nation. Auch dabei wird das Element der Kunstfertigkeit am höchsten bewertet und das Element der Herausforderung am meisten gepriesen. Max Hastings, der Herausgeber des *Daily Telegraph*, kombiniert bei der Beschreibung des Forellenangelns die Ethik des Wettbewerbs mit einer blühenden sexistischen Phantasie: »Ich würde lieber nach einem Tag Angeln mit einer Trockenfliege mit leeren Händen nach Hause gehen, als mit einem tiefgesunkenen, wie eine Saloon-Hure gekleideten Luder Wundern nachzujagen« [Ein Luder ist laut Duden: »... weidm.; Kadaver zum Anlocken von Raubwild usw. – auch Schimpfwort«, Anm. d. Übers.] (*Independent* 1989: 16).

Das Angeln ist eine weniger exklusive Aktivität, als rotblutende Landtiere zu jagen, weil Fische in der Regel nur halb als Tiere angesehen werden: Fisch wird von VegetarierInnen nicht unbedingt vollständig gemieden, und überzeugte FleischesserInnen schätzen ihn nicht so sehr wie Fleisch. Es ist eben nur logisch, daß mit dem Sieg über ein symbolisch weniger machtvolles Lebewesen auch ein geringeres Prestige verbunden ist. Nur die größten und stärksten Fische, wie der Lachs in Schottland oder der Haifisch in Amerika, können es mit Landtieren aufnehmen, denn sie legen einen respektablen Widerstand an den Tag, und es wird als Herausforderung betrachtet, ihnen die Stirn zu bieten und sie zu überwältigen. Diese Lebewesen genießen deshalb ein vergleichbares Ansehen. Die größten von ihnen werden, so wie die Köpfe von Wildtieren, ausgestopft und aufgehängt, an Wänden zur Schau gestellt und in gläsernen Schaukästen vorgezeigt. Dort kann ihnen jeder die Ehre erweisen – wobei nicht so sehr der mächtige Fisch als vielmehr der Fänger gemeint ist, dessen Name auf einem diskreten Metallplättchen verewigt wird.

Das Fleischsystem preist in all seinen Ausformungen das menschliche Können. Das Jagen ist ein weiterer Schlüsselwert, der metaphorisch unser alles überragendes Können verkörpert. Es soll damit nicht bestritten werden, daß hochentwickelte Fertigkeiten in bestimmten Zusammenhängen bewundernswerte Qualitäten sein können, noch daß fachliches Können einem Produkt ökonomischen Wert hinzuzufügen vermag. Die Verbindung fachlicher Fähigkeiten mit der Handhabung tierischer Ressourcen drückt mehr aus als das Offensichtliche. Dies kann am Fall der Rotwildjagd illustriert werden.

Begeisterte Jäger stellen die Rotwildjagd als eine noble Beschäftigung dar, als ein Sinnbild grundlegender menschlicher Traditionen. In Abhandlungen über das Thema sind üblicherweise Bezüge auf verschiedene zivilisierte Fähigkeiten eingestreut. Lord Dulverton, der Präsident der britischen Hochwildgesellschaft, schreibt zum Beispiel:

> Hier eine kleine Erinnerung an alte Zeiten: meine erste Begegnung mit dem Rotwild ereignete sich, als ich ungefähr drei oder vier Jahre alt war und in Dulverton lebte. Bei einem Spaziergang in einem alten Eichenwald trafen wir auf 20 oder 30 Rothirsche, mit hocherhobenen Köpfen und auf der Hut. Sie sahen sehr eindrucksvoll und schön aus. Damals, vor so vielen Jahren, begann meine Liebe zum Hirsch, die mich nie mehr verlassen hat ... Vor ungefähr fünfzig Jahren ging ich auf die Pirsch und schoß meinen ersten Hochlandhirsch. Ich erwähne das, weil es in den vergangenen Jahren viele Veränderungen gegeben hat, die das Rotwild und die Jagd betreffen. Unsere Ausrüstung hat sich sehr verändert. In jenen Tagen wurde es als unsportlich angesehen, ein Fernglas oder ein Teleskopvisier zu benutzen. Außer den alten und unsicheren Jägern tat dies praktisch niemand. Heute wird alles, das zu einem sauberen Töten mit dem ersten Schuß verhilft, als die beste Lösung akzeptiert, solange wir das Teleskopvisier nicht für zu weite oder riskante Schüsse einsetzen ... Es gibt immer noch einige wenige Menschen, die beklagen, daß es grausam ist, Rotwild zu schießen, aber wir versuchen auch bei ihnen die Botschaft zu verbreiten, daß die Rotwildpopulationen unter Kontrolle gehalten werden müssen, zu ihrem eigenen Wohl und damit sie nicht ernsthafte Zerstörungen anrichten. (Dulverton 1986, S. 5)

Die menschliche Kontrolle, wie sie sich in der Rotwildjagd ausdrückt, wird nicht etwa als grausam empfunden, sondern als Würdigung der Schönheit der Tiere und in ihrem eigenen Interesse liegend dargestellt – ganz ähnlich lauten die Worte Seiner Königlichen Hoheit, dem Duke von Edinburgh, der gesagt haben soll, daß »Waldhühner durch den, der Waldhühner schießt, in keiner wie auch immer gearteten Gefahr sind« (Keating 1988, S. 17). Es wird so getan, als müßten wir höheren Lebewesen die Verantwortung der Vorherrschaft tragen und die Welt nach unserem Plan ordnen – und diese Aufgabe mit derselben Liebe und demselben Respekt erfüllen, wie Gott sie unserem Glauben nach uns gegenüber zeigt.

> »Wir sind die wahren Naturschützer«, betont Diana Scott, eine der Jagdhüterinnen von Devon und Somerset. »Wir jagen, um das Hochwild zu schützen und die Herden gesund zu erhalten. Man muß ein

Landmann sein, um unseren Stolz darauf zu verstehen, daß wir die Hüter des Rotwilds sind, nicht seine Vernichter ... Das Jagen muß als Ersatz für den räuberischen Wolf betrachtet werden, der in vergleichsweise nicht allzuweit entfernten Zeiten, als die Hirsche noch wirklich wild lebten, dieselbe Aufgabe erfüllte.«

(Keating 1988, S. 17)

Die britische Hochwildgesellschaft hat den Auftrag, »für die Erhaltung und die Kontrolle des Rotwildes zu sorgen« (Dulverton 1986, S. 5). »Kontrolle« ist ein Begriff, der in solchen Zusammenhängen häufig benutzt wird. Er soll zeigen, welche Beziehung zwischen den Menschen und anderen Lebewesen wir für korrekt halten und zur Verklärung der Gründe beitragen, die dazu führen, daß wir weiter zum Vergnügen jagen, obwohl es für unser Überleben schon längst nicht mehr notwendig ist. Jäger glauben, daß die überlegenen Fähigkeiten des Menschen sie zum Jagen berechtigen. Das unerschütterliche Beharren der Jäger darauf, daß ihre Beweggründe edler Art sind und ihre Weigerung, niedrigere Gründe anzuerkennen, ist, wie Veblen schon vor langer Zeit feststellte, ein Widerspruch in sich:

Sportsleute – Jäger und Angler – pflegen als Antrieb für ihren bevorzugten Zeitvertreib die Liebe zur Natur anzuführen, die Notwendigkeit der Neuerschaffung und ähnliches. Diese Motive sind zweifellos häufig vorhanden und bilden einen Teil der Anziehungskraft des Lebens des Sportsmannes. Aber sie können nicht die Hauptantriebsgründe sein. Diese angeblichen Bedürfnisse sind leichter und vollständiger zu erfüllen, wenn auf die Begleiterscheinung verzichtet wird, diesen Lebewesen, die ein wesentlicher Bestandteil der vom Sportsmann so geliebten »Natur« sind, planmäßig das Leben zu nehmen. Die bemerkenswerteste Auswirkung der Aktivitäten des Sportsmannes besteht darin, die Natur durch das Töten aller ihn umgebenden lebenden Dinge in einem Zustand andauernder Trostlosigkeit zu halten. (Veblen 1899, S. 257)

Wir demonstrieren durch das Jagen unsere Fähigkeit, das Wilde zu unterwerfen – gewöhnlich, indem wir kulturelle Werkzeuge wie Fallen und Flinten benutzen –, und das Töten spielt dabei eine wichtige Rolle. Eine interessante Bestätigung dafür liefert ein britischer Fernsehspot, der für einen Snackriegel namens *Tracker* wirbt. In diesem Spot wird ein Mann in Jagdkleidung gezeigt, der in einer ruhigen Waldlandschaft der Fährte eines Hirsches folgt. Er sieht intelligent, stark, zäh und zielstrebig aus. Nach kurzer Zeit hat er das Tier gut vor Augen – und es wird enthüllt, daß er sein Wild mit einer Kamera zu schießen beabsichtigt, nicht mit einem Gewehr. Er entspannt sich und genießt seinen kernigen Getreideriegel. Die Botschaft liegt auf der Hand. Dieser moderne Mann zieht es vor, sich der lebenden Schönheit der Natur zu nähern, ohne sie zu verletzen. Seine klare Wahl ist ein aus natürlichem Korn hergestellter Riegel, der unausgesprochen im Gegensatz zu dem Fleisch steht, dessen Verzehr er ablehnt, indem er den Hirsch verschont.

Seit wir der Vernichtung von Lebewesen weniger Ruhm zukommen lassen (schließlich hat diese Vernichtung bereits dazu geführt, daß einige Spezies gefährdet und andere ausgestorben sind), tritt bei modernen Großwildsafaris an die Stelle des Gewehrs immer öfter die Kamera. In anderen Blutsportarten ziehen die Menschen weiter ihr Vergnügen aus dem tödlichen Triumph über die unzivilisierte Natur. Die Jagd ermöglicht ihrer Meinung nach »ein Gleichgewicht zwischen dem Tier, das die Chance hat, seinen Instinkt und seine physischen Fähigkeiten zu benutzen, um zu entkommen, und dem Menschen, der angreift, um dieses mit seiner Geschicklichkeit und seiner Intelligenz zu verhindern« (Marvin 1988, S. 132). Das Jagen ist eine Bestätigung der Überlegenheit unserer Technologie und Kulturfertigkeiten über die Wildnis; es ist weder in erster Linie ein Zeitvertreib, durch den wir uns als eins mit der Natur empfinden können, noch eine Tätigkeit, durch die wir uns ernähren. Das Wildbret, das die viktorianische Jagdbeute hergab, war zum Beispiel

> von geringem Wert, das meiste davon wurde im Pförtnerhaus verzehrt. Ich vermute, dem Personal wurde ziemlich übel davon. Einiges gab man an Freunde weiter. Der ortsansässige Arzt, der Pfarrer und einige Arbeiter bekamen ihren Anteil, und die Hunde lebten zweifelsohne nicht schlecht. (Bowser 1986, S. 23)

Die Vorgänge, von denen Lord Dulverton weiter oben im Zusammenhang mit der Sportlichkeit hochtechnologischer Waffenausstattungen für die Rotwildpirsch spricht, gehen auf eine Zeit zurück, die den Gipfel der Jagdtechnologie im Langbogen sah. Es ist deshalb nicht verwunderlich, daß manch einer zweifelt, ob der Kampf noch ein faires Spiel ist, wenn die zur Verfügung stehende Ausrüstung immer weiter verfeinert wird. Dies deutet der Sekretär einer Gruppe der Hochwildwirtschaft an, für den das Wesentliche an der Jagd die Herausforderung ist:

> Es entsprach der Vorstellung des Viktorianers vom Sport, die solide Gewehrkugel zu bevorzugen, da sie genau treffen mußte, um sicherzustellen, daß das Tier tot war. Das Zielfernrohr wurde deshalb mit Mißfallen betrachtet. Um Augustus Grimble zu zitieren: »Wenn das gejagte Wild stillhält, kann es nahezu in Griffweite der Gewehrmündung gebracht werden, und es wird nahezu unmöglich, es zu verfehlen. All die Schwierigkeiten des Abschätzens der Entfernung, all die Sorgfalt, die darauf verwendet werden muß, bei schlechtem Licht zu zielen, eigentlich all das Vergnügen, mit einem gewöhnlichen Gewehr einen brillanten Schuß zu plazieren, ist damit dahin.«
> (Bowser 1986, S. 22)

Wenn die vom Jäger geforderte Kunstfertigkeit mit Hilfe der Technologie so reduziert wird, daß das Tier im Kampf nur eine geringe Chance hat, dann ist es keine große Heldentat zu töten, und um so weniger Prestige bringt es mit sich. Dies muß offenbar rationalisiert werden. In Michael Ciminos Film *Die durch die Hölle gehen* (1978) legt Mike (Robert De Niro in der Hauptrolle) geradezu besessen Wert darauf, allein zu jagen. Er verschafft sich dadurch eine neue Herausforderung, daß er unbedingt mit nur einem Schuß töten will: »Zwei ist pipifax ... Du mußt daran denken: ein Schuß! Ein Schuß, darum geht's. Ein Schuß. Ich versuche das den Leuten zu sagen, aber sie hören mir nicht richtig zu.«

Mit einem einzigen Schuß zu töten, ist für Mike (den rauhen, lonely American) die einzige Möglichkeit, eine wahre Herausforderung zu erleben. Sein Partner Nick (Christopher Walken) bezeichnet ihn deswegen als »Machtfreak«. Das Dilemma, das sich daraus ergibt, daß die zunehmende Verfeinerung der Waffenausstattung den Bereich individueller Geschicklichkeit einschränkt, versucht die britische Hochwildgesellschaft dadurch zu lösen, daß sie den gesellschaftlichen Nutzen der Jagd betont, um so die Technologie akzeptabler erscheinen zu lassen. War das Jagen früher prinzipiell eine individuelle Leistung unter Zuhilfenahme kultureller Technologie, so ist sie heute mehr und mehr eine Demonstration technologischer Power durch Jäger, die sich als von der Gesellschaft beauftragt betrachten. Hochwildpopulationen werden kontrolliert, weil das »ihrem eigenen Interesse« dient und um den Schaden an den menschlichen Ressourcen gering zu halten, also muß »sauber« getötet werden. Die Sportlichkeit wird der gesellschaftlichen Pflichterfüllung untergeordnet. Einige Jäger bestehen darauf, daß dies der einzige Zweck des Jagens sei, aber andere gestehen ein, daß ihr Vergnügen doch in der Herausforderung liegt:

> ... was treibt uns letztlich dazu, selbst wenn wir fußkrank und rheumatisch geworden sind, uns ein weiteres Mal den Berg hinaufzukämpfen, auf dem Gipfel zu schnaufen und zu japsen, in Torfmooren und Morasten herumzukrauchen und, wenn wir, hoffentlich, einen netten kapitalen Hirsch oder zwei, vielleicht sogar einen Dreizehnender gesichtet haben, diesen frechen alten Kerl zu erschießen? Was auch immer die Antis oder Randgruppen denken mögen, es ist nicht die Lust am Töten – sicher nicht. Es ist, weil wir nach wie vor die Herausforderung genießen – Masochisten, die wir sind –, weil wir die Hochsitze lieben und in erster Linie und vor allem, weil wir das Rotwild lieben. (Bowser 1986, S. 24)

Viehzucht und Vermarktung

Francis Klingender enthüllt bei seiner Untersuchung der Frage, wie Tiere bis zum Ende des Mittelalters in der Kunst und im Denken dargestellt wurden, daß unserem Herangehen an die Natur ein grundlegender Widerspruch innewohnt. Er stellt fest, daß die tägliche Arbeit von Jägern, Fallenstellern, Fischern sowie Viehzüchtern, Viehknechten, Schäfern und Schlachtern, Rattenfängern und Insektenvertilgern, Abrichtern von Pferden, Hunden und anderen Lebewesen, die für den Menschen arbeiten ..., daß all diese Aktivitäten und noch viele andere nur eine bestimmte Art des Verhältnisses zwischen Mensch und Tier ausdrücken. Die kameradschaftlichen Beziehungen zu Vögeln und anderen Tieren, an denen sich Kinder und Erwachsene erfreuen, das Entzücken der DichterInnen über den Gesang und die Bewegungen der Vögel oder die Schönheit, die KünstlerInnen an Tieren entdecken, verkörpern eine entgegengesetzte Herangehensweise:

> Diese sich widersprechenden Haltungen drücken ... ein Dilemma aus, ... das in dem erbarmungslosen Kampf zwischen Mensch und Tier wurzelt ... Selbst heute noch züchten wir Tiere als Fleisch, wir opfern sie, und der Kampf geht weiter, selbst wenn unser Haß sich jetzt hauptsächlich gegen Schädlinge und Mikroben richtet.
> (Klingender 1971, S. XXV)

Es hat sich, so scheint es, seit diesen Aussagen nur wenig geändert. Die Beschreibung von domestiziertem Vieh als »Opfer« mag uns allerdings Unbehagen bereiten. Wir haben uns daran gewöhnt, daß die Landwirte ihre Rolle lautstark als verantwortliche Pflege der Landschaft verteidigen. Der Boden und sein Tier- oder Pflanzenbestand wurden traditionell als Rohmaterial betrachtet, das mit Hilfe der Erfindungen der menschlichen Wissenschaft bearbeitet werden kann. Als legitimes Ziel dieser Aktivitäten wird die größtmögliche Kontrolle über alles Wachstum betrachtet, denn sie dient der Maximierung des Profits für die menschliche Bevölkerung.

Die fortschreitende Tendenz zur Industrialisierung der Landwirtschaft drückt sich heute in monokulturellen Systemen aus. Im Namen einer effektiven Produktion wird auf riesigen Flächen eine einzige Getreideart angebaut, als wäre die Landschaft eine Fabrik. Jeder Eindringling gilt als Schädling, und er wird mit technologischen Mitteln wie der Anwendung chemischer Pestizide und schließlich der Manipulation der jeweiligen Gene der Lebewesen bezwungen. Das moderne Agrarbusiness betrachtet seine Felder nahezu buchstäblich als Kampffelder. Jedes Element, das nicht als Teil des menschlichen Plans dient, gilt als Feind. Besonders deutlich ist dies an dem Werbetext eines Chemieunternehmens zu erkennen:

> *MEHR NAHRUNG?*
>
> *So treibt Monsanto den Angriff voran*
>
> Die technische Forschung gleicht einem Gefecht. Ein wirkungsvoller Angriff basiert auf einer Prüfung der Lage, legt ein Operationsziel fest, erarbeitet eine Strategie und führt sie dann aus. Genau das tun die Forscher von Monsanto in dem weltweiten Kampf um mehr Nahrung …
>
> *Schweres Geschütz an die Front*
>
> Monsanto hat beim Angriff auf Verluste durch Unkraut kürzlich eine schwere Waffe ins Feld geführt. Es ist das N-(Phosphono-Methyl)-Glycin. Diese Verbindung ist, anders als das Waffenlager selektiver Herbizide, vollständig phytotoxisch. Sie rottet bis auf die Wurzeln aus … (Monsanto 1976, S. 124)

Die Verfechter eines solchen Standpunktes betrachten den Kampf gegen die Natur als eine ehrenvolle Pflicht und sehen als das angestrebte Ziel dieses Kampfes den Endsieg an. Die Schlüssel zum totalen Sieg sind Wissenschaft und Technologie – als Äußerungen menschlicher Intelligenz. Einem solchen Geist entspringt die Entwicklung intensiver Viehzuchtsysteme. In ingenieurmäßig durchorganisierten Einrichtungen werden alle Variablen, wie die Raumtemperatur, die Nahrungsaufnahme des Tieres und selbst das Erbgut sorgfältig überwacht. Es werden chirurgische Maßnahmen wie Kastrationen und das Kappen des Schnabels vorgenommen und pharmazeutische Präparate verabreicht, durch die die natürlichen Unterschiede gering gehalten und profitable Merkmale wie zum Beispiel ein schnelles Wachstum verstärkt werden. Jeder Aspekt des Lebens und Sterbens der Tiere wird überwacht und systematisch verwaltet. Einige Landwirte bezichtigen weniger übergenaue Produktionssysteme mittlerweile eines Mangels an Verantwortlichkeit:

> »Ich bin manchmal nicht damit einverstanden, wie sich das Fischen entwickelt, denn wir hier betreiben wirklich Landwirtschaft: wir arbeiten mit grundlegenden Zahlenvorgaben. Wir haben eine Zuchteinheit. Aber die Leute, die auf den Meeren fischen ... Im Grunde wird das Meer ausgeplündert, und von dem Geld führt niemand wirklich etwas in das System zurück, während wir bei unseren landwirtschaftlichen Systemen der Einheit etwas wiedergeben. Es ist einfach keine Landwirtschaft. Da geht es nur darum – das größte Boot, die dichtesten Netze, die du bekommen kannst und so weiter, und eben soviel wie möglich aus dem Meer herauszuholen. Sie kümmern sich um gar nichts.«

Die landwirtschaftliche Ethik beruht auf der Vorstellung, daß wir die Aufgabe haben, die Natur zu verwalten, und es als unsere Pflicht ansehen müssen, das ganze natürliche System zu regulieren. Jedes Stück Land, das nicht für menschliche Zwecke »genutzt« wird, gilt als wertlos (nur einige »RomantikerInnen« sehen das anders), genauso wie wilde Tiere bis vor kurzem fast ausschließlich als Gewehrziele geschätzt waren. Erst die Zucht macht Tiere wertvoll, sie ist ein anderes Vehikel für die Zurschaustellung der menschlichen Fähigkeiten:

> »Ich hatte einen heftigen Streit mit einem Landwirt, der argumentierte, daß sie den Fleischstandard hochgeschraubt hätten. Nach ihm wäre ohne Fleischesser kein Grund vorhanden, diesen Standard aufrechtzuerhalten. Das sagen sie auch über Pferderennen: gäbe es keine Wetten, hätten sie nicht die exzellenten Vollblutpferde, die sie jetzt haben.«

Dieses anthropozentrische und sich im Kreis drehende Argument geht davon aus, daß Tiere zu ihrem eigenen Wohl gezüchtet werden, ganz so wie propagiert wird, daß die Rotwildjagd dem

Nutzen der Tiere dient. In Wirklichkeit aber werden Verbesserungen nur nach ihrer Nützlichkeit für die Menschen bewertet. Für einen mit überreichlichen Fleischmengen bepackten Truthahn ist es nicht gerade von besonderem Nutzen, daß er sich einzig durch künstliche Reproduktion fortpflanzen und kaum aufrecht stehen kann. Auch die belgische Blue Cow, die nur per Kaiserschnitt gebären kann, und die Maus im Genlabor, die darauf programmiert ist, innerhalb von 90 Lebenstagen Krebs zu entwickeln, wurden allein für die Zwecke des Menschen gezüchtet. Ein reinrassiges Rennpferd zieht keine Vorteile daraus, über sauber eingeebnete Rennstrecken sprinten zu können, und in einer natürlichen Umgebung würden seine zarten Glieder wahrscheinlich brechen. Eine Zucht, durch die bestimmte natürliche Nischen (wilder Truthahn, Wildpferd) genutzt würden, ist nicht gefragt. Die Vorteile, die durch geschickte Zucht erzielt werden, liegen in der Anpassung des Tieres an die Kategorien – die ökonomischen Nischen – zu denen unsere Kultur sie bestimmt (Batterietruthahn, Rennpferd). Wir maßen uns göttliche Macht nicht nur über Leben und Tod, sondern sogar über Evolution und Schicksal an:

> Im achtzehnten Jahrhundert wurde oft argumentiert, daß die Domestikation für die Tiere *gut* sei, sie zivilisiere und ihre Anzahl vergrößere: »Wir vervielfältigen Leben, Empfindungsvermögen und Besitz«. Kühe und Pferde galten als besser aufgehoben unter der Obhut des Menschen, als der Gnade wilder Jäger ausgesetzt zu sein. Sie als Fleisch zu schlachten, mag vielleicht grausam erscheinen, sagte Thomas Robinson 1709, »bei näherer Betrachtung« jedoch beweise es »eher Freundlichkeit als Grausamkeit«. Sie hätten einen schnellen Tod, und ihnen würden die Leiden des Alters erspart.
>
> (Thomas 1983, S. 20–21)

Die letzte Manifestation dieser Strömung, die eine sogenannte Vervollkommnung der Natur anstrebt, ist die Wissenschaft der Gentechnologie. Dieser Wissenschaft geht es darum, der Natur die vermutlich vom Zufall bestimmte Anweisung zur Mutation und zur natürlichen Selektion zu entreißen. Es soll ein effizienteres Muster gestaltet werden, um dadurch die Kontrolle über die Form und die zukünftige Richtung der Ökologie der Erde zu erzwingen. TechnologInnen verweisen empfindungsfähige Lebewesen in klassischer kartesischer Tradition auf den Status reiner Maschinen. Nur die Terminologie wurde auf den Stand des zwanzigsten Jahrhunderts gebracht, so daß die Analogie nicht mehr, wie bei Descartes, zu den Federn und der Mechanik von Uhren gezogen wird. Heute sind wir digital. Das Geschwätz von der »genetischen Programmierung« des Tieres beschwört Bilder von Computern herauf, die ungeachtet ihrer irreführenden Fähigkeit, Intelligenz nachzuahmen, in Wahrheit gänzlich unbelebt sind. Wir rechtfertigen das Streben nach Fortschritt wie üblich mit dem Rückgriff auf ökonomische Kriterien und dem ultimativen Vorteil für das Wohl des Menschen. Wir demonstrieren durch solche technologischen Glanzleistungen jedoch in erster Linie unsere Fähigkeit, das Unkontrollierbare zu kontrollieren. Es scheint so, als könnten wir einfach nicht mit der Vorstellung leben, daß wir am Ende doch nicht die absoluten HerrscherInnen von allem sind, das uns unter die Augen kommt.

Selbst wenn mittlerweile die Schönheit der Reste der Natur gepriesen wird, die überleben konnten, gehören die Vorhaben der Gentechnologie und Mikrobiologie zu den wissenschaftlichen Projekten des ausgehenden zwanzigsten Jahrhunderts, bei denen die größte Konkurrenz herrscht, die größten Profite zu erwarten sind und am meisten Prestige einzuheimsen ist. Früher widerstanden die höheren Tiere am stärksten unserer Kontrolle, bedrohten uns oder forderten uns heraus. Ihnen billigten wir den höchsten Status als Objekte unseres Konsums zu. Heute haben wir über das Leben dieser Wesen die mehr oder weniger vollständige Kontrolle erreicht, teilweise soweit, daß sie von der Erdoberfläche getilgt sind. Unsere Macht über Insekten, Mikroben oder Viren ist weniger umfassend, und unsere Beherrschung der genetischen Bauweise der höheren Tiere, die bislang überlebt haben, ist nur partiell. Deshalb werden diese Lebewesen entweder als die größte Bedrohung für die Gesundheit des Menschen dargestellt oder als die größte Gelegenheit für das, was Fortschritt genannt wird: zunehmende Kontrolle. Die Forschung auf dem Feld mikroskopischer Größenordnung steht gegenwärtig in dem Ruf, eine potentiell reich fließende Quelle finanziellen Profits zu sein. Aus diesem Grund widmen wir der Mikrobiologie oder der Herausforderung, die genetische Codierung zu verstehen, einen großen Forschungsaufwand, und diejenigen, die bei diesen chemischen, biologischen oder mikrobiologischen Bemühungen Fortschritte erzielen, genießen ein hohes Ansehen.

Der Antrieb für das Vorankommen in diesen kompliziertesten Technologiebereichen ist das Streben nach einer noch weitergehenden Kontrolle der Natur. Das Prinzip der Vorherrschaft begleitet auch andere Stufen des Prozesses der Fleischbeschaffung: zum Beispiel die Zerstückelung des Tieres. In einer Werbeanzeige für Schlachterei-Ausstattungen der Firma »Speed« wird die beabsichtigte Botschaft durch die Beschwörung des Bildes wilder Tiere untermauert:

NUR SPEED BESITZT DIE KRAFT,
HUNDERTE VON BESTIEN
AUF IHR WIRKLICHES MASS ZU STUTZEN
(Butcher & Processor 1987a, S. 20)

Schlachthöfe werden in den Massenmedien nur noch gelegentlich erwähnt, zum Beispiel dann, wenn es um gesetzliche Regelungen geht, und selbst in solchen Fällen wird nur selten die Häßlichkeit des Todes geschildert. Wir ziehen es vor, die mörderische Prozedur aus unserem Blickfeld und aus unseren Gedanken herauszuhalten und Fleisch in einem schönen Abstand von der bedauerlichen Wirklichkeit zu genießen. Wir bezahlen andere für diese Arbeit, vor der die meisten von uns zurückschrecken würden, wenn wir damit konfrontiert wären, und verbannen ihre Aktivitäten an Orte am Rand unserer Ansiedlungen. Der niedrige Status, den Schlachthofarbeiter in der sozialen Hackordnung einnehmen, spiegelt unseren allgemeinen Abscheu vor einem Vorgang wider, den wir selbst durch unsere Konsumentennachfrage auslösen. Wir schätzen sie wegen ihres Empfindungsmangels gering, ihre Produkte aber kaufen wir – in anonym steriler Verpackung. Diejenigen, die direkt damit zu tun haben, sehen das Schlachten meist als einen notwendigen Aspekt der Viehzucht an, wobei die Unerfreulichkeit, die es mit sich bringt, durch technologische Prozeduren teilweise abgeschwächt wird:

> *Frage: »Gehen Sie manchmal in ein Schlachthaus?«*
>
> »Ja, ziemlich oft. Es ist sehr sauber, wissen Sie ... sehr klinisch. Es wird human getötet, abgezogen, und buchstäblich innerhalb von Minuten haben sie die Haut und alles von dem Tier weg. Das Ganze wird schnell Teil eines Routinejobs; es ist Teil eines Fabriksystems.«

Wir betrachten nur das Fleisch von Tieren, die von Menschen geschlachtet wurden, als eßbar. Von Tieren, die an natürlichen Ursachen gestorben sind, halten wir uns lieber fern und erklären dies mit dem Verweis auf Hygiene und Verbote durch vorhandene Gesetze. Wir kümmern uns nicht darum, daß es kaum Beweise dafür gibt, daß richtig gekochtes Fleisch von Tieren, die zum Beispiel durch einen Unfall getötet wurden, ungesünder für uns ist als das professionell getöteter Tiere. Ein Landwirt, der bei schweren Schneefällen viele Schafe verloren hatte, erinnert sich zum Beispiel:

> »Nun, wir konnten sie natürlich nicht essen. Ich nehme an, wir hätten etwas für sie bekommen, aber am Ende warfen wir sie in eine Grube. Man will sie nicht lange herumliegen lassen, wissen Sie, wegen der Krankheiten.«
>
> *Frage: »Wenn Sie sie mehr oder weniger sofort wegschaffen konnten und sie offensichtlich ganz in Ordnung waren ... eingefroren ... nachdem sie gestorben waren – warum sollte man nicht ihr Fleisch essen?«*
>
> »Oh nein, das geht nicht. Es ist einfach nicht gesund. Wenn Sie es nicht selbst getan haben, wissen Sie nie, was mit dem Fleisch passiert ist.«

Der im neunzehnten Jahrhundert lebende französische Forscher Decroix nahm diese Beschränkung zum Anlaß für einen ungewöhnlichen Test. Er kochte das Fleisch von Tieren, die auf verschiedene Weise gestorben waren (unter ihnen befand sich auch ein »verrücktgewordener« Hund) und gab es Menschen zu essen, denen er nichts von seiner Quelle erzählte. Er konnte bei den TeilnehmerInnen seines Tests keinerlei Krankheitserscheinungen feststellen (zitiert in Renner 1944, S. 125). Unsere unterschiedliche Bewertung von Fleisch muß wieder im Zusammenhang mit unserem generellen Verhältnis zu Fleisch interpretiert werden. Wir halten es für nötig, daß die Tiere, die für unsere Tafel bestimmt sind, von uns selbst geschlachtet werden oder daß es zumindest diejenigen tun, die wir beschäftigen, damit sie diese Aufgabe hinter geschlossenen Türen erfüllen. Der Tod muß in den Händen von Menschen liegen. Würden wir Tiere essen, die anders als unter unserer Kontrolle gestorben sind, wären wir nach unserer eigenen Definition AasfresserInnen, und das ist nicht gerade unser liebstes Bild von uns. Wir mögen hervorragende JägerInnen, geschickte LandwirtInnen oder erfinderische GentechnologInnen sein – aber wir sind nicht einfach AasfresserInnen – wir bestimmen schließlich selbst unser Schicksal.

Die Vermarktung von Fleisch gleicht im wesentlichen der anderer Handelswaren. Es gibt zwar gewisse Schwierigkeiten, die mit diesem speziellen Produkt zusammenhängen, wie zum Beispiel die Notwendigkeit, den Verkaufspreis auf spezielle Käuferempfindlichkeiten abzustimmen, aber der reine Vorgang des Verkaufs von Tierfleisch entspricht dem des Verkaufs von Weizen, Hi-Fi-Geräten, Nüssen oder Bolzen. In der Handelspresse wird ganz selbstverständlich davon ausgegangen, daß das Tier nicht viel mehr als eine Maschine ist, mit deren Hilfe das Rohmaterial (Futter) in das Endprodukt (Fleisch) umgewandelt wird. Zu diesem Zweck wird sie instandgehalten. Das Problem besteht darin, den erwirtschafteten Profit zu realisieren. Ein Manager einer Fleischfirma klagt:

> »Es ist derzeit schon schwer, für Fleisch im zweiten Durchgang 20 Prozent [Profit] zu erzielen. Wenn Sie Erstverkäufer von Fleisch sind, können Sie vielleicht von 25 oder 30 reden. Aber wenn Sie es einkaufen müssen, kommen Sie wahrscheinlich auf ungefähr 20, weil es eben zwei Handelsspannen gibt. Wenn Sie 25 erzielen wollen, töten Sie das Käuferinteresse, weil der Preis, den Sie fordern, zu hoch ist. Die Alternativen, die im Supermarkt zu sehen sind, wie z. B. Fertigmahlzeiten auf einer Fleischgrundlage, sind nicht zu unterschätzen. Und auch die Bequemlichkeit. Es ist auf diese Weise immer ein Balanceakt. Das ist das Problem. Wir betrachten es von allen Seiten, um unsere Marktkräfte unterstützen zu können und richtig zu liegen.«

Unsere Fleischlieferanten gehen erstaunlich unbeirrt von der herkömmlichen Annahme aus, daß geschlachteten Lebewesen wenig mehr Beachtung beigemessen werden sollte als einem Sack voller Kohl oder Mikro- oder Kartoffelchips. Diese Gleichgültigkeit stimmt damit überein, daß wir die ganze nicht-menschliche Welt so einschätzen, als würde sie auf einem qualitativ niedrigeren Level existieren als die unsere – die ideologische Kluft, die *uns* von *ihr* trennt, wird hier nur in der eindeutigen Sprache der westlichen Ökonomie ausgedrückt. Deren Gesetze werden als natürlich hingestellt, so daß Überlegungen z. B. ethischer Art nur von zweitrangiger Bedeutung sein können. Derselbe Manager erkennt zum Beispiel an:

> »Meine Kenntnisse über den Vegetarismus sind sehr begrenzt, aber ich denke, die Meinungen in Richtung Moral kommen offensichtlich von einer bestimmten Gruppe von Menschen, die intelligent genug sind, sich darüber Gedanken zu machen, und sich zur Zeit in allen wichtigen Fragen engagieren. Sie möchten in einer so idealen Welt wie möglich leben. Wir beide wissen, daß sich dieser utopische Idealismus so gut wie gar nicht aufrechterhalten läßt, wenn man es mit dem viel rauheren Marktgeschehen zu tun hat, aus finanziellen Gründen, einfach durch die Gesetze der Natur.«

Die Ideologie, auf der diese Aussagen beruhen, liegt deutlich und unverblümt auf der Hand: es ist ökonomische »Realität«, daß (nicht-menschliche) Tiere Ressourcen sind, genauso wie Gemüse oder Mineralien. Die Tatsache, daß dies in den unangreifbaren Begriffen der Ökonomie ausgedrückt wird, bedeutet, daß jeder Streit über den Unterschied zwischen der Welt der Menschen und der der Tiere einen der Grundpfeiler der modernen Gesellschaft angreift und jeder Widerspruch ins Abseits gedrängt wird. Der Fleischmarkt geht von der Annahme aus, daß Menschen qualitativ überlegen sind: unser Recht, die Nahrung unserer Wahl zu genießen, darf nicht von wunderlichen Vorstellungen über die Interessen der Tiere untergraben werden. Die vermeintlich objektiven »Gesetze« von Angebot und Nachfrage bestimmen den Preis (so wie sie es früher taten, als wir noch mit SklavInnen handelten). Die Dollargesetzgebung sorgt dafür, daß unsere Souveränität unangefochten bleibt.

Die geradezu fürstliche Entwicklungsstufe, auf der wir das angeborene Privileg besitzen, regelmäßig als Tribut vom Reich der Tiere unser Pfund Fleisch zu beziehen, soll uns (und der Fleischindustrie) erhalten bleiben. Dafür legen die Schlachter Wert auf persönlichen Service und Geschick in der Zubereitung ihrer Waren. Eine Initiative zur Steigerung des Standards der Schlachtermeister beschwört die altmodische Glaubwürdigkeit und betont die Schlachterkunst:

> [Ein Schlachter aus Gloucestershire] macht im Jahr 12 bis 18 Prosciutto-Schinken und verkauft ihn in dünnen Scheiben für 1,88 £ das Viertel. »Der Vorgang erfordert eine Menge Geduld, besonders während des Einpökelns«, sagt er. »Da ist viel Liebe dabei.«
>
> (Butcher & Processor 1987c, S. 6)

> »Meine Kunden müssen wissen, daß das Fleisch, das sie kaufen, absolut spitzenmäßig ist, und genau das gebe ich ihnen. Sie wissen, daß sie nur das Allerbeste kriegen, wenn sie zu mir kommen ... Es ist sehr wichtig, den Leuten diese Qualität zu geben, weil meine Kunden sich sonst hinters Licht geführt fühlen, und dann hat Fleisch für sie vielleicht nicht mehr dieses besondere Image. Fleisch ist aus all diesen Gründen etwas ganz Besonderes.«

Das Normalrepertoire des Fleischhandels konzentrierte sich bisher auf zwei Themen (abgesehen davon, daß er den hohen Wert eines traditionellen Services betonte). Zum einen wurde die Natürlichkeit von Fleisch hervorgehoben, obwohl dies manchmal zu kaum mehr als den kleinen Plastikpetersilienzweiglein langte, die

die Auslagen auf den weißen Fliesen im Fenster des Schlachters voneinander trennen. Kürzlich wurden gemeinsame Anstrengungen unternommen, um dieses Image neu zu gestalten und zu wahren. Poster zeigen gesunde, glückliche Hühner oder Schweine vor dem Hintergrund einer grünen Hügellandschaft. Von den Fließbandbedingungen, unter denen die meisten dieser Tiere wirklich gehalten werden, berichten offizielle Bilder erwartungsgemäß nur selten. Begriffe wie »natürliche Güte« ergeben einen ungleich akzeptableren Vermarktungsmythos.

Das zweite Thema wird weniger ausdrücklich angesprochen und behandelt Vorstellungen von Rivalität, Gewalt, Stärke, moralischem Rückgrat und Herrschaft. Die zweideutigen Bilder in Slogans der letzten Zeit, die zum Beispiel vom britischen Fleisch- und Lebensmittelverband benutzt wurden – »Nichts kann es mit Fleisch aufnehmen«, »Verputz das Lamm«, »Verlaß dich auf britisches Schweinefleisch« – sind vielsagend. Die Seiten der Handelspresse liefern zahlreiche ähnliche Beispiele, bei denen die besondere Kraft herausgestellt wird, die die Grundlage für die gesellschaftliche Rolle von Fleisch ist. Eine Titelseite des *Meat Trades Journal* (1989e, S. 1) zeigt, wie Oscar Clark, ein Fleischinspekteur, mit seinen Zähnen Stahlstangen biegt. Eine andere seiner außerdienstlichen Aktivitäten besteht darin, so werden wir informiert, daß er mit seinen Zähnen Fleischwaggons zieht, und das alles tut er für mildtätige Zwecke. »Rot gibt dir Mumm« verkündet eine andere Schlagzeile. Sie dient als Überschrift für einen Artikel, in dem über eine neu gestaltete Schaufensterfront berichtet wird, die die Assoziation der traditionellen Fleischfarbe Rot mit Körperkraft in den Vordergrund stellt und dadurch den angestrebten »Kraftlook« erreicht (*Butcher & Processor* 1989b, S. 19). Fleischwerbung stellt in vielen Fällen Wettbewerbssituationen dar – eine Werbung zeigt einen Jungen im Karateanzug, der in feindseliger Kampfhaltung und mit feindseligem Gesichtsausdruck posiert. Er steht mit gespreizten Beinen da, und zu seinen Füßen prangt auf einem Sockel eine Trophäe. Er soll vermutlich auf die legendären kraftverleihenden Eigenschaften dieses Lebensmittels hinweisen. Die Menschen, die die Vermarktung von Fleisch betreiben, betonen nach wie vor die Kraft von Fleisch und die damit verbundene Umweltkontrolle. Sie zumindest glauben fest daran, daß diese Werte erstrebenswert bleiben.

Kochen und Verarbeitung

Wir essen Tierfleisch normalerweise nicht in unverarbeiteter Form. Dann und wann kommt es in Mode, rohes Fleisch zu verzehren, wie zum Beispiel japanisches Sushi oder bestimmte kulinarische Spezialiäten wie *steak tartare*, aber ansonsten wird Fleisch stets transformiert, bevor wir ihm erlauben, in unseren Mund zu gelangen: wir kochen oder braten es oder verarbeiten es auf andere Weise. Das nächste Kapitel behandelt detaillierter die Unterscheidung der Nahrungsmittel in solche, die roh gegessen werden, und solche, die gekocht oder gebraten werden müssen. Fleisch gehört in den meisten Fällen eindeutig zum letzteren Typ. Diese Beobachtung, die auf der ganzen Welt zu machen ist, hat eine besondere Bedeutung, da jede uns bekannte Gesellschaft zumindest einige ihrer Nahrungsmittel kocht und wir die einzige Spezies sind, die das tut. Gewohnheitsmäßiges und rituelles Kochen von Nahrung ist ein Merkmal, durch das sich alle Menschengruppen von allen anderen Tieren unterscheiden. Oder genauer: *wir unterscheiden uns* auf diese Weise von anderen Tieren. Die Aufspaltung zwischen ihnen und uns ist das Werk unseres Geistes.

Es finden sich überall auf der Welt Mythen, die von den Ursprüngen des Feuers handeln. Feuer und Kochen spielen eine Schlüsselrolle im Ritual – ein Zeichen ihrer großen Bedeutung für die Menschheit. Prometheus stahl das Feuer von den Göttern. Das südamerikanische Gé-Volk entwendete das Feuer und die Fähigkeit zu kochen dem Jaguar (Lévi-Strauss 1971, S. 95). Bei den Chukchi Sibiriens herrschen für die Hervorbringung und die Weitergabe von »echtem Feuer« strenge Regeln, ihre Feuerstellenbretter werden als Familienerbstücke in Ehren gehalten, und bei der Opferung von Rentieren nehmen beide eine wichtige Rolle ein. Für ihre Nachbarn, die Koryaken, ist Feuer »die Quelle, der das [Haus-] Rentier entstammt« (Jochelson 1908, S. 87; Ingold 1986, S. 267–269). Im Norden Kanadas wird berichtet, daß »sich die Chipewyan [dadurch] von Tieren und Eskimos unterscheiden«, daß sie keine rohe Nahrung essen (Sharp 1981, 231). Audrey Richards stellt fest, daß vom »Wilden« ganz irrtümlich angenommen wird, daß er sein Gemüse roh verzehrt, und ihn dazu »ein stärkerer Naturinstinkt [führt], den seine zivilisierten Kollegen leugnen« (1931, S. 1). Der »Wilde«, den wir erfunden haben, damit er den Gegensatz zu unserer angeblichen

Zivilisiertheit ausdrückt, wird natürlich durch einen generellen Widerspruch zu kultiviertem Verhalten charakterisiert. Wenn wir uns durch das Kochen von Fleisch von der Barbarei unterscheiden, ist es nicht überraschend, daß wir von Wilden annehmen, daß sie nicht gekochtes Fleisch zu sich nehmen, sondern rohes Gemüse.

Schon viele AutorInnen haben sich mit der Bedeutung des Kochens auseinandergesetzt. Guy-Gillet (1981) argumentiert psychoanalytisch, daß Menschen durch das Kochen unbewußt als Vermittler zwischen drei Ordnungen auftreten: der kosmologischen, der zoologischen und der kulturellen. Carleton Coon (1955, S. 63) nimmt an, daß das Kochen der »entscheidende Faktor dafür war, den Menschen von einer anfänglich tierischen Existenz in eine solche zu führen, die vollständiger menschlich war«, eine Meinung, die vor ihm schon Boswell vertreten hatte (Hill 164, S. III. 245, v. 33 n). Auch Dando stellt in seiner Untersuchung der Geschichte des Hungers fest, daß die »Kontrolle über das Feuer ein großer Schritt dahin war, die Menschen von den in der physischen Umwelt vorgefundenen Beschränkungen zu emanzipieren. Menschen unterscheiden sich von anderen Tieren durch ihre allgemeine Bevorzugung gekochter Nahrung« (1980, S. 13).

Aber es war vor allem Lévi-Strauss, der die Vorstellung entwickelte, daß der grundlegende Unterschied zwischen der Natur und der Kultur sich durch das Kochen äußere. Er unterstrich, daß jede bekannte Gesellschaft mindestens einige ihrer Nahrungsmittel »durch Kochen« bearbeitet, »was, und das wurde nie ausreichend betont, zusammen mit der Sprache eine wahrhaft universelle Form der Aktivität ist« (1966, S. 937). Die Umwandlung (durch Feuer), die »die kulturelle Transformation des Rohen vollendet« (1971, S. 191), ist für Lévi-Strauß der tiefgreifendste und herausragendste Ausdruck der Transformation von Natur in Kultur – die Art, auf die menschliche Wesen sich als anders als der Rest der natürlichen Welt begreifen.

Natürlich kann sowohl Gemüse als auch Fleisch gekocht werden, Gemüse jedoch wird auch roh gegessen – zum Beispiel in Salaten. Der natürliche Zustand von Fleisch wird dagegen fast immer transformiert, wenn nicht durch Kochen oder Braten, dann durch solche Zubereitungsarten wie das Trocknen, Marinieren oder Pökeln. Die Zubereitung von Schinken durch Salzen oder Räuchern trägt möglicherweise zu seinem Image als minderwertiges Fleisch bei; denn sein späteres Kochen bedeutet, daß es beim Verzehr bereits zweimal umgewandelt worden ist. Es trieft nicht wie anderes Fleisch von Blut. Schinken bildet nur selten das Kernstück eines wichtigen Fleischessens. Er kann als Bestandteil des großen britischen Frühstücks serviert werden, bei einer Mahlzeit, die in Großbritannien sonst kein Fleisch enthalten würde (obwohl dieser Brauch seltener wird). Und er kann, anders als die meisten Fleischsorten, als Beigabe zu anderen Fleisch- oder Tierprodukten dienen, zum Beispiel in einer Wildkasserolle, mit Huhn oder in einem Omelette. Schinken ist ein Hilfsfleisch, das sogar manche »VegetarierInnen« essen.

Auch Würstchen, Pasteten, Hackfleisch, Corned Beef oder Pâtés besitzen in den meisten Fällen nicht dasselbe Ansehen wie ein richtiges Stück Fleisch. Sie passen, außer in Notzeiten, eher zu dem zweiten Essen des Tages oder dienen vielleicht bei der Hauptmahlzeit als Appetitanreger. Diese Fleischsorten mit niedrigerem Status betrachten wir oft als besser geeignet für Kinder als für wahre Männer, die ordentliches Fleisch brauchen. Sie werden nicht nur bei richtigen Schlachtern, sondern in allen möglichen Läden verkauft. Solche Artikel versorgen uns mit Tierfleisch in leicht zugänglicher Form, aber mit der Verarbeitung ist auch ein Großteil der besonderen Mystik verlorengegangen, die Fleisch umgibt.

Kochen und andere Techniken verwandeln Fleisch von einer materiellen Substanz in einen Gebrauchsgegenstand unserer Eßkultur. Solange sich Fleisch in seinem Rohzustand befindet, in der Küche oder auf dem Schlachterbrett, ist es noch nicht der Stoff, der uns vor Entzücken den Mund wässrig macht. In dem Maße jedoch, wie die lebendige Blutröte zu einem weniger bösartigen Schatten von Braun wird, verwandelt sich Fleisch von einer unangenehmen in eine wohlschmeckende Sache:

> BETTY: »Es ist irgendwie komisch. Ich kann ein Stück Fleisch ansehen, Huhn beispielsweise, und alles damit machen und all die notwendigen Handgriffe und seine Eingeweide ausnehmen und was du zu ...«
> STEVE: »Ich wette, du könntest es nicht rupfen!«
> BETTY: »Oh, ich glaube doch, denn wenn ich es so ansehe, wie ich es ansehe, wie ... anders ...«
> STEVE: »Etwas zu essen ...«
> BETTY: »Nein, das ist es ja grade! Ich sehe es nicht wie etwas zu essen an, ich sehe es an wie dieses ... Ding mit dem ich das tun muß, in derselben Weise, wie du in der Biologie ... Tiere und Ratten und ...

sezieren würdest ... du würdest es einfach tun. Es ist nicht etwas zu essen, bis du es in die Pfanne getan hast und du es brätst und ihm etwas hinzufügst ... und wenn es beginnt zu braten. Dann wird es etwas zu essen, aber während es einfach ... ein Stück von einem Tier ist, das auf deinem Hackbrett liegt, ist es nur etwas, das du eben tun mußt.«

»Als ich meine Kusine in London besuchte, kann sie noch nicht ganz Vegetarierin gewesen sein, aber normalerweise aß sie bestimmt nicht viel Fleisch. Sie wußte, daß ich Fleisch aß, also dachte sie wohl aus irgendwelchen Gründen, sie müßte es mir bieten, als ich zu Besuch kam ... Sie kaufte also Hackfleisch für uns, aber dann war es ihr zu eklig, es wirklich selbst zu verarbeiten, bis es braun geworden war! Ich mußte es braten und umrühren, bis die ganze rote Farbe weg war – dann übernahm sie es und erledigte den Rest.«

Rohes, bluttriefendes Fleisch essen wilde, fleischfressende Tiere, nicht zivilisierte Menschen. Über die Tiere im allgemeinen erheben wir uns dadurch, daß wir Fleisch essen, über andere Fleischfresser, weil wir es kochen. Rohes Fleisch ist bestialisch, es zu kochen, grenzt uns ab. Das Genre der Horrorgeschichten, in dem oft degenerierte Menschen dargestellt werden, ist dementsprechend ein Bereich, in dem wir auf das Bild von Menschen treffen, die rohes Fleisch essen. Ein berüchtigtes »böses Video« zum Beispiel, das in den frühen achtziger Jahren von den britischen Zensoren verboten wurde, war ein Film mit dem Titel *Cannibal Holocaust*. Sein Cover zeigte wildblickende Frauen, die mit ihren Zähnen an rohem, vermutlich menschlichem Fleisch zerrten – die Verletzung des Kannibalismus-Tabus wurde also clever mit dem zusätzlichen Schock kombiniert, (weibliche) Menschen zu sehen, die rohes Fleisch essen.

Viele Menschen lehnen es heute generell ab, rohes Fleisch zu verarbeiten. Sie berichten, daß es ihnen zwar nichts ausmacht, es in gekochtem Zustand zu essen, sie aber schwer mit einer Substanz umgehen können, bei der das Blut noch zu erkennen ist. Ähnlich hält der Blutgeruch von rohem Fleisch viele FleischesserInnen davon ab, traditionelle Fleischerläden zu betreten, vor allem auch, weil Supermärkte eine angenehm saubere Alternative bieten. Es überrascht nicht, daß der Duft, der von rohem Fleisch ausgeht, häufig auf Ablehnung stößt, obwohl dieser Geruch genausowenig im absoluten Sinne unerfreulich ist, wie der Duft eines brutzelnden Steaks automatisch den Appetit anregt. Beides kann je nach unserer Gemütsverfassung sowohl anziehend als auch abstoßend wirken. Gerüche können im hohen Maße dazu beitragen, etwas heraufzubeschwören, sie sind dazu fähig, weit zurückliegende Erinnerungen buchstäblich aus dem Nichts herbeizurufen. Es sind die Assoziationen, die wir widerlich finden – der Duft blutigen rohen Fleisches führt dazu, daß wir uns mit dem Tod des Tieres beschäftigen.

Es gibt allerdings auch Anlässe, bei denen die gewohnte Allgegenwart von gekochtem Fleisch nicht ausreicht, die gewünschte Botschaft zu überbringen – wenn gerade die Kraft des Symbols »roh« die Härte des entsprechenden Geistes verdeutlichen soll. Die starke Barbarei, die durch ungekochtes Fleisch ausgedrückt wird, vermag uns in manchen Zusammenhängen nicht aus der Fassung zu bringen. Rohes Fleisch und aussickerndes Blut verkörpern anschaulich die brutale, durch kulturelle Einflüsse ungeschmälerte Kraft der Natur. Die Vorstellung von rohem Fleisch, das rot in den Zähnen und Klauen hängt und so das besondere Wesen dieser Natur darstellt, kann bei modernen Wettkampfarten ein beeindruckendes Bild für extreme Unbarmherzigkeit sein:

> Lloyd Honeyghan, der von Kopf bis Fuß wie das Magazin-Titelbild eines World Champions aussieht, kehrte gestern nach London zurück ..., um den nächsten Verteidigungskampf seines WBC- und IBF-Weltergewichtstitels anzukündigen ...
>
> Honeyghan, der in einem 1500 £-Lederanzug glänzte, der mit Beschlägen, Schnallen, Ketten und Pferdehaarepauletten bestückt war – »das sind die Skalps meiner beiden letzten Gegner« –, will um die Nr. 1 der WBC kämpfen ...
>
> Es wird Honeyghans zweite Titelverteidigung in zwei Monaten sein, aber er erklärte: »Ich will so oft wie möglich kämpfen. Ich lechze noch so sehr nach Erfolg, als würde ich mich von rohem Steak ernähren.« (Massarik 1987, S. 28)

> »Oh ja, ich weiß, das ist etwas, das einige Geschäftsleute mit voller Absicht tun. Du lädst den Mann, mit dem du verhandelst, zu einem Geschäftsessen in ein feines Restaurant ein und bestellst dann Steak tartare. Es entnervt den anderen Mann total zu sehen, wie du dieses bluttriefende, rohe Fleisch ißt, und bringt tatsächlich was – es kann dir gerade den besonderen Vorteil verschaffen, den du brauchst.«

Zubereitungsarten wie das Kochen oder Braten verwandeln Fleisch von einer natürlichen Substanz in einen Kulturgegenstand. Fleisch drückt die Überlegenheit der menschlichen Zivilisation um so besser aus, je größer die Kunstfertigkeit ist, die seine Zubereitung erfordert. Gekochtes Fleisch erhebt uns über das reine Tier, und daß wir gekochtes Fleisch so sehr schätzen, bekräftigt unseren privilegierten Status. Sein zusätzlicher Wert ist zumindest teilweise auf diesen Umstand zurückzuführen. Von Landwirten, Fleischern und Küchenchefs wird deshalb Geschicklichkeit erwartet. Je mehr Geschicklichkeit bei der Verarbeitung erforderlich ist, desto größer ist der Wert des Endprodukts, und von Menschen, denen wir die Fleischverarbeitung anvertrauen, verlangen wir, daß sie ihrer Pflicht mit Sorgfalt nachkommen. In Restaurants nehmen die Fertigkeiten des Chefkochs eine Vorrangstellung ein, dies ist die Arena des Spezialisten. Beefsteak – Rindermuskel – bleibt in britischen Restaurants das beliebteste Entrée, und seine Zubereitung ist eine feierliche Angelegenheit. Einem Vegetarier mag das seltsam erscheinen:

> »Ich weiß nicht, ob ich wirklich nur Vorurteile habe, aber gestern ging ich mit meinem Dad und meinem Bruder und seiner Freundin zum Essen aus, und sie aßen alle Fleisch. Ich bestellte mir ein Omelette, weil sie auf der Karte überhaupt nichts Vegetarisches hatten, aber niemand von ihnen mochte sein Essen! Wenn ich mit Leuten ausgehe und sie essen Fleisch und ich nicht, stelle ich immer wieder fest, daß sie ihr Essen nicht mögen, während ich meins mag. Ich bin zu der Ansicht gekommen, daß die Leute entweder kein Fleisch zubereiten können oder die Leute, die Fleisch essen, wirklich sehr anspruchsvoll sind! Es ist entweder zu zäh oder nicht durchgebraten ... mittlerweile verputze ich ganz glücklich meine Pasta mit Tomatensauce oder was immer ich bestellt habe, und es ist ganz in Ordnung. Die Leute scheinen nie mit ihrem Essen zufrieden zu sein. Vielleicht erwarten sie zuviel: wie wenn sie ein großes saftiges Steak bestellen, und es ist dann nicht groß und nicht saftig. Es ist für die Leute eben wichtig, daß es genauso ist, wie sie es sich vorstellen, und so ist es eben nie.«

Der Vorgang des Besorgens und der Zubereitung von Fleisch trägt Spuren einer Beziehung zwischen mächtigen, räuberischen, »zivilisierten« Menschen und unserer »rechtmäßigen Ressource« nicht zivilisierter Tiere. Zum Beispiel sind bei der richtigen Zubereitung und Anordnung von Fleisch, das bei Tisch präsentiert wird, feine Details zu beachten. Das Kochen führt generell dazu, Fleisch für die Zähne zarter zu machen, aber da es für uns die Qualitäten der Menschlichkeit verkörpert, ist es nicht erstaunlich, daß Zartheit eine hochbewertete Qualität von gekochtem oder gebratenem Fleisch ist:

> »Und ich bereitete Beefsteaks in Wein zu. Das geschah wiederum in der Kasserolle, denn ich finde, Steaks können ein bißchen ... egal wie gut Ihre Steaks sind, grillen kann etwas kompliziert sein, wissen Sie. Sie können zäh sein, was, das wissen Sie ja, ein bißchen ärgerlich ist, wenn Sie einem Gast ein zähes Steak vorsetzen.«

Andererseits sollte Fleisch unbedingt »Biß« haben. Es soll etwas sein, in das man seine Zähne schlagen kann, das ein bißchen Widerstand leistet – eine Eigenschaft, bei der auf eigenartige Weise das Besondere an der Herausforderung des Jagens anklingt. Von allen Nahrungsmitteln besitzt allein Fleisch die richtige Beschaffenheit, die die volle Eßbefriedigung bringt, und das ist der Grund, weshalb fleischlose Mahlzeiten für viele Menschen unvollständig sind.

Wenn, wie ein Anthropologie-Lehrbuch behauptet, »für jede Kultur ihre Art, sich Nahrung zu beschaffen« zentral ist, dann sind wir eindeutig nicht mehr SammlerInnen noch Jäger oder Landwirte, sondern leben im Zeitalter der industriellen Nahrungsmittelproduktion. Wir »gehen zum Supermarkt und wählen unter Tausenden von Produkten aus, die meistens von großen Unternehmen vermarktet werden. Diese Unternehmen kontrollieren zunehmend jeden Schritt des Prozesses der Nahrungsmittelproduktion und -verarbeitung, vom Acker des Farmers bis zum Fast-Food Restaurant« (McElroy und Townsend 1985, S. 175). In dieser Welt, so wird uns immer wieder gesagt, ist Fleisch die Nahrung, die uns den größten Komfort bietet.

Komfort ist nicht nur ein Ziel, das man vernünftigerweise anstreben sollte. Komfort ist ein Beiwort für die zivilisierte Gesellschaft, in der wir uns über das tägliche Streben vergangener Zeiten erhoben haben. Eine Fernsehwerbung benutzt die Worte: »*Menu Masters* helfen Ihnen, Zeit zu machen, damit Sie Ihr Leben leben können«. Wir sind die Herren. Wir sparen nicht mehr nur Zeit – wir machen sie, gottähnlich. Bequemlichkeit ist Freizeit; Komfort ist die Macht, die Arbeit durch Hilfsmittel erledigt zu bekommen; Komfort bedeutet, sich von der Masse abzuheben – und Fleisch signalisiert Komfort. Warum? Sicherlich nicht wegen seiner funktionalen Eigenschaften, eine Scheibe Brot oder eine Pfanne gebackener Bohnen sind gleichermaßen bequem, nahrhaft und sättigend. Fleisch wird als komfortable Nahrung bezeichnet, weil es die Werte verkörpert, die auch die Kernwerte der modernen westlichen Gesellschaft sind: Macht, Überlegenheit ... Zivilisation.

7
Die Barbarei von Fleisch

Sie blickte auf ihr eigenes, halbgegessenes Steak hinunter und sah es plötzlich als Muskelklumpen. Blutigrot. Teil einer Kuh, die einst gefressen und sich bewegt hatte und die getötet worden war, auf den Kopf geschlagen, während sie mit anderen in einer Schlange stand, wie jemand, der auf die Straßenbahn wartete. Natürlich, das wußte jeder. Aber man dachte so gut wie nie daran. Im Supermarkt war alles in Zellophan abgepackt, mit aufgeklebten Benennungen und Preisen, und es war, als kaufte man ein Glas Erdnußbutter oder eine Dose Bohnen; selbst im Metzgerladen wickelten sie es einem so geschickt und schnell ein, daß es sauber, amtlich wirkte. Nun aber lag es plötzlich ohne Papier vor ihr, es war Fleisch und Blut, roh, und sie hatte es verschlungen.

Sie ließ Messer und Gabel sinken. Sie spürte, daß sie ziemlich blaß geworden war, und hoffte, daß Peter es nicht bemerkte. »Das ist lächerlich«, tadelte sie sich selbst.

»Alle essen Kühe, das ist ganz normal. Man muß Fleisch essen, um am Leben zu bleiben. Es ist gesund, es enthält viele Proteine und Minerale.« Sie nahm ihre Gabel, spießte ein Stück auf, führte es nach oben und legte es wieder ab.

Lächelnd hob Peter den Kopf. »Meine Güte, war ich hungrig«, sagte er. »Ich bin froh, daß ich dieses Steak im Bauch hab. Nach einer guten Mahlzeit fühlst du dich immer ein bißchen menschlicher.«

Sie nickte und lächelte matt zurück. Er richtete seinen Blick auf ihren Teller. »Was ist los, Liebling? Du hast nicht aufgegessen.«

»Nein«, sagte sie, «anscheinend habe ich keinen Hunger mehr.«

(Atwood 1969, S. 151–152)

Warum empfinden wir immer stärker ein Unbehagen, wenn wir an den tierischen Ursprung von Fleisch erinnert werden? Wenn das Essen von Fleisch für uns ein solch wichtiger Ausdruck menschlicher Macht ist, dann ist das doch zumindest erstaunlich. Die heutige Haltung der KonsumentInnen gegenüber Fleisch hat sich in der letzten Zeit verändert, und einer der Gründe dafür ist dieses Unbehagen. Reichte es früher aus, ganze Tiere und Fleischstücke in der

Auslage anzubieten, so muß heute das Produkt so verpackt werden, daß es als solches kaum zu erkennen ist. Die meisten von uns denken lieber nicht allzu genau darüber nach, woher das Fleisch stammt. Unwillkommene Erinnerungen an die Herkunft von Fleisch können zu klarer Ablehnung führen:

> »Ich mag es nicht, wenn zu sehen ist, wie Adern und solche Sachen aus dem Fleisch 'rauskommen ... Ich glaube, es erinnert mich irgendwie immer an mein eigenes Inneres. Ich nehme an, es ist die Vorstellung davon, daß ... das Blut läßt dich eben erkennen, daß dieses Fleischstück einmal ein Stück eines funktionierenden Körpers war, ein bißchen wie dein eigener.«

Die Fleischvermarktung hat auf diese Abneigung reagiert und versucht die Bedenken zu zerstreuen, die die KonsumentInnen bezüglich der Art des Produkts hegen. Tierfleisch tritt den KonsumentInnen jetzt immer seltener in seinem vulgären, unverhüllten Zustand gegenüber. Es wird vorher gebraten und in ein Sesambrötchen gekleidet oder in eine exotisch gewürzte Sauce, wir kaufen es als Truthahnrolle oder Chicken Nuggets, in einer panierten Ummantelung oder vakuumverpackt. Unser Auge wird vor sichtbaren Hinweisen auf Blut verschont. In den Fenstern vieler Metzgereien wird heutzutage frisches grünes Gemüse ausgestellt, neben dem vielleicht wohlduftende Kräuter und eine Fertig-Bratmixtur liegen. Die innovativsten Fleischer schließen sich mit angesehenen Bäckereien oder Feinkostläden zusammen. Es ist im zwanzigsten Jahrhundert ein Prozeß der Verhüllung des Ursprungs tierischer Nahrungsmittel in Gang gekommen, mit dem die Fleischindustrie auf das offensichtliche Unbehagen reagiert, das wir angesichts der Vorstellung verspüren, tote Tiere zu essen:

> »Ich als Schlachter bedauere, daß Lieferungen auf den Schultern des Lastwagenfahrers von der Hauptstraße in meinen Laden gebracht werden – besonders wenn sie nicht abgedeckt sind ... Ich kann mir kaum etwas vorstellen, das Vorübergehende mit größerer Sicherheit davon abhält, Fleisch zu kaufen, als der Anblick eines Schweinekopfes, der hin und her plumpst, als wenn er vor ihren Augen mit dem Rumpf kämpft«, sagte Mr. van der Laan.
>
> Der Zusammenhang zwischen Fleisch und lebenden Tieren müßte besser verborgen werden. (Stewart 1989, S. 7)

Der traditionelle Einzelhandel beschränkt sich darauf, die allgemein bekannten Teile von Tieren anzubieten und setzt Fleisch oft mit Lebensmitteln gleich. Die heutigen KosumentInnen scheuen jedoch vor dieser Verbindung zurück, und so wäre der Fleischer sehr viel besser damit bedient, weniger das Tier in den Mittelpunkt zu stellen. Er sollte sich eher auf die Mahlzeit beziehen, wenn er sein Schaufenster gestaltet und seine Produkte anbietet … Es gibt einen dringenden Bedarf für eine neue Verkaufsphilosophie. Wir betreiben nicht mehr das Geschäft des Verkaufs von Frischfleischstücken. Wir müssen unsere KundInnen dazu bringen, daß sie an das denken, was sie essen werden, nicht an das Tier auf der Weide.

(*British Meat* 1987b, S. 4)

Die Zahl unabhängiger Schlachterläden an Hauptstraßen ist in den letzten Jahren deutlich zurückgegangen, und die Konzentration im Einzelhandel hat weitere Fortschritte gemacht. Supermärkte konnten wichtige Konkurrenzvorteile daraus ziehen, daß sie Fleisch unter klar sichtbaren hygienischen Bedingungen präsentieren und alle Vorbereitungen aus dem Blickfeld der KundInnen entfernen. Häufig werden nur die besten Stücke gezeigt – Knochen, Eingeweide und Haut sind nirgends zu sehen. Die hermetisch verschweißte Verpackung erinnert nicht mehr an das Tier, zu dem ihr Inhalt einst gehörte. Dieser Service gewinnt immer mehr KundInnen:

»Nein, ich gehe nicht oft da hin [zum Schlachter]. Ich würde eher ein Hühnerbein oder etwas aus dem Co-op mitnehmen, wenn ich sowieso dorthin gehe. Ich weiß, daß die Auswahl nicht so groß ist … es ist einfach so, daß ich diese Läden noch nie so recht mochte, wissen Sie … oh, es hat so eine Wirkung auf meinen Magen … und manchmal ist zu sehen, wie ihre Körper da hängen und so …«

Das Ausmaß, in dem heute selbst die weniger radikalen Mitglieder der Gesellschaft rohes Fleisch als etwas Unangenehmes wahrnehmen, veranschaulicht eine Fernsehwerbung aus dem Jahre 1989 für Wall's vorgekochte Würstchen für die Mikrowelle. Dieses Stück Alltagskultur zeigt einen aufstrebenden jungen Mann (er wohnt deutlich erkennbar in einem hübschen Häuschen und spricht mit dem Akzent der Londoner Arbeiterklasse), der die Gelegenheit einer kurzen Abwesenheit seiner gesundheitsbewußten Frau dazu nutzt, wieder einmal einem altmodischen Genuß zu frönen. Die Charakterisierung von Fleisch als »ungehörig, aber nett« ist neu, und durch die Hervorhebung des Wortes »braun« – das in dem kurzen Spot fünfmal auftaucht – wird klargestellt, daß dieses Produkt nicht blutrot ist wie anderes Fleisch. Während der junge Mann in die Kamera blickt, wispert er seinem Publikum zu:

> »Pssst! Lucy, meine Liebste, hat wohl bei ihrem Aerobic-Kurs zuviel Sauerstoff abgekriegt, deshalb liegt sie jetzt für 20 Minuten auf der Sonnenbank. Heutzutage muß alles braun sein … brauner Reis … braunes Brot …
>
> Also, ich bin auch für die Brauns, aber für diese: neue Wall's Würstchen für die Mikrowelle. [Er ißt eins kalt, zwinkert und lächelt.] Sie sind vorgekocht, also nur ein paar Minuten in die Mikrowelle damit, und sie kommen knallheiß und schön gebräunt wieder raus.
>
> Sie schmecken genauso wie die guten alten Knackwürste. Kein Ärger … [blickt, als ob er nach oben auf seine Frau horcht] … und keine Anzeichen dafür, daß es hier jemals etwas anderes als Sellerieherzen und Nußkoteletts gab. Das nenne ich Nouvelle Cuisine!«

Ein anderer Kunstgriff, mit dem wir versuchen, dem Zusammenhang zwischen lebenden Tieren und Fleisch aus dem Wege zu gehen, sind die Bezeichnungen, die wir dem Fleisch der Tiere geben, die unsere Hauptfleischlieferanten sind. Durch diese Bezeichnungen mildern wir die unerfreuliche Belastung ab, ihre Identität anerkennen zu müssen. Wir essen nicht Rinder, wir essen ein Steak; wir essen nicht ein Schwein, wir essen Schnitzel; wir essen nicht Hirsch, wir essen Wildbret. Es scheint so, als könnten wir es nicht ertragen, den Namen des Tieres auszusprechen, für dessen Tod wir gesorgt haben. Edwin Ardener schreibt dazu:

> Sir Walter Scott sah in den Verfremdungen der englischen Bezeichnungen eine Widerspiegelung der Tatsache, daß die Engländer das Produkt lebend kannten, während die Normannen es nur in gekochtem Zustand sahen. Die Fortdauer der Aufspaltung, nachdem das Normannische und das Englische zu einer Sprache geworden waren, ist weniger leicht zu ergründen. (Ardener 1971, S. XXIX)

Die Äußerung des Namens des verzehrten Tieres läßt uns an das denken, was mit diesem Tier geschehen ist, und da wir das nicht möchten, benutzen wir lieber fremde Wörter anstelle der eindeutigen Bezeichnungen für Fleisch. Derartige geistige Manöver entwickeln sich nach einem bestimmten, gängigen Muster, und diese Vorgehensweise ist Teil eines solchen Musters. Warum die Briten der Tatsache, daß unsere Nahrung aus toten Tieren besteht, weniger ins Auge blicken können als die Franzosen, ist eine andere Frage. Das könnte sich aus nationalen Unterschieden in den jeweiligen Essensphilosophien entwickelt haben, die es bereits lange Zeit gibt:

> Ein Normann würde die barbarische Pracht eines Schmauses verachtet haben, der aus unzerlegt gebratenen Kühen und Schafen, und mit sammt der Haut gekochtem Ziegenfleische und Wildpret bestand; denn die Normannen hielten mehr auf die Qualität als auf die Quantität ihrer Speisen, und mehr gut als viel speisend, verspotteten sie den gröbern Geschmack der Britonen ... (Scott 1865, S. 25)

Die heutigen BritInnen lehnen es im Gegensatz zu ihren mittelalterlichen VorfahrInnen ab, mit überflüssigen Erinnerungen konfrontiert zu werden. Der Begriff Schlachter ist aus der Mode gekommen, und es gibt Anzeichen dafür, daß das Wort Metzger, das Gedanken an blutbefleckte Metzeleien heraufbeschwört, denselben Weg gehen könnte. Neu gestaltete Geschäfte tragen eher solche Namen wie Fleischwarenhandlung oder Feine Fleischwaren und beziehen sich so auf das Nahrungsmittel, nicht auf seinen tierischen Ursprung oder seine Zerstückelung. Der Ort, an dem wir unsere Tiere umbringen, heißt heute in der Öffentlichkeit selten Schlachthaus. Die brutale Wirklichkeit seiner Dienste für unsere Gesellschaft wird in Großbritannien mit dem entsprechenden französischen Begriff *abattoir* in ein edleres Gewand gekleidet, und das britische *Meat Trades Journal* empfahl kürzlich, die Begriffe »Fleischfabrik« und »Fleischwerk« zu verwenden, um damit das Image des Nahrungsmittels weiter von dem Akt des Schlachtens zu trennen (Serpell 1990, S. 196).

> Verbale Verschleierung tritt in den meisten Bereichen auf, in denen Tiere verwertet werden. Wir sprechen von der »Ernte des Meeres«, als ob Fische und Krustentiere das gleiche wären wie Weizen und Gerste, und im Pelzhandel werden »Pelze geerntet« und nicht etwa Tiere erschlagen. Man ist sogar stark versucht anzunehmen, daß viele der Fachtermini, die die mit Tieren experimentierenden Wissenschaftler benutzen, nichts anderes sind als elaborate Euphemismen, eine Methode, um die Nähe des Tieres zum Menschen zu verstecken und somit eine Distanzierung zu fördern. (Serpell 1986, S. 197)

Manche Menschen finden es moralisch tadelnswert, daß wir nicht bereit sind, selbst Tiere zu schlachten oder zumindest anzuerkennen, daß wir für diesen Prozeß mitverantwortlich sind. Schließlich, so sagen sie, werden die Tiere deshalb geschlachtet, weil wir das Bedürfnis haben, Fleisch und die vielen anderen Produkte der Tierindustrie zu konsumieren:

> »Ich finde, in Großbritannien ist die Fleischindustrie sehr unehrlich. Es wird den Leuten nicht ermöglicht, sich darüber bewußt zu werden,

was eigentlich vor sich geht. Für sie ist Fleisch etwas, das in Zellophan abgepackt im Supermarkt liegt, es ist losgelöst von dem Tier, von dem es stammt. Die Leute finden diese intensiven Viehzuchtbetriebe sehr unerfreulich, aber sie vermeiden es, dafür irgendeine persönliche Verantwortung zu übernehmen, und so nimmt eben jeder die Sache hin – daß das Fleischessen in Ordnung ist, und also sind auch die Bedingungen der Massentierhaltung in Ordnung. Aber ich finde, es ist nicht in Ordnung. Die Leute gehen nicht dorthin, wo die Tiere gehalten werden und sehen sich nicht an, was dort wirklich geschieht. Ich glaube, wenn eine Menge Leute das tun würden oder wenn sie zum Schlachthof gehen würden, um sich anzusehen, wie Fleisch produziert wird, würden viele von ihnen Vegetarier werden.«

Es spricht einiges für diese Auffassung. Viele Menschen, die in der ersten Generation VegetarierInnen oder Halb-VegetarierInnen sind, führen ihre Abstinenz direkt auf Anlässe zurück, bei denen ihnen aus dem einen oder anderen Grund deutlich wurde, daß das Fleisch auf ihrem Teller einen Zusammenhang mit Tieren hat, die bis vor kurzem noch gelebt haben. Welchen speziellen Vorfall jede einzelne Person erzählt, ist unterschiedlich – manchmal ist es der Anblick von toten Tieren, die in eine Fleischerei gebracht wurden, oder eine Auseinandersetzung mit den Argumenten von VegetarierInnen, oder der Besuch eines Schlachthofes während des Alltagsbetriebs oder in manchen Fällen auch nur eine ungewöhnlich lebhafte Vorstellung. Viele Menschen, die mit einem solchen ethischen Erschrecken konfrontiert sind, verzichten häufig lieber insgesamt auf Fleisch, als dafür zu sorgen, daß der Weg der Tiere von ihrer Geburt bis zu unserem Teller angenehmer gestaltet wird. Von Bedeutung ist vielleicht ebenfalls, daß diese Rebellion neu ist und vor allem, mit welcher Geschwindigkeit sie sich in der letzten Zeit entwickelt hat.

Norbert Elias schließt aus seiner Studie *Über den Prozeß der Zivilisation* (1976), daß im Laufe der Zeit ein Schub gesellschaftlicher Veränderungen stattgefunden hat. Seine Untersuchung der Geschichte der Sitten des Abendlandes seit dem Mittelalter ergab zudem, daß sich der Standard für »zivilisiertes« Verhalten in einer bestimmten Richtung bewegt. Diese These veranschaulicht Elias mit ausführlichen Beispielen, von denen hier insbesondere zwei von Interesse sind. Er beschreibt zuerst, wie sich die Präsentation von Fleisch verändert hat:

> In der Oberschicht der mittelalterlichen Gesellschaft kommt sehr oft das tote Tier oder größere Teile des Tieres als Ganzes auf den Tisch. Nicht nur ganze Fische, ganze Vögel, z. T. mit ihren Federn, sondern auch ganze Hasen, ganze Lämmer und Kalbsviertel erscheinen auf der Tafel, zu schweigen von dem größeren Wildbret oder den am Spieß gebratenen Schweinen und Ochsen.
>
> Das Tier wird auf der Tafel zerlegt. Immer wieder kehren daher in den Manierenbüchern bis ins 17. Jahrhundert, und gelegentlich auch noch bis ins 18. Jahrhundert hinein, Hinweise darauf wieder, wie wichtig es für einen wohlerzogenen Menschen sei, die Tiere gut zerlegen zu können ... Beides, das Zerlegen und das Austeilen bei Tisch ist eine besondere Ehre. Sie steht meist dem Herrn des Hauses zu oder angesehenen Gästen, die er darum bittet.
>
> (Elias 1976, S. 159–160)

Im Laufe der Zeit wurden Stück für Stück die Teile von der Tafel verbannt, die an die tierische Natur des Nahrungsmittels erinnern: erst der Kopf, dann die Füße oder der Schwanz usw. Es galt zunehmend als unhöflich, das Tier als Ganzes auf den Tisch zu bringen. Es wurde statt dessen aufgeschnitten und auf einer Anrichte serviert ... und dann sogar noch weiter entfernt, in die Küche. Es wurden Saucen, Sülzen oder andere Kunstgriffe benutzt, die das Fleisch noch mehr verhüllten:

> Diese Richtung ist ganz klar. Von jenem Standard des Empfindens, bei dem der Anblick der erschlagenen Tiere auf der Tafel und sein Zerlegen unmittelbar als lustvoll, jedenfalls ganz und gar nicht als unangenehm empfunden wird, führt die Entwicklung zu einem anderen Standard, bei dem man die Erinnerung daran, daß das Fleischgericht etwas mit einem getöteten Tier zu tun hat, möglichst vermeidet. Bei einem guten Teil unserer Fleischgerichte ist die tierische Form durch die Kunst der Zubereitung und der Zerlegung so verdeckt und verändert, daß man beim Essen kaum noch an diese Herkunft erinnert wird. (Elias 1976, S. 162)

Elias, der sein Buch kurz vor dem Zweiten Weltkrieg schrieb, scheute nicht davor zurück, sich vorzustellen, wie sich dieser Trend in der Zukunft entwickeln könnte. Die heutigen Sitten bestätigen seine Voraussicht. Allgemeine gesellschaftliche Standards wurden in den dazwischenliegenden Jahren noch weiter nach vorne verschoben, als er es vermutet hatte:

> Es gibt selbst »*des gens si délicat*« ... denen der Anblick von Fleischerläden mit den Leibern der toten Tiere peinlich ist, und andere, die aus mehr oder weniger rational verkleideten Peinlichkeitempfindungen

> das Essen von Fleisch überhaupt verweigern. Aber das sind Vorschübe der Peinlichkeitsschwelle, die über den Peinlichkeitsstandard der zivilisierten Gesellschaft des 20. Jahrhunderts hinausführen, und die deswegen als »anormal« betrachtet werden. Immerhin läßt sich nicht übersehen, daß es Schübe dieser Art waren, die in der Vergangenheit zu Standardveränderungen führten, wenn sie im Zuge der allgemeinen, gesellschaftlichen Entwicklung lagen, und daß dieser Peinlichkeitsvorstoß, der Richtung nach, die bisherige Bewegung fortführt. (Elias 1976, S. 161)

Der zweite wichtige Trend, den Elias aufzeigt, betrifft den manierlichen Gebrauch von Messern. Das Messer, sagt er, hat sich im selben Zeitraum deutlich von seiner Rolle als scharfes Schneidewerkzeug, das auch für den Transport in den Mund benutzt wurde, wegentwickelt:

> Im Mittelalter mit seiner Oberschicht von Kriegern und der beständigen Kampfbereitschaft seiner Menschen sind entsprechend dem Stand seiner Affektbewältigung und der relativ geringen Bindung oder Regelung, die man den Trieben auferlegt, auch die Messerverbote ganz gering. »Reinige dir nicht die Zähne mit dem Messer«, heißt es oft. Das ist das Hauptverbot, es weist immerhin schon in die Richtung der späteren Verbote um das Messer. Im übrigen ist das Messer bei weitem das wichtigste Eßgerät. Daß man es zum Munde führt, ist selbstverständlich. (Elias 1976, S. 165)

Das Messer entwickelte sich als nächstes zu einem Gebrauchsgegenstand, der nur zum Schneiden dient. Dann wurde es mehr ein Schieber, wodurch es teilweise abstumpfte, und schließlich bildete sich der moderne amerikanische Brauch heraus, nach dem es nur zu Beginn der Mahlzeit zum Zerteilen des Essens benutzt wird. Elias erwähnt bei seiner Erörterung des Verbots, das Messer zum Mund zu führen, daß bei diesem Verbot auch ein bestimmtes Element der Gefahr eine Rolle spielt:

> Aber es ist die allgemeine Erinnerung und Assoziation an Tod und Gefahr, es ist der *Symbolwert* des Instruments, der mit der fortschreitenden inneren Pazifierung der Gesellschaft zum Überwiegen der Unlustgefühle über die Lustgefühle bei seinem Anblick und zur Einschränkung, schließlich wohl zur Ausschaltung seines Gebrauchs in der Gesellschaft führt. (Elias 1976, S. 165)

Eine interessante Entwicklung dieses Trends ist heute, ein halbes Jahrhundert später, der tägliche Gebrauch von Eßstäbchen. Diese Alternative zu konventiellen Schneidewerkzeugen bevorzugen viele britische VegetarierInnen. Die Tatsache, daß Menschen, die akut über die gewaltsame Mißhandlung anderer Menschen und nicht-menschlicher Bewohner der Erde besorgt sind, letztlich das Messer überhaupt ablehnen, bestätigt Elias' Analyse.

All diese Veränderungen gingen nicht stetig vor sich. Es gab unzählige Nebenströmungen und gegenläufige Bewegungen, Zeiten geringer und Zeiten rascher Veränderung. Der Kern von Elias' Argument ist, daß die Richtung der Veränderung insgesamt gleich bleibt. Auf lange Sicht entstehen die Geschmäcker einer Generation aus denen der vorhergehenden und die Würfel fallen so, daß sie ein folgerichtiges Muster des Fortschritts ergeben: dieses entwickelt sich weg vom Triumph durch die direkte Unterwerfung, hin zu urbaneren Werten (1976, S. 160).

Der Trend zur Vermeidung aller Stücke, die an den tierischen Ursprung von Fleisch erinnern, kann als Teil einer umfassenderen Veränderung im menschlichen Verhalten angesehen werden. An die Stelle von instinktiven, biologisch gesteuerten Handlungsweisen treten gesellschaftlich festgelegte Muster. Hans Teuteberg stellt fest, daß die menschliche Sexualfunktion nicht mehr zyklisch ist und fügt hinzu, daß auch unsere Ernährungsgewohnheiten zunehmend von unserer Auswahl statt von der Natur bestimmt wurden:

> In der Geschichte [tritt] ein teilweiser Verlust an Instinkt ... zutage ... Ein künstlich erzeugbarer Appetit führte, neben dem ursächlichen Hunger, zu einer zusätzlichen Nahrungsaufnahme, die für das Kaloriensystem des Menschen nicht erforderlich war. Die ursprüngliche Angepaßtheit des Nahrungsverhaltens an die Natur änderte sich zugunsten soziokultureller Faktoren ... Obwohl der Verlust instinktiver Ernährungsgewohnheiten oftmals zu Überfütterung führt, beinhaltet er die Möglichkeit ... der Steigerung der Kultur.
>
> (Teuteberg 1986, S. 14)

Eine ähnliche Vorstellung wird in Ecksteins (1980) Arbeit erkennbar, in der er das Buch des Psychologen Maslow, *Hierarchy of Human Needs* [Hierarchie der menschlichen Bedürfnisse] (1943), in bezug auf die Nahrung erörtert. Eckstein geht davon aus, daß Menschen auf einer grundlegenden *Überlebens*stufe, wie z. B. in Zeiten von Hunger, Krise oder Krieg, praktisch alles essen. Marshall Sahlins schreibt dazu: »Dennoch ›überleben‹ die Menschen nicht einfach nur. Sie überleben in einer bestimmten Art und Weise« (1981, S. 237). Zu wichtigen Motivationen, sagt Eckstein, entwickeln sich *Sicher-*

heit und Schutz, Liebe, Zugehörigkeit und *Selbstwert*. Wenn dies alles befriedigt ist, wird das Schlüsselinteresse, das mit der Nahrung verfolgt wird, die *Selbstverwirklichung*. Es richtet sich nach einem Symbolismus, der der persönlichen Identität entspricht. Obwohl diese ziemlich grobe Kategorisierung sicher nicht in allen Einzelheiten zutrifft, kann doch gesagt werden, daß in der wohlhabenden modernen Welt, die ihre Nahrungsversorgung (vielleicht selbstgefällig) als überreichlich und gesichert betrachtet, das kommunikative Element der Nahrungsauswahl wahrscheinlich bedeutsamer geworden ist.

Elias' Auffassung, daß sich die Kultur allmählich von rein unterwerfenden und hierarchischen Werten entfernt, wird von anderen AutorInnen ebenfalls vertreten. Todhunter nimmt an, daß unser »Jahrhundert die Ära des sozialen Gewissens genannt werden könnte«, da in ihm »ein Eintreten für das Wohl des Mitmenschen« stattfinde (1973, S. 287). Noch wichtiger ist, daß sich die Menschen auch für Nicht-Mitmenschen einsetzen. Lecky stellt in seiner *History of European Morals* [Geschichte der europäischen Ethik] in bezug auf das neunzehnte Jahrhundert fest:

> Die wohlwollende Zuneigung umfaßt zunächst nur die Familie, bald schließt der sich ausdehnende Kreis eine Klasse ein, dann eine Nation, dann einen Zusammenschluß von Nationen, dann die ganze Menschheit, und am Ende wird ihr Einfluß in der Handlungsweise des Menschen gegenüber der natürlichen Welt spürbar.
> (zitiert in Lecky 1955, S. 100–101)

Wenn die Entwicklung des Menschen tatsächlich eine solche Richtung genommen hat, dann können die entsprechenden Werte wahrlich als »urban« bezeichnet werden, denn dieser Trend steht eindeutig in Zusammenhang mit der Ballung unserer Bevölkerung in Ortschaften und Städten:

> einfache geographische Hinweise verlangen geradezu danach, einen Zusammenhang zwischen der streitbaren Freundlichkeit gegenüber Tieren und dem Neuengland der Fabriken und Städte herzustellen ... Die Erkenntnis, daß Stadtmenschen ein lebendigeres Interesse an Freundlichkeit gegenüber Tieren empfinden, als es die Landbevölkerung tut, ist keine Neuheit, sondern schon fast ein Allgemeinplatz. Urbanisierung und Industrialisierung trugen stark dazu bei, daß sich ein neues fürsorgliches Gefühl für Tiere entwickelte. Aber dies ist lediglich eine Beobachtung, keine Erklärung. (Turner 1964, S. 25)

Julia Twigg stellt in ähnlicher Weise fest, daß die Urbanisierung eine Hauptantriebskraft für eine weitreichende Neubewertung der Beziehungen zwischen der menschlichen Gesellschaft und Tieren war. Dadurch veränderte sich der Stellenwert von Fleisch als normalem Nahrungsmittel:

> Das Bild von Fleisch und Blut entwickelte sich traditionell innerhalb des größeren Zusammenhangs der höheren und der niedrigeren Natur der Menschheit. Die höhere Natur der Menschen gehört den rationalen, den spirituellen und moralischen Sphären an, während sich die niedere auf das Körperliche bezieht und auf all das, was als ihre tierische Natur bezeichnet wird. Diese Trennung zwischen hoher und niedriger Sphäre besitzt ihre Entsprechung in einer Reihe tiefgehender Gegensätze zwischen oben und unten, Himmel und Erde sowie Geist und Bauch bzw. Genitalien.
>
> Obwohl diese Vorstellungen von großer Langlebigkeit und Kraft sind und ihr Einfluß noch immer wesentlich zu der Bedeutung von Fleisch beiträgt, herrscht dieses Muster heute weniger klar vor. Andere Wahrnehmungen der körperlichen Existenz und der Bedeutung der Tiere sind zu kulturellem Ansehen gelangt. Die wichtigsten von ihnen resultieren aus dem seit dem achtzehnten Jahrhundert stärker werdenden Mitgefühl für Tiere ... Die Gründe für diese wichtigen Bewußtseinsveränderungen liegen im dunkeln, aber ein Faktor von unzweifelhafter Bedeutung ist die zunehmende Verstädterung.
>
> (Twigg 1983, S. 26)

Twigg nimmt an, daß die Landflucht der Menschen unter anderem deshalb diese Wirkung hatte, weil dadurch der gewachsene Kontakt zwischen Menschen und Tieren unterbrochen wurde. Außerdem rückt die willkürliche Unterscheidung zwischen Tieren als Nahrung und Tieren als Haustieren stärker ins Bewußtsein – ein Thema, das in Kapitel 9 behandelt wird. Menschen in ländlichen Gemeinden, in denen die Aufzucht und das Töten von Tieren ein normaler Bestandteil des Lebens ist, akzeptieren diese Realitäten weiterhin bereitwilliger als Stadtbewohner, die weder über eine solche Erfahrung verfügen noch über den Wunsch, die Erfahrung dieser Realitäten zu machen. Sie glauben eher, daß die Zivilisation derartige Bräuche überwinden sollte. Eine Frau, die Vegetarierin wurde, nachdem sie in eine Stadt gezogen war, erinnert sich, daß sie sich kaum betroffen gefühlt hatte, solange sie in der Landwirtschaft täglich mit Tieren zu tun hatte:

> »Ich meine, als Kinder, auf den Viehweiden, gingen wir hin und setzten uns auf die Zäune und sahen sie uns alle an und hatten Lieblinge

und welche, die kamen, damit wir sie streicheln konnten. Wir verbrachten viele Stunden mit ihnen. Ich glaube, ich habe Tiere stets gemocht, aber ich kann nicht sagen, daß ich jemals, als Kind ... ich dachte irgendwie, daß es schrecklich ist, wenn sie weggingen, aber ich dachte nicht richtig darüber nach. Wir waren nie ... wir redeten darüber nie mit meinen Brüdern und Schwestern oder so. Ich glaube, es war keine bewußte Sache. Ich dachte nie: ›Wie schrecklich, daß wir sie züchten, um sie zu essen‹. Es war einfach eine natürliche Sache, die ich nie wirklich hinterfragt habe.«

Die Kontrolle der Natur ist ein weitgehend kulturelles Gebot, und es ist deshalb nur logisch, daß die wesentlichen kulturellen Entwicklungen in einer städtischen Umgebung stattfanden. Städte sind grundsätzlich ein menschlicher Bereich: sie sind geschaffen, charakterisiert und betrieben von Menschen. Das Land ist weniger menschlich: es ist nicht so geordnet und mehr den Unberechenbarkeiten der Natur ausgesetzt. Versuche, dort für menschliche Kontrolle zu sorgen, finden ihre Grenzen in Faktoren, die ihrer inneren Natur nach unkontrollierbar sind, wie zum Beispiel das Wetter. Landmenschen sind nach der vorherrschenden Vorstellung der StadtbewohnerInnen fast erklärtermaßen weniger zivilisiert, denn sie sind direkter mit den natürlichen Prozessen verbunden, deren Grenzen die städtische Zivilisation zu überschreiten suchte. Dies ist ein Merkmal, das Gary Marvin zum Beispiel bei Gemeinden in Spanien beobachtet hat, die den Stierkampf betreiben:

> Die Vorstellung von menschlicher Kontrolle und die Frage, wo, wie und wann sie ausgeübt wird, ist in dieser Kultur ein fundamentales Anliegen. Vollständig zivilisiert zu sein, bedeutet, sich selbst zu kontrollieren, sein Leben und seine Umwelt. Diese Kontrolle ist eine Funktion des Willens, den die Menschen in Handlungen hineinlegen, um auf der persönlichen Ebene ihre menschliche Tiernatur zu besiegen und auf einer allgemeineren Ebene ihre Umwelt zu unterwerfen. Kontrolle ist also eine Domäne der Kultur. Abwesenheit von Kontrolle zeigt die Domäne der Natur an. Vollständig zivilisiert zu sein, heißt, sich vollständig von der Natur entfernt zu haben, insbesondere von den Auswirkungen ihrer unvorhersehbaren Elemente. Zivilisiert zu sein, wird dadurch demonstriert, daß man zusammen mit anderen Mitmenschen im städtischen Bereich lebt, unter Betonung dessen, was im Verhalten ausdrücklich menschlich ist (im Gegensatz zum Tier). (Marvin 1988, S. 130)

In dem Maße, wie der Ethos der menschlichen Vorherrschaft an Einfluß gewann und als ultimativer Ausdruck zivilisierter Werte galt, konzentrierten sich seine fortschrittlichsten Aktivitäten, wie Wissenschaft und Industrie, in städtischen Zentren. Auch die Reaktionen *gegen* diesen Ethos waren eine weitgehend urbane Erscheinung. Sie drückten sich in Mitgefühl für andere Menschen oder Tiere oder in solchen Erscheinungen wie dem Vegetarismus aus – in den »Vorschüben der Peinlichkeitsschwelle«, die laut Elias an der vordersten Front des Zivilisationsprozesses stattfinden. Wenn Fortschritte in der gesellschaftlichen Entwicklung vor allem in städtischen Ansiedlungen vor sich gehen, könnte das relativ verbreitete Auftreten des Vegetarismus in unseren großen städtischen Zentren ein wichtiges Anzeichen für die zukünftige Richtung des »kultivierten« Denkens über tierische Nahrung sein.

Information und Bildung dehnen sich in unserer Zeit explosiv aus. Dies könnte ein weiterer Antrieb für Veränderungen in unserer Haltung zu Fleisch sein, denn die Bewußtheit über die verschiedenen Probleme und Vorstellungen, die mit Fleisch in Zusammenhang stehen, scheint eine wichtige Variable für solche Veränderungen zu sein. Wenn es eine Bewegung zur Vermeidung von Dingen gegeben hat, die an die tierische Natur von Fleisch erinnern, dann könnte die sogenannte »Informationsrevolution«, gegen die nur wenige immun sind, die Abneigung gegen das Essen von Fleisch fördern. Wir werden durch unzählige Medien mit einer Vielzahl von Vorstellungen bombardiert, von denen uns manche mit Informationen konfrontieren, denen wir eigentlich lieber ausweichen würden. Unterschiedlichste Medien verbreiten heute eine größere Vielfalt an Ansichten als zu irgendeiner anderen Zeit in der Vergangenheit, und das ist eine potentielle Bedrohung des Status Quo. Ein Repräsentant des Fleisch- und Lebensmittelverbandes warnt die Industrie:

> Heute kommen die Kinder aus der Schule nach Hause und haben Meinungen gehört und an Diskussionen teilgenommen, die diverse Aspekte des Lebens betreffen, die vor zwanzig oder dreißig Jahren in den Lehrplänen der Schulen keinen Platz gefunden hätten. Die etablierte Sicht der Dinge wird weniger akzeptiert, es werden bereitwilliger Alternativen ausprobiert …
>
> Die Wissenschaft von der systematischen Nutzung der Möglichkeiten, die die Medien bieten, kann genauso von kleinen Spezialistengruppen verstanden werden wie von großen Gesellschaften oder Industrieunternehmen. Der gegenüber früher zusätzliche Nutzen macht den Minderheitenstandpunkt interessanter.
>
> (Harrington 1985, S. 2–3)

Die Meinungsvielfalt allein kann keinen Wandel *verursachen*, aber die zunehmende Verfügbarkeit von Informationen könnte die Geschwindigkeit der Veränderung beschleunigen. Veränderungen breiten sich zuweilen auf merkwürdige Art und Weise aus. Die Marktforschung hat ergeben, daß Menschen, die zu Hause kochen, heute ihre Rezepte über die Fotografien in Kochbüchern auswählen, und nur wenige solcher Bücher trauen sich noch, Nahaufnahmen von blutigen Fleischstücken zu zeigen. Ein flüchtiger Blick auf die Regale der meisten Buchhandlungen könnte fast den Eindruck einer Nation von VegetarierInnen vermitteln, derart bestimmend ist die Zurschaustellung von »gesunden«, »natürlichen« und fleischlosen Ratgebern. Der traditionelle Braten gerät also immer weiter ins Abseits. Viele Vorstellungen, die in dieser Untersuchung diskutiert werden, wie zum Beispiel Elias' Geschichte des Verhaltens, durchzieht als roter Faden die Erkenntnis, daß sich die menschliche Zivilisation fortwährend weiterentwickelt.

Jüngere Fortschritte im menschlichen Denken, und vor allem solche, die sich seit der Zeit der industriellen Revolution ergeben haben, können zum Teil als eine Reaktion auf die vorherrschende überhebliche Moral verstanden werden. Die absolute Trennungslinie, die wir zwischen der Menschheit und dem Rest der Natur ziehen, ist keineswegs allumfassend oder naturgegeben. Der Grundsatz, daß sich die Natur den menschlichen Anforderungen unterordnen muß, war wahrscheinlich nie und nirgendwo so populär wie bei unseren wissenschaftlichen, industriellen und intellektuellen Eliten. Ihnen brachte er beachtliche Segnungen, und bei ihnen steht er weiterhin hoch im Kurs.

Im Mittelalter zum Beispiel war eher die Vorstellung verbreitet, daß die Menschen Seite an Seite mit einer lebendigen Erde leben (Merchant 1982, S. 1–41). Selbst im achtzehnten und neunzehnten Jahrhundert soll diese Beziehung für die meisten Menschen dialektischer gewesen sein. Sie gingen von einem positiven Verhältnis der Kultur zur Natur aus und nahmen umgekehrt auch an, daß die Natur der Kultur freundlich gesonnen sei (Brown und Jordanova 1982). Man betrachtete Tiere zwar als etwas grundlegend anderes als Menschen und normalerweise auch als tieferstehend, aber ihnen wurden immerhin »menschliche« Merkmale wie Vernunft und Empfindsamkeit zugebilligt. Diese Haltung gleicht derjenigen, mit der viele von uns heute ihre Haustiere behandeln. In Europa wurde noch bis ins neunzehnte Jahrhundert hinein Bienen, Schweinen, Hähnen und selbst Getreidekäfern so viel Verantwortungsbewußtsein zugesprochen, daß sie teilweise angeklagt wurden, Verbrechen gegen menschliche Gesetze oder gegen die Natur begangen zu haben. Ihnen stand dabei eine volle rechtliche Vertretung zu, und sie wurden rechtmäßig verurteilt (Evans 1987). Wissenschaftler und Technokraten waren jedoch stark durch den kartesischen Dualismus und der mechanistischen Weltsicht beeinflußt, und die westliche Kulturdiaspora sorgte dafür, daß diese Sicht der Natur sich auch in Zivilisationen verbreitete, denen solche Konzeptionen bis dahin vollständig fremd gewesen waren. Die Mittel dieser Verbreitung waren Eroberung, Handel, Besiedelung oder imperialistische religiöse Missionseinsätze. Der Siouxhäuptling Luther Standing Bear erinnert sich zum Beispiel:

> Uns erschienen die großen weiten Ebenen, die schönen Hügel und die sich windenden, verwirrend großen Gewässer nicht wild. Nur für den weißen Mann war die Natur eine Wildnis und nur in seinen Augen wurde das Land von wilden Tieren und wilden Menschen unsicher gemacht. Zu uns war es friedlich … Es war für uns nicht wild, bis der haarige Mann aus dem Osten kam und uns und unsere Familien, die wir liebten, in brutaler Raserei mit Ungerechtigkeiten überhäufte. Als sogar die Tiere des Waldes vor seinem Nahen zu fliehen anfingen, begann für uns die Zeit des Wilden Westens.
>
> (zitiert in Brown 1972, S. 86)

Die meisten Völker müssen in gewissem Umfang ihre Umwelt kontrollieren, wenn auch nur, um möglicherweise gefährliche Räuber abzuwehren, und in diesem Prozeß verändern sie ihre Ökologie. Das sagt für sich genommen nichts darüber aus, welche Vorstellungen ein Volk von der Natur hat. Industriell weniger entwickelte Gesellschaften leben nicht unbedingt in harmonischerer Beziehung zur Natur, es gibt also wenig Gründe, solche Kulturen oder unsere Vergangenheit zu romantisieren. Auch wenn wir davon ausgehen, daß andere Gesellschaften unseren Glauben an die Überlegenheit des Menschen nicht teilen, ist die westliche Gesellschaft nicht die einzige, die ihrer Umgebung Zerstörungen zugefügt hat (Hughes 1975; Harvey und Hallett 1977; Greene 1986):

> Bestimmte Arten industrieller Verunreinigung und der Grad ökologischer Verwüstung mögen jetzt stärker sein als früher, aber die moderne Welt trifft *nicht* auf gänzlich nie dagewesene Verhältnisse –

> zahlreiche Zivilisationen vor unserer eigenen waren mit Umweltzerstörungen konfrontiert und haben ihren Preis bezahlt...
>
> Neuere archäologische Forschungen zeigen, daß der Aufstieg und der Niedergang der agrikulturellen Systeme im alten Mesopotamien, Phönizien, Palästina, Ägypten, Griechenland und Rom eine grundlegende ökologische Komponente enthielt...
>
> Die Strategien, die jede Gesellschaft bei der Produktion von Nahrung und dem Erlangen von Ressourcen verfolgte, versahen die Umwelt mit der Zeit mit ihren charakteristischen Zeichen. Einige dieser Strategien stellten sich als nicht tragbar heraus und überforderten die regionalen Naturressourcen, was zu einer Erschöpfung der Wasser-, Boden- oder Waldreserven führte. Das allgemeine Muster bestand in allmählichem Aufstieg, kurzer Blüte und raschem Zusammenbruch... (Weiskel 1989, S. 98)

Andere Gesellschaften mögen eine vergleichbare Zerstörung über die Welt gebracht haben. Das einzigartige Merkmal der heutigen Situation ist jedoch, in welchem Ausmaß die Kontrolle erreicht wurde, und wie weit die Zerstörung komplexer natürlicher Systeme vorangeschritten ist, die ihnen als eine Konsequenz, wenn nicht als Ziel des Existenzkampfes zugefügt wurde. Es ist die noch nie dagewesene Wucht unseres geballten Zusammenpralls mit der Natur, die viele Menschen heute zu der Frage veranlaßt, ob Handlungen, die als natürlich und akzeptabel angesehen werden können, wenn sie in kleinerem Maßstab durchgeführt werden, noch hinzunehmen sind, wenn sie in globalem Maßstab stattfinden:

> »Ich meine, die Leute sagen, daß es für uns natürlich ist, Tiere zu töten und zu jagen und so weiter, weil wir das immer getan haben... aber, naja, Biber bauen Dämme und Ochsen furzen [lacht], aber sie scheißen nicht wie wir überall in die verdammte Welt oder verwandeln die Atmosphäre in ein einziges großes chemisches Experiment.«

Zunehmend verbreitet sich die Erkenntnis, daß ein Zermürbungskrieg gegen die natürliche Welt nicht mehr notwendig ist (wenn er es denn je war) und daß Zivilisation mehr bedeuten kann als das Ausspielen unserer überwältigenden Kraft. Die Schlacht ist weitgehend »gewonnen«, selbst wenn sich der Sieg am Ende als Pyrrhussieg herausstellt. Dr. Robert Runcie, Erzbischof von Canterbury, drückt es so aus: »Die anfänglich bedrohte Art, die Menschheit, ist zur bedrohenden Art geworden« (Schwartz 1989, S. 2). Ein Augure der Nahrungsmittelindustrie, der eindringlich die Meinung vertritt, daß Umweltsorgen ein moderner Luxus sind, sagt dagegen: Unsere »Fähigkeit, die Natur zu zähmen, verleitete die heutige Generation, die nicht mit den Zerstörungskräften der Natur vertraut ist, sie als nur gut, freundlich, sicher, nützlich und edel anzusehen« (Chou 1979, S. 19). Chou unterstellt offenbar, daß eine Öffentlichkeit von Nicht-Spezialisten nichts von der fortdauernden Bedrohung durch die Natur weiß. Aber Teile der Öffentlichkeit betrachten heute die hochtechnologisierte Lebensmittelindustrie als eine potentiell größere Bedrohung für ihre Gesundheit als ihre wilde Widersacherin. Und diese Lebensmittelindustrie repäsentiert buchstäblich wie sinnbildlich das ganze industriell-wissenschaftliche System.

Andersdenkende Individuen und Gruppen betonen heute mit Nachdruck, daß es notwendig ist, ein Gegengewicht zur Kultur zu schaffen. Diese KetzerInnen legen nicht den Schwerpunkt auf Kontrolle und Trennung. Sie sehen die Gesellschaft als einen Bestandteil der lebenden Welt an, der auch in dynamischer Interaktion mit der Natur leben könnte, statt wie bisher durch parasitäre Manipulation. Typisch für diese Menschen ist ein Gefühl des Bedauerns darüber, daß wir unseren Sinn für die Einheit mit den Naturvorgängen verloren haben, und sie weigern sich, eine mechanistische, dualistische Doktrin als notwendig oder unumgänglich zu akzeptieren. Dies muß nicht bedeuten, daß jede Kultur negiert wird und der Rückzug in irgendeine mythische vorindustrielle Vergangenheit angetreten werden soll. Eher gibt es ein allgemeines Bewußtein davon, daß wir unsere kulturellen Fähigkeiten und Fortschritte positiv nutzen müssen, wenn wir überleben und in dieser Welt zu einem neuen Zustand friedlicherer Koexistenz kommen wollen. Diese Unterscheidung kann dazu beitragen, daß bestimmte verbreitete Mißverständnisse aufgeklärt werden. VegetarierInnen und andere Menschen erkennen zum Beispiel bereitwillig ganz verschiedene Behauptungen an, die oberflächlich gesehen als Gegensätze erscheinen. Sie vertreten vielleicht, daß die Menschheit zu einer natürlicheren Lebensweise zurückkehren sollte, und im selben Atemzug sagen sie, daß wir einen zivilisierteren Entwicklungsstand erreichen müssen. Dies ist aber nur dann ein Widerspruch, wenn man von der herkömmlichen Voraussetzung ausgeht, daß Zivilisation und Natur von Natur aus gegensätzlich sind, und dies ist eine Annahme, die viele Menschen nicht mehr akzeptieren.

Der Fleischhandel hat lange davon profitiert, daß sein Produkt die natürliche Vorherrschaft des Menschen verkörpert. Manche Menschen geben aber gerade deshalb das Fleischessen auf. Viele der mit dem Fleischessen verbundenen Vorstellungen sind allgemein verbreitet, aber der Grad, in dem sie *positiv* wahrgenommen werden, unterscheidet sich sehr. Die Weigerung, Fleisch zu essen drückt oft einen Widerspruch aus, der sich nicht nur auf die Substanz an sich bezieht:

> »Ich meine, wenn ich Leute in einen Fleischerladen gehen sehe, schneidet es mir ins Herz – ja, fast wörtlich – ich fühle, daß ... als ob ich es wäre, die auf dem Block liegt, weil ich irgendwie dafür verantwortlich bin. Es bringt mich manchmal richtig zum Weinen. Ich denke einfach, lieber Gott, wie können all diese Leute weiter nach solchen liebenswerten Tieren gieren, ohne sich im geringsten drum zu kümmern? Es ist die ganze Gesellschaft, die das fördert und es als etwas Wunderbares erscheinen läßt, so schrecklich und barbarisch zu sein. Ich habe Visionen von diesen Menschen als Monster, wie ihnen das Blut das Kinn herunterläuft ... aber für die meisten Leute ist es normal – das kann ich so schwer verstehen.«

Rotes Fleisch galt früher als starkes Symbol für pure rohe Kraft, besonders für die Kraft »heißblütiger« Männer. Heute verkörpert Fleisch immer noch diese Qualität, aber dieses Merkmal wird neu bewertet. Die Attraktivität von Fleisch könnte damit geringer werden:

> Fleisch steht hier vielleicht für Männlichkeit, nicht in einem angesehen Sinne, sondern für das, was als falsche, machomäßige Stereotype von Männlichkeit aufgefaßt wird. »Stärke« und »Kraft« werden so zu »Grausamkeit« und »Aggression«, männliche Körperkraft und männlicher Mut zu Gewalt und menschlicher Zerstörungskraft. Diese Wahrnehmung konzentriert sich in der pazifistischen Kritik am Krieg und an militärischen Werten, die enge Bezüge zum Vegetarismus hat. (Twigg 1983, S. 27)

Die Ablehnung betrifft nicht unbedingt das Fleisch selbst, seine Gesundheitszuträglichkeit oder seinen Nährwert, und auch nicht unbedingt die Methode, wie das jeweilige, ganz bestimmte Tier behandelt und getötet wurde. Ein geringerer Geschmack an Fleisch zeigt bei manchen Menschen nur ein vage empfundenes Unbehagen gegenüber Aspekten der modernen Tierhaltung. Dieses Unbehagen wird vielleicht indirekt als Sorge über die Verträglichkeit und den Preis von Fleisch artikuliert. Andere kritisieren den ganzen Komplex kultureller Werte, der zu einer schlechten Behandlung der nichtmenschlichen Welt führt und lehnen die ganze Fleischsymbolik ebenso ab wie einen Großteil der Produkte der lebensmittelverarbeitenden Industrie.

Die Grundwerte des herkömmlichen Nahrungsmittelsystems haben sich heute für viele Nicht-Fleischesser in ihr Gegenteil verkehrt. Rotes Fleisch zum Beispiel (das naturgemäß den Tod hochentwickelter Tiere voraussetzt) war lange Zeit unsere am höchsten angesehe Nahrung. Es wurde im Wert dicht gefolgt von anderer Fleischnahrung, dann kamen Milchprodukte, und Gemüse bildete das Schlußlicht. Verfechter der Vorzüge des Fleischgenusses haben frisches Obst sogar oft als schädlich oder im besten Falle als ausgefallen verdammt – ein Vorurteil, das sich vom fünften bis weit ins neunzehnte Jahrhundert hielt. Die Washingtoner Gesundheitsbehörde ging so weit, während der Choleraepidemie von 1832 den Verkauf oder Import praktisch aller frischen Früchte und der meisten Gemüsesorten zu verbieten, da es von ihnen hieß, sie seien »der Gesundheit höchst abträglich« (Grigg 1986, S. 2, 6, 18). Frisches Obst und Gemüse spielen in der Ernährung strikter FleischesserInnen bis heute eine untergeordnete Rolle, hauptsächlich verzehren sie eben Fleisch und Tierprodukte. Eine grobe Rangordnung des Ansehens der Nahrungsmittel – sie kann nur grob sein, weil unser ausgeklügeltes Vokabular von Nahrungsmitteln so subtil unergründlich ist wie jede andere Sprache – enthält Abbildung 5 (S. 138).

Für VegetarierInnen und viele Menschen, die sich als gesundheitsbewußt bezeichnen, hat sich die alte Hierarchie vom Kopf auf die Füße gestellt, für sie haben Dinge von der Spitze der Liste den größten Wert. Echte VegetarierInnen verzichten am liebsten auf alle Tiererzeugnisse – auch auf Milchprodukte, Wolle, Leder und selbst Honig. Sie lehnen zuweilen sogar solche Dinge wie Bier oder Batterien ab, von denen es heißt, daß in ihrem Herstellungsprozeß Tierprodukte verwandt werden, da sie davon ausgehen, daß eine solche Produktion empfindungsfähige Tiere zwangsläufig verletzt. Ein von VegetarierInnen benutztes Argument gegen das Essen von Molkereiprodukten ist zum Beispiel, daß die Milchproduktion nicht nur die Haltung von Kühen unter unnatürlichen und unangenehmen Bedingungen beinhaltet, sondern gleichfalls die Schlachtung überflüssiger männlicher Kälber notwendig macht:

> »Ich ärgere mich eigentlich mehr über sogenannte VegetarierInnen als über FleischesserInnen. Sie benehmen sich, als seien sie perfekt, nur weil sie sich scheuen, Fleisch zu essen, aber sie kümmern sich nicht darum, wie fürchterlich schrecklich Kühe behandelt werden, um aus ihnen Milch herauszuholen. Niemand scheint sich darum zu scheren.«

Die meisten Nicht-FleischesserInnen essen Eier, Käse oder Milch – Nahrungsmittel, die als die »Früchte« der Tierwelt angesehen werden, da sie gewonnen werden können, ohne den Geber (notwendigerweise) physisch zu schädigen. In einem imaginären Land von Milch und Honig würden wir alle solche Tierprodukte zu uns nehmen: wenn wir in einer utopischen Harmonie mit der reichen Natur leben würden. Für besonders Vorsichtige gibt es sogar vegetarischen Käse. Er wird mit einem Ersatzstoff für das traditionelle Gerinnungsmittel Lab hergestellt, weil Lab aus den Mägen geschlachteter Kälber stammt. Viele, die sich selbst als VegetarierInnen bezeichnen, essen Schalentiere oder sogar noch größere Meeresfrüchte (obwohl andere gerade Schalentieren gegenüber eigen sind, vielleicht weil es heißt, sie seien »Meeresinsekten«). Manche erlauben sich sogar, Geflügel zu essen und betrachten nur rotes Fleisch – den Archetyp von Fleisch – als völlig tabu.

Ausgeprägte VegetarierInnen aber bewerten heute im Gegensatz zu FleischesserInnen Nüsse, Samen und Früchte am höchsten: die Teile der Pflanze also, die unter dem *geringsten* Schaden für das Überleben des jeweiligen Organismus gegessen werden können. Außerdem stehen diese in der Nahrungskette tiefer und sind deshalb in bezug auf Land und Ressourcen ökologisch weniger kostspielig.

Diese Menschen rühmen Getreide als ein ideales Nahrungsmittel von höchstem Nähr- und spirituellem Wert, so zum Beispiel Vollkornreis, dessen industriell bearbeitete Form in dem Ruf steht, ein reiner Füllstoff zu sein:

> Der [Makrobiotik-Guru] Ohsawa sagte, daß Vollkorngetreide oder brauner Reis das perfekte Gleichgewicht von Yin und Yang besäßen. Es wird von dir nicht erwartet, nur von Reis zu leben, aber er wird bestimmt ein wichtiger, zentraler Teil deiner Ernährung sein. Er ist geeignet für den täglichen Gebrauch, und er wird dir helfen, Ruhe zu finden, wenn du dich aufgrund nahrungsmäßiger Übersättigung gereizt fühlst, oder in Zeiten von Streß oder Krankheit.
>
> (Michell 1987, S. 55)

Abbildung 5 Eine Hierarchie der Nahrungsmittel

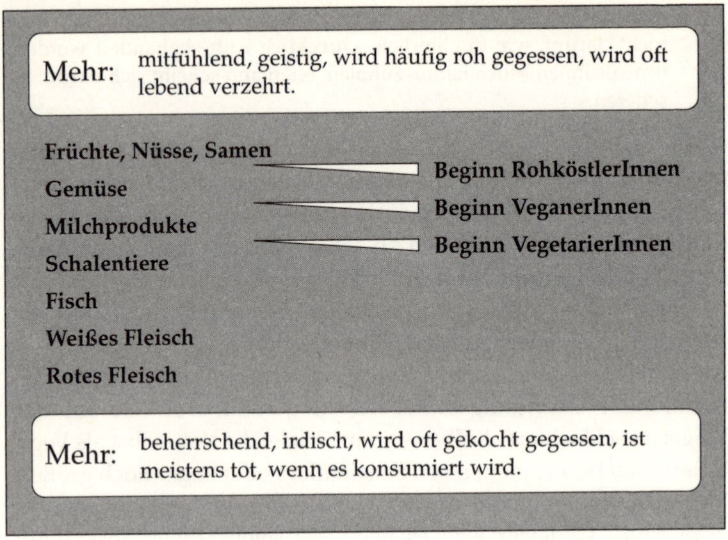

Mit den Nahrungsmitteln des einen Pols der Liste (Abbildung 5) wird Leben assoziiert, mit denen des anderen Tod. Nicht-FleischesserInnen heben häufig den Gegensatz zwischen der Lebenskraft frischer Früchte und der Verwesung von Tierleichnamen hervor. Der Begriff »tot« wird auch auf hochverarbeitete industrielle Nahrungsmittel angewandt und auf solche, die durch radioaktive Bestrahlung haltbar gemacht werden. Lebende Nahrungsmittel werden dagegen befürwortet und von ihnen vor allem keimende Samen, da durch ihre Keimung ihre Lebenskräfte aktiviert sind. Manche RohköstlerInnen beschränken sich völlig auf solche Nahrungsmittel, und in der Alternativmedizin stehen oft frisches Obst und frisches Gemüse im Mittelpunkt von Heilnahrung.

FleischesserInnen ist es verständlicherweise wichtig, daß das Tier tot ist, bevor es gekocht oder verzehrt wird. Die Akzeptanzschwelle für die meisten heutigen Menschen der westlichen Welt liegt vielleicht bei »lebendigen« Milchprodukten wie Joghurt. Das Kochen von Hummer dagegen, der lebendigen Leibes in kochendes Wasser geworfen wird, akzeptieren viele Menschen, und eine Minderheit findet es köstlich, lebende Schalentiere zu essen, wie zum Beispiel frische Muscheln. Aber selbst die begeistertsten FleischesserInnen des Westens würden es ablehnen, irgend etwas lebendig zu essen, das in Abbildung 5 weiter unten steht – oder auch nur einen Teil davon. Das ist höchstens in den sicheren Grenzen des Humors vorstellbar:

»Ich nehme an, Sie haben schon den von dem Schwein mit den drei Beinen gehört? Ein Typ fragt also den Farmer, warum sein Schwein auf drei Beinen auf dem Hof rumläuft: ›Hatte es einen Unfall?‹ fragt er.

›Na ja, nicht ganz‹, sagt der Farmer. ›Es war so, wissen Sie ... Im letzten Jahr spielte mein kleiner Junge einmal unten am Fluß und fiel hinein. Und, sehen Sie, niemand hörte seine Schreie, außer diesem Schwein hier. Es sprang also aus seinem Gatter raus, rannte zum Fluß hinunter, tauchte rein und fischte den Jungen raus, gab ihm den Kuß des Lebens und eilte fort, um Hilfe zu holen.‹

›Dann brach er sich sein Bein auf dem Weg, nicht wahr?‹ fragt der Mann.

›Nein, nein, nein. Sehen Sie, dann geschah folgendes. Meine Frau nahm das Baby in die Stadt mit, und sie stolperte, wissen Sie. Der Kinderwagen rutschte ihr aus der Hand, und er rollte weg, den Berg runter zur Hauptstraße hin. Das Schwein hörte sie einen Schrei nach dem Allmächtigen ausstoßen und kam, um zu sehen, was da Schreckliches passiert war. Es stürmte also den Berg hinunter und erwischte den Kinderwagen, genau in dem Moment, als er schon fast unter den Rädern eines Lastwagens lag.‹

›Der Laster traf sein Bein, nicht wahr?‹ vermutet der Mann.

›Aber nein, so war es ganz und gar nicht. Dann passierte aber auch noch das: wir waren alle auf den Feldern, und in der Küche brach ein Feuer aus. Und dies Schwein hier witterte den Rauch, sehen Sie, und ging los und holte Eimer voll Wasser aus dem Brunnen und löschte die Flammen, und dann telefonierte es nach der Feuerwehr um Hilfe. Rettete unser Farmhaus, das hat dieses Schwein getan!‹

›Aber wie hat es sein Bein verloren?‹ fragt der Mann wieder.

›Nun, sehen Sie‹, antwortet der Farmer, ›Wenn Sie ein solches Schwein haben, das verstehen Sie doch bestimmt, dann essen Sie es doch nicht gleich auf einmal auf.‹«

Wir haben bereits festgestellt, daß Nahrungsmittel aus dem unteren Bereich von Abbildung 5 nur selten gegessen werden, ohne daß sie vorher gekocht wurden oder auf andere Weise, z. B. durch Räuchern, Kultur angenommen haben. Wir essen Fleisch oder Fisch nur ausnahmsweise roh, z. B. dann, wenn es uns als Zeichen urwüchsiger Kraft (Steak tartare) oder modischer Weltoffenheit (Sushi) dient. Kochen veredelt Fleisch, es verringert seine Animalität, verändert seine Farbe und versieht es mit einem menschlichen

Merkmal, denn wir sind die einzige Spezies, die diese Fähigkeit besitzt. Außerdem wird durch das Kochen der Tod des Tieres ohne jeden Zweifel bestätigt. Obst essen wir dagegen oft roh, als wollten wir seine Lebenskraft nicht zerstören.

Da das Kochen, besonders von Fleisch, ein universeller menschlicher Zug ist, ist es sicherlich auch von Bedeutung, daß manche Menschen diesen Verarbeitungsschritt als ungesund brandmarken. Kochen ist immer noch ein Zeichen von Zivilisation, aber da die herkömmliche Symbolik sich teilweise umgekehrt hat, kann dies genauso ein negatives wie ein positives Merkmal sein. Schon zu Beginn des 19. Jahrhunderts schrieb Shelley in seinen philosophischen Anmerkungen zu *Queen Mab*, daß »Prometheus (der die menschliche Rasse verkörpert), in seinen Lebensbedingungen eine große Veränderung bewirkte, als er Feuer für kulinarische Zwecke gebrauchte. Er entdeckte damit ein Mittel, sich vor seinem Abscheu vor dem Schrecken des Schlachtens zu schützen. Von diesem Augenblick an wurden seine Lebenskräfte vom Aasgeier der Krankheit verzehrt« (Shelley 1813, S. 920–921). Bestimmte zeitgenössische Ansätze in der Heilernährungspraxis argumentieren in ähnlicher Weise, daß rohe Gemüsenahrung eine bessere Lebensgrundlage sei als gekochte tierische Nahrung:

> Niemand stellt in Frage, daß gekochte Nahrungsmittel die Fähigkeit besitzen, das Leben zu erhalten. Ärzte und Wissenschaftler, die sich mit der Erforschung von roher Ernährung befassen, stellen allerdings in Frage, ob gekochte Nahrungsmittel in der Lage sind, die Gesundheit wiederherzustellen und zu verbessern. Denn wenn das genetische Erbe eines Menschen nicht außergewöhnlich gut ist, kann eine Ernährung mit zu hohen Anteilen an gekochter Nahrung zu langsamem, aber fortschreitendem Verfall von Zellen und Gewebe führen und ein frühes Altern sowie die Herausbildung degenerativer Krankheiten fördern. Warum? Einige der Gründe dafür hängen zweifellos mit der Tatsache zusammen, daß beim Kochen viele wichtige Nährstoffe zerstört werden. Studien haben gezeigt, daß das Verarbeiten und Kochen von Nahrung – besonders bei hohen Temperaturen – zudem zu Veränderungen in der Beschaffenheit der Nahrungsproteine, Fette und Fasern führt. Deren Ergebnis ist nicht nur, daß diese Nahrungsbestandteile für den Körper weniger gesundheitsfördernd, sondern sogar schädlich sind. (Kenton und Kenton 1984, S. 35)

Die medizinischen Wissenschaften haben einige Beweise für die Annahme vorgelegt, daß das Kochen von Fleisch zuweilen schädlicher sein kann als das Fleisch selbst. Eine Forschungsarbeit, die an der Universität Washington, Missouri, erstellt wurde, geht zum Beispiel vom Vorhandensein »kulinarischer Karzinogene« aus. Es wird in dieser Arbeit davon berichtet, daß der Gehalt an Stoffen, die Mutationen auslösen können (Mutagene) bei gut gebräunten Hamburgern vierzehnmal größer war als bei leicht gebräunten (Eagle 1978, S. 12). Krebs wird mehr als jede andere Krankheit als »Überflußkrankheit« verstanden, die von den Umweltbelastungen des modernen industriellen Lebens ausgelöst wird. Es ist vielsagend, daß das Essen von gebratenem Fleisch das Gesundheitsrisiko vergrößern soll, das mit Fleisch verbunden ist. Fleisch verkörpert die Macht der Zivilisation, und das Kochen oder Braten von Fleisch verwandelt die Ernte der Natur in ein Produkt menschlicher Geschicklichkeit.

Fleisch ist gleichzeitig ein Ausdruck von Barbarei wie von Kraft, und diese doppelte Bedeutung spielt in den verschiedensten Zusammenhängen eine Rolle. Die großen Hamburgerverkaufsketten haben zum Beispiel in ihrer Dekoration und Werbung den Anteil der Farbe Rot eingeschränkt. Fleisch ist, wie bereits festgestellt, durch und durch mit der Vorstellung von rotem Blut verknüpft – aber die Farbe Rot ruft eine Reihe von Assoziationen hervor, die meistens Macht, Gewalt und Gefahr betreffen. Dies sind Assoziationen, die die Fast food-ManagerInnen gerne verringern würden, denn ein Teil der Anziehungskraft der Burgerketten besteht gerade in ihrer sanitären Ausstattung. Pastellene Farbtöne ergeben ein freundlicheres Image als ein feuriges, wildes Rot. Manchmal wird sogar Grün benutzt – die Farbe des Chlorophylls –, das zunehmend für Natur, Gesundheit und Frische steht. Grün ist die Farbe, die sich UmweltschützerInnen zu eigen gemacht haben, und UmweltschützerInnen setzen sich bekanntlich für politische und ökonomische Inhalte ein, die auf eine stärkere Harmonie mit der Natur abgestimmt sind. Die Komplementärfarbe von Grün (die Farbe, die jemand »sieht«, der erst auf grünes Licht blickt und dann seine Augen schließt) ist kurioserweise Rot: Rot ist das symbolische Gegenteil von Grün, auf Verkehrsampeln und in vielen anderen Zusammenhängen.

Das alte Denken, das Kraft uneingeschränkt als etwas Positives begriff, ist aus der Mode gekommen. Dies geschah in dem Maße, in dem die Menschen die negativen sozialen und ökologischen Folgen wahrnahmen, die eintreten, wenn dieser Ideologie erlaubt wird, unkontrolliert zu wuchern. Menschen, die an der herkömmlichen Auffassung festhalten, daß sich menschliche Interessen automatisch über die Interessen jeder anderen Spezies hinwegsetzen dürfen, werden zunehmend der arroganten Überheblichkeit und Ungerechtigkeit bezichtigt. Und die allgemeine Betroffenheit durch Umweltfragen ist nicht mehr auf einige wenige »IdealistInnen« beschränkt, die leicht ausgegrenzt werden können. Selbst von solchen Gruppen des britischen Establishments wie den Mitgliedern der Königlichen Familie ist zu hören, daß sie nach einem neuen Denken rufen. Die schlechte Behandlung von Tieren oder der Umwelt im allgemeinen wird nicht nur als falsch angesehen, sondern auch als tyrannisch und unzivilisiert, und es werden Vergleiche mit anderen ehemals akzeptierten Praktiken gezogen, die heutzutage jenseits der Grenzen der Zivilisation liegen. Marjorie Spiegel zum Beispiel vergleicht die Ausbeutung »niedriger« Tiere durch den Menschen mit der Sklaverei:

> Solange sich Menschen veranlaßt sehen, ihre Rechte und Werte dadurch zu behaupten, daß sie jemanden unter sich stellen, wird die Unterdrückung kein Ende haben. Diese Haltung besteht im besten Falle nur darin, daß ein Individuum oder eine Gruppe von Menschen die Leiter hinaufklettert und andere dabei heruntergestoßen werden ... Langfristig werden wir nur dann zu Freiheit und Gerechtigkeit für *alle* finden, wenn wir Unterdrückung und gesellschaftlich anerkanntes Leiden *insgesamt* ablehnen ... Früher wurde zwischen weißen und schwarzen Menschen willkürlich eine Grenze gezogen, eine Trennungslinie, die mittlerweile abgelehnt wird. Aber was ist mit der Grenze zwischen Menschen und nicht menschlichen Tieren? ... Je mehr wir über die Lebensbedingungen der Erde lernen, über ihre Ökosysteme und die Wesen, die hier leben, desto deutlicher sehen wir die Absurdität dessen, der einen Spezies einer anderen gegenüber einen höheren Rang einzuräumen ... Jede Spezies besitzt Merkmale, die anderen fehlen, und nur ein anthropozentrisches Weltbild macht die Eigenschaften, die die Menschen besitzen, zu solchen, an denen alle anderen Spezies gemessen werden.
>
> (Spiegel 1988, S. 16, 17, 19)

Nach diesem Standpunkt ist die Achtung anderer BewohnerInnen unseres Planeten ein Zeichen kultureller Entwicklung, und Übertretungen solcher Standards sind ein nicht hinnehmbares Verhalten. Der Schriftsteller Richard Adams variiert zu diesem Thema ein vielzitiertes Wort Jeremy Benthams:

> Die Luxuspelzindustrie stellt bei weitem den schlimmsten Mißbrauch empfindungsfähiger, warmblütiger Säugetiere dar, den das Gesetz gegenwärtig in der euro-amerikanischen Welt zuläßt: zum einen wegen seines Ausmaßes, zweitens wegen der großen Grausamkeit, die damit verbunden ist, und drittens wegen der Überflüssigkeit des Endprodukts ... Die Zeit ist nicht mehr fern, in der der Pelzhandel allgemein, wie Sklaverei und Kinderarbeit, als barbarischer Anachronismus angesehen werden wird ... Was ist uns unsere kollektive Selbstachtung wert, um diesen Schandfleck zu tilgen? 50 Millionen £? Wer das Gefühl hat, daß es überhaupt kein ökonomisches Opfer wert ist, dessen Selbstachtung muß vielleicht auf den neuesten Stand gebracht werden. Die Frage ist nicht, ob Tiere denken oder sich verständigen können. Sie ist: können sie leiden?
>
> (Adams 1989, S. 9)

Diese neue Denkweise betrachtet im Gegensatz zu althergebrachten Auffassungen die ungehinderte Beherrschung anderer Lebewesen nicht als ein Zeichen für zivilisierte Höherentwicklung, sondern als ein Zeichen bedauerlicher Zurückgebliebenheit. Gleichzeitig werden Aktivitäten wie das Jagen oder die betonte Zurschaustellung von Pelzkleidung, mit denen wir so lange unsere Vorherrschaft demonstriert haben, geringgeschätzt. Wäre diese Orientierung auf einige wenige »TierschutzaktivistInnen« und Moralapostel beschränkt, dann wäre ihre Bedeutung vielleicht begrenzt. Aber das ist nicht der Fall. 1990 gaben angeblich dreiviertel der britischen Frauen an, daß sie keine Tierpelze tragen, und britische Supermärkte haben angekündigt, daß sie in ihren Läden »grausamkeitsfreie« Produkte kennzeichnen werden. Einzelne Elemente solcher Vorstellungen haben sich in allen Teilen der Bevölkerung ausgebreitet. Sollte sich diese Neubewertung des menschlichen Verhaltens fortsetzen, wird das für die Fleischproduktion erhebliche Folgen haben.

TEIL III
Gemischte Metaphern

8
Der widerwillige Kannibale

> Going around saying »Don't eat people«
> Is the way to make people hate you
> Always have eaten people
> Always will eat people
> You can't change human nature
>
> (»Der widerwillige Kannibale« aus *At a Drop of a Hat*
> William Flanders und Donald Swann)
>
> [Herumlaufen und sagen: »Eßt keine Menschen«,
> Sorgt dafür, daß die Leute dich hassen.
> Wer immer Menschen aß,
> Wird immer Menschen essen.
> Du kannst die Natur des Menschen nicht ändern!]

Menschenfleisch steht normalerweise nicht auf unserem Speiseplan, obwohl es nahrhaft sein mag. Das scheint eine Selbstverständlichkeit zu sein, aber unser Widerwille dagegen, andere Menschen zu essen, ist ein entscheidendes Teil im Puzzle unserer Vorstellungen darüber, was wir essen können und tatsächlich essen.

Wir hören natürlich immer wieder von barbarischen Gesellschaften, die Kannibalismus praktiziert haben. Solche Gesellschaften soll es nicht hier und jetzt, sondern zu anderen Zeiten oder an anderen Orten gegeben haben. Wir wachsen mit unzähligen Geschichten von Wilden auf, die wir Autoritäten wie Forschern, Missionaren, Anthropologen, Kolonialverwaltern und Archäologen verdanken. Die Aussage, daß es eigentlich keine »ausreichende Dokumentation« darüber gibt, daß der »Kannibalismus in irgendeiner Form in irgendeiner Gesellschaft als Sitte« (Arens 1979, S. 21) auftritt, erscheint uns deshalb überraschend, wenn nicht gar als ein Angriff auf den gesunden Menschenverstand.

In *The Man-Eating Myth* [Der Mythos des Menschenfressens] überprüft Arens die dokumentierten Beweise für den Kannibalismus und stellt fest, daß er nirgends auch nur einen einzigen glaubwürdigen Augenzeugenbericht von einer solchen Handlungsweise als einem gewohnheitsmäßigen Ereignis finden konnte. Er schließt ein abweichendes individuelles Verhalten oder Fälle unter lebensbedrohlichen Bedingungen wie Belagerungen oder die Folgen des Flugzeugabsturzes in den Anden davon aus. Damals aßen einige Überlebende als letzten Ausweg verstorbene Mitreisende auf (Read 1974). Nach Arens haben Nachforschungen ergeben, daß das angebliche Menschenfressertum jedesmal, wenn es heißt, es habe sich ritueller Kannibalismus ereignet, entweder auf Hörensagen oder Abschreiben beruht. Häufig gibt es nur das Gerücht, daß es in der näheren oder entfernteren Vergangenheit oder in benachbarten oder entfernten Gesellschaften stattgefunden habe, oder die Geschichte beruht in anderer Weise auf eindeutig unzuverlässigen Zeugnissen.

Arens zufolge wird so allgemein davon ausgegangen, daß das Phänomen existiert, daß sein Auftreten oft als selbstverständlich hingenommen wird, *bevor* die Umstände eines bestimmten Berichts einer Prüfung unterzogen werden. Er hält es dagegen für angebracht, sich dem Phänomen mit der notwendigen Skepsis zu nähern. Arens veranschaulicht sein Argument mit berühmten Fällen von angeblichem Kannibalismus. Dazu zählt unter anderem Hans Stadens Bericht aus dem 16. Jahrhundert über entsprechende Praktiken der Tupinamba in Südamerika. Dieser Bericht ist seiner Meinung nach nicht nur unhaltbar, sondern könnte selbst wiederum die Quelle vieler nachfolgender, in verdächtig ähnlichen Worten formulierter Berichte sein. Er setzt sich auch mit dem aztekischen Menschenfressen auseinander, von dem in ähnlicher Weise ohne Augenzeugen berichtet wurde, mit neueren Berichten über Kannibalismus in Afrika und Neuguinea (einschließlich Gajduseks Nobelpreis-Arbeit über die Übertragung der Kuru-Krankheit unter dem Forevolk) sowie mit archäologischen Beweisen. Nicht ein Beispiel hält seiner Überprüfung stand.

Obwohl es logisch unmöglich ist, die Existenz einer bestimmten gesellschaftlichen Praktik vollständig zu widerlegen (ein einziger ausreichend dokumentierter Vorfall würde jedes entsprechende Argument entkräften), sollten Arens' Analyse und Schlußfolgerungen die meisten LeserInnen davon überzeugen, daß das Phänomen des Kannibalismus zumindest bedeutend seltener auftritt, als allgemein angenommen wird. Die Bedeutung von Arens' Arbeit liegt nicht nur in seiner neuartigen Betrachtungsweise der Berichte, sondern auch darin, daß er das Phänomen als Ganzes erörtert und sein Augenmerk auf den Beobachter des Geschehens richtet:

> Das, was mit der größten Sicherheit gesagt werden kann, ist, daß alle Kulturen, Unterkulturen, Religionen, Sekten, Geheimgesellschaften und jede andere mögliche menschliche Gesellschaft von irgend jemandem als anthropophragisch bezeichnet wurde. In diesem Licht erscheint das zeitgenössische anthropologische Problem, obwohl es häufig vernachlässigt wird, klarer. Das allgemeine Phänomen ist, mehr als die Handlung selbst, die Vorstellung von anderen als »Kannibalen«. Die wichtige Frage ist nicht, warum Menschen Menschenfleisch essen, sondern warum dies immer wieder eine Gruppe einer anderen unterstellt. So besteht der Kern der Frage mehr in der Beurteilung eines bestimmten Aspekts eines umfassenden Gedankensystems als in der Beurteilung einer beobachtbaren Sitte.
>
> (Arens 1979, S. 139)

Arens geht dieses Problem an, indem er die allgemeinen Merkmale unserer Ansicht über den Kannibalismus aus einem neuen Blickwinkel betrachtet. Als solche Merkmale führt er vor allem drei Punkte an: es gibt zuerst die »grundlegende Feststellung, daß gewohnheitsmäßiger Kannibalismus nicht nur heute noch existiert, sondern einst sogar viel verbreiteter war. Zweitens wurde der zu untersuchende Gegenstand durch die Anwendung eines spezialisierten Vokabulars mystifiziert ... Drittens konzentrieren sich all diese intellektuellen Anstrengungen auf die Naturvölker ...«

> Die Erörterung des Kannibalismus als Brauch wird normalerweise, sehr zu unserer Befriedigung, auf weit entfernte Länder beschränkt, kurz vor oder während ihrer »Befriedung« durch die verschiedenen Bevollmächtigten der westlichen Zivilisation ... »sie«, in der Form weit entfernter Kannibalen, sind Reflektionen von uns, wie wir einst waren. (Arens 1979, S. 18–19)

Hier liegt die Krux bei der Sache. Andere Völker als KannibalInnen zu definieren, argumentiert Arens, ist im allgemeinen ein zweckdienlicher Akt, durch den die angeblichen ÜbeltäterInnen außerhalb des Bereichs einer zivilisierten Kultur gestellt werden. Kannibalismus ist also in vielen Fällen ein nicht zu rechtfertigender, aber nützlicher Fall kollektiven Vorurteils,

> [ein] Aspekt des Aufbaus und der Aufrechterhaltung kultureller Grenzen. Dieser intellektuelle Prozeß ist Teil des Versuchs jeder Gesellschaft, in einem Universum benachbarter Gemeinschaften,

> die sich oftmals auseinandersetzen, eine konzeptuelle Ordnung zu schaffen, die auf Unterschieden beruht. In anderen Worten: eine Gruppe kann ihre eigene Existenz als um so bedeutungsvoller einschätzen, wenn sie andere als strikte Gegensätze heraufbeschwört.
>
> (Arens 1979, S. 145)

In dieser Beziehung, sagt er, unterscheiden wir uns nicht wesentlich von den »primitiven« Völkern, denen wir mit stillschweigender Verachtung begegnen. »Wir können allerdings, wie es sich für eine komplexe Gesellschaft gehört, die Unterstützung durch eine gelehrte Disziplin in Anspruch nehmen, um die einfachen Vorstellungen, derer sich primitive Völker bedienen, in ein System zu bringen« (1979, S. 169).

Jeder, so scheint es, nimmt von anderen an, daß sie kannibalistisch seien. Ein Spiegelbild des Geistes, der im England des Mittelalters vorherrschte, liegt zum Beispiel mit der Mappa Mundi (ungefähr 1290 n. Chr.) vor, und natürlich finden wir dort westlich des Schwarzen Meeres »Kannibalen – oder ›Essendoner‹, von denen berichtet wird, daß sie das Fleisch ihrer Eltern aßen« (Jancey 1987, S. 14). Auch Shakespeare benutzte diesen Kunstgriff, neben der Unterstellung körperlicher Mißbildung, um ausländischen Völkern einen unter-menschlichen Status zuzuweisen. Sein Held erzählt von Erinnerungen:

> Von Kannibalen, die einander schlachten,
> Anthropophagen, Völkern, deren Kopf
> wächst unter ihrer Schulter
>
> (*Othello* I. III; Übs. v. Schlegel/Tieck)

Die Anschuldigung des Kannibalismus wird auch heute noch eingesetzt, um dadurch andere Menschengruppen als unzivilisiert zu kennzeichnen. Ein zeitgenössisches Beispiel dafür, bei dem dieses Symbol voll ausgereizt wird, bietet Peter Greenaways Film »*Der Koch, der Dieb, seine Frau und ihr Liebhaber*« aus dem Jahr 1989. Auf dem Höhepunkt dieses Films wird der unvergleichlich brutale und flegelhafte Dieb (Michael Gambon) zur Krönung seiner vorausgegangenen Schmähungen gezwungen, den Körper eines seiner Opfer zu verspeisen, der zu diesem Zweck gekocht und exquisit garniert ist. Diese letzte Verderbtheit, die selbst ihn mit Ekel erfüllt, dient als Beweis für seine vollständige Verkommenheit und stellt ihn außerhalb der Grenzen des Menschseins. Sein Tod ist damit besiegelt.

Der häufig in der Anschuldigung des Kannibalismus enthaltene Rassismus wird zum Beispiel in einem bebilderten Artikel erkennbar, der während einer politischen Auseinandersetzung über die nationale britische Vertretung beim Begräbnis des Kaisers Hirohito von Japan auf der Titelseite einer Zeitung erschien. Von Hirohito glauben viele Menschen, daß er ein Kriegsverbrecher war. »DER JAPANER, DER UNSERE TRUPPEN ZUM DINNER VERSPEISTE«, tönt die Schlagzeile. Der Artikel berichtet darüber, daß US-Archive angeblich das Essen eines britischen Soldaten bei einer »Dschungel-Cocktailparty eines japanischen Generals« dokumentiert haben, und zwar in einer der »nicht weniger als ACHT Akten, die erschreckende Berichte über Menschenfleisch essende Japaner enthielten« (Trueman 1989, S. 1, 5). Die damit unterstellte Unter-Menschlichkeit der Kultur, die hier insgesamt angeprangert wird, kommt ausdrücklich zur Sprache, für den Fall, daß der Leser noch Zweifel hegen sollte:

> Nachrichten von entsetzlichen Greueltaten empörten gestern abend britische Fernost-Veteranen.
>
> Ein Sprecher der Burma Star Association sagte allerdings: ›Diese Neuigkeit überrascht uns nicht im geringsten.
>
> Wir wußten stets, daß sie Tiere waren – jetzt haben wir den Beweis dafür, daß sie Kannibalen waren.‹

Im Licht der Argumente, die Arens anführt, ist es interessant, daß im Beweismaterial festgestellt wird, daß die Fälle sich ereigneten, »als die japanische Armee 1945 unter Nahrungsmittelknappheit litt«. Sie fallen deshalb (wenn sie überhaupt jemals stattfanden) wahrscheinlich unter das, was Arens als Überlebensbedingungen bezeichnete. Aber noch bedeutsamer ist die Tatsache, daß sich der Bericht wieder nicht auf einen echten Augenzeugenbericht gründet, sondern auf folgende Aussage eines japanischen Offiziers, während er nach dem Krieg vor einem US-Militärgericht unter der Anklage von Kriegsverbrechen stand:

> ... der General erwähnte mir gegenüber, daß es an diesem Tag einen Abschuß gegeben hatte, und wir sollten nach etwas Fleisch schicken.
>
> Ich nahm an, er meinte den Körper des alliierten Piloten ...
>
> Jeder probierte davon ... und obwohl es mir nicht ausdrücklich gesagt wurde, war mir immer klar, daß wir Teile des alliierten Piloten gegessen hatten.

Andererseits können, stellt Arens fest, Individuen oder Gruppen Anerkennung daraus beziehen, daß sie sich *selbst* als Kannibalen bezeichnen. Die behauptete Überschreitung solch grundlegender Regeln betont ihre ultimative Macht oder Gesetzlosigkeit. So spielen in dem Kinofilm *Crocodile Dundee II* zwei australische Aborigines eine Scharade, die zum Ziel hat, die schurkischen amerikanischen Gefangenen, die von ihnen bewacht werden, zu entnerven, um dadurch dem Helden einen Vorteil zu verschaffen. Einer von ihnen fragt seinen Kumpel, ob sie ihre Gefangenen essen dürften, und ihm wird gesagt, nein, sie seien nur festzuhalten ... gleichzeitig ist ein Augenzwinkern zu sehen, das die Heldin beruhigen soll. Das psychologische Spiel führt tatsächlich zur Demoralisierung ihrer Schützlinge, einer von ihnen bekreuzigt sich vor Verzweiflung. Ähnlich muß der folgende Bericht aus einer britischen Zeitung, selbst wenn er glaubhaft sein sollte, nicht wirklich einen Akt des Kannibalismus beschreiben – er gibt lediglich eine Behauptung wider, die eine prahlerische Geste eines am Rande der Gesellschaft stehenden Menschen mit einem passend dämonischen Namen sein könnte:

> Swaziland wird einen marokkanischen Kannibalen ausweisen, der in dem Königreich als Flüchtling lebte. Hitler Sharin, der gerade eine sechsmonatige Strafe wegen illegalen Waffenbesitzes abgesessen hat, bat für seine Mahlzeiten um die Leichen von Verkehrsunfallopfern. Die Swazi-Behörden lehnten es ab, dieser Bitte zu entsprechen.
>
> (*Edinburgh Evening News* 1990, S. 5)

Wenn der Kannbalismusvorwurf im Streit zwischen unterschiedlichen kulturellen Gruppen eingesetzt wird, dient er dazu, einen anderen Grad von Menschlichkeit zu markieren. Gelegentlich beschreibt er, wie unzivilisiert unsere Vergangenheit war. Ein Arbeitspsychologe benutzt zum Beispiel dieses Motiv, um die Bedeutung erster Eindrücke in Berufsinterviews zu veranschaulichen:

> Aber worauf beruhen diese wesentlichen ersten Eindrücke? »Vielleicht auf einer unbewußten Körpersprache von der Art, die nützlich war, als wir noch im Dschungel lebten – wenn wir einen Fremden trafen, konnten wir uns nicht lange überlegen, ob wir ihn essen oder unsere Nahrung mit ihm teilen wollten. Die meisten menschlichen Wesen treffen in bezug auf andere Menschen sehr schnelle Entscheidungen.« (Flowers 1989, S. 19)

Die Auseinandersetzung wird weitergeführt. Peggy Reeves Sanday hält Arens' Ansicht für übertrieben, wenn er »schreibt, daß es Kannibalismus nie gegeben hat« (obwohl er dies in Wirklichkeit nicht sagt, sondern nur, daß die Beweise für den Kannibalismus als anerkannter Brauch nicht ausreichen). Seiner Skepsis begegnet sie mit weiteren Gerüchten (Sanday 1986, S. 9–10). Sie untersucht eine »repräsentative Auswahl« von 156 Gesellschaften und entdeckt in 34 Prozent der Gesellschaften, bei denen sie genügend Beweise fand, um ein Urteil abzugeben, Kannibalismus; nur wenige ihrer Beispiele geben auch nur vor, auf Augenzeugenbeweisen zu beruhen, und viele sind einfach Gesprächsfetzen.

Die *London Review of Books* war Schauplatz einer Auseinandersetzung über dieses Thema, nachdem Chinua Achebe in »Hoffnungen und Hindernisse« (Achebe 1992) Joseph Conrad als einen eingefleischten Rassisten bezeichnet hatte, weil er die Menschen, die im neunzehnten Jahrhundert den Kongo bewohnten, als Kannibalen beschrieb. Sein Rezensent, Craig Raine, verteidigt Conrads Glauben an den Kannibalismus und schlägt vor, daß Achebe »die unangenehme Tatsache seiner Existenz akzeptieren« sollte (Raine 1989, S. 17). Er zitiert zur Rechtfertigung seiner Überzeugung mehrere Quellen, worunter sich eine aufschlußreiche Passage befindet, die von dem Händler und Forscher H. M. Stanley stammt:

> Er [der Kongo] ist zum größten Teil von grausamen Wilden bevölkert, die sich einem abscheulichen Kannibalismus und hinterhältigem Mord an harmlosen Menschen hingeben, aber am großen Fluß in Richtung Livingstone Falls leben zahlreiche freundliche Stämme, die die Ankunft des europäischen Kaufmanns freudig begrüßen.
>
> (zitiert in Raine 1989, S. 17)

Die »Tatsache«, daß Stanleys Kannibalen als Menschen definiert wurden, die es ablehnten, in den sogenannten freien Handel mit ihm einzutreten, weckt Zweifel an seiner Objektivität. Patrick Parrinder stellt in einer Antwort auf Raine in der *London Review* die Tatsache heraus, daß es Forschern wie Stanley, Grenfell und Bentley nicht gelang, unmittelbar auf Kannibalismus zu treffen. Dieses Phänomen weicht offenbar zurück wie eine Fata Morgana, wann immer man sich ihm nähert, obwohl jeweils bekannt ist, daß irgendwo in der Nähe Kannibalismus stattfindet und weit verbreitet war, als die Missionare zuerst eintrafen. Warum? Parrinder vermutet, daß es sich bei den Menschen, die dort starben, in vielen Fällen um die Selbstaufopferung europäischer Missionare handelte. Die Zahl, in der diese Selbstaufopferung zum Tod führte, erforderte offenbar eine Rechtfertigung, und diese wurde reichhaltig unterstützt durch

Geschichten von Kannibalen, die ihre schrecklichen Praktiken unter christlicher Anleitung aufgaben. Aber, sagt er, »wenn der Kannibalismus wirklich eine gesellschaftlich anerkannte ... Handlungsweise war, müssen wir fragen, wie es dazu kam, daß sie so leicht aufgegeben wurde« (Parrinder 1989, S. 4).

Der grundlegende Unterschied zwischen Arens' Analyse und den meisten anderen besteht in der tolerierten Qualität der Beweise. Sanday zum Beispiel verteidigt ihre »schiefen« Daten als die »besten, die vorlagen« (Sanday 1986, S. 10). Die offenkundige Unzuverlässigkeit vieler Berichte ist für ForscherInnen, die das Phänomen des Kannibalismus erhellen möchten, ein Dilemma. Wenn zweifelhafte Fälle ausgeschlossen werden, bleiben eben nur noch sehr wenige übrig. Laut Arens sollten zuerst einmal Berichte über Kannibalismus unsere Skepsis hervorrufen, die von Missionaren, Handelsreisenden oder anderen Parteien stammen, die ein eindeutiges Interesse daran haben, die Angeschuldigten als der »Zivilisation« bedürftig darzustellen. Berichte, die auf Hörensagen beruhen, und dies betrifft die übergroße Mehrheit der Beispiele, müssen ebenfalls mit Vorsicht behandelt werden, denn solche »Flüsterpropaganda« kann leicht die Wahrheit verdrehen. Auch Behauptungen über Kannibalismus in der Vergangenheit sollten wir nicht uneingeschränkt Glauben schenken, denn sie könnten arrangiert worden sein. Und selbst dann,

> wenn der Kannibalismus im Kongo des neunzehnten Jahrhunderts so verbreitet war wie im heutigen Großbritannien Mord und Vergewaltigung, so wäre es nach heutigen Standards immer noch als rassistisch anzusehen, alle Kongolesen oder alle Kongolesen eines bestimmten Stammes als Kannibalen zu bezeichnen – außer, wenn anerkannte Beweise für eine allgemeine soziale Billigung der Praxis existierten. (Parrinder 1989, S. 4)

Arens greift bei seiner Erörterung der Verbreitung des normalen Kannibalismus direkt die Integrität von Generationen von AnthropologInnen an. Diese waren seiner Meinung nach so unglaublich naiv, die Kannibalismus-Mythologie als erwiesene Tatsache anzuerkennen. Er weist darauf hin, daß diese willfährige Anerkennung zum einen den allgemeinen Rassismus widerspiegelt und daß der Kannibalismus zum anderen den AnthropologInnen als ein Thema diente, über das sie mit der Aussicht auf Ruhm schreiben konnten. Erwartungsgemäß fand diese Anschuldigung in den entsprechenden Fachkreisen wenig Anerkennung. In einem Rezensionsartikel in der Zeitschrift *Man* bezeichnet Peter Rivière Arens' Veröffentlichung als ein schlechtes Buch und »auch ein gefährliches« (1980, S. 205). Tuzin und Brown behaupten im Vorwort zu einem Band über die Ethnographie des Kannibalismus, daß Arens unrecht habe (1983, S. 3). Für durchaus plausibel halten sie seine Annahme, daß »die übliche *Zuschreibung* des Kannibalismus durch eine Gruppe als ein ideologisch verwendetes rhetorisches Manöver [dienen kann,] um ihre moralische Überlegenheit über eine andere« zu behaupten (1983, S. 3). Sie wollen jedoch nicht akzeptieren, daß auch AnthropologInnen eine solche Gruppe sein könnten.

Die vielleicht überzeugendste Bestätigung für Arens' Argumente ist allerdings, daß heute sich der größte Teil der Diskussion über den Kannibalismus mit den symbolischen oder ideologischen Dimensionen dieses angeblichen Brauches befaßt. Es wird immer seltener versucht, seine Echtheit zu belegen. So geht Poole davon aus, daß für die Bimin-Kuskusismin »die Vorstellung des Kannibalismus eine komplexe Mischung von Praktiken und Glaubensvorstellungen, Geschichte und Mythos sowie Tatsachenbehauptungen oder kunstvolle Metaphern einschließt« (1983, S. 91). Sanday erkennt an, daß der Kannibalismus »nie nur das Essen, sondern hauptsächlich ein Mittel für ... Botschaften [ist], die mit der Aufrechterhaltung, Wiederbelebung und in manchen Fällen mit der Gründung der kulturellen Ordnung zusammenhängen« (1986, S. 3).

Die faktische Grundlage vieler Berichte kann also durchaus in Frage gestellt werden, aber zweifelsohne wird immer noch regelmäßig über Kannibalismus berichtet, und das ist schon an sich von Bedeutung. Die Bedeutung von Arens' Enthüllung sollte nicht unterschätzt werden. Wenn er recht hat, dann ist die Abneigung dagegen, Fleisch von Wesen unserer eigenen Spezies zu essen, zumindest viel allgemeiner, als wir normalerweise glauben, vielleicht sogar allgegenwärtig. Das ist eigentlich nicht verwunderlich. Nur wenige Tiere verzehren das Fleisch toter Mitglieder ihrer eigenen Art, und auch das nur in Ausnahmezuständen. Falls das Tabu wirklich allgemein ist, spiegelt die besondere Kraft jedes Berichts über aufgetretenen Kannibalismus die Tiefe des Gefühls wider, mit dem wir auf der Ächtung dieser Praxis bestehen. Das Beachtlichste an dem Flugzeugabsturz in den Anden (Read 1974) ist möglicherweise nicht, daß einige wenige Überlebende zum Kannibalismus Zuflucht nahmen, sondern, daß es bei vielen nicht der Fall war. Ihre Abneigung gegen das Essen von Menschenfleisch war so stark, daß sie es am Ende vorzogen zu verhungern, statt es zu essen. Wenn Arens' Zweifel daran berechtigt sind, daß Kannibalismus jemals normal war, muß es eine Funktion des Kannibalismustabus gewesen sein, eine Grenze für die Unverletzlichkeit der menschlichen Gesellschaft zu ziehen. Unsere Kultur grenzt sich als zivilisiert ab, als höhere Lebensform, an der nicht gerüttelt werden darf. Auf dem Spiel steht buchstäblich unser Menschsein.

Ob die Anthropophagie nun wirklich allumfassend geächtet ist oder nicht – sie ist eindeutig nicht *unsere* normale Praxis. Diese deutlich erkennbare Tatsache ist ein Gesichtspunkt für unsere Einordnung möglicher Nahrungsmittel und insofern von zentraler Bedeutung. Das Tabu beinhaltet weit mehr als die Frage, ob wir Menschenfleisch vielleicht mögen würden oder nicht. Das, was wir für *nicht* eßbar halten, ist ebensosehr mit logischen Implikationen verbunden wie das, was für uns eßbar ist. Die Annahme, daß wir andere Menschen nicht essen, legt im weitesten Sinne nahe, daß das Gegenteil, also alles nicht Menschliche – Tier, Pflanze oder Stein –, eine mögliche Nahrung sein kann (wenn es nicht aus anderen Gründen geächtet ist).

Damit bewegen wir uns jedoch auf einer unzulässig unscharfen Ebene der Analyse. In der Praxis ist die Einordnung sehr viel komplizierter. Wir werden in den nächsten beiden Kapiteln sehen, wie die Feststellungen über den Gegensatz zwischen den nicht eßbaren, zivilisierten menschlichen Wesen und der eßbaren, primitiven, wilden Natur unser Denken weitgehend und in unerwarteter Weise durchdringen. Vorerst ist es nützlich zu klären, wie die Auseinandersetzung mit dem Kannibalismus zur Erörterung der herkömmlichen Auffassungen über das Fleischessen beitragen kann.

Da der Glaube an die Eßbarkeit nicht menschlicher Tiere von einer klaren begrifflichen Trennung zwischen ihnen und uns abhängt, überrascht es vielleicht nicht, daß sich Argumente gegen die Rechtmäßigkeit des Fleischessens oft in irgendeiner Weise auf den Kannibalismus beziehen. Solche Argumente greifen die Grenze zwischen ihnen und uns als eine willkürliche oder unangebrachte Trennung an und betonen mehr die Ähnlichkeiten zwischen den Spezies als die Unterschiede zwischen ihnen. Dadurch, daß Tiere begrifflich in den Schoß der Menschheit aufgenommen werden, soll ihr Verzehr weniger annehmbar erscheinen. George Bernard Shaw zum Beispiel beschrieb das Essen von Fleisch als Kannibalismus ohne Heldengelage (Cox und Crockett 1979). Wann immer das Wort »Mord« auf das Töten eines nicht menschlichen Tieres angewandt wird, heißt das, daß dem betreffenden Tier ein quasi menschlicher Status zugebilligt wird. Die Popgruppe »The Smiths« betitelte eins ihrer vielverkauften Alben mit *Meat is Murder*, »Fleisch ist Mord« – ein Satz, der mittlerweile auch auf unzähligen Buttons zu lesen ist.

Ein schönes Beispiel dieser Art von Argumentation enthält Elisée Reclus' klassische Polemik *On Vegetarism* [Über Vegetarismus], die zuerst im Januar 1901 in der *Humane Review* erschien. Diese Polemik ist es wert, ausführlich behandelt zu werden. Reclus stellt während des ganzen Stückes in immer wechselnden Formen eine Verbindung zum Kannibalismus her. Zunächst erinnert er sich an sein erstes Zusammentreffen mit dem Schlachten, als er ein kleiner Junge war. Damals verglich er seinen Körper mit einem Tierrumpf.

> Ich hatte wohl noch gehört, daß ich in Ohnmacht gefallen war und daß mich der weichherzige Schlachter in sein eigenes Haus brachte; ich wog nicht mehr als eins der Lämmer, die er jeden Morgen schlachtete. (Reclus 1901, S. 2–3)

Reclus versieht diese Erinnerung umgehend mit einem Kontrapunkt. Er vergleicht den Schrei eines sterbenden Schweines mit dem eines Kindes:

> Sie schrie ohne Ende und gab immer wieder ein Grunzen und fast menschliche Verzweiflungstöne von sich. Es hörte sich an wie ein Kind. (Reclus 1901, S. 3)

Als nächstes formuliert er, welchen Zusammenhang er zwischen dem Essen von Fleisch und der fehlenden Zivilisiertheit wahrnimmt, die das barbarische Verhalten der Soldaten im Krieg in China ausdrückt …

> Aber gibt es nicht zwischen der Nahrung dieser Scharfrichter, die sich selbst »Agenten der Zivilisation« nennen, und ihren grausamen Taten eine direkte Beziehung von Ursache und Wirkung? Auch sie haben die Angewohnheit, das blutige Fleisch als Quelle von Gesundheit, Stärke und Intelligenz zu preisen. Auch sie betreten ohne Widerwillen das Schlachthaus, wo der Boden rot und glitschig ist, und wo man den ekelerregend süßen Duft von Blut riecht. Gibt es denn einen so großen Unterschied zwischen dem toten Körper eines Ochsen und

> dem eines Mannes? Die abgetrennten Beine, die Gedärme, die sich untereinander vermengen, sie sind sich sehr ähnlich: das Schlachten des ersteren macht das Töten des zweiten leicht …
>
> (Reclus 1901, S. 6)

… bis er am Ende zum Wesentlichen kommt und erklärt, daß Tiere mit Respekt behandelt werden sollten:

> Aber wie es auch sein mag, wir sagen lediglich, daß für die große Mehrheit der VegetarierInnen … das wichtigste Anliegen die Anerkennung des Bandes von Mitgefühl und gutem Willen ist, das den Menschen mit den sogenannten niedrigeren Tieren verbindet, und die Ausdehnung dieses Gefühls, das bereits zu einem Ende des Kannibalismus geführt hat, auf diese fühlenden Mitgeschöpfe. Die Gründe, die Menschenfresser gegen den Gebrauch von menschlichem Fleisch in ihrer gewöhnlichen Ernährung vorbringen könnten, wären ebenso fundiert wie diejenigen, die heute gewöhnliche Fleischesser anführen … Das Pferd und die Kuh, das Kaninchen und die Katze, der Hirsch und der Fuchs, der Fasan und die Lerche gefallen uns besser als Freunde denn als Fleisch. Wir möchten sie als respektierte Kollegen behalten oder einfach als Gefährten in der Freude am Leben und der Freundschaft. (Reclus 1901, S. 8)

Die ganze Erörterung zielt auf unsere Emotionen, sie trifft den Kern einiger unserer wichtigsten Vorstellungen. Wir nehmen an, daß Menschen nicht gegessen werden, andere Wesen aber potentiell doch, und daß es zwischen diesen beiden Kategorien eine klare Trennungslinie gibt. Reclus bringt uns durch verschiedene Kunstgriffe dazu, in Betracht zu ziehen, daß die Trennung nicht so klar ist, wie wir normalerweise annehmen. Er versucht uns dazu zu bewegen, etwas von der Achtung, die wir – wie wir gerne glauben – für andere Menschen aufbringen, auch auf andere Tiere auszudehnen. Fleisch, sagt er, ist Mord.

9
Haustiere und andere Wesen, die wir nicht klar einordnen können

Der Hase nimmt in unserer Kategorisierung der Tiere einen ungewöhnlichen Platz ein: manche Menschen sehen ihn als Haustier, andere (zuweilen sogar dieselben) betrachten ihn als Nahrungsmittel. Haustiere essen wir normalerweise nicht:

> »Ich erinnere mich, daß ich einmal von einer Anzeige in den Staaten gehört habe; jemand hatte eine Kleinanzeige in die Zeitung gesetzt: »Kaninchen zu verkaufen: als Haustiere oder für den Gefrierschrank«, und es gab einen Sturm der Entrüstung ... die Leute konnten nicht mit der Vorstellung umgehen, beides in eine Anzeige zu packen.«

Eine Anzeige für eine der beiden Alternativen wäre nicht weiter aufgefallen, aber beide Möglichkeiten im Verbund vorzuschlagen, erinnert zu direkt an eine Absonderlichkeit in unserem Klassifikationssystem und kann zum Protestgeschrei einer aufgebrachten Öffentlichkeit führen. Haustiere werden eben in der Regel nicht gegessen. In Großbritannien essen wir weder Hunde noch Katzen, noch Kanarienvögel oder Goldfische. In einer berüchtigten Fernsehepisode für die Sendung *Candid Camera* [Versteckte Kamera] schockte der Moderator das Publikum, weil er vortäuschte, aus einem Fischgefäß etwas herauszuholen und zu essen (später wurde enthüllt, daß es sich um fischförmige Karottenstückchen handelte). Allein die Vorstellung, Haustiere zu essen, kann uns dazu bewegen, ganz auf Fleisch zu verzichten:

> »Ich sah einmal einen Film über ... Gangster oder so ... und sie zwangen einen Mann dazu, seine Pudel zu essen. Weil er seine Pudel wirklich mochte, zerkleinerten die Gangster sie und brachten ihn auf diesem Weg dazu, sie zu essen – sie taten so, als sei es Huhn oder so – und dann, nachdem er sie gegessen hatte, holten sie die Silberplatte herein und lüfteten den Deckel, und darunter waren die Köpfe dieser Pudel. Ich konnte danach nie mehr gehacktes Huhn essen, aber abgesehen davon hatte ich immer gedacht, daß Menschenfleisch

ein bißchen wie Pudelfleisch schmecken würde. Das half wahrscheinlich auch nicht gerade – gematschte Pudel im Fernsehen – mir war nach diesem Film etwas übel. Das verleidete mir eindeutig das Hühnerfleisch.«

Warum sollte jemand argwöhnen, daß Pudelfleisch so ähnlich wie Menschenfleisch schmeckt, obwohl er wahrscheinlich beides nie probiert hat? Hunde, die wir als Haustiere halten, sind keine Menschen. Sie sind das Nächstbessere, sie kommen gleich danach. Wir schließen Haustiere als Nahrungsressource aus, weil sie uns Menschen zu nahe sind. Simoons sagt:

> Vertrautheit mit Tieren, insbesondere in funktionellen Beziehungen und als Haustiere, führte zu der Ablehnung ganzer Spezies domestizierter Tiere. Die Vermeidung von Hundefleisch in der westlichen Welt hat sich vielleicht daraus entwickelt, daß der Hund der Freund der Familie war, und ihn zu essen ein dem Kannibalismus verwandter Akt zu sein schien. (Simoons 1967, S. 114)

Einige AktivistInnen der vegetarischen Bewegung beschwören den Kannibalismus herauf, wenn sie gegen das Recht auf das Essen von Tierfleisch kämpfen, und unsere Haltung gegenüber Haustieren kann gleichfalls als Argument gegen traditionelle Auffassungen benutzt werden:

> *Frage: »Werden Sie manchmal von Leuten ›angegriffen‹, weil sie Vegetarier sind?«*
>
> »Ja, es gibt eine Menge solcher Auseinandersetzungen, aber meistens nicht besonders leidenschaftliche, sie sind eher theoretisch. Normalerweise reicht es aus, wenn ich sage: ›Würden Sie denn Ihren Hund essen?‹«

Dadurch, daß wir für Haustiere sorgen, uns um sie kümmern und ihnen richtige Namen geben, versehen wir sie mit einem halbmenschlichen Status. Die Nahrung, die wir ihnen vorsetzen, ist weitgehend dem menschlichen Geschmack angepaßt: Kein Fabrikant bringt ein Katzenfutter mit Mäuse- oder Fliegenaroma auf den Markt, dem acht von zehn Katzen, wenn sie die Wahl hätten, den Vorzug geben würden (und schon gar nicht Hundefutter mit Katzengeschmack!). Wir lassen Haustiere in unser Haus und dann und wann sogar in unser Bett. Wir reden mit ihnen, schenken ihnen unsere besondere Zuneigung, besondere medizinische Fürsorge, extra auf sie abgestimmte Lernübungen. Wir machen uns Sorgen, wenn es ihnen nicht gut geht, und weinen, wenn sie sterben. Manchmal beerdigen wir sie sogar neben unserem Grab.

Haustiere sind für uns individuelle Wesen, nicht abstrakte Objekte. Als solche betrachten wir nur eßbare Tiere. Einige Haustiere behandeln wir bevorzugter als andere: wir billigen ihnen eine besonders nahe Beziehung zu uns zu. Kaum ein Mensch in Großbritannien würde gerne Pferdefleisch essen, obwohl das wahrscheinlich weniger unvorstellbar ist als das Essen von Hundebraten. Menschen, die Pferdefleisch essen, wie z. B. Franzosen und BelgierInnen, tolerieren wir mit amüsierter Verachtung, sind jedoch verärgert zu erfahren, daß sie für ihren Konsum *unsere* Pferde importieren. Der Satz »Ich könnte ein ganzes Pferd verschlingen« drückt nicht nur deshalb großen Hunger aus, weil das Tier so groß ist, sondern auch, weil er die Absicht einschließt, aufgrund eines verzweifelten Bedürfnisses normale Eßbarkeitsstandards zu überschreiten. Selbst unter solchen Bedingungen können wir uns nicht vorstellen, daß eine Scheibe Hündchenpastete eine wohlschmekkende Vorspeise abgäbe:

> Aber als Mitbewohner des Hauses sind die Hunde den Menschen noch näher als Pferde, und ihr Verzehr erscheint noch undenkbarer: sie gehören ›zur Familie‹. Pferde stehen herkömmlicherweise in einem untergeordneten Verhältnis, in einem Arbeitsverhältnis zum Menschen; wenn Hunde wie Verwandte sind, so sind Pferde wie Diener und Nichtverwandte. Daher ist der Verzehr von Pferden zumindest denkbar, wenn auch nicht allgemein verbreitet, während die Vorstellung, Hunde zu essen, verständlicherweise den Widerwillen wachruft, der der Durchbrechung des Inzesttabus anhaftet.
>
> (Sahlins 1981, S. 247)

Ehrbare Menschen essen keine Haustiere. Marshall Sahlins sagt mit »der herkömmlichen Wendung des Strukturalismus: ›alles ist so, als ob‹ das ganze Nahrungsmittelsystem durch ein metonymisches Prinzip flektiert würde, so daß es als ganzes genommen zu einer zusammenhängenden Metapher über den Kannibalismus wird« (1981, S. 246). Die Metapher ist vor allem deshalb von Dauer, weil sie die Unantastbarkeit der Grenze zwischen uns und ihnen bekräftigt, zwischen Menschen und Nicht-Menschen, zwischen Subjekt und Objekt, zwischen der Zivilisation und ihren Ressourcen.

Die ideologische Sensibilität der Unterscheidung zeigt sich in dem gelegentlichen Aufschrei der Öffentlichkeit über wissenschaftliche Aktivitäten, die als Bedrohung dieser Trennung verstanden werden. Das Phantom von Menschenmonstern mit großer Stärke, aber geringer Intelligenz – eine neue Sklavenrasse, die immer wieder ein Motiv der Science Fiction-Literatur ist – kann jetzt, mit den Fortschritten der Gentechnik, als eine reale Möglichkeit angesehen werden. Wir empfinden jedoch ein ausgeprägtes Unbehagen bei dem Gedanken an Wesen, die wir nicht nahtlos der einen oder anderen Kategorie zuordnen können. Seit die Sklaverei offiziell verboten wurde, wissen wir, daß Menschen Rechte haben und mit gebührender Achtung zu behandeln sind. Wir wissen andererseits auch, daß wir niedrigere Tiere beliebig für uns benutzen können. Aber wir wissen nicht genau, wie wir ein Wesen einschätzen sollen, das sich unseren Einordnungsversuchen widersetzt. Es ist uns deshalb lieber, daß ein solches Wesen nicht erfunden wird.

In ähnlicher Weise ist uns klar, daß Menschen sich nicht als Nahrung für uns eignen. Wir wissen auch, daß nicht menschliche Tiere eßbar sind, wenn sie nicht aus anderen Gründen gemieden werden. Jedes Tier, das zwischen menschlich und nicht menschlich fällt, betrachten wir aus Furcht, daß es uns an unseren Gewißheiten zweifeln läßt, tendenziell als nicht eßbar. Im Spiegel betrachtet, kann selbst eine herkömmliche Vorstellungszeremonie die Kluft überwinden, die Menschen und andere Geschöpfe trennt:

> Schließlich brach die Schwarze Königin das Schweigen. »Du kommst zu spät für Suppe und Fisch«, sagte sie. »Man serviere den Braten!« Und die Diener stellten eine Hammelkeule vor Alice nieder, die den Braten etwas besorgt betrachtete, weil sie noch nie einen aufgeschnitten hatte.
>
> »Du machst einen recht verschüchterten Eindruck; ich darf dich vielleicht mit der Keule bekannt machen?« sagte die Schwarze Königin. »Alice – Keule; Keule – Alice.« Und dabei erhob sich die Hammelkeule von ihrer Platte und machte eine leichte Verbeugung vor Alice, die sie erwiderte und nicht recht wußte, ob sie das zum Fürchten oder zum Lachen finden sollte. »Darf ich Euch eine Scheibe davon geben?« sagte sie mit einem Blick von einer Königin zur anderen und griff zu Messer und Gabel.
>
> »Auf keinen Fall«, sagte die Schwarze Königin sehr entschieden. »Es ist gegen die gute Sitte, jemanden zu schneiden, mit dem man bekannt gemacht worden ist. Entfernt den Braten!«
>
> (Carroll 1963, S. 136)

Die Angewohnheit der heutigen westlichen Gesellschaft, auf das Fleisch allzu vertrauter Tiere zu verzichten, ist keineswegs neu oder ein Einzelfall. Im jüdischen Brauch haben Arbeitstiere fast den gleichen Stellenwert wie Haustiere, und ähnliche Vorstellungen sind auch bei den Bari des Sudan zu finden, wo die Besitzer eines betagten Ochsen über seine bevorstehende Tötung voller Kummer sind. Genauso ist es im heutigen Griechenland, in China und Korea. Mäßigung gegenüber Tieren liegt in diesen Fällen, »obwohl sie teilweise aus dem Wunsch entstehen mag, nützliche Tiere zu erhalten, ... auch in der Zuneigung zu einem Freund oder Gefährten begründet.« (Niven 1967, S. 10–11; Simoons 1967, S. 113). Simoons hat recht, aber die Zuneigung allein reicht als Erklärung nicht aus. Ihre Wirkung entsteht daraus, daß die gefühlsmäßige Betroffenheit unsere klare Einordnung untergraben kann, nach der die Menschen den Tieren überlegen sind.

Eine weitere Gruppe von Tieren, die die meisten Menschen der westlichen Welt für nicht eßbar halten, sind die Primaten, einschließlich der Affen, Gorillas, Schimpansen und selbst kleiner Primatenspezies. Der Grund dafür bezieht sich ebenfalls auf ihre Nähe zu den Menschen, obwohl die Nachbarschaft in diesem Falle mehr morphologisch oder physiologisch als sozial ist. Wenn wir Primaten ansehen, erkennen wir an ihnen etwas von uns selbst. Sie sehen aus wie wir. Andererseits ist der Grund dafür, daß wir Primaten nicht essen, derselbe wie der, warum wir Haustiere nicht essen: es verletzt das Kannibalismustabu. Eine solche Verletzung würde die Weltsicht bedrohen, nach der wir über dem Rest der Natur stehen, sie kontrollieren und moralisch ungestraft so ausbeuten, wie wir wollen. Der Naturwissenschaftler William Bingley beobachtete, daß in bezug auf Affen

> die Vorstellung extrem empörend ist, etwas zu essen, das enthäutet und zurechtgemacht wie ein Kind aussieht. Der Schädel, die Pfoten und jeder Teil von ihnen erinnert uns viel zu sehr an die Vorstellung, ein Mitwesen zu verzehren. (Bingley 1824, S. I. 86)

Diese Eigenart ist wiederum nicht nur auf uns beschränkt, die wir in der westlichen Welt leben. Tambiah zum Beispiel berichtet, daß Thai-DorfbewohnerInnen Affen gegenüber eine ähnliche Haltung einnehmen. Diese, so sagen sie, entsteht daraus, daß der Affe »vom Menschen abstammt«. Eine ihrer Geschichten erzählt, wie die Kinder einer armen Frau auf der Suche nach Nahrung in den Wald gingen und mit der Zeit auf ihren Körpern Haare wuchsen.

> Affen sind also in gewissem Sinne verlorengegangene und degenerierte menschliche Wesen. Durch ihre Verwandtschaft zu Menschen sind sie als Nahrungsmittel ungeeignet. Im Dorf wird darüber ge-

tuschelt, daß manche Menschen sie gleichwohl essen. Ihr tierischer und halbmenschlicher Status stellt eine Schranke gegenüber dem offenen Kannibalismus dar. (Tambiah 1985, S. 191)

Die Erwähnung des Kannibalismus in diesem Zusammenhang erinnert verblüffend an unsere Geschichten von Menschen, die Haustiere essen. Solche »modernen Mythen« sind Geschichten, die von Mensch zu Mensch weitergegeben werden und angeblich auf Erfahrungen aus zweiter oder dritter Hand beruhen. Sie teilen mit dem »richtigen« Kannibalismus das Merkmal, daß diejenigen, die der Überschreitung der Anstandsnormen bezichtigt werden, sich in der Regel am Rand der Gesellschaft bewegen. Ein Beispiel dafür ist die Geschichte von einem Ehepaar, das ein Restaurant besucht, das typischerweise entweder im Ausland liegt oder von Mitgliedern einer fremden Volksgruppe betrieben wird. Diese fragen mit Zeichensprache, ob sie das Haustier des Ehepaares essen dürfen. Der Hund wird in die Küche geführt, und seine Besitzer bemerken erst zu spät, daß sie durch ein Mißverständnis erlaubt haben, daß er gegessen wird. Eine Abwandlung dieser Anekdote erscheint in der Erinnerung eines Geschäftsmanns an eine Begebenheit aus seiner Heimatstadt (die Überprüfung der lokalen Quellen dieser Geschichte erbrachten keine Bestätigung für sie):

> »Ich glaube, ich würde die Trennungslinie beim Essen von Katzen und Hunden ziehen. Das hält indische Restaurants nicht davon ab, Hunde zu servieren …«
>
> *Frage: »Wurde das jemals bewiesen, oder ist das wieder eine dieser Geschichten zweifelhaften Ursprungs?«*
>
> »Oh nein. Es gab eine berühmte über ein indisches Restaurant in meiner Heimatstadt, wo sie bekannt dafür waren, Hund zu servieren. Ich meine … es hatte bestimmte Vorteile, z. B. wurde dort die Zahl der streunenden Hunde für eine Weile auf einem Minimum gehalten.«

Wir benutzen den Abscheu vor dem Geschmack anderer Gesellschaften, um ihnen einen Mangel an Zivilisation zu unterstellen. Dies geschieht vor allem dadurch, daß wir gegenüber dem fremden Geschmack die scheinbare Vernünftigkeit unseres eigenen Geschmacks betonen. Obwohl viele Gesellschaften bestimmte Tierarten nicht essen, die eine Nähe zum Menschen aufweisen, genießen doch von Kultur zu Kultur nicht die gleichen Spezies dieses Vorrecht. Viele AfrikanerInnen und AmazonasindianerInnen essen zum Beispiel bereitwillig Affen. Als sich die südkoreanischen

Behörden darauf vorbereiteten, die olympischen Spiele 1988 auszurichten, untersagten sie lokalen Restaurants, das in Südkorea geschätzte Gericht gekochter Hunde auf ihren Menükarten anzubieten. Sie befürchteten, sonst das Mißfallen der Touristen und Medien zu erregen. Solche Maßnahmen konnten westliche TierschützerInnen nicht beruhigen, die in einer britischen Zeitung eine Anzeige mit einer Fotografie von einem am Hals aufgehängten Hund veröffentlichten:

> Wenn Sie im Fernsehen die Berichterstattung von den Olympischen Spielen in Südkorea ansehen, werden Sie all die üblichen Szenen sehen …
>
> Sie werden NICHT die schreckliche, unzivilisierte Seite des Lebens in dem Gastgeberland zu sehen bekommen. Außerhalb des Olympiageländes werden in Seoul Katzen und Hunde, die wir als Haustiere halten, brutal getötet – als LUXUS-Essen für Menschen, die glauben, daß ihnen solche Gerichte die Stärke und Lebenskraft dieser Tiere schenken.
>
> Jungtiere, Katzen und Hunde werden entsetzliche Grausamkeiten erleiden müssen, sie werden langsam erhängt … erwürgt … erschlagen oder lebend in kochendes Wasser geworfen werden. In Angst und Schrecken versetzte Tiere, so wird behauptet, schmecken besser.
>
> Die IFAW hat sich fünf Jahre lang geduldig bei der koreanischen Regierung dafür eingesetzt, daß den barbarischen Praktiken ein Ende gesetzt wird. (IFAW 1988)

Wir sind schockiert über die unzivilisierte Barbarei der Menschen, die die Tiere essen, die wir lieben, aber an dem Fleisch einer Kuh, die dem orthodoxen Hindu heilig ist, finden wir bereitwillig Gefallen. Wir sind entsetzt, daß Ausländer Hunde und Katzen so grausam behandeln können, bloß weil sie glauben, daß das ihren Geschmack verbessern würde, aber unsere eigenen Geschäfte verkaufen das hochangesehene Kalbfleisch, dessen unvergleichlich zartes, weißes Fleisch dadurch entsteht, daß ein Kalb sein Leben lang unbeweglich in einem 150 mal 60 Zentimeter großen Verschlag eingesperrt ist. Es kann darin weder saugen noch sich pflegen und noch nicht einmal den Boden oder die Wände ablecken. Ihm wird jedes Heu oder anderes Futter verweigert, das seine, vor allem aus Milch bestehende, Crash-Ernährung ergänzen könnte. Wenn es dann im Alter von 12 Wochen für den Abtransport zum Schlachten bereit ist, kann es vorkommen, daß es wegen mangelnder Übung zu schwach zum Gehen ist (Jackman 1989a, S. 47). Da sage noch jemand, wir seien nicht inkonsequent.

Raubtiere sind offenbar ebenfalls nicht nach unserem Geschmack. Dies ist in zweierlei Hinsicht merkwürdig. Das Fleisch von Fleischfressern sollte einer gewissen ökonomischen Logik zufolge das am höchsten bewertete Fleisch überhaupt sein. Es ist am schwierigsten und gefährlichsten zu bekommen, denn solche Tiere sind bedeutend seltener als die niedrigen Tiere, von denen sie leben, und ihre Aufzucht ist kostspieliger. Bis vor kurzem verfolgten nur wenige Menschen das Ziel, fleischfressende Spezies zu jagen und zu töten. Wer seine Vornehmheit auszustellen wünschte, hängte Löwen- und Tigerköpfe an seine Wände oder breitete das Fell der Tiere auf seinem Fußboden aus, denn das Töten solcher Räuber genoß traditionell das höchste Ansehen. Genauso jedoch, wie unsere Gesellschaft das Töten anderer Menschen unter bestimmten Umständen billigt, aber niemals ihren Verzehr (wir können unsere Autorität auf andere Weise zur Geltung bringen), so essen wir normalerweise auch keine Fleischfresser:

> *Frage: »Was ist mit dem Essen von … Hund? Hundebraten?*
> »Es würde mir nicht schmecken, muß ich zugeben. Ich würde es möglicherweise, wenn es nichts anderes gäbe, wenn ich wirklich hungrig wäre … Ich glaube, ich würde eher Hunde essen als Käfer oder irgendeine andere Insektenart.«
> *Frage: »Warum keine Hunde?«*
> »Ich weiß es nicht. Ich glaube, wir sind es nicht gewohnt, das Fleisch von Fleischfressern zu essen, oder?«
> *Frage: »Warum nicht?«*
> »Weil der Mensch sie hier in dieser Gegend alle ausgerottet hat … Aber hätten wir selbst in früheren Zeiten jemals Füchse oder Wölfe gegessen, nachdem wir sie getötet hatten? Ich bezweifle das sehr. Die Menschen hätten ihren Pelz benutzt, aber gegessen hätten sie sie nicht. Warum wir sie nicht züchten, weiß ich. Es lohnt sich einfach nicht. Warum sollen wir an sie Fleisch verfüttern, um Fleisch zu produzieren? Es funktioniert einfach nicht, oder? Sie würden nur die Hälfte von dem umwandeln, das sie fressen.«

Die ökonomische Logik des zu geringen Nutzens hält uns nicht davon ab, Tiere mit ungefähr dem Zehnfachen des Nährwertes aufzuziehen, den wir im Gegenzug durch ihr Fleisch gewinnen. Es ist also schwer einzusehen, warum dieses Argument das Essen von Fleischfressern von vornherein ausschließen sollte – besonders, wenn wir sie sowieso abschießen. Es gibt offenbar etwas, das es uns als nicht ganz richtig erscheinen läßt, ein anderes räuberisches Wesen zu essen.

Ein Beispiel für dieses Syndrom ist der Meinungsstreit, der Ende 1988 in Großbritannien über das Ausmaß entbrannte, in dem verkaufte Eier und Hühner salmonellenverseucht sind. Im Verlauf der Medienrecherchen stellte sich heraus, daß ein wesentlicher Grund für die Epidemie darin lag, daß viele Massentierhalter zeitweise die nicht ausreichend sterilisierten Kadaver toter Hühner an andere Hühner zurückverfüttert hatten, wo sie als Proteinergänzung dienten. Auf diese Weise ging die Infektion dauernd in und zwischen den Ställen herum. Diese Enthüllung empörte die Öffentlichkeit, die sich über solche Praktiken nicht bewußt gewesen war. Die Entrüstung beruhte teilweise darauf, daß wir ein Gefühl des Unbehagens darüber empfanden, daß wir die Hühner durch die Wiederverwendung der Bestandteile toter Vögel dazu brachten, artfremd kannibalistisch zu sein. Teilweise richtete sie sich auch dagegen, daß die Hühner jetzt zu Fleischfressern geworden waren. Der neue Status des Geflügels hätte wohl dennoch nicht so große Aufmerksamkeit auf sich gezogen, wenn dieses nicht für unseren Mittagstisch bestimmt gewesen wäre.

Dasselbe Betroffenheitsmuster mit ähnlichen Gründen wiederholte sich 1989–1990 angesichts der BSE bei britischen Rindern. Es stellte sich heraus, daß die Epidemie wahrscheinlich darin ihre Ursache hatte, daß Rinder zur Steigerung ihrer Produktivität mit den Überresten von Schafen gefüttert worden waren. Einige der Schafe hatten vermutlich an »Scrapie«, der sogenannten Traberkrankheit gelitten – einer Krankheit, die in bestimmten Gebieten über Jahrzehnte hinweg immer wieder auftrat. Die wissenschaftliche Forschung befaßte sich mit der Gefahr einer Übertragung auf Menschen, während eine aufgebrachte Öffentlichkeit grundsätzlich beklagte, daß Pflanzenfresser mit Überresten anderer Tiere gefüttert wurden. Rinder fressen normalerweise kein Fleisch, und da wir sie durch unsere profitorientierte Agrarwirtschaft dazu gezwungen hatten, erschien manchen die Krankheit als eine selbst verschuldete Strafe. Zusätzlich zu diesem Unbehagen wurde vielen Menschen bewußt, daß die Rinder jetzt Fleischfresser waren – und Menschen essen keine Fleischfresser:

Frage: »Sie sagen, sie essen fast jedes Fleisch gerne, aber … was halten Sie von, sagen wir, Löwen- oder Wolfsfleisch?«
»Oh, das weiß ich wirklich nicht. Lassen Sie mich darüber nachdenken … Äh, nein, ich nehme an, wenn ich am Verhungern wäre, würde

ich wahrscheinlich fast alles essen, aber ich glaube, daß ich es lieber nicht täte. Ich weiß nicht warum. Ich habe nie so darüber nachgedacht. Ich kann mir einfach nicht vorstellen, daß ich den Geschmack mögen würde. Es wäre mir viel zu streng und wahrscheinlich ganz schön zäh ...«

Frage: »Wenn Ihnen jetzt etwas davon auf einem Teller serviert werden würde, würden Sie davon kosten?«

»Hu! Um ehrlich zu sein, ich glaube, lieber nicht. Ich müßte schon verdammt hungrig sein. Ich weiß, was Sie meinen ... Es gibt keinen Grund, etwas nicht zu probieren, ich glaube aber, daß ich es lieber nicht tun würde ... Es ist nicht so, daß ich glaube, es wäre für mich irgendwie richtig schlecht, rein logisch. Ich weiß eigentlich auch nicht – vielleicht hat es damit zu tun, daß sie andere Tiere gefressen haben ... die Wahrscheinlichkeit ist größer, daß sie dabei etwas Giftiges oder so aufgenommen haben, oder? Aber nein, ich glaube, das ist es eigentlich auch nicht. Es ist einfach so ein Gefühl.«

Das Fleisch von Fleischfressern wird im allgemeinen, wie in dem Interview oben, als zu streng schmeckend beschrieben: ein Begriff, der einen Schlüssel zum Verständnis des Ursprungs der Ächtung enthält. Hier, sagt Julia Twigg, begegnet uns »das vertraute anthropologische Konzept, nach dem das, was den höchsten Preis hat, das, was am heiligsten ist, wegen seiner Lebenskraft am entehrendsten sein kann.« Sie geht davon aus, daß Fleischfresser »wie eine Doppeldosis [sind], sozusagen zuviel des Guten« (Twigg 1983, S. 22, 25). Es ist sicher nicht einfach die Tatsache, daß solche Tiere schwierig zu fangen sind – das könnte für einige gelten, aber nicht für alle fleischfressenden Spezies. Fleischfresser schmecken eher deshalb zu stark oder zu streng, weil sie sich in einer deutlich sichtbaren Machtposition gegenüber anderen Tieren befinden, die sie jagen und fressen können. Da wir uns selbst als Fleischfresser betrachten, entspricht ihr Platz in der Welt dem unseren. Die Gefahr, die sie für uns darstellen, besteht gleichermaßen für unseren Geist wie für unseren Körper:

Jagd auf Menschen als Nahrung machen nur die Tiere, die ihre eigene natürliche Ordnung auf den Kopf stellen, wie beispielweise der abtrünnige Löwe oder Tiger und bestimmte Spezies wie der nachts allein jagende Leopard oder die Hyäne, und diese Tatsache verstärkt die symbolische Assoziation zwischen dem Kannibalismus und antisozialem Verhalten. Andere Spezies, die die menschliche Interpretation von der natürlichen Ordnung der Dinge in bestimmter Weise untergraben, wie der Alligator, der in der Arena der Fische lebt und der Pavian, der physisch den Menschen parodiert und in seine Nah-

> rungsdomäne eindringt, sind weitere mögliche Markierungspunkte des Bösen. Dies sind auch die Spezies, die wegen ihrer abstoßenden Natur von menschlichen Wesen soweit wie möglich aus ihrer Ernährung verbannt werden. (Arens 1979, S. 140–141)

In anderen Worten und erneut: Fleischfresser sind uns nahe – diesmal nicht sozial, nicht morphologisch, sondern funktional, sie zu essen, würde uns in die Nähe des Kannibalismus rücken. (Einige Tiere fallen natürlich in mehr als eine Kategorie, so wie die besonders privilegierten Katzen und Hunde, die uns sowohl sozial nahestehen als auch, weil sie Fleischfresser sind.) Wir essen nur Tiere, die »natürliche Opfer« sind, und Fleischfresser können nicht verzehrt werden, weil ihr Verhältnis zu anderen Wesen dem unseren gleicht. Wir nehmen uns das Recht heraus, unseren Raub zu töten, und Fleischfressern sprechen wir das Recht zu, das gleiche mit dem ihren zu tun. Wir respektieren sie, weil sie nicht nahtlos in das Schema der Dinge hineinpassen, durch das die Menschheit unangefochten an der Spitze der Machtpyramide steht:

> »Nun … ein Fuchs ist irgendwie ein besonderes Tier, nicht wahr? Das mit den Schafen und Kühen und so ist in Ordnung, es kommt einem vor, als ob sie einfach abwarten und nicht viel tun. Ich mag den Gedanken daran nicht so sehr, weil das ja deshalb so ist, weil sie für uns da sind, oder? Ein Fuchs lebt aber irgendwie sein eigenes Leben. Ich meine, ich sehe wohl, daß wir sie jagen müssen, um ihre Ausbreitung zu verhindern, aber es wäre nicht richtig, sie zu essen.«

Auch Nagetiere werden in der westlichen Gesellschaft gewöhnlich nicht gegessen. Es ist ein fester Bestandteil unserer historischen Mythologie, daß Menschen in einer verzweifelten Situation, wie sie zum Beispiel in einer belagerten Stadt herrscht, zum Essen von Ratten Zuflucht nehmen. Das *Monty Python*-Comicteam behandelt unseren Abscheu vor dem Essen von Ratten mit schwarzem Humor: es stellt eine Auswahl von Rezepten zur Zubereitung und zum Kochen von Ratten vor. Diese »Rezepte« enthalten möglicherweise ein Stück Wahrheit, wie es beim Humor oft der Fall ist, und beleuchten eindringlich die mit dem Kochen von Tieren verbundene Quälerei:

RATTENSOUFFLÉ

> Sorgen Sie dafür, daß die Schreie der Ratte nicht auf der Straße zu hören sind, insbesondere in Gegenden, wo die Anti-Soufflé-Liga und ähnliche Humanitätsapostel unterwegs sind, um unschuldige Tafelfreuden zu unterbinden. Schlagen Sie die Ratte nieder, und legen Sie

> sie auf das Hackbrett. Heben Sie das Hackmesser hoch über ihren Kopf ... der Stahl funkelt in der untergehenden Sonne ... und dann lassen Sie es herabsinken – wumm! – mit einem beherzten Streich – genau auf den wohlplazierten Hals des verschreckten Nagers und bereiten aus ihm ein Soufflé. (Palin und andere 1973, S. 42)

Wir rechtfertigen unsere Abneigung gegen das Essen von Ratten mit der üblichen wissenschaftlichen Begründung der Hygiene und der Vergiftungsgefahr (»man weiß nie, wo sie gewesen sind, sie buddeln herum und fressen weiß der Himmel was ...«). In unsere Vorstellung von Schmutz gehen, wie Mary Douglas gezeigt hat, »zwei Dinge ein: das Interesse an Hygiene und die Beachtung bestimmter Konventionen« (Douglas 1988, S. 19). Douglas führte aus, daß Reinheit und Beschmutzung unser Ordnungssystem sowie die Übertretung dieser Ordnung widerspiegeln (1988, S. 53) und daß es in jedem Klassifikationssystem dazwischenliegende und mehrdeutige Fälle gibt, die wir mit Vorsicht behandeln. Es ist von Bedeutung, daß Nagetiere sich einer klaren Einordnung widersetzen, und wir können sie hauptsächlich deshalb nicht klar einordnen, weil wir ihre Nähe zu uns respektieren. Die Uneindeutigkeit bezieht sich im Fall der Nagetiere ebenfalls auf ihren Wohnort: es ist nicht klar, ob sie Tiere des Hauses oder des Feldes sind. Obwohl Nagetiere sich eigentlich nicht im häuslichen Bereich aufhalten dürfen, sind sie für ihre Fähigkeit berühmt, in ihn einzudringen. Sie stehlen unsere Nahrung und spotten unserer größten Anstrengungen, sie zu vertreiben. Sie widersetzen sich unseren Einordnungsversuchen, so wie sie sich sogar in unserer eigenen geordneten häuslichen Sphäre unserer Kontrolle entziehen:

> »Ich hätte lieber eine Spinne um mich als eine Maus.«
> *Frage: »Warum?«*
> »Weil man Spinnen fangen und raussetzen kann! Mäuse laufen zu schnell, und du kannst sie nicht fangen.«
> *Frage: »Warum wollen Sie sie fangen?«*
> »Um sie rauszusetzen.«
> *Frage: »Aber warum raussetzen?«*
> »Weil sie zu schnell rennen und mir Angst machen.«
> *Frage: »Warum machen sie Ihnen Angst?«*
> »Sie laufen zu schnell! Ich glaube es liegt daran, daß sie nicht zu kontrollieren sind.«

Jeder in diesem Kapitel behandelte Fall trägt das Merkmal, daß er in unserem System der Einordnung der natürlichen Welt keinen eindeutigen Platz einnimmt. Das bezieht sich vor allem auf die absolute Unterscheidung, die wir normalerweise gerne zwischen der zivilisierten menschlichen Domäne und den wilden übrigen Arten machen. Haustiere, Primaten, Fleischfresser, Nagetiere – sie alle werden als Nahrung gemieden, weil wir sie nicht eindeutig einordnen können. Mary Douglas mag versucht haben, uns die Beziehung zwischen Reinheit und klar geordneter Klassifikation zu erklären, aber den folgenden Grundsatz haben viele von uns schon von klein auf gelernt: »Das hat mir meine Mutter schon immer gesagt: esse nie etwas, von dem du nicht weißt, was es ist.«

10
Die Freude am Sex

> Man is the Hunter; woman is his game.
> The sleek and shining creature of the chase,
> We hunt them for the beauty of their skins;
> They love us for it and we ride them down.
> (Tennyson, *The Princess* 1847)
>
> [Der Mann ist der Jäger, die Frau sein Wild.
> Das geschmeidige und glänzende Geschöpf der Jagd,
> Wir jagen sie wegen der Schönheit ihres Fells;
> Deshalb lieben sie uns, und wir reiten sie nieder.]

Alex Comfort benannte seinen Bestseller *Freude am Sex* (1976) nach der klassischen amerikanischen Kochbibel *Joy of Cooking* (Rombauer und Rombauer Becker 1931). Sein Untertitel - *A Gourmet Guide to Lovemaking* [Ein Gourmetführer für die Liebe] – führt die kulinarische Metapher fort. Er ordnet seine Kapitel sogar wie ein Menu an: es gibt »Vorspeisen«, »Hauptgerichte«, »Saucen und Marinaden« und so weiter. Dieses Vorgehen Comforts entspricht der »allumfassenden Tendenz, rituelle und verbale Assoziationen zwischen dem Essen und dem Geschlechtsverkehr herzustellen« (Leach 1964, S. 53). Solche Assoziationen haben ihre Grundlage in einigen Gleichartigkeiten unserer biologischen Zwänge:

> Der Hunger wird traditionell als ein grundlegender Antrieb zum Überleben des Individuums angesehen, während die Sexualität ein grundlegender Antrieb für das Überleben der Spezies ist. Es ist zu erwarten, daß sich zwischen diesen fundamentalen Aktivitäten einige Parallelen und Wechselwirkungen finden lassen.
> (Fieldhouse 1986, S. 173)

Die Verbindungen zwischen Sex und Essen erklären sich teilweise durch »natürliche« Analogien zwischen ihnen (beide pflanzen das Leben fort, beide können angenehm sein und beide schließen, weil sie normale körperliche Grenzen übertreten, Verletzlichkeit ein). Es verwundert nicht, daß beide eine Vielzahl von Bedeutungen tragen, die über ihr jeweiliges Gebiet hinausreichen, und auch nicht, daß es Berührungspunkte zwischen ihnen gibt. Die Parallelen sind gleichwohl von Bedeutung, denn die Nahrungsauswahl spiegelt ebenso Vorstellungen kultureller Muster wider, wie es bei den Vorstellungen über die Sexualität der Fall ist: »Was Geschlechtlichkeit ist, was Männer und Frauen sind, welche Art der Beziehungen zwischen ihnen besteht oder bestehen sollte – all diese Vorstellungen spiegeln nicht einfach biologische ›Gegebenheiten‹ wider oder verfeinern sie, sondern sind weitgehend das Ergebnis sozialer und kultureller Prozesse.« (Ortner und Whitehead 1981, S. 1). Die Frage ist nicht, warum, die Frage ist, wie wir Essen mit Sex in Verbindung bringen.

Ein Beispiel dafür ist das Bild vom Mann als Jäger, eine Figur, die es offenbar überall auf der Welt gibt. Collier und Rosaldo fanden »unerwartete Übereinstimmungen in den Geschlechterkonzeptionen vieler (›einfacher‹) Gesellschaften«. Es stellte sich heraus, »daß der Jägersmann, von dem wir gedacht hatten, er sei unser Mythos, ihren Begriff von Männlichkeit bestimmte.« (Collier und Rosaldo 1981, S. 275, 317).

Für den Massaijüngling ist der Übergang zum Erwachsenenalter dadurch gekennzeichnet, daß er mit dem Blut einer Ziege gewaschen wird, die er zuvor für die Gemeinschaft getötet hat (Jacobs 1958, S. 7). Ein Kungjunge wird erst dann als reif für eine Heirat angesehen, wenn er sein erstes Tier erlegt hat, und es heißt dort von Männern, daß sie Frauen jagen, erlegen und essen, so wie sie es mit Tieren tun, während das »Weibliche die Jagdkräfte verneint« (Marshall 1981, engl. S. 177, 270; Shostak 1983, S. 85). Im Nordosten Perus ist die Anerkennung, die sich Männer durch die Jagd erwerben können, mit einer ausdrücklichen Belohnung verbunden: sie erhalten »die Möglichkeit, Frauen als Liebhaberinnen und/oder Ehefrauen zu gewinnen. Das ist ein üblicher Vorgang, den die Sharanahua mit allen tropischen Waldjägern teilen: Der erfolgreiche Jäger ist normalerweise auch der Sieger im Wettbewerb um die Frauen.« (Siskind 1973, S. 95–96). Viele Spanier setzen den Stierkampf mit der männlichen Sexualität gleich, wobei der Degen als das Instrument des Eindringens fungiert. Sharp berichtet, daß bei den Chipewyan in Nordkanada eine strikte Arbeitsteilung herrscht, bei der das Jagen die ausschließliche Domäne der Männer ist (Sharp

1981). Auch in der britischen Mythologie ist Fleisch eine männliche Domäne:

> Ich verließ die Britische Bibliothek und unterbrach meine Nachforschungen über einige Frauen der 90er Jahre des neunzehnten Jahrhunderts, deren feministische Arbeiterklassenzeitung sich für fleischlose Ernährung eingesetzt hatte. Ich ging durch die Cafeteria in ein daneben liegendes Restaurant. Mit meinem vegetarischen Essen in der Hand stieg ich in das Untergeschoß hinab. Mein Blick fiel auf ein Gemälde von Henry VIII., der ein Steak und eine Nierenpastete verspeist. Zu beiden Seiten des tafelnden Henry befanden sich Portraits seiner sechs Ehefrauen und anderer Frauen. Sie aßen allerdings nicht Steak und Nierenpastete oder irgend etwas anderes aus Fleisch Zubereitetes. Katharina von Aragon hielt einen Apfel in ihren Händen. Die Countess of Mar eine Steckrübe, Anne Boleyn – rote Trauben, Anne of Cleves – eine Birne, Jane Seymour – blaue Trauben, Catherine Howard – eine Karotte, Catherine Parr – einen Kohl. (Adams 1990, S. 26)

Solche Beobachtungen sind immer wieder zu machen: Männer nehmen gewohnheitsmäßig und rituell die Position derjenigen ein, die die Herrschaft über die Fleischvorräte ausüben, sie erjagen, beschaffen und hauptsächlich konsumieren. Sie haben das erste Anrecht auf Fleisch. Oder, um es anders auszudrücken: Fleisch wird fast überall als ein Medium benutzt, durch das Männer ihre »natürliche« Vorherrschaft ausdrücken, über Frauen ebenso wie über Tiere.

Das Machosteak ist die vielleicht augenfälligste Manifestation einer Vorstellung, die das ganze westliche Ernährungssystem durchzieht: Fleisch (und vor allem rotes Fleisch) ist eine im wesentlichen männliche Kost. Diese Vorstellung karikiert ein humoristisches Buch über Geschlechterstereotypen, das Anfang der 80er Jahre für kurze Zeit sehr populär war. Sein Titel, *Real Men Don't Eat Quiche* [Echte Männer essen keine Quiche], kursiert immer noch als Schlagwort:

> Im Restaurant essen echte Männer Steak und Pommes ... Echte Männer essen nie die obligatorischen Brunnenkressesprossen ... Echte Männer haben keine Angst vor Nahrungsmitteln. Sie schrecken nicht nervös vor dem Anblick von Butter, weißem Brot und raffiniertem Zucker zurück. Sie wissen, daß der Mittelpunkt aller richtigen Mahlzeiten Fleisch ist, daß Joghurt einfach schlechtgewordene Milch, Müsli eine Art Hühnerfutter und Salat etwas für Kaninchen ist.
> (Feirstein 1982, S. 72, 74)

Es ist aufschlußreich, daß selbst in diesem eher witzigen Zusammenhang eine Verbindung zwischen dem hohen Konsum von rotem Fleisch durch den echten Mann und seinen zutiefst destruktiven Neigungen gegenüber der natürlichen Umwelt hergestellt wird. Das geschieht unter anderem in der folgenden Einleitungspassage:

> »Echte Männer essen keine Quiche«, sagte Flex Crush und orderte ein Frühstück aus Steak, Rippchen, sechs Eiern und einem Berg Toast.
>
> Wir saßen im Berufsfahrerbereich einer über die ganze Nacht geöffneten Truckerraststätte irgendwo westlich von Tulsa auf der Interstate 44 und diskutierten die Misere des Mannes in der heutigen Gesellschaft. Flex, ein 225pfündiger Wahnsinnsbauch-Fahrer, der behauptet, einer der letzten lebenden echten Männer zu sein, war nachdenklich:
>
> »Die amerikanischen Männer sind heutzutage alle völlig desorientiert«, begann er und reinigte träge sein 12-Kaliber-Gewehr, das auf seinen Knien lag. Draußen ging über den Schlepperanhängern in der Parkbucht allmählich die Sonne auf.
>
> »Es gab eine Zeit, als das hier noch die Nation Ernest Hemingways war. Real Men. Die Art von Typen, die imstande waren, für ihr Frühstücksfeuer einen ganzen Wald abzuholzen, – und dann auf der Jagd nach dem Mittagessen eine gefährdete Tierart ausradierten. Aber jetzt nicht mehr. Wir sind eine Nation von Schlappschwänzen geworden. Weichlinge. Quicheesser.« (Feirstein 1982, S. 8)

Ein Beefsteak, der Inbegriff von Fleisch, kann machtvolle sexuelle Signale aussenden. Je größer und saftiger das Fleischstück ist, als desto vollblütiger und viriler erscheint vorgeblich sein Konsument, und ein Steak bei Kerzenlicht ist ein beliebtes Vorspiel zu einer Verführung. Fleisch genießt weithin den Ruf, die sinnliche Leidenschaft zu entflammen, besonders die von Männern. Die Stimulation ist dabei mehr animalischer als erotischer Art (Twigg 1983, S. 24). Eine Geschichte zum Beispiel berichtet, wie der Kapitän eines Sklavenschiffes um die Bekehrung zum evangelischen Glauben rang; unter anderem aß er kein Fleisch mehr, weil er damit seine Begierde nach weiblichen Sklaven zügeln wollte (Cecil 1929, S. 118). Pädagogen des neunzehnten und selbst des zwanzigsten Jahrhunderts forderten für männliche Heranwachsende eine Ernährung, die wenig Fleisch enthält, um sie von der Masturbation abzuhalten (Miles 1904; Punch 1977). Die Verbindung von Sex und Fleischgenuß taucht sogar in der wissenschaftlichen Literatur auf. Bei der Untersuchung der Vorherrschaft von Fleisch in der Ernährung behauptet

Harris, daß tierische Nahrungsmittel eine »ausgezeichnete Quelle für Zink [sind], von dem die männliche Fruchtbarkeit abhängt« (1988, S. 32). Interessant ist, daß auch hier wieder vor allem die männliche Potenz begünstigt wird. Ein männlicher Vegetarier kann dagegen eine verdächtige Person sein. Ein Student erinnert sich in diesem Zusammenhang an die Zeit, in der er in einer neuen Wohngemeinschaft lebte:

> »Es war wirklich komisch, weil ich Vegetarier war, schienen sie automatisch anzunehmen, daß ich schwul sein müßte. Ich bin sicher, daß das daran lag, daß sie Fleisch als eine Art Mannbarkeitssymbol ansahen. Und dann wurde es natürlich dadurch nicht besser, daß ich mit einer Frau, die nicht meine Freundin war, in einem Haus lebte – sie konnten das alles nicht so recht verstehen.«

Ein Geschäftsmann drückt eine ganz ähnliche Vorstellung aus, wenn auch mehr als Witz:

> *Frage: »Was halten Sie vom Vegetarismus: Warum wird er so populär?*
> CLIVE: »Oh, das ist einfach ein Haufen Spinner! Sie sollten an die Wand gestellt und erschossen werden, zusammen mit den Beamten … [lacht]. Äh, was ich davon halte? Ich glaube, sie sind menschliche Wesen. Sie haben das volle Recht, zu tun was sie wollen …

Als seine Frau einen Besuch bei ihrer italienischen Tante erwähnt, überträgt derselbe Mann ähnliche Werteinschätzungen auf (quasimenschliche) Haustiere:

> PAT: »Ja also, ich meine, selbst die Hunde waren Vegetarier, es war so, daß … sie war so sehr erpicht darauf. Sie glaubte ziemlich stark daran. Trotzdem waren die Hunde völlig gesund. Die zwei Hunde waren toll, und sie waren hundert Prozent Vegetarier. Sie gab ihnen überhaupt kein Fleisch.«
> CLIVE: »Lieber Gott, ihr Ansehen auf der Straße muß absolut im Keller gewesen sein. Kannst du dir vorstellen, daß du mit den Jungs rausgehst, so nach der Art: ›Los, laß uns ein paar Katzen aufreißen‹ – ›Tut mir leid, ich steh nicht auf Katzen: gibt's irgendwelche Pilze, die wir aufreißen können?‹ Wuff!«

Der Mann als Jäger lebt auch in einer anderen, etwas armseligeren Form weiter. Es gibt ausgeprägte Parallelen zwischen dem Fleischsystem und der Terminologie, die Männer benutzen, wenn sie in pornographischen Zusammenhängen oder am Stammtisch über Frauen reden. Es scheint, als sei das eine Ausbeutungssystem dem anderen nachgebildet, und das ist möglicherweise nicht weit von der Wahrheit entfernt. Dieses Phänomen ist es wert, in einiger

Ausführlichkeit behandelt zu werden, denn es gibt in der englischen Sprache einen grundsätzlich metaphorischen Gebrauch des Begriffes Fleisch, der darauf beruht, daß Fleisch normalerweise Stärke, Kraft oder Herausforderung verkörpert.

Diese Metaphorik besitzt eine Vielzahl von Komponenten. Eine davon ist die Beschreibung von Frauen durch Männer mittels der Namen anderer Tiere: eine Frau kann zum Beispiel eine Fledermaus sein, ein Biber, Vogel, Küken, Hund, Fohlen, Lamm, Reittier, Pony, eine Hummel, Hündin, Maus, Kuh, Tigerin, Spitzmaus oder ein Drachen. Sie kann auch ein Haustier sein – zum Beispiel ein Häschen, ein Sexkätzchen oder einfach eine Mietze –, nach der man sich umdreht und mit der man spielt. Susan Griffin führt aus:

> Die Pornographie ist voll von Assoziationen zwischen Frauen und Tieren. Wir sehen einen Film, in dem Frauen sich in Tiere verwandeln, die dann mit einer Peitsche gebändigt werden. Juvenal teilt uns mit, daß eine Frau, die voller sexueller Begierde ist, »wilder als eine Tigerin [wird], die ihre Jungen verloren hat«. In der Zeitschrift *Hustler* war das Foto einer Frau abgedruckt, die von den aufgestellten Köpfen wilder Tiere und von Tierfellen umrahmt ist. Sie öffnet ihre Beine in die Richtung eines lebenden Löwen und berührt ihre Brüste. Über der Fotografie war zu lesen, »Lea« habe »den falschen Glanz der Zivilisation zugunsten der Ehrlichkeit wilder animalischer Leidenschaften« abgelegt. »Das Tier in ihr«, wird uns mitgeteilt, »ist losgelassen«. Der Pornograph schreibt (wobei er die Wirkung, die sie auf ihn hat, auf sie projiziert): »Sie sieht in wilden Kreaturen ihre eigenen primitiven Gelüste und Sehnsüchte, und sie befriedigt sie mit der ungezügelten Raserei eines brünstigen Tieres.« In demselben Magazin finden wir inmitten all der Fotos nackter Frauen, die mit gespreizten Beinen daliegen und ihre Vulvas enthüllen, das Foto eines männlichen Löwen, der auf dem Rücken liegt und gleichfalls seine Beine spreizt. (Griffin 1981, S. 24–25)

Ein anderer Aspekt des metaphorischen Gebrauchs des Wortes Fleisch ist die Beschreibung von Frauen in Begriffen aus der Jagd- und Viehzuchtsprache: sie kann geritten, gezähmt oder mit einem Stallknecht verheiratet werden [*groom* heißt im Englischen sowohl »Bräutigam« als auch »Stallknecht«, Anm. d. Übers.]. Der Mann geht zum »Viehmarkt«, um dort einen »Fang« zu machen, oder »auf die Jagd«. Für manche Männer sind Frauen »Freiwild«. Ein und derselbe Ausdruck kombiniert die Bekräftigung des Status' der Frau als Spielzeug mit der Beschwörung ihrer Rolle als Jagdbeute des »Sportsmannes« [das englische Wort für »Wild« ist genau dasselbe wie das für »Spiel«, *game*, Anm. d. Übers.]. Vielleicht ist der Höhepunkt seiner Wünsche aber auch die doppelseitige Abbildung in Magazinen wie dem *Rustler* (ein Name, der »Viehdieb« bedeutet). Auf der Leserbriefseite eines solchen Blattes erzählt Jack aus Torquay von einem Vorfall, den er bei seinem Hobby, dem Tontaubenschießen, erlebte:

> Nun, eines Sonntags schoß ich getriebene Waldhühner, als ich zu meinem Entsetzen aus dem Wald einen Schrei hörte, der direkt aus der Richtung kam, in die ich meine letzte Salve abgeschossen hatte.
>
> Ich rannte los, in die Richtung, aus der ich den Schrei vernommen hatte, und fand, auf einem Baumstamm sitzend, eine junge Dame ...
>
> Unglaublich, sie war unverletzt, nur ein Stück Schrot steckte ihr unter der Haut, genau zwischen den Brüsten.

Die einzige auf der Hand liegende Methode der Beseitigung ist für Jack, das besagte Schrotstück herauszusaugen, was die junge Frau zu erregen scheint:

> »Sie können mir nachjagen, wenn Sie wollen«, sagte sie und tupfte sich das winzige Blutströpfchen, das aus ihrer Wunde rann, mit einem Taschentuch ab. »Mein Mann ist für drei Wochen verreist, und ich bin zu allem bereit!« (Parade 83, S. 12)

Die Bildhaftigkeit könnte nicht deutlicher sein und stimmt vollständig mit den Vorstellungen überein, nach denen Frauen die willige Beute des jagenden Mannes sind. Die Wörter Bürowolf oder Wolfspfiff (der Pfiff, den der stereotype Arbeiter vorbeigehenden Frauen nachsendet) passen zu den räuberischen Verhältnissen, die durch diese Begriffe angedeutet werden.

Eine andere wichtige Komponente einer solche Sprache ist die Bezeichnung von Frauen als eßbare Objekte – ein Merkmal, das keineswegs auf die englische Sprache oder die heutigen Zeiten begrenzt ist:

> Das *Dictionary of Historical Slang* führt eine Vielzahl von Ausdrücken auf, die umgangssprachlich seit dem 15. Jahrhundert, manche bis heute, in Gebrauch sind. Mit ihnen wird ein Bild von der Frau heraufbeschworen, in dem sie als totes Fleisch erscheint, das blutig zerlegt, zerschnitten, von einem Schlachter oder Koch kleingehackt und eventuell einem Mann zum Verzehr vorgesetzt wird. Ein *bit of meat*, ein »Stück Fleisch«, bedeutete früher Geschlechtsverkehr (vom männlichen Standpunkt aus) und später eine Prostituierte. Als frisches Fleisch wurde eine Prostituierte bezeichnet, die neu im Geschäft war. Heißes Fleisch oder manchmal heißer Hammel oder heißes Rind war eine Bezeichnung für eine leichtlebige oder lieder-

> liche Frau, eine Prostituierte oder die Vagina. Rohes Fleisch war ein Ausdruck für jede Frau. Ein Fleischhaus war ein Bordell. Fleischmarkt oder Fleischbeschau war ein Wort für ein Rendezvous mit einer Prostituierten, die weiblichen Brüste und die Vagina; es wird heutzutage von FeministInnen benutzt, um Schönheitswettbewerbe zu diffamieren, bei denen junge Frauen dazu angehalten werden, ihre Körper wie zum Kauf angebotenes Vieh darzubieten … Der Ausdruck »ein Stück oder eine Scheibe vom Braten« ist im Großbritannien des 20. Jahrhunderts ein Slangbegriff, den Männer als Ausdruck für »Geschlechtsverkehr mit einer Frau« benutzen.
>
> (Mills 1989, S. 155)

Dieses Vokabular unterstellt scheinbar eine generelle Eßbarkeit von Menschen, aber in der überwältigenden Mehrheit der Anspielungen werden Zusammenhänge zwischen Frauen und Fleisch hergestellt. Ein Mann schätzt ab, ob eine Frau ein Leckerbissen ist oder delikat. Er findet an einem schönen Bissen Gefallen, oder sie wird lustvoll vernascht. Das jedoch, hinter dem er letztlich her ist, ist ein Stück »rohes«, »saftiges« oder »knuspriges« Fleisch, um seinen sexuellen Appetit zu befriedigen, wenn er, in den Worten eines Songs, »hungrig nach Liebe« ist. Am einfachsten wird ihr Körper vielleicht als fleischig bezeichnet. Eine Zeitung berichtet zum Beispiel »exklusiv« über einen Angestellten von McDonald's:

> *»Burgerboß warnt seine neue 2 Zentner-Braut:*
> *Wenn du Gewicht verlierst, laß ich mich scheiden« …*
>
> Kuschelfrau Ann hat versprochen, daß sie nicht ein Viertel Pfund abnehmen wird, denn er mag seine Frau fleischig …
>
> »Ich kann magere, puppenhafte Mietzen nicht leiden. Mädchen mit ordentlich Fleisch auf den Rippen sind viel bessere Liebhaberinnen.« (Parker 1987, S. 13)

Das ganze System erweckt den Eindruck, als ob Frauen von Männern so wahrgenommen würden, als seien sie mit gejagtem oder gezüchtetem Fleisch vergleichbar. Ihre Körperteile, die in handlichen Portionen mit denselben Namen bezeichnet werden wie die der Tiere in einem Supermarktregal – Flanken, Haxen, Schenkel, Brust – sorgen für einen Großteil des anzüglichen Humors, der täglich über die Radiowellen geht. Ihre harmlose Erwähnung bei Tisch läßt pubertierende Schuljungen erröten. Der Humor oder die Verlegenheit beruhen darauf, daß durch die Fleischmetapher Frauenbilder heraufbeschworen werden, die symbolisch den Status von Frauen im Verhältnis zu Männern bekräftigen.

Die sexuelle Ungleichheit wird deutlich, wenn wir uns die umgekehrte Situation vorstellen – wenn es Männerkörper wären, die symbolisch zum Konsum freigegeben würden. Mit Ausnahme bestimmter Sonderfälle, auf die später eingegangen wird, werden Männer in den Massenmedien fast nie so beschrieben, denn schließlich bestimmen noch immer männliche Werte die kulturelle Tagesordnung. Männer finden es nicht besonders witzig, wenn ihre Schenkel oder Brüste als just ein weiterer Konsumartikel mit zum Beispiel denen von Hähnchen verglichen werden. Und abgesehen von ausdrücklich feministischen Witzen, neigen Frauen nicht dazu, diese besonderen Assoziationen auszuwalzen. Männer sind bereit, Witze über Frauen zu verstehen. Sie amüsieren sich darüber, weil die Vorstellung davon schon vorher in ihrem Kopf existiert.

Die Figur des Mannes als Jäger veranschaulicht einen grundlegenden Aspekt des männlichen Denkens in den patriarchalen Gesellschaften der Welt und nicht zuletzt im angeblich so modernen Westen. Im traditionellen männlichen Weltbild, das den herausragenden Wert großer Kraft so sehr betont, werden die Frauen und die Natur gleichermaßen als Bedrohung für die männliche Vorherrschaft betrachtet.

Die Stellung der Frau ist in bezug auf die Stellung des Mannes definiert. Wie in Kapitel 5 gezeigt wurde, ist das Jagen eins der Hauptmerkmale, durch das die Menschheit vermutlich zuerst seine zivilisierte Erhebung über die Natur demonstrierte (für manche tut es das noch immer), und das Jagen ist archetypisch eine männliche Beschäftigung. Rosaldo und Atkinson, die die Vorstellung vom Jäger Mann und seinem Verhältnis zur Frau untersucht haben, gehen davon aus, daß sich »Männer und Frauen überall« in gewissem Maß »in bezug auf den anderen definiert haben« (1975, S. 44). Edwin Ardener argumentiert, daß das jeweils vorherrschende einheimische Modell, durch das sich Kulturen selbst definieren, selbst schaffen und der Natur gegenüber abgrenzen, *unvermeidlich* ein männliches Modell ist, da alle Gesellschaften stets mehr oder weniger patriarchal waren. Dieses männliche Modell ordnet bestimmte wichtige Elemente der weiblichen Identität der ungezähmten Natur zu:

> Die objektive Grundlage der symbolischen Trennung zwischen Natur und Gesellschaft … resultiert aus dem Problem der Anpas-

> sung des logischen Begriffspaares, das menschliche Wesen an Hand unterschiedlicher Körperstrukturen klassifiziert: »männlich«/»weiblich« an das andere Begriffspaar: »menschlich«/»nicht menschlich«. Mit diesem Problem beschäftigen sich in der Regel Männer ... und da ihr Modell für die *Menschheit* auf dem für den *Mann* beruht, werden die Gegensätze des Mannes, *Frauen* und *Nicht-Menschheit* (das Wilde), oft mehrdeutig zugeordnet ... Frauen akzeptieren den Symbolgehalt, der in dieser Zuordnung liegt, wenn sie *Frauen insgesamt* mit der von Männern definierten Wildnis gleichsetzen.
>
> (Ardener 1975, S. 14)

Die Zweiteilung Natur-Kultur ist eine Grundlage der neueren (männlichen) westlichen Traditionen. Sie ist eine der vielen ähnlichen Zweiteilungen in unserem Denken, so wie die meisten menschlichen Gesellschaften für die Ordnung ihrer Welt binäre Systeme benutzen (Needham 1973). Da das Theoretisieren über die Natur unserer Welt traditionell das Gebiet europäischer Mittelklassen- oder Oberklassenmänner war, überrascht es vielleicht nicht, daß die folgenden Begriffspaare heute weitgehend als höher- oder tieferstehend assoziiert werden, sowohl im allgemeinen wie auch im wissenschaftlichen Denken (Birke 1986, S. 109–110):

Kultur	Natur
Mann	Frau
Europäer	Nichteuropäer
Menschen	Tiere
Ober-/Mittelklasse	Arbeiterklasse

Birke weist darauf hin, daß »im westlichen Denken viele solcher Dichotomien aufgezeigt werden könnten«, hält es aber für »wichtig festzustellen, daß Assoziationen tendenziell auf einer Seite der Dichotomie vorgenommen werden; farbige Menschen werden in der Nähe von Tieren und der Natur angesiedelt« (1986, S. 111) – oder, wie John Lennon es ausdrückt: »Die Frau ist der Neger der Welt.« Frauen werden mit der Natur und mit Tieren gleichgesetzt, Männer sind mächtig, menschlich und zivilisiert.

Das an früherer Stelle vorgebrachte Argument, daß die menschliche Gesellschaft immer wieder die Bereitschaft gezeigt hat, sich als anders und als dem Rest der natürlichen Welt überlegen zu definieren, stellt sich jetzt als zu pauschale Behauptung heraus. Sich unterscheidende Gruppen, einschließlich Männer und Frauen, treten auf unterschiedliche Weise in die Debatte ein. Diese Unterschiede beziehen sich sowohl auf die Vorstellungen, die sie vertreten, als auch darauf, wie sie z. B. an Auseinandersetzungen herangehen. Birke behandelt ausführlich die

> geschlechtsbezogene Dichotomie ... Natur gegen Kultur, eine Trennung, die für die westlichen Vorstellungen von der natürlichen Welt und dem Platz der Menschheit darin eine zentrale Bedeutung gewonnen hat. Die »Natur« wird oft als irgendwie ungeordnet, chaotisch und unlenkbar angesehen. Unser Begriff von »Kultur« schließt heute im Gegensatz dazu die Fähigkeit des Menschen ein, die Natur zu beherrschen. Die Wissenschaft ist ein dazugehöriger Teil dieser Trennung, da gerade die Wissenschaft uns lange versprochen hat, die Beherrschung unserer Umwelt zu erreichen und die Natur zu zwingen, »ihre« Geheimnisse zu offenbaren. Begriffe wie »Fortschritt« und »Kultur« sind im zwanzigsten Jahrhundert fast gleichbedeutend mit den Begriffen Wissenschaft und Technologie geworden.
> (Birke 1986, S. 107)

Männer erheben den Anspruch, daß die Zivilisation ihre Errungenschaft sei, während die Frau näher an der Natur angesiedelt wird – eine Identität, die vielleicht am stärksten durch ihre offensichtlicheren biologischen Funktionen wie die Menstruation und das Kinderkriegen betont wird (Ortner 1982, S. 492). Der Psychoanalytiker Guy-Gillet (1981) argumentiert zum Beispiel, daß das Blut, das der männliche Schlächter-Priester bei Tieropfern vergießt, symbolische Verknüpfungen mit dem Menstruationsblut von Frauen aufweist, den symbolischen Opfern der verzehrenden Wollust des Mannes. Im England des Viktorianischen Zeitalters gab es den Glauben, daß Frauen während ihrer Menstruation keine Schinken räuchern sollten. »1878 gab es im *British Medical Journal* einen Briefwechsel über Vorfälle, bei denen Fleisch, das Frauen mit Salzlösung eingerieben hatten, das Salz nicht angenommen hatte und schlecht wurde« (Pullar 1970, S. 189). Was auch immer die objektive Erklärung hierfür ist – solche Glaubensvorstellungen dienen dazu, die unterlegene Profanität der Frauen zu bestätigen, die im Gegensatz zu der heiligen Vornehmheit der Männer steht.

Griffin zeigt, daß Bilder, die die Frau abwerten, nicht nur in Wissenschaft und Pornographie allgegenwärtig vorhanden sind, sondern ebenfalls in der Kunst, z. B. in der von Ramos, Tauzin, Milet und anderen. Sie belegt auch, daß viele Wissenschaftler in ihren Arbeiten Frauen mit der ungeschliffenen Natur gleichsetzen. Dies ist z. B. bei solchen Persönlichkeiten wie Jung der Fall, der die afrikanische Frau für weiblicher als »zivilisierte Frauen« hält, und bei Schopenhauer, der die Ansicht vertritt, daß Frauen allein zur Fortpflanzung der Art existieren. Hegel schreibt, daß Frauen keine abstrakten Ideen verstehen könnten. Und Augustinus sagte: »Nichts zieht den männlichen Geist mehr aus den Höhen herab als die Liebkosungen einer Frau.« (Griffin 1981, S. 26–27). Jedes der zitierten Beispiele stammt natürlich von einem Mann, denn Männer bestimmen die Richtung des Großteils der öffentlichen Diskussionen. Überwiegend Männer waren zuständig für die Kontrolle der Erziehung und der Informationssysteme, des Gesetzes und seiner Durchsetzung. Sie beherrschten die Ehe und andere Verbindungen, Produktion und Distribution, Wissenschaft und Technologie. Männer haben festgelegt, welchen Weg die Gesellschaft zu gehen hatte, und Männer etablierten in den Gedanken der Menschen ihre eigene Gruppe als Kern- und Angelpunkt der Zivilisation.

Die Natur und die Frauen wurden als zweifache Bedrohung für die überlegene männliche Kraft charakterisiert. Die ungezähmte natürliche Umwelt war eine physische Herausforderung, und in der kulturellen Umwelt entzogen sich die Frauen der totalen männlichen Kontrolle. Auf die Natur werden Wissenschaft und Technologie angewandt (beides historisch männliche Gebiete), auf die Frauen eine Reihe gesetzlicher, sozialer und ökonomischer Einschränkungen und »Herrschaftsbeziehungen«, einschließlich der ultimativen »Waffe Vergewaltigung« (Brownmiller 1975), die auch als »Sexualpolitik« beschrieben wird (Millett 1982). Eine solche Einschränkung im Bereich der Ideologie ist die Zuordnung von Frauen zu Mutter Natur: zur Kategorie der Wildnis.

Männer werden zuweilen ebenfalls verbal und rituell mit Fleisch in Verbindung gebracht, aber dann in einer ganz anderen Weise als Frauen. Wenn Männer als fleischig bezeichnet werden (»er ist ein richtiger Fleischklotz«), geschieht die Gleichsetzung nicht so sehr mit Fleisch im Sinne von Nahrungsmittel. Eher werden Männer mit der Stärke verglichen, die dem Fleisch zugesprochen wird, oder mit der dem Fleisch unterstellten sexuellen und physischen Kraft. Die Muskelkraft, die dem Fleisch angeblich innewohnt, ist ein beliebtes männliches Ideal. In der Sprache des Strukturalismus ausgedrückt, ist die herkömmliche sprachliche Beziehung von Frauen zu Fleisch metaphorisch, die von Männern dagegen mehr metonymisch. In anderen Worten: Männer sind Fleisch in dem Sinne, daß Fleisch voller Kraft ist, wogegen Frauen es in dem Sinne sind, daß es ein Ausdruck von Kraft ist, ihr Fleisch zu konsumieren. Die herkömmlichen Gedankenverbindungen zu männlicher Fleischigkeit bilden die Grundlage für einen halb scherzhaften Zeitungsartikel, der von einem Zusammenschluß der Publizisten Mills & Boon mit einer Fleischfirma berichtet. Diese Firma packte zu jeder verkauften dreipfündigen gefrorenen Wurstpastete zusätzlich einen Roman ein:

> Ob die Heldin von *Model of Deception* den Gedanken, Wurstpasteten dahinschmelzen zu lassen, anziehend findet, ist eine andere Sache.
>
> Sie zog es, in den Worten des Autors, vor zu entdecken, daß »heißes rotes Blut durch ihre Adern zu fließen begann. Sie konnte natürlich nicht sicher sein ... Es mußte eine Sinnestäuschung sein, die eher der Sonne geschuldet war als Lukes überwältigender Männlichkeit.«
>
> Alles in allem eine weniger prosaische Auftaumethode.
>
> (Cohen 1987, S. 1)

Die fragliche Heldin wäre vielleicht gastronomisch, wenn nicht sexuell zufriedener gewesen, wenn ihr ordentliches rotes Fleisch angeboten worden wäre. Die mit simplen Wurstpasteten verbundene symbolische Aussage ist jedenfalls einigermaßen unpassend und nicht dazu in der Lage, das Objekt ihrer leidenschaftlichen, aber naiven Sehnsucht zu verkörpern.

Nur ausnahmsweise, dann nämlich, wenn normale männliche Werte in irgendeiner Weise untergraben sind, gibt es auch Bezüge auf Männer als eßbares Fleisch. In der folgenden feinsinnigen Anspielung auf das Fleischessen soll der Titel unterstreichen, daß in der heutigen amerikanischen Gesellschaft eine Situation als höchst ungewöhnlich empfunden wird, in der Frauen öffentlich die Kontrolle über Männerkörper einfordern können, für die sie bezahlen – die Umkehrung eines Vorrechts, das normalerweise Männern vorbehalten ist:

> *Fleischessen in den Vereinigten Staaten*
>
> Als Sue Ellen in Dallas Geld für gute Zwecke beschaffte, tat sie das *nie* auf diese Weise.
>
> Mit einer »aufregenden neuen Möglichkeit für eine alleinstehende Yuppie-Frau, sich mit ansehnlichen Junggesellen zu treffen«, wurde das unschuldige amerikanische Publikum konfrontiert. In dieser Woche kamen die Körper von 39 akzeptablen Junggesellen unter den Hammer. Der ehemalige Champion der Redskins, Babe Laugenberg, Kongreßabgeordneter, und ein ex Mr. Universum haben es auf die

Portemonnaies abgesehen. Ihre Einnahmen gehen an eine Washingtoner Wohlfahrtseinrichtung für benachteiligte Kinder. Die Männer werden dem Höchstbietenden zur Verfügung stehen – für einen Abend oder vielleicht eine Nacht. Einmal verkauft können sie nicht mehr nein sagen. (Crawshaw 1987, S. 9)

In den nächsten Beispielen liegt der Witz ebenfalls in der Verletzung des Prinzips, daß Männer normalerweise kein Fleisch zum Essen sind – und insbesondere nicht ihr Penis, für den Fleisch oft als Synonym dient:

Ich aß eine Dose Frankfurter Würstchen und wurde der Bitten eines der Zuschauer um einen Bissen von meiner Mahlzeit überdrüssig. Als er mich schließlich fragte, was ich da äße, antwortete ich: »Fleisch.« Er fragte daraufhin ... »Welchen Teil des Tieres essen Sie?« Woraufhin ich erwiderte: »Raten Sie mal.« Er nuschelte eine abfällige Bemerkung, hörte jedoch auf, nach einem Bissen von meinem Essen zu fragen. (Chagnon 1968, S. 14)

Das folgende Beispiel veranschaulicht ebenfalls das besondere Vergnügen, das Männer aus der Projektion ihrer Phantasien auf Frauen zu ziehen vermögen – welch ein Spaß, denken sie, muß es für Frauen doch sein, sich zumindest mit einem Würstchen zu vergnügen, wenn ihr wunderbarer Penis schon nicht zur Verfügung steht. Gleichzeitig bietet diese Phantasie die Möglichkeit, Frauen lächerlich und verächtlich zu machen.

Ich werde Ihnen eine Geschichte erzählen, die scheußlich ist – sie wird Sie jedoch zum Lachen bringen. – Ein junger Mann in Ferrara entdeckte, wie sich seine Schwester mit einem Bologneser Würstchen vergnügte – er sagte nichts – aber als er sah, wie dasselbe Würstchen bei Tisch aufgetragen wurde – stand er auf – machte einen Diener – und rief aus: »Vi riverisco mio Cognato« [Ich erweise meinem Schwager meine Ehrerbietung]. (Byron, zitiert in Bold 1980, S. 182)

Medienhistoriker werden wahrscheinlich sagen, daß 1987 das Jahr war, in dem nackte Sexualobjekte auf britischen Bildschirmen respektabel wurden.

Sie sprechen natürlich über Kondome. Die bescheidenen Gummijohnnies machten 1987 einiges mit. Sie wurden auf Fingern vorgeführt und auf Plastikphalli, Geldof empfahl sie – »Vergiß nicht, zieh dir einen über deinen Dicken.« Sie wurden mit großem Getöse angepriesen. Sie legten die ganze Strecke von verlachten Möglichkeiten über medizinische Notwendigkeiten zu Stützen der Komödie zurück. Michael Palin stopfte bei der David Letterman Spätabend-

> plaudershow einen mit frischem Hackfleisch aus und schnitt ihn auf Salamiart auf. Ein Freudscher Schauder durchrieselte das Land.
>
> (Hebert 1987, S. 17)

Anspielungen auf den Penis als das Würstchen des Mannes gibt es im wesentlichen in zwei Zusammenhängen. Männer benutzen solche verbalen Anspielungen häufig als Witz, er dient ihnen als sicherer Boden, auf dem Werte ausgetauscht werden können, und durch die Witzform wird die mögliche Zweideutigkeit der Assoziation abgeschwächt. Sprechen dagegen Frauen von den Würstchen der Männer, ist der Ton oft spöttisch. Durch die Vorstellung von Fleisch, das von Frauen statt von Männern verzehrt wird, wird die männliche Überheblichkeit getadelt und männliche Verwundbarkeit sowie ein Mangel an Lebendigkeit oder Prestige unterstellt. In solchen Vorstellungen ist das gängige männliche Gedankensystem umgedreht. Der Mann ist nicht das kraftvolle blutige Beefsteak, als das er sich vielleicht sehen möchte, sondern er wird als der Besitzer von nichts als einem Würstchen verhöhnt.

Männern und Frauen werden im westlichen Ernährungssystem sehr unterschiedliche Rollen zugewiesen. Von Frauen wird erwartet, daß sie den Haushalt mit Nahrung versorgen, sie zubereiten und auftragen, aber die gewissermaßen rituellen Beschaffer von Fleisch sind Männer, so, als würden sie dadurch ihre sprichwörtliche Rolle als Jäger erfüllen. Jack Goody führt aus:

> In menschlichen Gesellschaften wird das Kochen gewöhnlich als Teil der Rolle der Frau betrachtet. Damit soll nicht abgestritten werden, daß Männer bei der Zubereitung von Nahrung bestimmte Funktionen übernehmen können. Sie sind im allgemeinen die Totschläger anderer Tiere (und anderer Männer) und ebenso die Schlächter gezüchteten Fleisches. Darüber hinaus spielen sie oft beim Braten von Fleisch eine Rolle (im Unterschied zum Kochen), beim Nahrungszubereiten auf den Feldern oder im Wald (in Unterschied zum Haus) und im Ritual (im Unterschied zum gewöhnlichen Kochen).
>
> (Goody 1982, S. 71)

Männer sind traditionell unsere Brötchenverdiener, aber sie kaufen in der Regel nicht die Brötchen ein, sie stellen die Mittel zur Verfügung, mit denen sie gekauft werden können. Aber auch heute noch sind es oft Männer, die den sprichwörtlichen Braten ins Haus bringen: die, die im übertragenen Sinne für das Fleisch sorgen. Der Kauf eines ordentlichen Stückes Fleisch wird, insbesondere zu speziellen Anlässen, als die beispielhafte Pflicht des britischen Hausherren angesehen. Dies bestätigt rituell seinen Status. Genauso wie bei den Kung und den Sharanahua sind Männer die symbolischen Jäger und Beschaffer von Fleisch, Frauen »sammeln« den Rest der Nahrung. Ein pensioniertes Paar erzählt:

> HELEN: »Ja, das ist die eine Sache, die ich John überlasse. Am Wochenende gehst du los, nicht wahr, und besorgst uns etwas Hübsches für unser Sonntagsessen.«
> JOHN: »Naja, nicht jeden Samstag. Oft essen wir nur ein Huhn oder irgend etwas für uns, aber wenn die Kinder herunterkommen, dann sehen wir zu, daß es etwas Ordentliches für sie gibt, und dann ist es mein Job – ein schönes Stück Braten oder so zu besorgen –, während Helen für die anderen Sachen sorgt.«
> HELEN: »Und meistens findest Du etwas Gutes, nicht wahr?«

Das moderne Grillen im Garten oder am Strand ist ein anderer Bereich, in dem häufig der Mann die Kontrolle übernimmt. Eigenartigerweise erinnert das an die »Felder und Wälder«, die Goody erwähnte. Im Haus ist der Mann oft für das Braten von Fleisch und besonders für das Zerteilen des Bratens verantwortlich. Diese bedeutsame Aktivität, die sich der Mann angeeignet hat, veranschaulicht seine symbolische Herrschaft. Gleichzeitig ist er von jeder wirklichen Anforderung an seine Geschicklichkeit oder seinen Mut befreit. Wenn Fleisch das wesentliche kulturelle Merkmal für die menschliche Zivilisiertheit ist, könnte es schließlich etwas seltsam erscheinen, daß Frauen die Aufgabe des Kochens ganz allein übernehmen dürfen. Dies geschieht üblicherweise nur in Routine- und alltäglichen Situationen – die Plackerei wird den Frauen überlassen, in prestigeträchtigen Situationen übernimmt der Mann das (Küchen-)Zepter.

Spitzenköche waren jahrelang fast ausschließlich Männer. Solche Küchenmeister haben im Normalfall viele männliche oder weibliche AssistentInnen, denen die Aufgabe zugewiesen wird, Gemüse vorzubereiten, Saucen anzufertigen, Süßspeisen und Vorspeisen zusammenzustellen, das Geschirr abzuwaschen … aber der Küchenchef kümmert sich um das *pièce de résistance*: das Fleisch. Die Galionsfiguren an der Spitze der Nahrungsversorgung sind Männer.

Die Ungleichheit der Geschlechter ist in der Nahrungsversorgung auch auf andere Weise institutionalisiert. Männer erhielten lange Zeit einen ungleichen Anteil an der zur Verfügung stehenden Nahrung, besonders am Fleisch. Im typischen Arbeiterklassenhaushalt Anfang des Jahrhunderts zum Beispiel bekamen Männer ständig den »Löwenanteil« (Pember Reeves 1979; Spring Rice 1981; Rowntree 1913; Co-operative Women's Guild 1978). Kerr und Charles kommentieren die Dokumentation dieses Phänomens folgendermaßen:

> Frauen, auf deren Schultern die Verantwortung dafür ruhte, das begrenzte Haushaltseinkommen zu verwalten und sicherzustellen, daß die Familie ausreichend ernährt wurde, verzichteten regelmäßig auf Essen, damit ihre Männer und Kinder nicht zu kurz kamen. Die Ernährungsbedürfnisse des Mannes wurden oft vorrangig erfüllt, denn es bestand die Notwendigkeit, sie für bezahlte Arbeit in guter körperlicher Verfassung zu halten …
>
> (Kerr und Charles 1986, S. 116)

Dieses Muster weiblicher Selbstaufopferung fand sich in späteren Armutsstudien wieder (Land 1969; Marsden 1969). Die Bedürfnisse des Vaters und der Kinder werden bis zum heutigen Tag vorrangig vor denen der Frauen erfüllt (Kerr und Charles 1986, S. 116). Nach der oben genannten Studie, die 150 Familien einbezog, aßen Männer in der Regel mehr Fleisch als Frauen und Kinder. Die einzige Ausnahme bildeten Fleischsorten von geringerem Ansehen, wie Würstchen, mit denen Kinder gefüttert wurden, und Fischprodukte von niedrigem Rang. Hiervon verzehrten Frauen und Kinder mehr als Männer. Insgesamt

> war zur Zeit der Studie der Fleischverzehr aller arbeitenden Männer unabhängig von der Art ihrer Beschäftigung allgemein hoch, und diese Männer konsumierten fast ausnahmslos öfter Fleisch als ihre Frauen, während Kinder in fast allen Fällen seltener Fleisch zu sich nahmen als die Erwachsenen der Familie. Ein sehr hoher Fleischkonsum war nahezu vollständig Männern vorbehalten, ein sehr niedriger Fleischkonsum auf Frauen und Kinder begrenzt.
>
> (Kerr und Charles 1986, S. 145)

Kindern wie Frauen wird traditionell weniger Fleisch zugeteilt als erwachsenen Männern. Fleisch ist das Nahrungsmittel derjenigen, die die Kontrolle über die natürliche Umwelt besitzen: diejenigen, die das tun, was richtige Männer als richtige Arbeit ansehen, im Gegensatz zu den häuslichen Aufgaben der Frauen. Es gibt gleichfalls die Tradition, daß weniger aktive Mitglieder der Gesellschaft auch weniger Fleisch essen dürfen. Kinder werden mit einer speziellen Nahrung abgespeist, zum Beispiel Würstchen, während ihre Eltern – besonders der Vater – sich an richtigem Fleisch erfreuen. Die klassische Krankenkost ist Schonkost, die wenig oder gar kein rotes Fleisch enthält. Wenn Kinder Tierfleisch bekommen, dann in schwächerer Form: es wird gekocht oder geschmort, selten gebraten. Kranke und Gebrechliche werden in der Regel ebenfalls auf solche Nahrung beschränkt, weil ihr Körper angeblich keine »stärkeren« Sachen verkraften kann. Es wurde sogar schon empfohlen, daß Menschen, die sich mit Büchern befassen oder in sitzenden Berufen arbeiten, den ausgiebigen Verzehr von rotem Fleisch meiden sollten, da es die Leidenschaften anregen könne. Bei Menschen, die die Hitze, die es hervorbringt, nicht durch körperliche Betätigung ableiten könnten, würde dies möglicherweise zu ungesunder Frustration führen (Twigg 1983, S. 25). Beschränkungen werden zwar in Überlegungen gekleidet, die sich auf die Verdauung beziehen, aber der Fleischverbrauch wird in erster Linie für die Gruppen eingeschränkt, die am wenigsten dazu neigen, physische Macht über die natürliche Welt auszuüben. Eine dieser Gruppen bilden traditionell die Frauen.

Frauen, die Familien versorgen, stellen oft ihren eigenen Geschmack und ihre Vorlieben hintan, um einen Kompromiß für die ganze Familie zu erreichen. Kerr und Charles fanden heraus, daß diese Kompromisse fast ausschließlich zum Ergebnis haben, daß die Familie ißt, was der Vater annehmbar findet. Obwohl also »Frauen die Nahrung aussuchen, ist ihre Wahl doch weitgehend durch die Essensvorlieben des Mannes bestimmt. Von der Mehrzahl der Männer wurde berichtet, daß sie Neuem gegenüber nicht besonders aufgeschlossen sind. Die Bedeutung, die Männer einer schlichten und soliden Mahlzeit – womit auf jeden Fall ausreichend Fleisch gemeint ist – beimessen, schränkt die in der Familiennahrung angebotene Vielfalt stark ein« (Kerr und Charles 1986, S. 120–121). Dies wird nicht unbedingt durch forcierte oder gar offene Forderungen erreicht:

> Tatsächlich erzählen die Frauen oft über Versuche, ihre Ehemänner dafür zu gewinnen, daß sie ihnen beim Lebensmitteleinkauf helfen, indem sie sie nach Ideen fragten. Dem wird aber normalerweise mit der Antwort begegnet, daß »irgendwas« schon recht wäre. Die Kenntnis der Vorlieben der Männer wurde im frühen Stadium der Ehe durch einen Prozeß von Versuch und Irrtum gewonnen, und die Männer verdeutlichten ihre Vorlieben durch Ablehnung oder Essensverweigerung. Diese Weigerung äußerten sie in dem Moment, in dem sie es vorgesetzt bekamen. Die Strenge dieser Bestrafung lag

> darin, daß sie geeignet war, bei den Frauen als Nahrungsversorgerinnen Betroffenheit und sogar Schuldgefühle hervorzurufen.
> (Kerr und Charles 1986, S. 121)

Die Ungleichheit in der Verteilung und Auswahl von Fleisch rationalisieren Frauen ebenso wie Männer mit der Begründung, daß Männer angeblich »von Natur aus« aktiver sind. Männer werden als aktiver als Frauen und Jungen als aktiver als Mädchen dargestellt, und deshalb benötigen sie mehr Fleisch. Das männliche Kulturmodell steht nicht generell im Gegensatz zu den Vorstellungen der Frauen. Frauen, so nimmt Edwin Ardener an (1975, S. 14), akzeptieren einen Großteil des Symbolgehaltes der Gedankenvorstellungen der Männer und verleiben ihn ihren eigenen Vorstellungen ein. Im einzelnen unterscheiden sich die Werte der Frauen jedoch beachtlich von denen der Männer.

Das Bild, das sich Männer von Frauen als Fleisch machen, ist ein Spezialfall des weitreichenderen Zerrbildes von der Frau als Tier, es handelt sich aber um ein besonders bezeichnendes Beispiel. Fleisch ist ein hervorragendes Symbol für die Kontrolle des Mannes über die natürliche Welt. Die Tatsache, daß die Frau als Fleisch bezeichnet wird, kann als eine Aussage über ihre angeblich wildere gesellschaftliche Rolle und ihre Verfügbarkeit als eine natürliche Ressource der Männer verstanden werden. Interessant ist aber auch die Unausgewogenheit dieses Vorstellungssystems. Frauen werden als Fleisch bezeichnet, so als ob sie zum männlichen Verzehr bestimmt seien, aber die Umkehrung geschieht nicht: Fleisch wird gewöhnlich nicht als weiblich charakterisiert. Die Natur dient als ein umfassendes und detailliertes Modell für das System patriarchaler Kontrolle von Frauen, umgekehrt ist das dagegen nicht der Fall.

Das scheint die Behauptung zu untergraben, nach der die »radikale feministische Theorie alle bisherigen Arbeiten über Machtverhältnisse als unzulänglich entlarvte, denn sie versäumte es, die Herrschaft über Frauen als eine zentrale Form zu analysieren« (Eisenstein 1984, S. 131). Es scheint gleichfalls im Widerspruch zu der Aussage zu stehen, daß »die sexuelle Herrschaft ... vielleicht doch die beherrschendste Ideologie unserer Kultur [ist] und deren fundamentalsten Machtbegriff liefert« (Millett 1982, S. 39). Die in diesem Buch erörterten Beweise legen eher nahe, daß die sexuelle Herrschaft der Männer sich an der Beherrschung der natürlichen

Welt orientiert, die durch das Fleischsystem verkörpert wird. Die Beherrschung der natürlichen Umwelt dient sowohl als Modell wie auch als Metapher für die Männerherrschaft.

Männer beherrschen die offizielle Auseinandersetzung in unserer Gesellschaft, und sie assoziieren Frauen gewohnheitsmäßig mit Fleisch. Die männliche Sichtweise ist jedoch nicht die einzig mögliche. Die Zwangsläufigkeit der Vorherrschaft der archetypischen männlichen Ideologie gründet sich auf die Annahme, daß die Vorherrschaft des Patriarchats eine Notwendigkeit ist. (»Männliche Ideologie« ist natürlich ein verallgemeinernder Begriff und nicht notwendigerweise dasselbe wie der Standpunkt aller *Männer*). Es gibt Anzeichen dafür, daß in der Gesellschaft der weibliche Blickwinkel mehr Einfluß gewonnen hat. Obwohl Frauen durch die vorherrschende männliche Ideologie bestimmte Modelle übernommen haben, wäre es doch »überraschend, wenn sie sich der Natur gegenüber in derselben Weise abgrenzten, wie es Männer tun« (Ardener 1975, S. 5). Frauensichtweisen sind verwandt, aber anders. In den letzten Jahren haben Frauen versucht, aus diesem ehemals nachteiligen Status einen Vorteil zu ziehen, indem sie ihre gedanklich engere Beziehung zur Natur hervorhoben, statt sie zurückzuweisen. Daß dies heutzutage möglich ist, liegt teilweise daran, daß Frauen Fortschritte in der Verbesserung ihres gesellschaftlichen Status' erzielen konnten und ökonomisch zunehmend unabhängiger wurden. Teilweise ist es aber auch auf beachtliche Veränderungen im Herangehen der Menschen insgesamt an die natürliche Welt zurückzuführen, wie sie in den Kapiteln 7 und 8 angesprochen wurden.

Edwin Ardener erkennt in dem Wissen von Müttern und alten Frauen (Altweibergeschichten) die symbolische Wertschätzung, die »das weibliche Modell der Welt [hervorbringt], das [in der akademischen Auseinandersetzung] gefehlt hat, und sich auf einer besonderen Ebene von den Modellen der Männer unterscheidet: bei der Grenzziehung zwischen Gesellschaft und Natur« (1975, S. 5). Anhaltspunkte für diese andere Sichtweise sind ebenfalls in den Glaubensvorstellungen und Handlungen von Frauen in Alltagssituationen vorhanden. Inwieweit dies bedeutet, daß Frauen aus einer Notsituation, in die sie von der vorherrschenden männlichen Ideologie gedrängt wurden, eine Tugend machen, steht zur Debatte. Die Tatsache bleibt bestehen. Frauen der westlichen Welt sehen sich in einer ganz anderen Beziehung zur nicht menschlichen natürlichen Welt als Männer: als teilnahmsvoller und weniger ausbeuterisch. Dies wird auch als ein möglicher Grund dafür angeführt, daß Frauen heute in größerer Zahl VegetarierInnen sind als Männer.

Rosaldo und Atkinson (1975, S. 63) befürchten, daß »das Feiern der Mutterschaft und der weiblichen Sexualität eine Definition des Frauseins in den Begriffen der Natur und der Biologie bedeutet. Es fängt Frauen in der Falle ihres physischen Seins und damit in der ganz normalen Logik, die sie für weniger fähig zu Transzendenz und kultureller Leistung als Männer erklärt.« Ihre Untersuchung der Ingolot demonstriert die Möglichkeit, daß Frauen die stillschweigende Annahme einer Unterlegenheit überwinden und einen weitgehend gleichen Status erreichen können. Dies ist in der neueren westlichen Geschichte nachweislich die Richtung, in der sich die Geschlechterbeziehungen entwickeln, wenn nicht gar ihre endgültige Position.

Maskulines Denken, so scheint es, befand sich lange in einer überlegenen Stellung. Die Tatsache jedoch, daß im zwanzigsten Jahrhundert das Interesse sowohl am Feminismus als auch an Umweltfragen gestiegen ist, legt nahe, daß sich in beiden Bereichen die Auffassungen über die jeweils richtigen Beziehungen radikal entwickelt haben. Frauen wie auch Fleisch wurden lange von Männern als natürlich und im Gegensatz zur männlichen Kultiviertheit definiert. Frauen und Fleisch behalten diese symbolische Rolle teilweise bei, aber unsere Wahrnehmung von Frauen ändert sich, genauso wie sich unsere Wahrnehmung von Fleisch verändert. In beiden Bereichen werden zunehmend die negativen Aspekte exzessiver männlicher Macht wahrgenommen, und das ist ebenso bei Männern der Fall wie bei Frauen.

TEIL IV

Moderne Fleischmythologien

11
Ökonomie

Presseberichte über die Ergebnisse umfassender statistischer Untersuchungen über den Vegetarismus in Großbritannien führen als wesentliche Gründe für ihn nur Kosten- und Gesundheitsgesichtspunkte an. Die ethische Dimension des Vegetarismus wird kaum einmal erwähnt (Realeat Surveys 1984–1990). Die Fleischindustrie geht in ihrer Werbung ebenfalls vorwiegend auf »rationale« Gründe wie Nährwert und Kosten ein. Als zum Beispiel der Fleisch- und Lebensmittelverband eine auf drei Jahre angelegte Werbekampagne begann, war »letztlich das Ziel des Vorhabens, die Konsumenten davon zu überzeugen, daß Fleisch und Fleischprodukte nahrhafte, preiswerte Lebensmittel« seien (*Butcher & Processor* 1987b, S. 5). Es wird in all diesen Fällen davon ausgegangen, daß KonsumentInnen ihre Wahl aufgrund klarer Kriterien wie Kosten- und Gesundheitsgründe treffen. Grundsätzlich vorausgesetzt wird, daß Fleisch von hohem Wert ist. Dies kommt auch darin zum Ausdruck, daß Fleisch regelmäßig und seit langem als ein *Indikator* von Wohlstand und ökonomischer Entwicklung angesehen wird:

> Die besserbezahlten Arbeiter, besonders solche Fabrikarbeiter, bei denen jedes Familienmitglied imstande ist, etwas zu verdienen, haben, solange das dauert, gute Nahrung, täglich Fleisch und abends Speck und Käse. Wo weniger verdient wird, findet man nur sonntags oder zwei- bis dreimal wöchentlich Fleisch, dafür mehr Kartoffeln und Brot; gehen wir allmählich tiefer, so finden wir die animalische Nahrung auf ein wenig unter die Kartoffeln geschnittenen Speck reduziert – noch tiefer verschwindet auch dieses …
>
> (Engels 1974, S. 303)

Nakornthab (1986) benutzt gleichfalls den Fleischkonsum, neben dem Einsatz von Elektrizität, den Steuereinnahmen und dem Besitz von Autos als wichtigen Gradmesser für die urbane Entwicklung Thailands. Shields (1986) wertet den steigenden Fleischkonsum als ein »klares Zeichen« für den wachsenden Reichtum in der irakischen Stadt Mosul im neunzehnten Jahrhundert. David Riches bestreitet Sahlins Auffassung, daß die »ursprüngliche wohlhabende Gesellschaft« aus Jägern und Sammlern bestanden habe (Riches 1982) und führt als Argument dagegen an, daß in vielen solchen Gesellschaften »der Konsum von Fleisch sehr hoch angesehen ist«, aber »nur 20 Prozent der Nahrungsaufnahme ausmacht«. Daraus schließt er, daß der Fleischkonsum dieser Menschen für sie nicht ausreichend ist. Die Sicherstellung der Fleischversorgung, sagt er, wird von kulturellen Faktoren wie dem Spielen gehemmt, das das zeitaufwendige Jagen begrenzt (Riches 1982, S. 216). Die Behauptung, daß es den Menschen eines Volkes schlecht geht, weil sie es vorziehen, einer Freizeitaktivität (dem Spielen) nachzugehen, statt einer mühsamen Aktivität (dem Jagen), die für die Erlangung eines bestimmten Gutes erforderlich ist, kann als zumindest gewagt angesehen werden. Dieses Argument berücksichtigt nicht, wie ganz bestimmte betroffene Menschen denken – eine Haltung, die Riches damit rechtfertigt, daß die Interpretation des Verhaltens das Vorrecht der AnthropologInnen sei (Riches 1982, S. 6). Riches sitzt dem Irrtum auf, eine unbegrenzte Zufuhr von Fleisch grundsätzlich als wünschenswert anzusehen, und dieser Irrtum unterläuft ihm vermutlich, weil *wir* dem Fleisch einen derart hohen Wert beimessen. Riches' Art der Argumentation ist jedoch nicht nur beispielhaft für Untersuchungen über Völker mit Selbstversorgerwirtschaft. Dieselbe Haltung tritt auch in gängigen ökonomischen Analysen der »modernen« Gesellschaften zutage.

Wenn wir kritiklos akzeptieren, daß Fleisch wünschenswert oder hoch angesehen ist, unterstellen wir zum einen, daß diese Werte der Substanz ›Fleisch‹ irgendwie innewohnen. Wir unterschätzen aber auch die vielen Vorstellungen, die den Fleischkonsum fördern. Die Ökonomie von Fleisch kann nicht einfach als eine von der Substanz losgelöste Quantität untersucht werden, denn der Geldwert von Fleisch spiegelt seine Bewertung durch Individuen innerhalb einer Kultur wider. Eine Untersuchung, in der die Analyse abstrakter Statistiken mehr sein soll als ein Zirkelschluß, muß die *Gründe* für diese Bewertung berücksichtigen.

Das heißt nicht, daß die Berechnungen der ÖkonomInnen nicht wohlbegründete Analyseverfahren sind. Das mag zum Beispiel bei der »Preis-Elastizität« durchaus der Fall sein, bei der das Verhältnis von Preisänderungen zu Änderungen in der Nachfrage ermittelt wird. Auch Untersuchungen über die »Kreuz-Preiselastizität« der verschiedenen Fleischarten (die Auswirkung von Preisänderungen bei einer Sorte Fleisch auf die Nachfrage nach einer anderen) mögen ihren Sinn haben (zum Beispiel Peters und andere, 1983). Solche Verfahren können jedoch lediglich »schlaglichtartig« ein bestimmtes Beispiel für das Gesamtverhalten in einer beliebigen Gesellschaft beleuchten. Percy Cohen bemerkt dazu:

> Es ist eine anerkannte Tatsache, daß die ökonomische Analyse, obwohl sie normalerweise bestimmte Änderungen von Werten erklären kann, wie zum Beispiel bei Lohnraten, weder die effektiven Werte selbst erklären kann, noch folglich, warum einige Werte sehr viel niedriger sind als andere, denn diese haben ihren Ursprung in gewissen gebräuchlichen Übereinkünften der Vergangenheit.
>
> (Cohen 1967, S. 102–103)

Seit Mauss 1925 seinen *Essai sur le don [Die Gabe]* veröffentlichte, haben bedeutende ÖkonomInnen wiederholt aufgezeigt, daß der Austausch von Gütern in traditionellen Gesellschaften nicht ohne deren sozialen Hintergrund betrachtet werden kann. Der Austausch kann nur als ein Aspekt des gesamten Systems gesellschaftlicher Wechselwirkungen verstanden werden (z. B. Dalton 1961). Selbst in unserer angeblich säkularen Gesellschaft ist der ökonomische Austausch sozialer Austausch. Auf diese Gesellschaft kritiklos formale ökonomische Konzepte anzuwenden, ist möglicherweise genauso unangebracht, wie solche ökonomischen Konzepte bei der Untersuchung anderer Kulturen ernsthaft in die Irre führen können. Marshall Sahlins drückt das folgendermaßen aus: »Was die westliche Zivilisation letztlich auszeichnet, ist die Weise der symbolischen Produktion, eben jene Maske in Gestalt eines anwachsendes Bruttosozialprodukts des Prozesses, durch den symbolischer Wert geschaffen wird.« (Sahlins 1981, S. 311)

Die Ökonomie wird häufig noch so dargestellt, als ob sie eine unabhängige Kraft in unseren Angelegenheiten sei, die die Verhaltensweisen mehr lenkt als daß sie sie widerspiegelt. Eine Untersuchung zum Beispiel über die Faktoren, die in den USA die Nachfrage nach tierischer Nahrung bestimmen, kam zu dem Ergebnis, daß die Haushalte »offenbar ebenso bereitwillig für Nährstoff- wie für Nichtnährstoff-Komponenten von Nahrungsmitteln bezahlen. Die Nachfrage nach diesen Komponenten stand in Beziehung zu den sozioökonomischen Merkmalen der Haushalte und zu ihrem Einkommen.« (Hager 1985). Es zeigte sich also, daß vermögendere Menschen andere Fleischsorten kauften als ärmere Menschen – vielleicht nicht gerade das überraschendste Forschungsergebnis. Bemerkenswert ist allerdings, daß es bei den einzigen nicht nährwertbezogenen Wertmerkmalen, die berücksichtigt wurden, etwa darum ging, wie das Fleisch geschnitten und präsentiert wurde. Auch hier wurde als selbstverständlich vorausgesetzt, daß dem Fleisch an sich ein Wert innewohnt.

Solche statischen ökonomischen Konzepte sind schlecht dazu geeignet, die rapiden und grundlegenden Änderungen in der herkömmlichen Wahrnehmung von Fleisch zu interpretieren, die heutzutage der Fleischindustrie Sorge bereiten. Der Fleischverbrauch ist in einer Zeit steigenden Wohlstands gesunken. Inbesondere die Ausgaben für rotes Fleisch im Verhältnis zum Haushaltseinkommen werden wahrscheinlich noch weiter zurückgehen. Dies veranlaßte den britischen Fleisch- und Lebensmittelverband zu der richtigen Überlegung, daß sich »so, wie sich Lebensstil und Schwerpunkte ändern, dies auch Eßgewohnheiten tun« (*Meat Trades Journal* 1989d, S. 20). In Großbritannien ist der »reale« Preis von Fleisch, gemessen am Durchschnittseinkommen, in den letzten Jahren beträchtlich gesunken:

Abbildung 6 Länge der für die Bezahlung von einem Pfund Rumpsteak notwendigen Arbeitszeit, 1971–1988

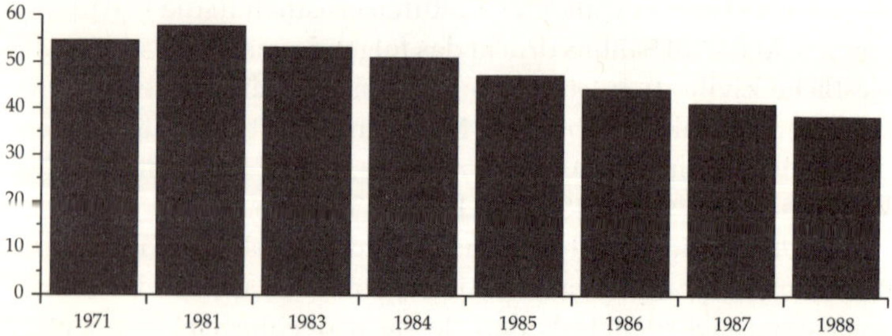

Quelle: Social Trends 1990, S. 103

Es mag den einzelnen KonsumentInnen so erscheinen, als liege ihre mangelnde Bereitschaft, Fleisch zu essen, in seinem hohen Preis begründet. Der Marktforscher, den die Motive ihres Verzichts interessieren, hält das vielleicht ebenfalls für eine vernünftige Erklärung. *Weshalb* jedoch manche Menschen Fleisch nicht so hoch bewerten wie andere, *weshalb* sie nicht willens sind, seinen Preis zu bezahlen, kann nur durch eine tiefgehendere Erforschung der Vorstellungen herausgefunden werden, die mit diesem Nahrungsmittel verbunden sind. Die Frage ist, welche dieser Vorstellungen bestimmte Individuen beeinflussen. Hohe Kosten führen vielleicht dazu, daß Menschen weniger Fleisch essen, aber sie veranlassen sie nicht dazu, ganz darauf zu verzichten:

> *Frage: »Warum essen Sie kein Fleisch?«*
> «Oh, ich kann es mir nicht leisten. Mein Freund und ich leben beide von Stipendien, und wir kriegen es einfach nicht hin.«
> *Frage: «Ist das wirklich der einzige Grund?«*
> »Ja. Absolut. Wir haben einfach nicht das Geld. Es ist viel zu teuer.«
> *Frage: »Es ist also so, daß Sie es immer noch gerne essen, wenn Sie von Freunden zum Essen eingeladen sind oder so?«*
> »Nun, nein, ich esse es trotzdem lieber nicht.«
> *Frage: »Wie, auch wenn Sie nicht selber zahlen müssen?«*
> »Nun, ja. Ich weiß wirklich nicht genau warum. Ich esse es einfach lieber nicht. Ich weiß, es ist albern, aber wir fragen meistens, ob wir etwas anderes haben können.«
> *Frage: »Sie haben sicher eine Vorstellung, warum das so ist? Können Sie mir einen Anhaltspunkt geben?«*
> »Ich weiß nicht. Ich mag den Geschmack einfach nicht.«
> *Frage: »Sie meinen, Sie haben es sich abgewöhnt, es zu mögen, nachdem Sie es so lange nicht mehr gegessen haben?«*
> »Nein, das ist es, glaube ich, nicht. Ich nehme an … es hat etwas damit zu tun, daß ich den Gedanken daran nicht mag … Ich weiß nicht. Ich mag einfach die Vorstellung nicht, daß ein Tier … getötet wird …, so daß ich es nicht essen kann. Es ist schrecklich.«

Der Preis allein kann das Auftreten des Vegetarismus nicht erklären. Ein weiteres Zeichen dafür, daß bestimmte Kaufgewohnheiten nicht lediglich veränderte Preise widerspiegeln, ist, daß viele Menschen bereit sind, einen nicht unerheblichen Aufpreis für human produzierte Nahrung zu bezahlen, obwohl sie wissen, daß es bei dem gekauften Produkt vielleicht nur unwesentliche greifbare Unterschiede gibt. Einige Menschen sind sich darüber bewußt, daß ihre vernünftigen ökonomischen Entscheidungen auch durch moralische Erwägungen beeinflußt werden. Anderen ist ihre ideologische Einschätzung vielleicht so selbstverständlich, daß sie sie überhaupt nicht erkennen. In allen Transaktionen spielt die *Bedeu-*

tung einer Ware eine Schlüsselrolle, denn die Meinungen einer Person sind die Grundlage für ihr ökonomisches Verhalten:

> »Auch die Kostenfrage ... Meine Schwester, die jetzt Vegetarierin ist – das entwickelte sich ursprünglich, glaube ich, als sie Studentin war, weil sie es sich nicht leisten konnten, Fleisch zu kaufen, aber dann ... Ich meine, sie sind beide auch Ökologen.«

Die kapitalistische Ökonomie schließt eine Vielzahl von Wertezuweisungen ein, die normalerweise nicht bemerkt und erst recht nicht in Frage gestellt werden. Unsere beschränkte Sicht der ökonomischen Verhältnisse ist Teil einer modernen Mythologie der Rationalität und Objektivität. Wir tun so, als ob die Untersuchung ökonomischer Vorgänge in einem wertfreien Raum, isoliert von sozialen Überlegungen, stattfinden könnte. PolitikerInnen und Gelehrte bringen gewohnheitsmäßig Beschwörungen unter die Leute, die von ökonomischem Jargon nur so triefen und sowohl als Erklärung wie als Lösung für fast jede Art von Problem dienen sollen. Wer es wagt, ihren angeblich unveränderlichen Gesetzen Widerstand entgegenzusetzen, riskiert die intellektuelle Verdammung. Aber der angeblich von der gesellschaftlichen Sphäre losgelöste Marktmechanismus ist ein kulturelles Produkt, das einen ganz bestimmten Standpunkt widerspiegelt. Er geht von einer Spaltung zwischen dem menschlichen Geist und seiner materiellen Lage aus, zwischen der Welt der Anschauungen und der Welt der Handlungen, zwischen Träumen und Realität, und ist selbst eine Täuschung. Karl Polanyi zeigt auf, daß sich diese besondere Art der Ökonomie gleichzeitig mit der Industrialisierung entwickelte. Er verweist darauf, daß der enge Bezugsrahmen dieser Ökonomie mit der breiteren menschlichen Ökonomie der gesellschaftlichen Aktivitäten und Institutionen vermengt wurde:

> Folglich gab es einen Marktpreis für die Benutzung von Arbeitskraft, der Löhne genannt wurde, und einen Marktpreis für die Benutzung von Land, genannt Rente. Arbeit und Land waren mit Märkten für sich ausgestattet, die den Märkten für die Waren ähnelten, die mit ihrer Hilfe produziert wurden.
>
> Die Auswirkung eines solchen Schrittes kann ermessen werden, wenn wir uns daran erinnern, daß Arbeit nur eine andere Bezeichnung für Mensch ist, und Land für Natur. Die Warenfiktion übereignete das Schicksal von Mensch und Natur dem Spiel eines Automaten, der sich in seinen eigenen Gleisen bewegte und von seinen eigenen Gesetzen gelenkt wurde. (Polanyi 1977, S. 10–11)

Polanyi zufolge ist es ein schwerwiegender Irrtum, »die menschliche Ökonomie insgesamt mit ihrer Marktform« gleichzusetzen. Die Unterscheidung zwischen beiden wurde seiner Ansicht nach immer wieder vom ökonomischen Zeitgeist verwischt (Polanyi 1977, S. 6). Die Annahme, daß die ökonomischen Gesetze, nach denen wir heutzutage handeln, in irgendeiner Weise ewig oder absolut sind, ist ausgesprochen irreführend, was nicht heißt, daß sie selten vertreten wird. Das Prinzip der Marktwirtschaft überträgt sich auf die soziale Struktur, die auf einer breiteren Grundlage beruht, was laut Polanyi dazu führt, daß die materiellen Motive für menschliche Aktivitäten betont werden. Das geht teilweise bis zur faktischen Ausschließung aller anderen Antriebe. Auf diese Weise verzerren wir unser Verständnis von uns und unserer Gesellschaft.

Menschliche Handlungen, Bedürfnisse, Ideale und Bestrebungen auf die handhabbare Ebene gleichartiger Geschäfte zu reduzieren, ist als Vorgehensweise für bestimmte klar umrissene Zwecke vielleicht noch zu rechtfertigen. Das Ausmaß allerdings, in dem solch eine abstrakte Analyse als das »wahre« Maß für individuelle Interessen akzeptiert wird, gibt zumindest zu denken. Es ist um so überraschender, daß diese Herangehensweise weiterhin als nahezu unbestrittener Grundsatz gelten kann. Ein System, in dem jeder ausgegebene Pfennig bei der Kalkulation der Grunddaten des gesellschaftlichen Wohlstands automatisch als positiver Nutzen gerechnet wird – für das Bruttosozialprodukt –, sollte eigentlich mit erheblicher Vorsicht behandelt werden. Es ist für diese Berechnung nämlich grundsätzlich gleichgültig, ob der Pfennig für die Konstruktion von Zerstörungswaffen, für die Bekämpfung steigender Kriminalität, die Behandlung der vermehrten Fälle mentaler und physischer Krankheiten oder für die Linderung der schlimmsten Auswirkungen der Umweltverschmutzung verwandt wird. Wenn dieses System grundsätzlich unfähig ist, die unterschiedliche Qualität individueller und kommunaler Leistungen und Werte zu kalkulieren, die zu jedem ökonomischen Austausch beitragen, ist es an der Zeit, darüber zu diskutieren, ob seine Anwendung nicht ernsthaft eingeschränkt werden sollte. Einige Menschen halten diese ökonomische Herangehensweise für eine »schreckliche Aneinanderreihung von Mißerfolgen und Fehlkonzeptionen«:

> Die Ökonomen haben mit ihren sich auf Geld gründenden Indikatoren und Zielen und mit einer Orientierung fast ausschließlich an der

> formalen Ökonomie die Situation immer wieder falsch eingeschätzt. Viele ihrer Ratschläge und Heilmittel führten eher dazu, daß sich die Lage verschlechterte. Diese Indikatoren tendieren, abgesehen von anderen Fehlern, dazu, Kosten und Nutzen miteinander zu vermengen, gesellschaftliche und Umweltfaktoren außer acht zu lassen und die inoffizielle Ökonomie insgesamt als eine Quelle von Arbeit und Reichtum zu ignorieren. (Henderson und andere 1986, S. 38)

Dennoch herrscht diese Ideologie auch weiterhin in gänzlich unpassenden Bereichen vor. Marvin Harris zum Beispiel hält daran fest, daß die Menschen »normalerweise ... für das, was sie tun, gute und zureichende praktische Gründe« haben, »und davon sind die Eßgewohnheiten nicht ausgenommen« (Harris 1988, S. 8; 1975, S. VII). Er befürchtet, daß eine Mitberücksichtigung von etwas anderem als materiellen Erklärungen nur dazu führt, »Menschen vom Verstehen der Gründe für ihr gesellschaftliches Leben« abzuhalten. (Harris 1988, S. 14; 1975, S. VII). Seine Analysen beziehen sich folglich auf Kräfte, die uns »veranlassen«, uns so zu verhalten, wie wir es tun. Ein Beweggrund für den Kannibalismus sind demnach zum Beispiel rationale Nährwertmotive. Da Harris ein Produkt der modernen westlichen Kultur ist, überraschen seine Anschauungen nicht. Die Ironie seiner Behauptung, daß »Menschen beigebracht wird, ausgeklügelte ›vergeistigte‹ Erklärungen kultureller Phänomene höher zu bewerten als irdische materielle« (1975, S. VII) liegt darin, daß normalerweise genau das Gegenteil der Fall ist: wirkliche Glaubwürdigkeit wird meistens nur dem zugebilligt, was direkt zu beobachten und zu messen ist. Seine Theorien bieten einer Gesellschaft, die daran gewöhnt ist, alles andere als das »irdische Materielle« als im Grunde unbedeutend anzusehen, verlockende wissenschaftliche Erklärungen. Das Interessante an Harris' Position ist seine entschiedene Leugnung einer gesellschaftlichen Komponente für gesellschaftliche Aktivitäten.

Wir drängen nicht-monetäre Aspekte menschlicher Interaktionen immer wieder erfolgreich in den Hintergrund, wir betrachten lediglich rationale, auf Geld bezogene Aktivitäten als real und folglich nur das Wirtschaftssystem als wirkliche Gesellschaft. Die »formale« Ökonomie ist ein Werkzeug, das dazu dient, unsere Weltsicht zu gestalten, sie besitzt soziale und politische Voraussetzungen und hat soziale und politische Auswirkungen. Sie ist Teil des männlichen Ethos', das in der westlichen Kultur in ihrer ganzen jüngeren

Geschichte bestimmend war. Dieses Ethos betont den Mechanismus, Reduktionismus, Wettbewerb, die Hierarchie und die Vorherrschaft. Laut Bertrand Russel spiegelt sich der Einfluß dieser Ideologie auch in der zentralen Rolle wider, die dem Wettbewerbselement in der Evolutionstheorie Darwins und besonders durch seine Nachfolger und Interpreten zugewiesen wurde (»der Stärkste überlebt«). Diese Theorie wird nach wie vor herangezogen, um ausbeuterische Vorgehensweisen in politischen und kommerziellen Angelegenheiten, wie unter anderem im Fleischversorgungssystem, zu rechtfertigen:

> Der Darwinismus war die Anwendung der Malthusschen Bevölkerungstheorie auf das gesamte Tier- und Pflanzenleben; diese Theorie war ein integrierender Bestandteil der benthamitischen Politik und Ökonomie – ein weltumfassender freier Wettbewerb, aus dem diejenigen Lebewesen als Sieger hervorgingen, die am meisten Ähnlichkeit mit erfolgreichen Kapitalisten hatten. (Russell 1950, S. 788)

Von der Anwendung dieser Ideologie profitieren vor allem die Menschen in Machtpositionen, jene, die bestimmen, was geschieht. Menschen an den Schaltstellen der Macht propagieren seit langem ein einflußreiches Paket von Meinungen, die mit ihrer Anschauung über die richtigen Beziehungen zwischen den Starken und den Schwachen übereinstimmen, seien diese nun Menschen oder Tiere. Zu diesen Meinungen gehört, daß Macht als das rechtmäßige Vorrecht der Mächtigen anzusehen ist, und – als ein wesentlicher Gedanke –, daß die Menschen naturgemäß über die natürliche Welt herrschen. Es ist in diesem Zusammenhang interessant, von möglichen Wechselbeziehungen zwischen Gesellschaften wie der Polynesiens zu hören, die vom Gemüseanbau lebten und deren politisches System im allgemeinen nicht hierarchisch war, und solchen Gesellschaften, deren Umgang mit Herden eine autoritärere Politik hervorgebracht haben könnte (Thomas 1983, S. 46, bei der Erörterung von Haudricourt 1962). Die Ideologie der Herrschaft über die natürliche Welt, die auch das Fleischessen betont, ist in der Regel mit solchen Idealen wie Autorität, Tradition, einer Ökonomie des Laissez-faire und dem Indeterminismus verknüpft. Umgekehrt wurde der Vegetarismus, der für weniger ausbeuterische Beziehungen zu Tieren eintritt, traditionell mit egalitäreren Ideologien in Zusammenhang gebracht. George Orwell zum Beispiel sagt:

> Der typische Sozialist ist nicht, wie zittrige alte Damen es sich ausmalen, ein grimmig blickender Arbeiter mit schmierigen Überhosen

> und rauher Stimme. Er ist ... typischerweise ein zimperlicher kleiner Mann mit einem Bürojob, gewöhnlich heimlicher Abstinenzler und oft mit vegetarischen Neigungen ... (Orwell 1982, S. 169)

Viele in der heutigen Gesellschaft sehr einflußreiche Menschen glauben geradezu religiös an die Kräfte des Marktes. Solche Menschen werden als die ultimativen Richter über das, was Recht und Ordnung zu sein hat verehrt und entbinden dadurch den einzelnen von der Last persönlicher Verantwortung. Wir betrachten die Werte unserer Kultur als naturgegeben, verleiben sie unseren eigenen Ansichten ein und verewigen so den Status Quo. Auf diese Weise genießt die Ökonomie im zeitgenössischen Denken unserer Gesellschaft einen einzigartigen mythologischen Status. Wir sollten es aber nicht zulassen, daß die kollektive Fixierung auf ein Werkzeug der Analyse es zu unserem Mittelpunkt werden läßt. Der Zauber einer derart stark vereinfachenden Erklärung für die Komplexitäten des menschlichen Verhaltens sollte nicht unsere Empfindungsfähigkeit für alternative Verständnisweisen abstumpfen.

Das Fleischessen ist wie jeder Konsum ein greifbarer Ausdruck persönlicher Vorstellungen, die in einem bestimmten kulturellen Zusammenhang stehen. Diese Vorstellungen müssen wir als Quelle für die jeweiligen Werte ansehen. Wenn wir uns entscheiden, Zeit, Geld oder irgendeine andere Währung in die Besorgung, Vorbereitung, das Anbieten oder Essen von Fleisch zu investieren, entscheiden wir uns (und das entspricht auch dem Ökonomen-Konzept von den Opportunitätskosten) gleichzeitig gegen alternative Wege, diese Ressource zu verwenden – für andere Nahrungsmittel, andere Handlungsweisen oder andere Möglichkeiten, wie zum Beispiel Wohltätigkeit oder Sparen. Die Frage ist jedoch, *warum* ein Nahrungsmittel so hochgeschätzt wird, und die Antwort kann nur in den Vorstellungen gefunden werden, die die in der Gesellschaft lebenden Individuen in sie einbringen. Im Fall des besonderen Gebrauchsgegenstandes Fleisch sind unsere Handlungen vor allem von unserer Ideologie im Hinblick auf die natürliche Welt durchdrungen – sie bestimmt, ob wir dem Fleisch anderer Tiere als Konsumtionsmittel einen hohen Wert, einen niedrigen Wert oder sogar einen negativen Wert beimessen.

Obwohl nichts aus sich heraus luxuriös ist, könnte Fleisch als ein natürliches Symbol von hohem Wert bezeichnet werden. Es ist auffällig, daß wir Fleisch als einen zentralen Gegenstand unserer Wertschätzung wählen, vor allem bezogen auf den Geist, in dem wir uns lange Zeit der Welt näherten.

Fleisch ist das Fleisch einst lebender Tiere, das wir zu unserer physischen Konsumtion bestimmen. Das macht es zu einem außerordentlich guten Beispiel für unsere Fähigkeit, die nicht menschliche Welt zu kontrollieren und zu unterwerfen – ein Ziel, auf das wir, wie in den Kapiteln 5 und 6 gezeigt wurde, bisher (vielleicht aus gutem Grund) großen Wert legten. Das heißt nicht, daß Fleisch *unweigerlich* einen gehobenen sozialen Status behalten wird, es heißt nur, daß es wahrscheinlich solange als positiv angesehen wird, wie wir unsere Fähigkeit hoch bewerten, alles Wilde zu kontrollieren. Diese Erklärung schließt Ernährungsmotive für das Essen von Fleisch nicht aus. Solche Motive gibt es sicherlich, aber sie sind nicht dazu geeignet, die überragende Stellung von Fleisch zu erklären.

Sogar innerhalb der begrenzten Sichtweise der formalen Ökonomie wurde schon vor langer Zeit erkannt, daß Gegenstände nicht deshalb schwer zu erlangen sind, weil sie teuer sind, sondern weil wir die Gegenstände wertvoll nennen, die sich unserem Wunsch, sie zu besitzen, widersetzen (Simmel 1967). Die natürliche Umwelt widersetzt sich unserem Wunsch, sie zu besitzen und zu kontrollieren. Für die menschlichen Kulturen, die bestrebt waren, ihre Identität getrennt vom Rest der Natur und über ihn erhoben zu etablieren, verkörpert die Konsumtion von Tierfleisch Macht, Leistung, Prestige und Zivilisation: das Menschsein. Die Tatsache, daß Fleisch hinsichtlich der Mühe, die erforderlich ist, es zu produzieren, teuer ist und mit der Fleischproduktion hohe Umweltkosten verbunden sind, ist nicht ein Hindernis, sondern im Gegenteil ein *Grund* dafür, daß Fleisch so hoch angesehen ist. Dies entspricht der Beobachtung, die Lévi-Strauss zu der Feststellung veranlaßte, daß in vielen Gesellschaften die angesehenste Zubereitungsmethode von Fleisch das Braten ist, weil es mit der größten Verschwendung einhergeht (1966). Marvin Harris schätzt diesen Aspekt des Wertes von Fleisch höher ein als alle anderen, wenn er behauptet, daß in Ackerbaugesellschaften »ernährungspraktisch gesehen, tierische Nahrung einen besonderen Wert [hat], aber sie ist auch besonders schwer zu produzieren. Ihre symbolische Bedeutung gewinnt sie durch diese Kombination aus Nützlichkeit und Knappheit« (1988, S. 16). Diese unbegründete Annahme verschleiert, daß Fleisch durch unterschiedliche Menschen ganz unterschiedlich bewertet wird. Man denke dabei nur an die vielen Menschen und Gesellschaften, die eine vegetarische Ernährung vorziehen. Die ökonomische Vorrangstellung von Fleisch ist an eine andere gedankliche Ebene gebunden: an das, was Fleisch für unsere Gesellschaft verkörpert – die Kontrolle der natürlichen Welt und all ihrer Bestandteile.

Wir begegnen immer wieder Fällen, in denen der Fleischverzehr dazu dient, Macht und Reichtum zu verkörpern, oder der Tatsache, daß Fleisch Mangel verkörpert, wenn es nicht vorhanden ist. Als der Moderator der morgendlichen Nachrichtensendung von BBC Radio 4, *Today*, den Minister für das Gesundheitswesen zu einer vernünftigen Definition von Armut bewegen wollte, fragte er: »Würden Sie der Aussage zustimmen, daß Menschen arm sind, wenn sie es sich nicht leisten können, regelmäßig Fleisch zu kaufen?« (12. Mai 1989). Will eine Lokalzeitung die Härte darstellen, die StudentInnen erleiden müssen, wenn ihre finanzielle Unterstützung gekürzt wird, veröffentlicht sie eine Fotografie von einer Studentin, die zusammengekauert in der Dezemberkälte sitzt, mit der Überschrift: »Lucy träumt von einem Festschmaus mit den Steaks aus dem Supermarkt.« (Smith 1988, S. 14). Es heißt, daß Chruschtschow propagiert habe, daß eins seiner wichtigsten Mittel zur Erhöhung des Ansehens des kommunistischen Systems der Sowjetunion darin bestünde, die Vereinigten Staaten in der Fleischproduktion zu übertreffen (Voinovich 1987, S. 13). Und wenn Marvin Harris politische Sympathien für sein amerikanisches Heimatland gewinnen will, während er angeblich seine Lieblingstheorie des »Fleischhungers« erklärt, gibt er Folgendes zum besten:

> Stellen Sie sich eine Schlange von Menschen in schäbigen Regenmänteln vor, mit Schirmen in der einen und Plastiktüten und Aktentaschen in der anderen Hand. Während sich die Schlange im grauen Morgendämmer langsam voranschiebt, machen die an der Spitze widerwillig Platz, um Schwangere oder Frauen mit Kleinkindern vorzulassen. Die weiter hinten Stehenden murren oder witzeln über die Praktiken, sich die Kleider mit Kissen auszustopfen oder für den morgendlichen Einkauf Babies auszuleihen. Eine Frau mit Strickmütze erklärt: »An diesem Verkaufsstand hat es keine Preiserhöhungen gegeben, weil es hier sowieso nichts zu kaufen gibt.« Die Polen beginnen ihre tägliche Jagd nach Fleisch. (Harris 1988, S. 13)

Zwischen dem Geldsystem und dem System der Fleischnahrung werden noch viele andere und unterschiedliche Zusammenhänge hergestellt. Fleisch ist nicht nur finanziell ein teures Nahrungsmittel. Der kulinarische Begriff »reich« wird oft auf Düfte angewandt, die von Tierprodukten ausgehen. Fleisch und der Besitz lebender Tiere zeigten schon vor langer Zeit Reichtum und Stärke an. In der *Ilias* macht sich Homer über Glaukos lustig, weil er seine goldene Rüstung im Wert von 100 Ochsen gegen Diomedes' Bronzerüstung tauschte, die nur 9 Ochsen wert war. Die Verfügungsgewalt über Tiermuskeln bringt ökonomische »Muskeln« mit sich und ist andererseits auch ein Zeichen für sie. Das Wort pekuniär stammt zum Beispiel vom lateinischen *pecus*, »Vieh«, ab, und das französische Wort *chattels*, »beweglicher Reichtum«, entstand aus dem gleichen Begriff, aus dem sich auch das englische Wort für Vieh, *cattle*, entwickelte. Wie Jonathan Culler aufzeigt, bedeutete das englische Wort *cattle* linguistisch zunächst »Reichtum im allgemeinen, dann wurde es mehr und mehr auf unseren vierfüßigen Reichtum beschränkt … bis es letztlich seine heutige Bedeutung ›gezüchtete Rinder‹ erhielt.« (Culler 1976, S. 22)

Fleisch war lange ein starkes Symbol für die Macht über das Wilde, und historisch war das vielleicht vor allem deshalb der Fall, weil es schwierig und kostspielig zu beschaffen und zu unterhalten war. Die Versorgung mit Tieren und also mit Fleisch kontrollierten folglich in den meisten Fällen die Reichen, die Gebildeten, die Mächtigen, die Hauptakteure im menschlichen Drama … die, die sich selbst für die zivilisiertesten Menschen halten. Seine Bereitstellung und Konsumtion wurde wiederum dazu benutzt, den Wohlstand und die Erfahrenheit derjenigen zu demonstrieren, die seine Beschaffung kontrollieren. So schließt sich der Kreis der Bedeutungen.

12
Gesundheit

Protein. Dieses Wort bedeutet »das Erste«. Proteine sind ein »wichtiger Teil aller lebenden Organismen und der wesentliche stickstoffhaltige Bestandteil der Nahrungsmittel aus Tieren« *(Oxford English Dictionary).* Bis weit in das zwanzigste Jahrhundert hinein war es ein wissenschaftlicher Grundsatz, daß tierisches Protein in der menschlichen Ernährung eine Vorrangstellung einnehmen sollte. Die Nahrhaftigkeit von Fleisch bleibt auch der Wert, den die Fleischerzeuger am stärksten hervorheben. Sie verwenden große Anstrengungen darauf, die Öffentlichkeit darüber zu unterrichten, daß Fleisch ein unverzichtbarer Teil einer gesunden Ernährung ist. Der Glaube an die grundlegende Lebenskraft hoher Proteinzufuhren – im allgemeinen also von Fleisch – ist in der modernen Gesellschaft populär:

> »Bei einem Erwachsenen ist es nicht so schlimm, aber bei Kindern in der Wachstumsphase bringt diese Art der Ernährung angeblich Probleme, weil sie so viel mehr essen müssen, um denselben Proteinlevel aufrechtzuerhalten – das heißt, es wäre für das Kind nicht gesund, die Mengen zu essen, die für diesen hohen Proteinlevel erforderlich wären, wenn Sie sehen, was ich meine. Bei einem Nahrungsmittel mit hohem Proteinanteil, wie z. B. Fleisch, ist das Kind zufrieden und bekommt eine ausreichend hohe Proteinration. Ich glaube, das ist richtig ...«

> »Ich glaube nicht, daß ich vollständig Vegetarierin werden könnte. Ich fände das, glaube ich, schwierig. Dann muß nämlich das persönliche Proteingleichgewicht ermittelt werden, und Sie müssen darauf achten, daß Sie genug Sojabohnen und so etwas zu sich nehmen.«

> »Sie scherzen. Ich würde sterben!«

Der allgemeine Glaube an die Notwendigkeit großer Mengen Proteins in der menschlichen Ernährung geht auf die Arbeit von Baron Justus von Liebig zurück, einem bedeutenden deutschen Chemiker des neunzehnten Jahrhunderts. In seinem Werk über die

Tierchemie (1842) und in seinen *Chemischen Untersuchungen über das Fleisch und seine Zubereitung zum Nahrungsmittel* (1847) bezeichnete Liebig Fleisch begeistert als den wesentlichen Ausgangsstoff für die Wiederherstellung der Muskelkraft. Er verlieh den »gängigen Vorstellungen, daß tierische Nahrung nahrhafter sei als reines Gemüse, einen neuen, wissenschaftlichen Rang, und sein Ansehen stattete Fleisch bald mit geradezu magischen Fähigkeiten aus« (Griggs 1986, S. 15). Liebig verstärkte den irrigen, aber im 19. Jahrhundert verbreiteten Standpunkt, daß Muskeln bei ihrer Betätigung abgenutzt würden und nur durch neues Protein oder, in anderen Worten, durch Fleisch ersetzt werden könnten. Er vertrat diese Auffassung, obwohl er wußte, daß die meisten Primaten und andere Säugetiere sich mit wenig oder gar keinem Fleisch ernähren und daß zahllose Menschen mit Pflanzennahrung gesund leben. (Richtige Fleischfresser konsumieren rohes Fleisch, Innereien und Knochen und nehmen damit die für sie notwendigen Nährstoffe auf – Nährstoffe, die unserer bevorzugten Nahrung aus gekochtem oder gebratenem Fleisch fehlen.)

Es gibt etliche Punkte, die über Liebig und die Ursprünge dessen, was als Proteinmythos bekannt wurde, angemerkt werden könnten. Dazu gehört, daß Liebig persönlich mit dem wissenschaftlichen Vorhaben der menschlichen Beherrschung der Natur befaßt war. Er war einer der führenden theoretischen Chemiker seiner Zeit und unter anderem ein Pionier des künstlichen Düngers. Es kann also kaum gesagt werden, daß er in seiner Haltung unvoreingenommen war. Auch ist es nicht besonders überraschend, daß er selbst gerne Fleisch aß. Es war sein Geschäft, »Fleisch« auf »Protein« zu reduzieren, dadurch vergrößerte er sein wissenschaftliches Ansehen.

Interessanterweise vertrat Liebig die Auffassung, daß die Träger der physischen Kraft Muskelfasern seien. Er knüpfte damit an die Vorstellung an, daß durch die Nahrung physische oder spirituelle Qualitäten von ihrem Entstehungsort auf uns übertragen werden könnten. Diese Vorstellung gibt es in vielen Gesellschaften. Simoons bemerkt: »Der primitive Mensch befaßt sich intensiv mit dem Fleisch, das er ißt: dadurch, daß er ein Mitgeschöpf konsumiert, setzt er sich allen möglichen physischen und spirituellen Einflüssen aus« (Simoons 1967, S. 117). Die Auffassung, daß »du bist was du ißt«, vertreten moderne Buddhisten genauso wie bereits die Albigenser des 14. Jahrhunderts. Sie glaubten, »der Verzehr eines warmblütigen Tiers« verletze »den weiten Zusammenhang jener ungeheuren Seelenwanderung, die Vögel, Säugetiere und Menschen in einen allumfassenden Läuterungsprozeß verwickelte« (Le Roy Ladurie 1980, S. 39). Eine gleichartige Vorstellung äußerten vor zwei Jahrhunderten IndianerInnen, die glaubten, daß eine Person, die Wildbret ißt, flinker und weiser sei als eine, die »das Fleisch des schwerfälligen Bären oder der hilflosen Misthaufenhühner [ißt], das behäbige Rind oder das schwere, sich suhlende Schwein.« (Adair 1775, S. 113). Dem Weinbrand *Napoleon* wird bis heute nachgesagt, daß er winzigste Teilchen des Originalspiritus enthält, in den der Körper des Heroen für die Rückkehr in sein Heimatland gelegt worden war. Er soll selbst in solch homöopathischen Dosen den Trinkenden mit einem Bestandteil seines Wesens stärken.

Die Tatsache, daß Simoons solche Glaubensvorstellungen aus ethnozentrischer Sicht nichtwestlichen Völkern zuschreibt, sollte nicht darüber hinwegtäuschen, daß sich unsere eigene Haltung nicht sehr von der Haltung dieser Völker unterscheidet. Liebigs bis heute einflußreiche Ideen sind – daran ändert auch der wissenschaftliche Sprachduktus nichts – eine Variante der Vorstellung, daß Muskel Muskel erzeugt. Es ist besonders kurios, daß gerade dieser Wissenschaftler fälschlicherweise annahm, daß menschlicher Muskel nur aus tierischem Muskel entstehen könne. Liebigs revolutionäre Arbeit über Pflanzennahrung hatte nämlich die ältere Theorie widerlegt, daß Leben nur aus Leben folgen könne, indem er zeigte, daß Kombinationen reiner Mineralien das Wachstum zu fördern vermögen. Liebig spricht, ungeachtet seines theoretischen Positivismus, die Menschen von den Gesetzen los, denen der Rest der Natur unterworfen ist – und unterstützt damit getreulich die Doktrin von der menschlichen Einzigartigkeit.

Liebigs persönliche Ideologie ist wahrscheinlich weniger interessant als die Tatsache, mit welchem akademischen Beifall seine Theorie begrüßt wurde und welchen enormen Einfluß sie besaß. »Nicht nur Chemiker und Physiologen lasen und diskutierten seine Arbeit, sondern auch Amateurwissenschaftler, Journalisten und sogar Hausfrauen machten sich mit Liebigs Ideen und seiner Klassifikation der Nahrung vertraut. ›Kohlenstoffhaltige‹ und ›stickstoffhaltige‹ Nahrungsmittel waren in den 50er Jahren des 18. Jahrhunderts so weit bekannt wie gegenwärtig Kalorien und Vitamine« (McLaughlin 1978, S. 65). Liebigs Popularität läßt sich einfach erklären: Seine Theorien wurden nicht nur deshalb unkritisch übernommen, weil er einen etablierten Ruf besaß, sondern auch, weil die viktorianischen Mittelklassebiologen, wenn sie die Wahl hatten, selber große Fleischesser waren. Wie die Öffentlichkeit waren sie erfreut zu erfahren, daß eine Ernährung mit einem hohen Proteinanteil wissenschaftlich empfohlen wurde. (McLaughlin 1978, S. 67; Rivers 1981, S. 8).

Liebig trug auf einzigartige Weise dazu bei, Fleisch mit dessen modernen, reduzierenden *alter ego* zu versehen, dem Protein, er war jedoch nicht der einzige Wissenschaftler, der das Fleisch für so wichtig für die Ernährung hielt. Tierfleisch wurde mehr als jedes andere Nahrungsmittel lange Zeit und in großen Teilen der Welt als die Verkörperung von Stärke und Lebenskraft angesehen, und die wissenschaftliche Forschung hierzu hat jeweils die Theorie geliefert. Maimonides zum Beispiel, der im 12. Jahrhundert der Leibarzt Saladins war, betonte die Wichtigkeit der Ernährung als medizinische Behandlungsform. An der Spitze seiner Liste guter Nahrungsmittel standen neben Brot aus Vollkornmehl Hammel, Huhn und Wildvögel (Griggs 1986, S. 3).

Solche gebieterischen Ratschläge erschienen verstärkt zwischen dem achtzehnten und dem frühen zwanzigsten Jahrhundert – in einem Zeitraum, in dem, wie bereits festgestellt, der Fleischverbrauch stark anstieg. William Beaumont, ein Chirurg der US-Army, veröffentlichte im Jahre 1833 Berichte über Magenoperationen, in denen er sich auf Beobachtungen schlecht heilender Wunden von Pelztierjägern bezog. Er folgerte aus diesen Beobachtungen, daß »Pflanzennahrung vereinfacht formuliert mehr Zeit und vermutlich mehr Anstrengungen der gastrischen Organe erfordert als tierische« (Griggs 1986, S. 6). Thomas Graham bestätigte zwei Jahre später, daß tierische Nahrung »zweifelsohne mehr mit unserer Natur verwandt und leichter in unsere Ernährung einzuverleiben« sei. Pflanzen dagegen würden »mit größerer Schwierigkeit verdaut«. Er erklärte, daß »Pflanzenkost im Magen stets eine Neigung zur Vorherrschaft zeigt, während das bei der letzteren [tierischen Nahrung], in Maßen genossen, fast nie festgestellt wird … Es gibt nur wenige Menschen, die ausschließlich von Pflanzennahrung leben, und die Konstitution dieser wenigen ist im allgemeinen schwächlich, kränklich und anfällig« (Graham 1835, S. 134–135). Die Wissenschaft begründete, was ihre Praktiker und ihr Publikum schon wußten – Fleisch ist ein wesentliches Nahrungsmittel. Seine Kraft wurde direkt mit der Stärke des Tieres verknüpft, und zwar sowohl auf einer metaphorischen wie auf einer biologischen, den Nährwert betreffenden Ebene.

Bis heute treten manche Menschen dafür ein, daß der Fleischkonsum physiologisch in unserer Konstitution begründet liegt. Marvin Harris zum Beispiel verkauft immer noch Bücher, in denen er behauptet, daß unsere »artspezifische Physiologie und Verdauungsorganisation uns prädisponieren, tierischer Nahrung auf Grund unserer Erfahrungen mit ihr den Vorzug zu geben. Wir und unsere nächsten Artverwandten unter den Primaten schenken Nahrung tierischer Herkunft besondere Aufmerksamkeit, weil solche Nahrung Eigentümlichkeiten aufweist, dank derer sie außergewöhnlich nahrhaft ist« (Harris 1988, S. 26f.). Die Tatsachen stehen jedoch nicht auf seiner Seite. Andere wildlebende Primaten legen zum Beispiel bedeutend weniger Wert auf Fleisch als wir. Harris kann nur auf vage definierte »Eigentümlichkeiten« verweisen, da die Wissenschaft ihn an dieser Stelle weitgehend im Stich läßt.

Harris' Behauptungen könnten einer Erfahrung entsprechen, von der viele Menschen berichten, sowohl VegetarierInnen wie FleischesserInnen. Sie glauben, daß das Essen von Tierfleisch physiologische Änderungen bewirken kann, die eine Art Sucht erzeugen, die sich erst nach einigen Tagen, Wochen oder Monaten der Enthaltsamkeit zurückentwickelt. Es wird vermutet, daß diese Änderungen im Enzymgleichgewicht des Magens stattfinden. Für das Phänomen des Fleischhungers, der dazu führt, daß sich manche Menschen unbefriedigt fühlen, wenn sie eine Mahlzeit ohne Tierfleisch essen, ist also vielleicht biologische Gewöhnung verantwortlich. Der Fleischhunger verstärkt wieder die Überzeugung, daß Fleisch wegen seiner Nährstoffe gebraucht wird. Die Theorie von der biologischen Gewöhnung könnte dazu beitragen, bestimmte körperliche Merkmale zu erklären, von denen im Zusammenhang mit dem Essen von Fleisch berichtet wird:

> »Fleisch riecht! Ibäh. Ich habe das früher nie wahrgenommen, aber jetzt merke ich es. Ich kann es bei Menschen riechen, wenn sie Fleisch gegessen haben. Ich merke es einfach. Ich meine, ich muß richtig dicht an ihnen dran sein. Aber wenn Ian Fleisch gegessen hat, kann ich es riechen ... an seiner Haut. Es ist schrecklich. Es ist wirklich

scheußlich. Ich konnte das früher nie, aber oh ja, ich kann es sagen, wenn er Fleisch gegessen hat.«

»Doch ja, es ist eindeutig wahr. Sie können immer einen Fleischesser erkennen, weil deren Furze so unbeschreiblich stinken! Wenn du überwiegend mit Veggies zusammen bist, merkst du es auf jeden Fall ... naja, es ist wahr, wenn jemand zum Beispiel Unmengen von Bohnen ißt, dann mögen sie ein bißchen stinken wie ... es stinkt nicht richtig objektivierbar. Aber wenn ein Fleischesser neben dir am Pupsen ist, dann gehst du besser aus dem Weg! Ich meine, es ist eben völlig anders. Sie sind wie ... wirklich ganz ranzig oder so. Du kannst riechen, wie der Tod aus ihrem Inneren hervorbricht – buchstäblich.«

Dieses letztgenannte Merkmal erinnert an die Vermutung, daß es einen Zusammenhang zwischen Fleisch und Aggression gibt. Ein gewohnheitsmäßiger Vegetarier, der durch den afrikanischen Regenwald reiste, berichtete in einem Brief nach Hause, daß Menschen, die Fleisch essen, möglicherweise untergründige Signale aussenden, die unser Wesen charakterisieren:

»Kürzlich bemerkte ich zufällig auf dem ganzen Platz einen strengen Geruch, und ich musterte die Menschen in meiner Nähe. Plötzlich wurde mir klar, daß er von mir ausging, und der Grund dafür ist, daß ich, seit ich nach Afrika gekommen bin, Fleisch gegessen habe. Man muß also nicht sehr tief graben, um zu sehen, warum Tiere und Vögel wissen können, ob sie dir vertrauen können oder nicht.«

Eine solche Aussage ist bis jetzt weitgehend anekdotisch. Aber für den »Fleischhunger« – insoweit er sich von dem offensichtlich mentalen Verlangen unterscheidet – wurde gleichfalls noch nicht nachgewiesen, welche zumindest kurzfristige physiologische Grundlage er hat. Volkstümliche Beweise sollten nicht vollständig außer acht gelassen werden, besonders wenn sie Vorboten zukünftiger Weisheiten sein könnten. Die Ernährungs- und biologische Wissenschaft hat oft nur den Vorlieben ihres Publikums allgemeine Gültigkeit verschafft, und der Geschmack ändert sich.

Die wissenschaftliche Forschung lieferte lange eine Grundlage für den allgemeinen Glauben an die Notwendigkeit von Fleisch. Im zwanzigsten Jahrhundert jedoch gab es allmählich Berichte aus den Hochburgen des wissenschaftlichen Establishments, die bis dahin gesellschaftlich nicht besonders akzeptierte Anschauungen unterstützten. Diese Entwicklung hängt mit der Tatsache zusammen (und ist unter anderem darin begründet), daß immer mehr Menschen ihren Fleischverbrauch aus den unterschiedlichsten Gründen reduzieren. Die herkömmlichen Ernährungsstandards haben sich sogar innerhalb der letzten Jahrzehnte beträchtlich verändert:

> 1948, als das Protein in der Ernährung eine wichtige Rolle spielte, empfahl der National Research Council [Forschungsrat] der Vereinigten Staaten für kleine Kinder eine Proteinzufuhr, die fast genau dem Doppelten der Menge entsprach, die 1969 das britische Department of Health and Social Security [Gesundheitsministerium] empfahl. Und ... der Betrag, der von der FAO [Food and Agricultural Organisation, Nahrungsmittel- und Landwirtschaftsorganisation der UNO] und der Weltgesundheitsorganisation empfohlen wird ... entspricht derzeit ungefähr der Hälfte der DHSS Zahl. Praktisch bedeutet das, daß es ohne starke Unterstützung durch tierische Produkte schwer gewesen wäre, der NRC-Empfehlung von 1948 nachzukommen ... Um die gegenwärtigen Empfehlungen umzusetzen, ist eine Verwendung von Tierprodukten nur als Ergänzung zum Pflanzenprotein erforderlich – oder eigentlich sind sie, wie es die Veganer demonstrieren, als Proteinquelle überhaupt nicht nötig. (Tudge 1985, S. 112)

Wissenschaftliche Untersuchungsergebnisse aus dem zwanzigsten Jahrhundert stimmen zunehmend darin überein, daß Fleisch keine absolute Voraussetzung für eine gesunde Ernährung ist. Sie stellen zum Beispiel fest, daß »es, ohne auf hohe Mengen an Zucker, Marmeladen und Gelees und andere im wesentlichen proteinfreie Nahrungsmittel zurückzugreifen, schwierig ist, eine gemischte Pflanzenernährung zusammenzustellen, die einen nennenswerten Mangel an Körperprotein zur Folge hat« (Hegsted und andere 1955, S. 555). Eine wichtige, 1964 veröffentlichte Rezension der wissenschaftlichen Literatur über den Vegetarismus oder eine nahezu vegetarische Ernährung kam zu dem Ergebnis, daß eine »vernünftig ausgewählte Pflanzennahrung, die durch eine gewisse Menge an Milchprodukten unterstützt wird und Eier einbezieht oder nicht, jeder Ernährungsanforderung aller Altersgruppen genügt« (Hardinge und Crooks 1964, S. 537). Die American Dietetic Commission [amerikanische Ernährungskommission] erkennt mittlerweile sogar an, daß »der Großteil der Menschheit während der überwiegenden Zeit seiner Geschichte von fast vegetarischer Ernährung lebte« (Brody 1981, S. 438).

Es gibt auch in jüngster Zeit genügend Forschungsergebnisse, die nahelegen, daß ein hoher Fleischkonsum nicht gerade unnötig, aber in verschiedener Hinsicht ungesund ist. Als Grund dafür wird teilweise das Fleisch an sich angeführt, teilweise werden aber auch die angewandten Produktionsmethoden dafür verantwortlich gemacht. Peter Cox zum Beispiel beschreibt eindringlich die Skala der Gefährdungen. Diese schließen unter anderem die chemischen Rückstände von Hormonen ein, die durch den Schwarzmarkt viel weiter verbreitet werden, als sie es legal jemals waren (Cox 1986, S. 24). Die Sorge darüber spiegelt sich selbst im *Meat Trades Journal* wider, das kürzlich auf der Titelseite die Schlagzeile präsentierte: »Landwirte lachen über das Schlupfloch im Hormonverbot« (1989b, S. 1). Der dazugehörige Artikel klagt über die regelmäßige Entdeckung hormonbehandelter Rinder in öffentlichen Schlachthäusern durch Inspektoren, die machtlos sind, den Handel zu unterbinden. Cox dokumentiert Beweise für einen Zusammenhang zwischen dem Fleisch-, Fett- und Proteinkonsum und verschiedenen Krebsarten, sowie dafür, daß Fleisch ein wesentlicher Faktor für Herzkranzerkrankungen ist. Fleisch soll auch zu der steigenden Immunisierung gegenüber Antibiotika, zu allergischen Reaktionen, Diabetes, Bluthochdruck und Gallensteinen beitragen – ganz zu schweigen von einer allgemeinen Herabsetzung der körperlichen Leistungsfähigkeit (1986, S. 35–67, S. 82–102).

Die überwiegende Mehrzahl der Nahrungsmittelvergiftungen ist auf Fleisch zurückzuführen. Berichte hierüber haben sich seit 1982 verdreifacht (Ehrlichman 1990, S. 3), und die Besorgnis über solche Geschehnisse führt immer öfter zu Einbrüchen bei den Verkaufszahlen. In Cheshire und Nordwales zum Beispiel sank der Absatz von gekochtem Fleisch um die Hälfte, nachdem eine Salmonellenvergiftung auf Schweinshaxen zurückgeführt worden war (*Meat Trades Journal* 1989f, S. 3). Weniger als 10 Prozent der britischen Schlachthäuser sind so hygienisch, daß sie die Erlaubnis besitzen, innerhalb Europas Fleisch zu exportieren. Lebensmittelprüfer beklagen sich über unzureichende Sterilisation und aufgeplatzte Eingeweide, durch die Fleisch mit Fäkalien verunreinigt wird. Bei den durch Fleisch übertragenen Infektionen handelt es sich unter anderem um Salmonellen, Campylobacter, Bandwürmer und andere Parasiten, Listeriose, Toxoplasmose und Chlamydien (Ehrlichman 1990, S. 3).

Fortwährend werden noch ernsthaftere Bedrohungen entdeckt. Die Handelspresse teilte mit, daß »britisches Rindfleisch die Quelle seltener Organismen sein könnte, die ein in manchen Fällen tödliches Nierenversagen verursachen«. Dies geschah im Zusammenhang eines Berichts darüber, daß die öffentliche Gesundheitsforschung Sheffield ein Serotoxin entdeckt hatte, das *E. coli*, eine Bakteriengattung, produziert (*Meat Trades Journal* 1989c, S. 15). Eine schwedische Studie ergab, daß die Muttermilch von Frauen, die sich lakto-vegetarisch ernähren, die niedrigste Menge an DDT-Verbindungen, PCB und anderer Umweltgifte enthielt (Noren 1987). Regelmäßig werden in Tiernahrung höhere Giftrückstände nachgewiesen als in Pflanzennahrung. Das liegt unter anderem daran, daß Tiernahrung beim Durchlaufen der Nahrungskette konzentriert wird, so wie es zum Beispiel mit der Radioaktivität nach Tschernobyl geschieht, wenn Schafe das verseuchte Gras in den britischen Bergen konsumieren. Die jüngste Bedrohung war die Gefahr der Übertragung der bovinen spongiformen Encephalopathie – BSE oder »Rinderwahnsinn« – durch eine auf Menschen »überspringende« Spezies, die offenbar schon von Schafen auf Rinder übergegangen war. Entsprechende Befürchtungen werden durch die Tatsache verstärkt, daß die Symptome für die BSE nur im letzten Stadium auftreten, also nicht immer erkannt werden kann, welche Tiere infiziert sind.

Medizinische Untersuchungen und die Medien beleuchten in der überwiegenden Zahl der Fälle nur bestimmte Faktoren, die einzelne Krankheiten auslösen können. Einige Menschen nehmen einen konsequenteren Standpunkt ein. Sie bestreiten insgesamt, daß Fleisch oder sogar alle Tierprodukte Bestandteil einer gesunden Ernährung sein sollten. Eine aktive Kämpferin für die Rechte der Tiere erzählte mir, wie sehr sie ihren ethischen Standpunkt durch die medizinischen Beweise bestätigt sah:

> »Ich verstehe einfach nicht, warum die Leute nicht endlich erkennen, daß fast alle Krankheiten von Tierprodukten herrühren. Es ist offensichtlich, daß Veganer so viel gesünder sind, weil sie nicht dauernd all diese schrecklichen Dinge essen, die so schlecht für uns sind. Die Medien regen sich so lange über Nahrungsmittelvergiftung oder Cholesterin oder irgend etwas anderes auf, wie sie nicht das ganze Bild betrachten und sehen, daß wir eben nicht dafür geschaffen sind, andere Tiere zu töten und zu essen. Es ist wie eine Art Suchtkrankheit, die die Leute haben, sie machen immer weiter, selbst wenn sie wissen, daß es sie umbringt …«

Viele Menschen glauben, daß das Essen von Tieren unsere Herzen nicht nur physiologisch, sondern auch emotional verhärtet.

Eine weitere Reihe von Gesundheitsbefürchtungen, die mit dem Fleischessen verbunden sind, bezieht sich auf seine mentalen oder spirituellen Auswirkungen – daß es Menschen grausam, unsensibel oder aggressiv macht. Es gibt einige Hinweise darauf, daß es solche Auswirkungen tatsächlich hat und daß sie auf einen physischen Vorgang zurückzuführen sein könnten. Weinstein und de-Man (1982) fanden bei einem Test mit StudentInnen, die sich unter Kontrolle ernährten, bei FleischesserInnen bedeutend mehr negative Emotionalität. Diese Resultate betrachteten sie als mögliche Auswirkungen eines Prozesses, der über die Blutchemie vonstatten gehen könnte. Die Verbindung von Fleisch und Grausamkeit wird offenbar auch ausgenutzt, Soldaten zum Beispiel erhalten oft eine Ernährung mit hohem Fleischanteil. Eine Reihe von Gesundheitssorgen bezieht sich also nicht nur auf die physischen Konsequenzen der Auswüchse der industriellen Zivilisation, sondern auch auf die spirituellen Auswirkungen, wie sie sich in der aggressiven und ausbeuterischen Ideologie unserer Kultur zeigen ... diese Vorstellungen werden im nächsten Kapitel näher untersucht. Es wäre nicht richtig, solche Gedanken losgelöst von der Gesundheitsfrage zu betrachten, denn sie sind untrennbar mit ihr verbunden.

Einige WissenschaftlerInnen kultivieren weiter den Glauben an die Unentbehrlichkeit von Fleisch. Sie schüren Zweifel an der Sicherheit einer alternativen Ernährung, machen sich über VegetarierInnen als schwächliche Bleichgesichter lustig und führen als Gegenbeispiel zu ihnen die (angeblich gesunde) Körperverfassung ihrer fleischessenden Mitmenschen an. Eine ganze Richtung derartiger Auffassungen entstand in den 60er und 70er Jahren in den USA. Sie ist es in zweierlei Hinsicht wert, beachtet zu werden. Zum einen werden in dieser Richtung Individuen und Gruppen, die in Ernährungsfragen einen abweichenden Standpunkt vertreten, mit kaum verhülltem Mißtrauen behandelt, so, als ob ihre subversiven Anschauungen und Verhaltensweisen bedrohlicher seien als die herkömmlichen Ernährungsweisheiten (was sie in gewisser Weise auch sind: sie nagen im Endeffekt am Weltbild der Gesellschaft). Zweitens ist es interessant, daß solche Auffassungen in einer Zeit auftreten, in der die schulmedizinische Wissenschaft einem rapiden Wandel unterliegt und weithin erkannt wird, daß eine vegetarische Ernährung zumindest genauso gesund, wenn nicht gesünder ist als das Fleischessen. Einige WortführerInnen sträuben sich offenbar zu akzeptieren, daß das Feld ihrer gewohnheitsmäßigen Kritik an einer fleischlosen Ernährung verlorengeht. Sie versuchen, durch die Diskriminierung anderer ihre eigenen Neigungen zu verteidigen. In dieser Auseinandersetzung werden häufig extremste Praktiken oder kurzfristige Ernährungsmaßnahmen so dargestellt, als wären sie alltägliche Verhaltensweisen. Sie ist durchsetzt mit Begriffen wie »Launen« und »modisch«, die die Betreffenden ideologisch ausgrenzen:

> Die Auswirkungen modischer Ernährungen und Kulte könnten folgendermaßen zusammengefaßt werden: einige dieser Launen sind an sich harmlos, aber viele, wie z. B. die makrobiotische Zen-Ernährung, sind gesundheitsschädlich und greifen die Gesundheit an, wenn sie über längere Zeiträume angewandt werden ... alle erfordern unbedingt größere Kenntnisse der psychologischen Reaktionen und der emotionalen Antriebe, die den Schwärmer beherrschen, sowie ein Verständnis davon, wie ihm richtige Ernährungsgewohnheiten beigebracht werden können. (Todhunter 1973, S. 313)

> Jeder, der diesen Leuten berufsmäßig zu helfen versucht, muß den einzelnen Kult im Zusammenhang seiner eigenen Begriffe verstehen und, wenn er Änderungen zum Besseren zu bewirken hofft, die Einflüsse erkennen, die die Nahrungsauswahl bestimmen ... Wir fanden heraus, daß wir bei Erziehungsversuchen tolerant sein müssen und sogar über den Mißbrauch hinwegsehen sollten, den viele dieser Menschen sich aufzuerlegen wünschen. Das Beste, das wir in solchen Fällen tun können, ist, sie davon abzuhalten, den Kindern zu schaden. (Erhard 1973, S. 12)

Die wiederholte Durchführung medizinischer oder psychologischer Untersuchungen über Themen wie: »Die psychologischen und kognitiven Merkmale von Vegetariern« (Cooper und andere 1985) ist ein Anzeichen dafür, inwieweit manche WissenschaftlerInnen den Vegetarismus auch heute noch als eine Abweichung von der Norm begreifen. Forschungsvorhaben dieser Art sagen mehr aus über die Kultur, durch die sie bestimmt sind, als über ihren Gegenstand, nicht zuletzt deshalb, weil sie davon ausgehen, daß das Fleischessen das normale Verhalten wohlangepaßter Menschen ist. Die Naivität, mit der in der oben genannten Untersuchung spontane Äußerungen wie »Abneigung gegen Tierfleisch« als Erklärungen akzeptiert werden, belegt die wissenschaftliche Differenziertheit der Terminologie ihres Autors, und der ganze Tenor des Reports läßt einen darüber nachdenken, was ursprünglich wohl der

Grund dafür war, daß die Forscher kulinarische Minderheiten psychischer Krankheiten verdächtigten. Die Studie benutzte:

> acht verschiedene psychometrische Tests, darunter die Hopkins-Symptom-Checkliste (HSC), den Fragebogen über Krankheitsverhalten (IBQ, Illness Behaviour Questionnaire), den Eysenck-Fragebogen zur Persönlichkeitserforschung und den Hysteroid-Obsessoid-Fragebogen. Die Resultate zeigen, daß sich die Versuchspersonen nicht von Kontrollpersonen unterschieden, die zu Tests über andere Bereiche der Psychopathologie aufgefordert wurden, obwohl sie bei der HSC und dem IBQ erhöhte somatische Werte zeigten. Als erster Grund dafür, auf Fleischprodukte zu verzichten, werden Gesundheitsbefürchtungen angeführt, gefolgt von dem Wunsch, Grausamkeit gegenüber Tieren zu vermeiden, und einer Abneigung gegenüber Tierfleisch und von der Angst vor einer Nahrungsmittelknappheit in der Welt. (Cooper und andere 1985)

Offen feindselige, bangemachende Berichte über den Vegetarismus werden seltener, seit der Großteil der medizinischen Forschung nachgewiesen hat, daß eine Ernährung mit wenig oder gar keinem Fleisch gesünder ist als eine Ernährung, in deren Mittelpunkt die regelmäßige Aufnahme großer Fleischmengen steht.

Die Ansicht, daß ein exzessiver Fleischverzehr nicht nur überflüssig, sondern schädlich ist, wird nicht erst seit dem zwanzigsten Jahrhundert vertreten. Es gibt sie vermutlich schon, seit Menschen überhaupt Fleisch essen. Selbst ein Magazin über Körperertüchtigung aus der Zeit der Jahrhundertwende fand Raum, in pseudowissenschaftlichen Begriffen darauf hinzuweisen, daß man rotes Fleisch nur in Maßen zu sich nehmen sollte:

> Essen Sie nicht ausschließlich rotes Fleisch. Einige Menschen beschränken sich auf mageres Rindfleisch und dunkles Hühnerfleisch. Dunkles Fleisch enthält eine größere Menge aufreizend anregender Fleischsubstanzen als andere Arten. Diese Substanzen sind besonders für nervöse Menschen und solche mit einer Neigung zur Gicht nicht geeignet. (*Health & Strength* Magazine 1901, S. 358)

Die Auffassung, daß eine pflanzliche Ernährung dem Körper angemessen ist, und der Glaube an die potentielle Gesundheitsschädlichkeit von Fleisch haben in der letzten Zeit starken Zulauf bekommen. Im Gegensatz zu der älteren Anschauung, daß Fleisch leichter aufgenommen wird, neigen die Menschen jetzt mehr zu der Annahme, daß »›schweres‹ Fleisch schwerer verdaulich ist als

›leichtes‹ Gemüse.« Insbesondere rotes Fleisch wird, übereinstimmend mit seinem Ruf als Inbegriff von Fleisch, als eine größere Belastung für den Magen empfunden als Gemüse oder sogar Geflügel. Obwohl viele Menschen Fleisch für einen notwendigen Bestandteil einer gesunden Ernährung halten, ist es mittlerweile fast ein Grundsatz der modernen alternativen Ernährungslehre, das Essen von Tierfleisch abzulehnen. Wenn überhaupt, sollte es nur in Maßen gegessen werden. Douglas Adams stellt das Essen von Hamburgern auf eine Stufe mit anderen ungesunden, degenerierten Genüssen:

> Die Zuhälter und Taschendiebe, die Drogenhändler und Hamburgerverkäufer waren alle draußen auf den Straßen und in den Hamburger-Bars. Wenn man schnellen Sex oder einen schmutzigen Druck oder, Gott behüte, einen Hamburger haben wollte, dann ging man dahin. (Adams 1989, S. 186)

Die öffentliche Haltung zum Gesundheitswert von Fleisch hat sich stark verändert. Warum aber gerade jetzt? Fortschritte in Ernährungsfragen werden meist auf die Forschungserfolge von Ernährungs- und epidemiologischen WissenschaftlerInnen sowie auf die Verbreitung ihrer neuen Erkenntnisse zurückgeführt. Colin Tudge empfiehlt, auf die moderne Ernährung zu vertrauen, weil sie alle Komponenten der Nahrung berücksichtigt: sie geht seiner Meinung nach von der notwendigen Komplexität der Ernährung aus, gründet sich auf viele unterschiedliche Forschungsergebnisse und »sieht wie gute Biologie aus« (Tudge 1985, S. 10–11). Andere werten einen solchen Ratschlag als reine Modeerscheinung ab – es habe, so wird behauptet, stets Experten gegeben, die eifrig ihre Wahrheiten erklären. Es gibt also nach wie vor gravierende Meinungsunterschiede.

Unabhängig davon, ob sich nun die Wissenschaft einem einheitlichen und umfassenden Verständnis unserer Körperbedürfnisse nähert oder nicht, leiten Einzelpersonen und Interessengruppen aus ihr ab, was ihrer jeweiligen Meinung entspricht. Menschen, die das Essen von Tieren für moralisch falsch halten, können medizinische Beweise anführen, die zeigen, daß es ungesund ist – daß Fleisch trotzdem von vielen Menschen bevorzugt wird, erklären sie mit dem massiven Werbebudget der Industrie oder der »Käuflichkeit« der Menschen (Cox 1986, S. 11). Der Handel findet genauso wissenschaftliche Schützenhilfe für seine entgegensetzte Auffassung, daß Fleisch in der Ernährung erforderlich ist und Befürchtungen in bezug auf Fleisch die Sache schrulliger Außenseiter sind.

Die Ernährungswissenschaft hat wechselnde öffentliche Haltungen unterstützt, der Grund für die Änderungen in der öffentlichen Meinung liegt aber nicht in dieser Unterstützung. Die meisten Menschen sind jahrelang ihrem Geschmack gefolgt und haben Fleisch gegessen, obwohl ihnen bekannt war, daß der Genuß von Fleisch der Gesundheit schaden kann. Neu sind weniger die Kenntnisse als die Werte. Das spiegelt sich auch darin wider, daß viele Menschen ihre Ernährung sehr nachdrücklich unter die Lupe nehmen. George Orwell (1982, S. 170) schrieb 1937: »... der Nahrungskauz ist definitionsgemäß jemand, der gewillt ist, sich von der Gesellschaft abzusondern, in der Hoffnung, dem Leben seines Kadavers fünf Jahre hinzuzufügen; das heißt also jemand, der mit der gewöhnlichen Menschheit nichts zu tun hat.« Dieser Spinner wird in der heutigen Zeit eine Vielzahl von Menschen und Gruppen finden, mit denen er seine Belange freundschaftlich teilen kann.

Wir müssen fragen, warum rotes Fleisch von manchen als delikat, aber ungesund angesehen wird, während zum Beispiel Cheddarkäse, der einen viel höheren Fettanteil hat, unverändert als gute, gesunde Nahrung gilt. Es greift zu kurz, nur von gesättigten Fettsäuren oder Cholesterin zu reden. Die Leute benutzen diese Begriffe zwar, aber ihre Gedanken sind nicht unbedingt durch diese Begriffe geprägt – so logisch sind wir eben nicht:

> Die vegetarische Gesellschaft kündigte ihre Cordon Vert-Kochkurse mit einer Presseveröffentlichung an, die ein Gericht mit dem Namen Brazilian Bake als Hauptschlager vorstellte. Diese Speise bezog 77% ihrer Kalorien aus Fett, ihr Anteil an ungesättigten Fettsäuren pro 100 g war dreimal so hoch wie der von magerem Fleisch.
>
> (Harrington 1985, S. 4)

In welcher Weise droht uns Fleisch (anders als Käse oder Nüsse) zu vergiften? Anhaltspunkte zur Klärung dieses Problems finden sich darin, wie wir diese Substanz sehen. Mary Douglas zeigte (1966), daß Verschmutzung und Vergiftung viel mehr bedeuten als das Vorhandensein von Giften, sie weisen auf eine ideologische Bedrohung der *Ordnung* hin. Diese Bedrohung betrifft weniger unsere Mägen als unser Denken: sie betrifft die Eindeutigkeit unserer Vorstellung von der Welt. Hinweise auf die Gefahren, die wir mit Fleisch verbinden, verbergen sich hinter unseren Ängsten vor speziellen Gesundheitsgefährdungen und hinter unserer allgemeinen Besorgnis um die Gesundheit.

Was heißt es, gesund oder ungesund zu sein? Die Beantwortung dieser Frage ist der Gegenstand einer Untersuchung von Crawford (1985), die sich damit befaßt, wie AmerikanerInnen das Wort »Gesundheit« benutzen. Er stellt fest, daß seine Interviews ein »gleichbleibendes und unmißverständliches Thema« durchzieht:

> Gesundheit wird in Begriffen wie Selbstkontrolle und einer Reihe verwandter Begriffe wie Selbstdisziplin, Selbstverleugnung und Willensstärke diskutiert … Gesund zu sein, ist nahezu gleichbedeutend damit, angemessene disziplinierte Aktivitäten oder Kontrollen zur Erhaltung seiner Gesundheit durchzuführen.
>
> (Crawford 1985, S. 66)

Crawford hält die innere Logik dieses Standpunktes nicht für unvernünftig. Angesichts moderner Lebensstile, die weitgehend gesundheitsverleugnend sind – wir gehen sitzenden Tätigkeiten nach, sind schädlichen Substanzen ausgesetzt und üben Aktivitäten aus, die ein hohes Risiko beinhalten – sei Disziplin genau die Eigenschaft, die gebraucht wird, um die »Minenfelder der Gesundheitsrisiken zu umgehen« (1985, S. 72). Solch eine praktische Analyse setzt voraus, daß das Streben nach Gesundheit eine vernünftige und angemessene Handlungsweise ist. (Manche Menschen schlagen einen entgegengesetzten Weg ein. Sie gehen Wege der *Entledigung,* sprechen sich von einer persönlichen Verantwortung für ihre Gesundheit frei und greifen zu Fluchtmitteln aus den Ärgernissen des Lebens, wie zum Beispiel zum Essen von ungesunden, aber genußreichen Nahrungsmitteln (Crawford 1985, S. 74, 98). Dies könnte ein Licht auf die Beliebtheit von ›junk‹-food und Hamburgerrestaurants werfen.)

Das moderne Streben nach Gesundheit drückt nicht einfach eine vernünftige und positive Haltung aus, es ist vielmehr »Teil einer umfassenden symbolischen Ordnung« (Crawford 1985, S. 73): die vereinfachende Einstellung zur Erhaltung unserer Gesundheit ist Teil und Ergebnis unseres wissenschaftlichen Ethos. Crawford geht davon aus, daß die bewußte, kontrollierte Ernährung der heutigen Zeit nicht vorrangig als faktischer, sondern eher als metaphorischer Gesundheitsschutz zu verstehen ist.

Er zeichnet das Bild einer Situation, in der eine Gesellschaft, die auf der »weltlichen Religion des Kapitalismus [beruht] – unbegrenztes Wachstum und andauernde Verbesserung der Lebensbedingungen – sich gegen die objektive Realität von ›Grenzen‹ entwickelt hat – eine Umwelt, die die Belastung durch eine zügellose industrielle Produktion nicht länger tragen kann, ohne daß ein nicht wiedergutzumachender Schaden entsteht.« Das Streben nach Gesundheit kann für eine Bevölkerung, die sich von Aspekten der Welt, in der sie lebt, bedroht fühlt und ein Gefühl von Sicherheit wiedergewinnen will, ein gesellschaftlich akzeptiertes Ventil sein: »Es ist möglich zu sagen, daß über Gesundheit in Begriffen wie Selbstkontrolle gedacht wird. Es ist aber ebenso möglich zu sagen, daß Selbstkontrolle ein ›Denken‹ vermittelst des Mediums Gesundheit ist« (Crawford 1985, S. 77).

Die Ernährung ist einer der Punkte, auf die sich unser Bedürfnis nach Kontrolle konzentriert, seit wir sehen, daß die Bedrohung für unser Wohlergehen nicht nur aus isolierten Vergiftungsquellen herrührt, die durch weitere technologische Spielereien gelöst werden können. Wir erkennen zunehmend, daß uns unser ganzes Lebenserhaltungssystem gefährdet: der verschmutzte Planet. Als zum Beispiel 1988 die Öffentlichkeit von dem großen Seehundsterben in der Nordsee alarmiert war, nahmen große Teile dieser Öffentlichkeit wahr, daß die Krankheit als ein Symptom für das umfassendere Problem der Verschmutzung der Meere zu verstehen ist und diese Verschmutzung deutliche Folgen für das menschliche Leben hat. Diese Wahrnehmung konnten auch Anstrengungen der Medienfachleute, das Problem auf eine Virusepidemie zu reduzieren, nicht verhindern. Wir bleiben in bezug auf die Nahrungsmittel, die uns am Leben erhalten, von der natürlichen Umwelt abhängig. Wenn Nahrungsmittel verderben, die wir direkt aus unserem Lebensraum beziehen, schadet uns das, auch wenn wir uns anstrengen, unseren Blick von den Warnsignalen abzuwenden, die »nur« die Tierwelt betreffen.

Fleisch ist von diesen Änderungen in den Einstellungen der Menschen unweigerlich betroffen. Selbst der Planungs- und Entwicklungs-Direktor des britischen Fleisch- und Lebensmittelverbandes muß anerkennen, daß sich »Ernährungsratschläge und damit verbundene Gesundheitsthemen unausweichlich als ein Abflauen der Nachfrage nach rotem Fleisch und Fleischprodukten auswirken werden«. An Fleisch sichtbares Fett, sagt er, verstärkt bei den KonsumentInnen »andere Bedenken« gegen das Produkt, wie sie besonders »von Interessengruppen propagiert« werden. Und er stellt fest, daß »es ein Zurückschrecken vor Technologien gibt, die auf das Rohmaterial künstlich einwirken, um seine Form und Zusammensetzung zu verändern« (Harrington 1985, S. 23).

Es ist bezeichnend, daß Harrington auf so viele Themen eingeht, die mit der Gesundheitsfrage in Zusammenhang stehen. Gesundheitsvorsorge ist mehr als die Beachtung der materiellen Bedrohungen für den physischen Körper. Sie ist mehr als die Anwendung ausgeklügelter Therapien durch klinische Experten – der Weg, mit dem die Schulmedizin normalerweise darangeht, den kranken Körper zu reparieren. Solche »konventionellen« medizinischen Herangehensweisen versuchen, wie Illich es ausdrückt, »die Träume des Verstandes umzusetzen« (1976, S. 47). Gesundheit ist simpler. Sie ist letztlich »ein alltägliches Wort, das benutzt wird, um die Intensität zu beschreiben, mit der Individuen mit ihren inneren Zuständen und ihren äußeren Bedingungen fertigwerden« (Illich 1976, S. 14). Gesundheit meint, wie sich ein Mensch fühlt, und wesentlich für die Gesundheit einer Person ist das ganze Bündel ihrer Meinungen und Gefühle.

Illich argumentiert, daß die heutigen kostspieligen Gesundheitsbürokratien in Wirklichkeit gesundheitsverleugnend sind – »nicht in ihrer instrumentellen, aber in ihrer symbolischen Funktion: sie alle legen den Schwerpunkt auf die Instandsetzung und die Aufrechterhaltung der menschlichen Komponente der Megamaschine« (1976, S. 69). Sie konzentrieren sich auf isolierte Krankheitsursachen und ignorieren die vielen zusätzlichen Determinanten eines guten oder schlechten Gesundheitszustandes. Sie rauben dem Individuum seine Verantwortlichkeit und machen diese zur Domäne des Spezialisten. Durch das Modell einer technologischen Medizin wird das Individuum in das Modell der modernen Industriekultur eingepaßt, so wie die Medizin auch in jeder anderen Kultur eine entsprechende Funktion erfüllt (Zola 1972).

Wenn Mitglieder unserer Gesellschaft ihre Eßgewohnheiten ändern, kann das also bedeutsamer sein, als es auf den ersten Blick erscheint. Der Trend, weniger Fleisch zu essen, oder weniger von dem Fleisch, das als ungesund empfunden wird (wie zum Beispiel rotes Fleisch), ist Teil einer Suche nach Kontrolle in einer bedrohlichen Umwelt. Sie kann als Bewegung zur Wiedergewinnung der persönlichen Verantwortung für die Gesundheit interpretiert werden, die sich gegen die institutionelle Gesundheitsversorgung richtet. Dies muß vor dem Hintergrund gesehen werden, daß sich der Markt für gesündere Nahrung rasant ausweitet, der Widerstand der KonsumentInnen gegen chemische Zusätze größer wird und die Nachfrage nach Vollwertkost und organischen Produkten steigt. Gleichzeitig wächst das Interesse an Körperübungen, und sogenannte holistische Herangehensweisen an medizinische Behandlungen werden ständig beliebter. Solche Behandlungsarten betrachten Individuen nicht als mechanische Vorrichtungen mit fehlerhaften Teilen, sondern als ganze Wesen, die in einer dynamischen Beziehung zu der Umwelt stehen, auf die sie angewiesen sind. Es verstärkt sich insgesamt der Widerstand gegen die Industrialisierung des Alltagslebens, und ein Teil dieses Vorgangs sind veränderte Einstellungen gegenüber Fleisch.

Die vielen und unterschiedlichen Gesundheitsbedenken im Zusammenhang mit Fleisch und anderen Nahrungsmitteln durchzieht ein gemeinsamer roter Faden. Die Angst um die Gesundheit ist nicht nur ein Zeichen für die Zurückweisung der ungesunden Ernährungsgewohnheiten der modernen Gesellschaft. Sie ist auch ein Zeichen dafür, daß die Unnatürlichkeit vieler Werte unserer Zivilisation abgelehnt wird. Ein gutes Beispiel für diese Entwicklung ist die in Großbritannien allgemein bekannte »Wurstsendung« (*World in Action*, 7. Oktober 1985), in der den britischen KonsumentInnen über das Fernsehen ein anschaulicher Einblick in die Produktion von maschinell wiederverwertetem Fleisch vermittelt wurde. Nach der Ausstrahlung dieser Sendung sank der Verkauf von Würstchen und anderer verarbeiteter Fleischprodukte dramatisch und erreichte nie wieder seinen alten Stand. Die Gefühle der ZuschauerInnen wurden in erster Linie durch die Künstlichkeit des maschinellen Prozesses verletzt, in dem industrielles Hochleistungsequipment mit Teilen von Tieren gefüttert wird, die die meisten Küchenchefs als unterhalb der Grenze der Zumutbarkeit betrachten würden. Diese Tierteile werden verarbeitet und als ein rosa Schleimbrei wieder ausgewürgt, der als Gebräu für menschliche Lebensmittel wie Pies und Patés dient.

Die verschiedenen »Gesundheitsängste«, die von Zeit zu Zeit in den Medien behandelt werden, unterscheiden sich auf den ersten Blick sehr und scheinen in keinem Zusammenhang miteinander zu stehen: Listeriose, Salmonellen, Bestrahlung, BST, BSE, Kochen/Gefrieren, Zusätze, Hormone, Antibiotika, Pestizide, unhygienische Schlachthöfe … die Liste ist offenbar endlos. Aber sie besitzen alle einen gemeinsamen Faktor: die Bedrohung hat in jedem Fall ihren Ursprung in einem bestimmten Aspekt einer »unnatürlichen« oder technischen Nahrungsmittelversorgung. Es soll damit nicht gesagt werden, daß Ängste keine Begründung in physischen Vorgängen haben, denn technologische Eingriffe in natürliche Prozesse bescheren uns ein geradezu unerschöpfliches Repertoire an früher nicht vorstellbaren Bedrohungen. Unsere reduktionistische Gesellschaft, die für eine wissenschaftliche und politische Glaubwürdigkeit nach isolierten kausalen Zusammenhängen verlangt, führt zwar ihre Auseinandersetzungen über diese Bedrohungen, sie drücken jedoch insgesamt gesehen mehr aus. So wie der Konsum von Fertignahrung eine Beteiligung an der modernen KonsumentInnengesellschaft symbolisiert, sind diese Gesundheitsängste metaphorisch ein Signal für den Verlust des öffentlichen Zutrauens in eine Nahrungsmittelproduktion und -versorgung, der bislang im großen und ganzen vertraut wurde.

Die Gesundheitsversorgung schenkt vor allem den zahllosen Leiden wachsende Aufmerksamkeit, deren Ursachen in unseren Lebensumständen liegen. Es heißt zum Beispiel, daß die meisten von uns zuviel Fett zu sich nehmen. Fettleibigkeit bei Menschen zeigte früher (wie Fleisch) Reichtum an, aber heutzutage wird sie – zumindest von der Mittelklasse der westlichen Welt – als Zeichen von Trägheit, Undiszipliniertheit und Dekadenz angesehen. Da wir glauben, daß in der Natur nur die Fittesten überleben, wurde Fett zum Symbol für die Untauglichkeit einer unnatürlichen Kultur.

Der unterstellte Zusammenhang zwischen dem Fleischessen und einem erhöhten Blutdruck (ein anderes Merkmal der modernen Zivilisation) bezieht ebenfalls Fleisch und Krankheit auf die Industriekultur. Untersuchungen, deren Ergebnisse in den medizinischen Zeitschriften der letzten Jahre veröffentlicht wurden, haben gezeigt, daß Menschen mit vegetarischer Ernährung im Alter nicht so oft an Bluthochdruck leiden wie die allgemeine Bevölkerung und daß die Übernahme einer vegetarischen Ernährungsweise ein Fallen des systolischen Blutdrucks zur Folge haben kann (Sacks und andere 1975; Armstrong und andere 1977; Rouse und andere 1983a, 1983b; Margetts und andere 1986). Untersuchungen behandeln vor allem verschiedene vegetarische Ernährungsweisen. Ob die Ernährung zum Beispiel einen hohen Anteil an Faserstoffen oder einen niedrigen an gesättigten Fettsäuren enthielt, steht kaum zur Debatte.

Die meisten Ärzte geben ihre Ratschläge als Reaktion auf bestimmte Beschwerden. Als eine notwendige und wirkungsvolle Antwort auf Beschwerden wird die Umstellung der Ernährungsgewohnheiten angesehen. Eine solche Umstellung kann positive Auswirkungen auf Arthritis und Krebs, Magengeschwüre, Diabetes und Herzkrankheiten haben – die Plagen der modernen wohlhabenden Industriegesellschaft. Im Rahmen einer komplementären medizinischen Behandlung ist die Ernährung nicht irgendein Teil dieser Behandlung, sondern von zentraler Bedeutung, denn wir treten hauptsächlich über die Nahrung mit der Umwelt in Kontakt, die uns am Leben erhält oder vergiftet. Ein Naturheilkundler sagt:

> »Wenn ich meinen Patienten einen einzelnen Ratschlag gebe – vielleicht abgesehen von dem, nicht vor ein Auto zu laufen –, ist es der, weniger Fleisch zu essen und viel mehr frisches Obst und Gemüse. Es ist erstaunlich zu sehen, was passiert, wenn die Leute das tun: sie stellen innerhalb weniger Tage oder Wochen fest, daß der Rheumatismus oder die Depression oder Migräne oder was immer sie jahrelang gequält hat, auf einmal einfach aufhört!«

Wird Krankheit als ein Symptom für eine tiefgehende industrielle Verseuchung angesehen, wie das bei vielen alternativen Therapien der Fall ist, dann ist Fleisch das Nahrungsmittel, das am häufigsten ausdrücklich zur Sprache kommt. Es wird beschuldigt, das schlimmste Beispiel für eine irregeleitete industrielle Kultur zu sein. Viele der Auffassungen, mit denen wir aufgewachsen sind, werden angegriffen und abgelehnt, weil sie auf den falschen Werten beruhen. Fleisch zum Beispiel oder »Protein« wurde lange dafür gepriesen, daß es Menschen hilft, groß und stark zu werden. Die Autoren eines Bestsellers, der als Weg zu umfassender Gesundheit für eine Rohkost-Ernährung eintritt, bestreiten, daß Fleisch (als Nahrungsmittel mit hohem Proteinanteil) in unserer Ernährung einen Platz einnehmen sollte:

> Die Auswirkungen einer Ernährung mit hohem Proteinanteil sind so heimtückisch und zerstörerisch und die Forschung, die das beweist, so umfassend, daß schwer nachvollziehbar ist, warum der Mythos, daß »Mengen von Protein gut für dich« sind, nach wie vor weiterlebt.

> Ein Übermaß an Protein in jungen Jahren ist so verdammt folgenreich, daß kaum zu verstehen ist, wie jemand, der auf Dauer ernsthaft auf sich achtet, weiterhin große Mengen an Nahrungsmitteln mit hohem Proteinanteil essen kann ... Unmengen von Protein führen zugegebenermaßen zu frühem und schnellem Wachstum, jedoch auch zu frühem und schnellem Altern und Krankheit.
>
> (Kenton und Kenton 1984, S. 94)

Die Autoren einer Schrift, die eine radikale Haltung zur AIDS-Kontroverse einnimmt, schlagen vor, daß ein holistischer Weg zur Wiedergewinnung der Gesundheit in einem Selbstbehandlungsprogramm bestehen sollte, das die sorgfältige Beachtung der Nahrungsaufnahme einschließt. Die Wiedergewinnung der Gesundheit steht für sie im Mittelpunkt, weil sie argumentieren, daß AIDS im wesentlichen ein Symptom für einen allgemein schlechten Gesundheitszustand ist. Diesen führen sie auf die Umweltverschmutzung, auf Nahrungsmittel, die ihrer Lebensstoffe beraubt sind, Drogenmißbrauch (auch durch den MedizinerInnenstand und die Landwirtschaftsindustrie) und den Verlust spiritueller Orientierung zurück. Die Autoren verurteilen nicht Fleisch im allgemeinen – sie stellen den Zusammenhang zu industriell produzierten Lebensmitteln her:

> Fleisch, das unter modernen »Fabrik«-Bedingungen produziert wird, ist aus einer Anzahl von Gründen, unter anderem wegen des Anteils an gesättigten Fettsäuren und möglicher Hormon- und Antibiotika-Rückstände, völlig unbrauchbar. Das einzige Fleisch, das gegessen werden sollte, sollte von frei weidenden Tieren stammen ...
>
> (Chaitow und Martin 1988, S. 184)

Wichtiger als einzelne Ursachen für Krankheiten, die mit Fleisch in Verbindung gebracht werden, ist vielleicht die Tatsache, daß die Industriezivilisation als Ganze angeklagt wird. Dies geschieht darüber, daß chemische oder andere Rückstände oder die falsche Anwendung unnatürlicher Prozesse bemängelt werden. Die Angst vor Vergiftung beschränkt sich nicht auf Fleisch, aber Fleisch ist ideal dazu geeignet, solche Befürchtungen auszudrücken. Hierfür gibt es verschiedene Gründe. Fleisch stammt von Tieren, die in der Nahrungskette ziemlich weit oben stehen, und es enthält deshalb möglicherweise eine höhere Konzentration von Giften als eine entsprechende Menge pflanzlicher Kost. Der übermäßige Konsum von tierischem Fett oder Protein (wie der übermäßige Konsum von fast allem) kann tatsächlich schädlich sein. Im Verzehr von Tierfleisch konzentriert sich für uns eine ausbeuterische Beziehung zur Natur. Dies alles weist nicht nur auf einen tiefgehenden Wandel in unserer Haltung gegenüber Fleisch hin. Es zeigt, daß sich die gesellschaftliche Sichtweise der Welt im allgemeinen und unsere Anschauung über die Beziehung der Menschheit zu ihrer Umwelt verändert hat.

Viele Menschen suchen heute nach *der* »natürlichen«, menschengerechten Ernährung. Da es eine einzelne solche Ernährungsweise nie gegeben haben kann, kann das Bedürfnis nach einem veränderten Eßmuster als eine Reaktion auf die hochverarbeiteten Produkte der modernen Nahrungsmittelindustrie verstanden werden. Es ist Teil eines generelleren Trends, durch den an die Stelle des Optimismus der Gesellschaft über die unbegrenzten Möglichkeiten einer rosigen Zukunft unter absoluter menschlicher Kontrolle eine weitverbreitete apokalyptische Angst vor der Zukunft getreten ist, ein Nichtvertrauen in die Gegenwart und ein nostalgisches Nachhängen an sauberere, gesündere, bessere vergangene Zeiten. Zeigte sich der alte Trend am ausgeprägtesten in der Science Fiction-Literatur des neunzehnten und zwanzigsten Jahrhunderts, so ist Utopia plötzlich aus der Zukunft in die Vergangenheit übergesiedelt, ohne daß wir je gemerkt hätten, daß wir es in der Gegenwart erleben.

Der Fleischhandel ist sich seiner Verwundbarkeit durch diesen Trend bewußt, er weiß, daß die KonsumentInnen sich zumindest vorstellen möchten, daß ihre Nahrung so ganzheitlich ist wie die früherer Tage. Eine seiner Reaktionen darauf besteht darin, Fleischerzeugnisse durch teure Imagewerbung mit ländlichen Assoziationen auszustatten. In dieser Werbung werden Erinnerungen an Szenen aufgegriffen, die nur wenig mit den genauestens durchorganisierten »Fabrik«-Bedingungen zu tun haben, in denen heute die meisten Tiere zwischen Geburt und Schlachtung gefangen sind. Fleischprodukte wurden, wie die meisten industriell verarbeiteten Nahrungsmittel, so hemmungslos mit Behauptungen über ihre natürliche Güte angepriesen, daß sich die britische Regierung im Juni 1989 veranlaßt sah, Regeln für die Verwendung von Begriffen wie »natürlich» zu veröffentlichen. Es bleibt abzuwarten, ob die Vermarktungstechniken des Fleischhandels erfolgreich sein können, denn das Fleischessen ist schließlich unlösbar mit der Unterwerfung der Natur verbunden.

In Kapitel 4 wurde gezeigt, daß Nahrung als umfassende Metapher dient, durch die wir unsere kulturelle Identität bestimmen und gefürchtete oder verachtete Außenseiter ausgrenzen. Die Besonderheit unserer heutigen Situation liegt darin, daß es unsere eigenen Einstellungen sind, denen wir mißtrauen und die uns verdächtig sind, es sind unsere eigenen technischen Erfolge, die wir als Bedrohung wahrnehmen. Heute, so scheint es, sind wir selbst unser Feind.

13
Ethik

»Ich wußte schon lange, daß ich es aus gesundheitlichen Gründen nicht essen sollte, aber ich konnte nicht damit aufhören, doch dann dachte ich daran, was sie den Tieren antun ... ja.«

Die Rechte der Tiere sind in den letzten Jahren zu einer Angelegenheit geworden, die in aller Munde ist. Dazu hat sicher die Publizität beigetragen, die die Aktivitäten radikaler TierschützerInnen erzielten. Attacken auf die Häuser mutmaßlicher VivisektionistInnen, Brandanschläge auf Geschäfte, die Tierpelze verkaufen, eingeworfene Fensterscheiben, Versuche, Hamburgerlieferungen unbrauchbar zu machen und eine Reihe anderer illegaler Aktionen werden zwar öffentlich verurteilt, spiegeln aber auch wider, wie sehr manche Menschen davon überzeugt sind, daß die Gesellschaft an Abscheulichkeiten gegenüber nicht menschlichen Wesen beteiligt ist. In den Vereinigten Staaten führen Tierbefreiungs- und Umweltschutzgruppen Sabotageangriffe auf Ranches durch (Associated Press 1989, S. B7), die ausdrücklich »die Vernichtung der Viehindustrie« zum Ziel haben, und das *sabbing* (so nennen die Mitglieder der britischen Jagdsabotagebewegung ihre Aktionen) zieht heute bisweilen so viele Gefolgsleute an wie die Jagden, gegen die es sich richtet. Der Verzehr von Fleisch kann bei enthaltsam lebenden Menschen starke Gefühle hervorrufen, besonders bei erst kürzlich dazu Bekehrten:

»Erst war ich richtig fanatisch. Ich ging zu jedem hin, der gerade aß, und sagte: ›Du solltest kein Fleisch essen, es ist nicht richtig.‹ Bei meinen Eltern zu Hause nahm ich alles Fleisch aus dem Kühlschrank und warf es in den Hof. Sie fanden das nicht so toll, weil es ziemlich teuer wurde. Jetzt habe ich mich wieder etwas beruhigt.«

Die öffentliche Stimmung, die von der Sorge um das Wohlergehen der Tiere geprägt ist, führte kürzlich dazu, daß sich ein Minister der britischen Regierung veranlaßt sah, von Pelzbekleidungsunternehmen eine Erklärung darüber zu verlangen, ob Tiere, deren Pelze sie verarbeiten, in einer bestimmten Art Beinfalle gefangen werden, die als besonders grausam gilt (Vulliamy 1988, S. 6). Eine entsprechende Gesetzgebung scheiterte letztlich, angeblich an der Drohung Kanadas, einen Auftrag für die Errichtung eines britischen Kernkraftwerks zurückzuziehen. Allein, daß es solche Pläne gibt, zeigt, welch zunehmend breite Basis in der Gesellschaft heute Argumente gefunden haben, die bis vor kurzem als unvernünftig und zu extrem angesehen worden wären. Gleichzeitig sind Tierversuche für Kosmetika aus der Mode gekommen. Dies ist nicht zuletzt an dem kommerziellen Erfolg zu erkennen, den in den 80er Jahren der *Anita Roddick's Body Shop* erreichte, dessen Geschäftspolitik einen bewußten Verzicht auf Tierexperimente beinhaltete. Konservativere Firmen sahen sich durch diese Erfolge ermutigt, seinem Beispiel zu folgen.

Die vorherrschende Meinung hat sich von der Position, daß Tiere keine wie auch immer gearteten Rechte besitzen und ihre Interessen vollständig denen der Menschen untergeordnet sind, wegbewegt hin zu einer wachsenden Anerkennung der Auffassung, daß Tiere ein gewisses Maß an Achtung verdienen. Nicht wenige Menschen stehen bereits dafür ein, daß Tiere unveräußerliche Rechte besitzen. Diese Meinungsänderung führte zu einer Gesetzgebung, die das Ausmaß und die Art der Experimente an lebenden Tieren regelt, obwohl solche Einschränkungen die schärferen KritikerInnen noch lange nicht zufriedenstellen. Der fortschrittliche Meinungspol in der neuen Tierrechtsbewegung ist Zielen verpflichtet, die die Abschaffung des Einsatzes von Tieren für wissenschaftliche Zwecke einschließen, die Auflösung der kommerziellen Viehwirtschaft und die Beendigung des Jagens und Fallenstellens aus kommerziellen oder sportlichen Gründen (Reagan 1985, S. 13). Es steht heute das Ausmaß der Rechte der Tiere zur Debatte, nicht die Tatsache, daß sie welche haben.

Schon der biblische Satz: »Du sollst deinen Nächsten lieben wie dich selbst« enthält ein grundlegendes ethisches Dilemma. Die Frage ist, bis wieweit sich dieser »Nächste« über das Selbst hinaus erstreckt. Verschiedene Völker haben die Grenzen der Achtung an ganz unterschiedlichen Stellen gesetzt, und ihre Ausdehnung auf Tiere ist nicht neu. Leonardo da Vinci wurde von seinen Freunden geneckt, weil er über das Leiden der Tiere so betroffen war, daß er Vegetarier wurde (McCurdy 1932, S. 78), und Plutarch warnte:

»Laßt uns Fleisch essen, jedoch nur aus Hunger, nicht aus reiner Gier. Laßt uns ein Tier töten, aber laßt es uns mit Traurigkeit und Bedauern tun und es nicht mißhandeln oder quälen, wie es heute viele zu tun pflegen« (zitiert in Pullar 1970, S. 226). Im alten Rom (wie im heutigen Spanien) diente das Leiden von Tieren als beliebte Unterhaltung:

> Einmal rollten ein Bär und ein Stier aneinandergekettet in wildem Kampf durch den Sand; ein andermal wurden Stieren, die man mit rotglühenden Eisen oder in brennendes Pech getauchten Pfeilen rasend gemacht hatte, Kriminelle vorgeworfen, die in die Haut wilder Tiere gehüllt waren. Unter Caligula wurden an einem einzigen Tag vierhundert Bären getötet ... Unter Nero kämpften vierhundert Tiger mit Stieren und Elefanten ... Am Tag der Einweihung des Kolosseums durch Titus starben fünftausend Tiere. Unter Trajan wurden die Spiele an einhundertdreiundzwanzig aufeinanderfolgenden Tagen fortgeführt. Löwen, Tiger, Elefanten, Rhinozerosse, Nilpferde, Giraffen, Stiere, Hirsche, ja sogar Krokodile und Schlangen wurden eingesetzt, um dem Spektakel neuen Auftrieb zu geben.
>
> (Lecky 1869, S. 118)

Das beweist nicht, daß die RömerInnen ganz ohne Moralempfinden waren. Wie Singer feststellt, hatten sie »große Achtung für Gerechtigkeit, öffentliche Pflicht und sogar Freundlichkeit gegenüber anderen. Was die Spiele mit großer Deutlichkeit zeigen, ist, daß es eine scharfe Grenze für diese moralischen Gefühle gab.« Es wäre schrecklich gewesen, einen geachteten Menschen in einer solchen Weise zu behandeln. Stand aber ein Wesen außerhalb dieses Bereiches der Achtung – und das galt für bestimmte Verbrecher, Kriegsgefangene und sämtliche Tiere –, gab es solche Bedenken nicht (Singer 1982, S. 212).

Keith Thomas (1983) zeigt anhand ausführlicher Beispiele, wie sich das Erbe des siebzehnten und achtzehnten Jahrhunderts auf die heutigen Beziehungen zwischen dem Menschen und der natürlichen Welt auswirkt. Mit der Theorie, daß die Menschheit eine allen anderen Wesen gegenüber erhöhte Spezies sei, entwickelten Philosophen, Wissenschaftler und Theologen in der Frühzeit der Moderne ein neues Gedankengebäude. Die katechistische Lehre ging davon aus, daß Tiere keine Rechte haben. Laut Lancelot Andrewes können Tiere »kein Recht auf Gesellschaft mit uns haben, denn es fehlt ihnen an Vernunft« (1650, S. 217). Bischof Ezekiel Hopkins erklärte: »Wir dürfen ihnen jede Art des Todes beibringen, den die Notwendigkeit entweder unserer Ernährung oder unseres Körpers erforderlich macht« (1692, S. II, 3). Wollaston vertrat, daß die Leiden von Tieren nicht den Leiden von Menschen glichen, da sie keine Vorstellung von der Zukunft besäßen und sie nichts verlören, wenn ihnen das Leben genommen würde (1722, S. 34–35). Der Nonkonformist Philip Doddridge glaubte, es sei nur angemessen, daß die Interessen der Tiere »denen der menschlichen Spezies in jeder vorstellbaren Angelegenheit, in der sie in Wettstreit miteinander geraten, weichen« müßten, weil Tiere »im Vergleich zum Menschen nur in geringem Umfang zum Glücklichsein fähig« seien..Er glaubte, daß der Instinkt, der Fische in die flachen Küstengewässer bringt, uns ein »Wink zu sein scheint, daß sie für den menschlichen Gebrauch vorgesehen sind« (1763, S. 130, 133).

Descartes wird die Popularisierung der Theorie zugeschrieben, nach der nicht menschliche Tiere reinen Maschinen ähneln, die unfähig zu leiden und ohne Seele sind, welche den Menschen von ihnen unterscheidet. Deshalb seien sie der »menschlichen« Achtung unwürdig. Seine Botschaft wurde von einem wissenschaftlichen, technologischen und industriellen Establishment übernommen, das voller Eifer war, die lebende Welt zu erforschen und auszubeuten. Descartes brachte den Geist eines Zeitalters, in dem Industrie und Technologie rasch ans Ruder gelangten, auf den Punkt.

Aber auch zu dieser Zeit waren nicht alle Menschen einer Meinung, und mit der Aufklärung erhoben sich mehr und mehr Stimmen zur Verteidigung der Tiere. David Hume sprach von einem »freundlichen Gebrauch« der Tiere, Alexander Pope meinte, daß wir vor Gott auch für die schlechte Behandlung von Tieren verantwortlich seien, und Voltaire setzte bissig christliche Praktiken mit denen der Hindus gleich (Singer 1982, S. 223–225):

> Es gibt Barbaren, die den Hund ergreifen, der dem Menschen an Treue und Freundschaft so überlegen ist, ihn auf einen Tisch nageln und bei lebendigem Leibe zerschneiden, um die mesaraischen Venen zu zeigen! Du entdeckst in ihnen die gleichen Gefühlsorgane wie in dir selbst! Antworte mir, Mechanist, hat die Natur all die Quellen des Gefühls in diesem Tier eingerichtet, damit es nicht fühlen soll?
>
> (Voltaire 1764)

Der vielleicht berühmteste Beitrag zu dieser Periode der »humanen Bewegung« ist der von Jeremy Bentham:

> Der Tag mag kommen, an dem der Rest der belebten Schöpfung jene Rechte einfordert, die ihm nur von der Hand der Tyrannei vorent-

> halten werden konnten. Die Franzosen haben bereits entdeckt, daß die Schwärze der Haut kein Grund ist, ein menschliches Wesen hilflos der Hand eines Peinigers auszuliefern. Es mag der Tag kommen, an dem erkannt wird, daß die Anzahl der Beine, die Behaarung der Haut oder die Endung des Kreuzbeins gleichermaßen ungeeignete Gründe dafür sind, ein empfindendes Wesen diesem Schicksal zu übereignen. Was sonst sollte die unüberwindliche Grenze ausmachen? Ist es die Fähigkeit des Verstandes oder vielleicht die Fähigkeit der Rede? Aber ein ausgewachsenes Pferd oder ein ausgewachsener Hund ist unvergleichlich verständiger und mitteilsamer als ein Kind von einem Tag oder einer Woche oder selbst einem Monat. Aber angenommen, sie wären es nicht, was würde es ausmachen? Die Frage ist nicht: Können sie *verständig denken*? noch: Können sie *sprechen*? sondern: Können sie *leiden*? (Bentham 1789, Kap. 17)

Bentham sorgte sich, wie die meisten Moralisten dieser Zeit, nur über das »unnütze« Leiden der Tiere und verzichtete selbst nicht auf Fleisch. Singer argumentiert, daß die im 19. Jahrhundert entstandene Bewegung gegen die Grausamkeit an Tieren bei der Auffassung stehenblieb, daß die Interessen nicht menschlicher Tiere nur dann Schutz verdienten, wenn nicht wichtige menschliche Interessen auf dem Spiel stünden. Sie entsprach damit der offiziellen Ideologie der neueren westlichen Gesellschaft, die die wesentliche ethische Grenze um den *Homo sapiens* zieht.

Die Bedeutung der heutigen Bewegung zur Befreiung der Tiere liegt darin, daß sie diese Auffassung bestreitet. Die Zugehörigkeit zur menschlichen Spezies, sagen die TierbefreierInnen, ist moralisch nicht von Bedeutung (Singer 1982, S. 25). Die moderne Bewegung versucht das ethische Netz weiter zu spannen. Sie argumentiert zum Beispiel: Wenn »der Besitz eines höheren Grades von Intelligenz einen Menschen nicht berechtigt, einen anderen für seine eigenen Zwecke zu benutzen, wie kann er Menschen berechtigen, Nicht-Menschen zu dem gleichen Zweck auszubeuten?« (Singer 1982, S. 26). Sie unternimmt den Versuch, andere Tiere in den Schoß der Menschheit aufzunehmen.

Es können (und werden) überzeugende Vergleiche zu anderen Befreiungsbewegungen in der Geschichte gezogen, wie zum Beispiel zu der für die Frauenemanzipation und der für die Abschaffung der Sklaverei. Singer überschreibt sein erstes Kapitel von *Befreiung der Tiere*: »Alle Tiere sind gleich ... oder warum Verfechter der Befreiung von Farbigen und Frauen auch für die Befreiung der

Tiere eintreten sollten« (1982, 20). Carol Adams schreibt: »Es entspricht der feministischen Auffassung, Vegetarierin zu sein« (1990, S. 13). Zu allen Zeiten der Geschichte haben einzelne Menschen beklagt, daß mächtige »In-Groups« Menschen, die nicht zur geachteten Gesellschaft gehörten, für ihre Zwecke mißbrauchten und die willkürliche und unberechtigte Spaltung zwischen Benutzern und Benutzten angegriffen. Heute lehnen es die meisten Menschen, wenn nicht alle, ab, Menschen aus Gründen des Glaubens, Geschlechts oder der Hautfarbe zu diskriminieren. In den Randbereichen – oder vielleicht an der Spitze – der ethischen Auseinandersetzung wird die Auffassung vertreten, daß es unser gemeinsames Interesse sein sollte, gegen jede Ausbeutung anzugehen, in welcher Form auch immer sie in Erscheinung tritt:

> »Ich will nichts essen, das für mein Wohl leiden mußte. Ich kann mich an Nahrung, die leiden mußte, nicht wirklich erfreuen. Das, was mich zuerst stutzen ließ, war die fabrikmäßige Haltung von Tieren, und mittlerweile weiß ich, ich glaube, wie die meisten Vegetarier, daß es eine Menge verschiedener Gründe gibt. Da ist der Gesundheitsaspekt, obwohl der für mich nicht so wesentlich ist; und die Abneigung dagegen, Tiere zu töten, oder daß sie für mein Wohlbefinden getötet werden. Wenn wir als Land nicht Tonnen von Getreide an unsere Tiere verfüttern würden, um Protein zu produzieren, dann, glaube ich, würde es für den Rest der Welt eine Menge mehr Nahrungsmittel geben.«

> »Die ganze Angelegenheit, Vegetarier zu sein, ist heute sehr mit anderen Dingen verbunden. Es gibt ungefähr drei Sachen, die zusammenhängen, Fahrradfahrer, Mitglied des CND [Campaign for Nuclear Disarmament] und Vegetarier zu sein. Bist du eins davon, dann bist du auch das andere.«

Diese Aussage spiegelt in gewisser Weise die Wirklichkeit wider, obwohl es natürlich VegetarierInnen mit allen möglichen Lebensweisen gibt, die nicht in dieses Schema passen. Der Vegetarismus wird mit einer Reihe »fortschrittlicher« Dinge in Verbindung gebracht, und er ist in der Regel Teil eines ganz persönlichen Pakets miteinander zusammenhängender Anschauungen. Die einzelnen Bestandteile dieses Pakets unterscheiden sich von Person zu Person. Eine Frau zum Beispiel sagt, daß sie es vorziehen würde, überhaupt keine Lederschuhe mehr kaufen zu müssen, es aber tut, weil alles andere schlecht für ihre Füße ist. Sie versöhnt sich mit diesem moralischen Dilemma, indem sie handgemachte Schuhe von einer

Arbeiterkooperative kauft, was sie als eine Art moralisches Gegengewicht empfindet:

> »Ich würde mich als eine bedingte Vegetarierin bezeichnen, womit ich meine, daß es mir nichts ausmacht, manchmal Fleisch zu essen, solange das Tier gut versorgt wurde, weil ich glaube, daß das nur natürlich ist.«

Die Öffentlichkeit reagiert immer gereizter darauf, daß viele Nahrungsmittelproduzenten und Viehzüchter die Sorge für ihr tierisches Rohmaterial als eine Frage der Geschäftsunkosten ansehen. Das hat die Entwicklung eines beachtlichen Marktes für Fleisch von frei weidenden und unter »menschlicheren« Bedingungen aufgezogenen Tieren vorangetrieben. Viele Menschen sind bereit, für solche Lebensmittel erheblich mehr zu bezahlen.

Die Nahrungsmittelproduzenten stimmen moralisch anspruchsvollen Haltungen nicht bereitwillig zu, sie halten an der Meinung fest, daß der Konsum von Tierfleisch ein vollständig natürlicher und notwendiger Aspekt des menschlichen Lebens ist. Die meisten Menschen würden wahrscheinlich, direkt befragt, einige Rechtfertigungsargumente dafür finden, daß Tiere als Nahrungsmittel aufgezogen werden:

> »Ich komme immer wieder auf die Tatsache zurück, daß wir Fleischfresserzähne haben. Das zeigt doch, daß vorgesehen ist, daß wir von Fleisch leben, nicht wahr.«
>
> »Es ist ein natürlicher Teil der Nahrungskette. Das tun auch die Löwen in Afrika, um zu leben.«
>
> »Welche Proteinalternativen, meinst du, könnte es für uns geben?«

Die Nahrungsmittelindustrie betrachtet ihr tierisches Rohmaterial im großen und ganzen als Fleischmaschinen, die ein Produkt zur Verfügung stellen, das die VerbraucherInnen nachfragen. Das Fleischgeschäft wird als Geschäft wie jedes andere angesehen, dessen Ware zufälligerweise aus Tieren hergestellt wird:

> »Die Firma, für die ich vorher gearbeitet habe, hatte alle möglichen Managementprobleme ... Ich war damals der Verkaufsleiter [einer] Würstchenfabrik, deshalb dachten sie, daß ich den Übergang ziemlich schnell schaffen könnte, vorausgesetzt, daß ich interessiert war. Am Fabrizieren, darum geht's. Und es ging ebenfalls um Fleisch – es hatte damit zu tun, das Rohmaterial zu schaffen, aus dem Würstchen gemacht werden.«

Die Landwirtschaft führte traditionell als »Argument für [intensive] Systeme an, daß das Vieh zufrieden sein muß, um gesund zu sein und gesund, um produktiv zu sein. Der Landwirt hat folglich ein starkes berechtigtes Interesse, dafür zu sorgen, daß es zufrieden ist«. Dies hat sich zu der Erkenntnis gewandelt, daß »viele Menschen heute den Preis für den Fortschritt für zu hoch halten und die Bedürfnisse der Tiere sorgfältiger herausgefunden werden müssen« (Robertson 1989a, S. 18). Diese Umstellung in Richtung einer grundsätzlichen Beachtung der Empfindungen von Tieren scheint zu zeigen, daß sich die Haltung, die in einem Handelslehrbuch von 1929 eingenommen wurde, verändert hat. In diesem Buch lag das einzige Zugeständnis an die Leidensminderung eines zum Tode verdammten Tieres im menschlichen Profit begründet. Es wurde empfohlen, das »Schlachten sofort nach der Ankunft [im Schlachthaus] allgemein abzulehnen«, weil erregte Tiere nicht ausreichend bluten, und Schläge aller Art zu vermeiden, da sie zu einem »unansehnlichen Äußeren des Fleisches« führen könnten (Hammet und Nevell 1929, S. 134). Die Aufrichtigkeit der Bekehrung der Industrie zur guten Sache wird oft bezweifelt, weil das Wohlergehen der Tiere in erster Linie ein Vermarktungsproblem bleibt:

> »Nun, natürlich sagen sie, daß sie die Tiere gut behandeln, aber wer glaubt ihnen das? Sehen Sie sich nur die Bedingungen an, unter denen Hühner gehalten werden ... selbst sogenannte freilaufende! Nein, sie sind nur auf eine weitere schnelle Mark aus! Am Ende ist es doch ihr einziges Interesse, die armen Tiere für den Verkauf zu töten, damit sie gegessen werden können. Das heißt ›sich kümmern‹?«

Solche Skepsis könnte durch das Lesen der Handelspresse vergrößert werden. Eine Ausgabe des *Meat Trades Journal* (1989g) trägt zum Beispiel die Schlagzeile: »Tierschutz spart Geld!«. Der Artikel berichtet darüber, daß »Schlachthäuser und Landwirte nach den Aussagen von Tierschutzexperten 5 Millionen £ durch die Beschädigung von Tieren auf dem Transport zu Schlachthäusern verlieren«, weil Tiere, die Streß, Prellungen und Verletzungen erlitten haben, einen niedrigeren Preis erzielen. Diskussionen über den Schutz der Tiere, die vom Gedanken an deren eigenen Nutzen bestimmt sind, bleiben selten.

Die früher übliche Ansicht, daß Fleisch ein notwendiger und ganz natürlicher Bestandteil der Ernährung ist, findet heute keine ungeteilte Zustimmung mehr. Die Fleischindustrie erkennt, daß ihr Rohmaterial selbst bei Menschen, die keine offenen Einwände gegen die Tierzucht vorbringen, Gefühle anspricht und daß die Werbung für Fleisch vorsichtig vorgehen muß. Ein direktes Eingehen auf die ethischen Fragen, die mit Fleisch in Verbindung stehen, wird möglichst vermieden. Statt dessen verfolgt die Werbung eine subtilere Taktik, sie versucht ein positives ethisches Image aufzubauen. 1987 wurde in den Schulen Gloucestershires eine Werbeaktion durchgeführt, bei der British Meat zu jeder Mahlzeit mit rotem Fleisch, die Kinder zum Mittagessen kauften, 10 Pence für den Kauf und die Ausbildung eines Blindenhundes beisteuerte. Die Werbung für rotes Fleisch (das Macht und Kontrolle symbolisiert) als Hilfe für Blinde (eine relativ schwache und benachteiligte Gruppe) ist einigermaßen hinterhältig.

Statt sich auf das Glatteis gefühlsbeladener ethischer Argumente zu begeben, betont die Fleischindustrie lieber die Wichtigkeit angeblich rationaler Einflüsse wie Gesundheit und Ökonomie. Dies ist teilweise sicher eine bewußte Politik der Vermeidung von Themen, bei denen der Handel verletzlich ist. Die Fleischindustrie scheint zudem nicht in der Lage zu sein, die Besorgnis in den Köpfen vieler Menschen zu verstehen. Sie übersieht, daß diese Sorge ein bestimmender Faktor für deren Verhalten ist. Der leitende Angestellte der Fleischindustrie, der es gewöhnt ist, das Vieh nur als Produktionseinheit zu behandeln, kann offenbar die Verbreitung solcher alternativer Konzeptionen nur schwer nachvollziehen:

> *Frage: »Was ist mit den moralischen Problemen, die viele Menschen mit Fleisch haben?«*
>
> »Ich weiß nicht, ob das etwas ähnlich Schwerwiegendes wie der Gesundheitsgesichtspunkt ist ... Ich glaube, wenn Sie sich deren Moral ansehen, handelt es sich immer um einen schmalen Ausschnitt aus der Gesellschaft, der besonders empfindliche Gefühle hat. Ich will diese Leute in keiner Weise verunglimpfen, die Leute, die sich im guten Recht fühlen, zu verkünden, daß sie ›keine Pelzmäntel tragen und keine Tiere nur als Nahrung töten‹ ... Es ist nichts falsch daran. Wir sind Demokraten, und wir wissen, daß es bestimmten Teilen der Bevölkerung erlaubt sein muß, sich in dieser Weise zu äußern, solange sie sich innerhalb der Grenzen des Gesetzes bewegen. Ich glaube nicht, daß das einen wesentlichen Einfluß hat. Nichts in der Art wie der Einfluß von Leuten, die auf medizinische Beweise hören... Obwohl es eine Publizität erhält, die vielleicht unangemessen ist. Es schwebt im Raum, als eine Art zusätzliche Überlegung.«

Ein Repräsentant des britischen Fleisch- und Lebensmittelverbandes sagt, daß ...

> jüngere Berichte über die Vegetarische Gesellschaft zweierlei zeigen. Einerseits glaubt sie, daß die Debatte moralischer Gesichtspunkte nicht viele Menschen bekehren wird, und andererseits möchte sie sich mehr auf Tierschutz-, Naturschutz- und Gesundheitsaspekte konzentrieren ... (Harrington 1985, S. 4)

Es ist jedoch nicht erkennbar, was mit moralischen Gesichtspunkten gemeint ist, wenn es nicht die genannten Themen sind. Ethik, Tierschutz, Naturschutz und auch Gesundheit können nicht voneinander losgelöst werden und waren von bedeutendem Einfluß für den Wandel der Einstellungen gegenüber Fleisch. In diesem Wertewandel wird mehr deutlich als die Tatsache, daß Individuen es ablehnen, Fleisch zu essen, weil sie sich dazu aufgrund rationaler moralischer Überlegungen gegen Grausamkeit entschieden haben. Zum Verständnis des Zusammenhangs zwischen dem Fleischsystem und ethischen Überlegungen ist es nützlicher, sich diese Überlegungen in ihrer ganzen Bandbreite als jeden einzelnen Fall isoliert anzusehen. Auf diese Weise ist eine ganze Reihe von Haltungen erkennbar. Sie beginnt bei dem streng Konservativen, der vielleicht argumentiert, daß wir nur für uns selbst als Einzelpersonen und für unsere Familie eine soziale Verantwortung tragen. Für ihn ist die ungezügelte Ausbeutung jedes Wesens, das nicht in diesen Bereich fällt, gerechtfertigt. Am anderen Ende des Meinungsspektrums gibt es die Tolerantesten und Liberalsten, die eine Fürsorgepflicht für ihre ganze Umwelt, ob lebend oder unbelebt, sehen.

Die Fleischindustrie gehört gemeinsam mit dem Großteil der Handelsunternehmen in das zuerst erwähnte Lager. Sie nimmt charakteristischerweise die Haltung ein, daß die Moral die Angelegenheit der KonsumentInnen sei. (»Ja, als Produzent von Hammelfleisch stellen wir nur das zur Verfügung, was die Öffentlichkeit verlangt.«) Sie sind an einer profitablen Produktion interessiert, nicht an der Moral dieser Produktion. Die Ablehnung jeder Verantwortung ist, abgesehen von anderen Argumenten, die gegen eine solche Haltung sprechen, etwas unredlich. Wenn die Entscheidung dem Gewissen des Konsumenten überlassen wird, ist zu bedenken, daß er nicht nur von der Teilnahme am Produktionsprozeß abgetrennt ist. Eine aktive Politik der Verheimlichung und die ausgeklügelte Vermarktung einer mythischen Vergangenheit schirmt ihn systematisch von der Wirklichkeit moderner Viehzucht, Viehhaltungsmethoden und Schlachtung ab, und dadurch fehlen ihm wesentliche Kenntnisse, die seine »Gewissensentscheidung« beeinflussen könnten.

Religionen werden oft, zumindest von ihren AnhängerInnen, für die ultimativen Richter über Moral und Unmoral gehalten. Es ist von daher interessant, sich ihre Aussagen über die richtige Behandlung von Tieren und Fleisch anzusehen. Insbesondere in der jüdisch-christlichen Überlieferung verkörpert Fleisch im wesentlichen menschliche Kraft. Peter Singer zum Beispiel meint, daß die Bibel an der richtigen Beziehung zur natürlichen Welt wenig Zweifel läßt:

> Nach dem Sündenfall des Menschen (für den die Bibel eine Frau und ein Tier verantwortlich macht) war das Töten von Tieren eindeutig zulässig. Gott selbst kleidete Adam und Eva in die Häute von Tieren, bevor er sie aus dem Garten Eden vertrieb. Ihr Sohn Abel war ein Schafhirte und opferte dem Herrn Tiere aus seiner Herde. Dann kam die Sintflut, bei der der Rest der Schöpfung nahezu ausgelöscht wurde, um den Menschen für sein böses Tun zu bestrafen. Als die Wasser wichen, dankte Noah Gott, indem er »von allen reinen Tieren und von allen reinen Vögeln« Brandopfer darbrachte. Gott segnete Noah dafür und gab der Herrschaft des Menschen das letzte Siegel.
> (Singer 1982, S. 208)

Viele TheologInnen und LaienchristInnen gehen davon aus, daß die Menschen nach dem Sündenfall mit dem Fleischessen begannen. Sie befinden sich damit in seltsamer Übereinstimmung mit der in Kapitel 5 aufgezeigten weltlichen Annahme, daß der Ursprung der menschlichen Spezies auf den Zeitpunkt datiert werden kann, an dem sie begann, andere Tiere zu jagen und zu töten. Es gab allerdings auch schon Auseinandersetzungen darüber, ob die Umstellung auf das Fleischessen auf eine Verschlechterung der menschlichen Konstitution oder der Pflanzenkost zurückzuführen war (von der wir im Garten Eden gelebt hatten) oder ob die landwirtschaftliche Arbeit eine robustere Nahrung erforderte (Thomas 1983, S. 289). Nach der hebräischen Überlieferung soll Noah der erste Nichtvegetarier gewesen sein (Chiltosky 1975, S. 235–244).

Abel, der Sohn Adams und Evas, der dem Herrn seine Tiere opferte und Noah, der ihm Brandopfer darbrachte, benutzten nicht zufällig Tiere. Wenn die menschliche Macht über die Welt der Sterblichen sich im Fleischessen und -kochen verkörpert, kann die

Vernichtung von Tieren durch das extreme Dazwischenschalten des Feuers so interpretiert werden, daß damit die ungleich größere Macht Gottes anerkannt wird. Durch diese Art der Vernichtung wird ausdrücklich festgestellt, daß unsere weltliche Macht letztlich von der überweltlichen Macht des höheren Wesens herrührt. Diesem Wesen ist Ehrerbietung entgegenzubringen. Fleisch wurde mit dem ultimativen Segen göttlicher Verkündigung ausgestattet und diente als Symbol für den Halbgott-gleichen Status der Menschheit, seit es von Gott hieß, daß er uns die Herrschaft über alle lebenden Wesen gab. Peter Singer merkt dazu an, daß wir die Aussage, daß Gott den Menschen nach seinem eigenen Bilde schuf, auch so auffassen könnten, daß der Mensch Gott nach seinem eigenen Bilde geschaffen hat (1982, S. 208). Wir stellen uns dem Rest der Schöpfung so gegenüber, wie wir glauben, daß Gott es uns gegenüber tut: als allmächtig. (Wissenschaft und Technologie streben mittlerweile danach, Gottes Allmacht und Allgegenwart nachzueifern, wodurch unsere weltliche Göttlichkeit wohl vollkommen wäre.)

Beim christlichen Abendmahl wird eine Substanz verzehrt, die dem Glauben nach mittels Transsubstantiation zum Körper Christi wurde. Durch eine umgekehrte Logik, die normale Werte doppelt negiert, konsumieren wir kannibalistisch ein höheres Wesen und nehmen homöopathisch etwas von Seiner spirituellen Kraft auf. Dies kann so interpretiert werden, daß es indirekt dazu dient, unseren irdischen Verzehr niedrigerer Wesen gutzuheißen. Fleisch bleibt die archetypische Verkörperung von Kontrolle, in diesem Zusammenhang besteht seine Rolle jedoch darin zu demonstrieren, daß unsere Macht begrenzt ist: wir sind lediglich die Herren von all dem, das wir überblicken können; das übernatürliche Wesen bleibt außerhalb unserer Reichweite.

Fleisch ist das Nahrungsmittel, das an Fastentagen am strengsten verboten ist: an den Tagen, an denen der größere Ruhm Gottes besonders geehrt wird. Die Trappistenmönche verzichteten zum Beispiel lange auf Fleisch, weil sie es für unvereinbar mit ihrem asketischen Gelübde hielten, einen solchen Luxusgegenstand zu essen (Majumder 1972, S. 175). Diese Haltung geht zumindest bis in die Zeit des Mittelalters zurück. Damals tauchte die Ablehnung von Fleisch durch die Gläubigen in einem Zusammenhang auf, in dem sich die Ablehnung von Fleisch direkt auf das manichäische Verständnis bezog, nach dem körperliche Dinge »ganz von übel, alle

Natur ein Verderben und das Ende des physischen Seins das wahre Ende« war (Twigg 1983, S. 19). Es gab in diesem überwiegend negativen Konzept, so schreibt Twigg, kaum Verständnis dafür, daß vegetarische Nahrung »höhere« Nahrung sein soll – ein Standpunkt, der heute allgemein vertreten wird. Da vegetarische Nahrung jedoch in dem Ruf stand, *weniger* beschmutzend zu sein, liegt es nahe, daß Fleisch *mehr* mit der Liebe zum Irdischen verbunden war. Die Kirche besitzt eine lange Geschichte der Empfehlung, auf Fleisch zu verzichten, weil Selbstbeherrschung das besondere Bestreben guter ChristInnen sein soll.

Es gibt wenig Zweifel daran, daß das Kirchendogma die Benutzung von Tieren jahrhundertelang als rechtmäßigen Ausdruck der natürlichen Hierarchie verteidigte. Eine der einflußreichsten Arbeiten über dieses Thema war in den letzten Jahren die von Lynn White Jr. (1967). Sie führt aus, daß die christliche Theologie eine durch und durch ausbeuterische Beziehung zwischen den Menschen und dem Rest der natürlichen Welt gerechtfertigt hat, und deshalb eine der ursächlichen Wurzeln für die heutige ökologische Krise bei dieser Theologie zu finden ist. Viele Christen bemühen sich gegenwärtig, das Weltbild ihrer Religion, deren Ursprünge in der alten hebräischen Welt liegen, mit den Erfahrungen des zwanzigsten Jahrhunderts in Einklang zu bringen. Die Interpretation und Anwendung der Kirchenlehre von der Vorherrschaft des Menschen (als solche wird sie immer noch von vielen Menschen wahrgenommen) scheint nicht mit ihrer Mitleidsbotschaft übereinzustimmen:

> »Weil ich das weiß – ich bin, wie ich schon sagte, offensichtlich Christ – und ich weiß, daß uns alles Lebende zur Freude gegeben wurde ... Aber ich glaube nicht, daß Gott sich jemals vorgestellt hat, daß wir andere Geschöpfe so behandeln würden, wie wir es tun ... Also sagst du nichts dazu und bleibst ruhig ... Und solange du geduldig bist und die Menschen liebst, hat Gott sich vielleicht durchgesetzt. Es ist irgendwie ziemlich anstrengend.«

Die Evangelien berichten an keiner Stelle über eine Aussage Jesu, nach der Grausamkeit gegenüber Tieren eine schwere Sünde ist (Niven 1967, S. 23). Die Bibel erzählt uns vielmehr, daß Gott den Menschen nach seinem eigenen Bilde schuf, damit er unter anderem über »alle Tiere, die sich auf dem Land regen« herrsche (Genesis 1, 28). Diese Vorstellung hat mehr als jede andere, so schreibt Andrew

Linzey, »einen Großteil des christlichen Denkens über unsere Behandlung der Tiere bestimmt. Die historische Standardinterpretation dieses Verses ist, daß wir Tiere für unsere eigene Veredelung und unser Glück benutzen dürfen« (1985, S. 11). *A Catholic Dictionary* [Katholisches Wörterbuch] zum Beispiel beschreibt Tiere als »nicht geschaffen von Gott … [sie] stammen mit ihren Körpern durch natürliche Zeugung von ihren Eltern ab« (Addis und Arnold 1924, S. 31). Katholische Kommentare halten tendenziell daran fest, daß wir »keine Pflichten der Gerechtigkeit oder Mildtätigkeit ihnen gegenüber haben, [sondern nur] Pflichten, die sie betreffen und den rechten Gebrauch, den wir von ihnen machen« (Davis 1946, S. 258). »Diese Interpretation«, stellt Linzey fest, »findet jedoch heute, so einflußreich wie sie in der Vergangenheit war, nur noch geringe theologische Unterstützung« (1985, S. 11).

Linzey versucht aufzuzeigen, daß die Evangelien längst nicht so anthropozentrisch sind, wie es lange dargestellt wurde. »Wenn das stimmt«, sagt er, »heißt es, daß Christen jahrhundertelang ihre eigene Schrift falsch interpretiert und Dinge in sie hineingelesen haben, die einfach nicht da waren« (1985, S. 10). Er weist zum Beispiel darauf hin, daß die Menschen in den Versen 29 und 30 des Kapitels 1 der Genesis »verpflichtet werden, ›alle Pflanzen … die Samen tragen‹ und ›alle Bäume mit samenhaltigen Früchten‹ als Nahrung zu verwenden, also vegetarisch zu leben … Es ist unwahrscheinlich, daß es ein göttliches Verbot gab, das das Essen von Tieren betraf, wenn Herrschaft absolute Macht über Tiere bedeutete« (Linzey 1985, S. 11–12).

Es ist interessant, daß moderne KommentatorInnen biblische Rechtfertigungen für Anschauungen finden, die im Widerspruch zu dem traditionellen Dogma stehen, das die uneingeschränkte Vorherrschaft der Menschheit in der natürlichen Ordnung proklamiert und die Freiheit, diese Vorherrschaft auszubeuten. Ob nun die Bibel in sich anthropozentrisch ist oder nicht, ist relativ unwichtig. Es ist auf jeden Fall unbestreitbar, daß das vorherrschende Thema der Kirche immer wieder nicht Verwaltung sondern Ausbeutung war (Thomas 1983, S. 24–25). So wie die Wissenschaft im wesentlichen die Antworten liefert, die ihr Laien- und Spezialistenpublikum hören möchte, so ist auch die religiöse Lehre nicht frei von ihrem kulturellen Zusammenhang. Ebenso wie ihre Vorgänger leiten die modernen TheologInnen nicht nur, sie folgen auch. Sie müssen ihre Interpretation der Bibeldoktrin über die Umweltethik revidieren, weil eine solche Revision von grundlegendem und weitverbreitetem Interesse ist.

Andere spirituelle Lehren gleichen in ihrer Haltung zum Fleisch in vielerlei Hinsicht der Haltung der Christenheit. Aber ihre überlieferten Standpunkte zu der richtigen menschlichen Haltung gegenüber der natürlichen Welt unterscheiden sich auch oft von den christlichen. Das Hindu-Denken beschäftigt sich mit dem Leiden des Tieres, und die buddhistische Vorstellung vom Mitleid ist eine umfassende, die sich auf Tiere wie auf Menschen gleichermaßen erstreckt. Diese Religionen haben lange mehr oder weniger vom Fleischessen abgeraten, selbst wenn es an tierischer Nahrung keinen Mangel gab (Dwyer und andere 1973).

Östliche Lehren betrachten das Leben auf der Erde in der Regel als begrenzt oder als Illusion. Von diesem Standpunkt aus ist Fleisch eine Versuchung, die es zu vermeiden gilt. Der Grund dafür ist nicht nur, daß nach diesen Lehren Grausamkeit Empfindungslosigkeit hervorruft, sondern auch, daß der Fleischgenuß als ein Zeichen der Liebe zu rein weltlicher Kraft betrachtet wird. Das wahre zu verfolgende Ziel ist dagegen spirituelle Stärke. In Indien zum Beispiel wird der Vegetarismus von der hinduistischen Bevölkerung als die überlegenere Ernährungsweise angesehen und als Ausdruck größerer Zivilisiertheit. Er wird deshalb, besonders von Brahmanen, als ein Zeichen gesellschaftlicher und spiritueller Größe praktiziert (Dumont 1972, S. 190–195). Der teilweise oder vollständige Verzicht auf Fleisch als Zeichen freiwilliger Einfachheit oder als Akt der Selbstdisziplin ist ein nahezu verpflichtender Bestandteil vieler vorgeschriebener Pfade zur Erleuchtung, angefangen vom Hatha Yoga bis zum *Seventh Day Adventism* (Bernard 1982, S. 85 n; Todhunter 1973).

Regeln bestimmen nicht immer die Handlungen der Menschen. Obwohl es ein buddhistischer Grundsatz ist, daß jemand »nicht wissentlich einem Geschöpf das Leben nehmen soll, auch nicht einem Wurm oder einer Ameise« (Westermarck 1924, S. 497), »essen in vielen buddhistischen Gebieten, unter anderem in Tibet, Ceylon, Burma und Thailand, selbst buddhistische Priester Fleisch« (Simoons 1967, S. 10). In Teilen Indiens, wie zum Beispiel im östlichen Uttar Pradesh, essen sogar Brahmanen Fleisch (Dumont 1972,

S. 184). Im »mittleren Osten und im Mittelmeergebiet ... wurden vegetarische Praktiken häufig nur vom Klerus und sehr gläubigen Menschen peinlich genau beachtet. Im alten Persien war der Vegetarismus lediglich bei der Priester- und Gelehrtenklasse der Magier üblich« (Simoons 1967, S. 11). Von den Mandäern im Irak und Iran wird berichtet, daß sie das Schlachten von Tieren für unmoralisch und entwürdigend hielten – und sich deshalb für ihre Sündhaftigkeit entschuldigten, wenn sie es dennoch taten (Drowser 1937, S. 48, 50). Aber wie genau auch immer schwache Sterbliche Verbote beachten, der Unterschied zwischen der traditionellen Haltung zu Fleisch, die in solchen Glaubenssystemen propagiert wird, und derjenigen der orthodoxen Christenheit dazu ist doch auffällig.

Die christlichen Moralvorstellungen durchdrangen unter der Führerschaft des westlichen kommerziellen und religiösen Imperialismus lange Zeit die Welt. In den letzten Jahren dagegen verbreiteten sich verschiedene östliche Einflüsse in der westlichen Welt. Der Buddhismus, der Hinduismus und davon abgeleitete Sekten trugen zur Änderung der Ansicht vieler Menschen über das Fleischessen bei oder regten sie zumindest an. Der Schriftsteller Richard Bach zum Beispiel brachte unter dem Einfluß solcher Vorstellungen Fleisch in Zusammenhang mit einer brutalen Weltsicht – die er für typisch für eine Gesellschaft hielt, mit der er sich nicht mehr vollständig eins fühlte –, während er zunehmend erkannte, daß ein spirituelleres Leben Achtung vor dem Leben anderer Wesen mit sich bringt:

> Früher hätte ich mir zum Frühstück Speck oder Wurst bestellt, doch schon seit einiger Zeit tat ich das nicht mehr. Je stärker ich mich in meinem Glauben an die Unzerstörbarkeit des Lebens bestärkt fühlte, desto weniger wollte ich an Tiermorden beteiligt sein – selbst wenn sie nur eine Täuschung waren, da es ja in Wirklichkeit keinen Tod gab. Es lohnte sich schon, auf Fleisch zu verzichten, wenn dadurch auch nur ein einziges von einer Million Schweinen die Chance erhielt, ein besinnliches, der Betrachtung geweihtes Leben zu führen, statt knusprig angebraten auf meinem Frühstücksteller zu enden. Dann schon lieber jeden Tag heißen Zitronenkuchen.
>
> (Bach 1985, S. 30)

> »Ich hatte mich in bezug auf Fleisch schon lange unwohl gefühlt, glaube ich, aber ich ließ mich nie allzusehr dadurch stören – bis ich mit zwei Leuten in ein Haus zog, die beide Buddhisten waren ... das führte bei mir zu der Erkenntnis, daß die Art und Weise, wie wir Tiere behandeln – und besonders das Fleischessen – nicht nur ihnen

gegenüber grausam ist, sondern auch schreckliche Auswirkungen auf uns selbst hat. Nachdem ich das irgendwie erkannt hatte, wollte ich einfach damit aufhören.«

Frage: »Was lehrt denn Hare Krishna?«
»Es geht darum, daß sie einen friedfertigen Zustand erreichen wollen, und wenn du etwas davon ißt, beinhaltet das Blutvergießen und Leid ... es ist wichtig, was du ißt. Tieren Gewalt anzutun, wirkt auf dein Bewußtsein und ist völlig überflüssig.«

Ähnliche Ideen fanden in der westlichen Gesellschaft auch Ausdruck in Meditationspraktiken, die sich wachsender Beliebtheit erfreuen. Sie betonen meistens die Notwendigkeit, daß die TeilnehmerInnen ihre ganze Lebensweise, einschließlich der Ernährung, vervollkommnen, wenn sie den gewünschten Fortschritt erreichen wollen. Die Beliebtheit solcher Lehren, besonders bei jüngeren Menschen, kann als Zeichen dafür gewertet werden, daß sie in einer Gesellschaft, die von ihren eigenen Traditionen desillusioniert ist, auf ein spirituelles Bedürfnis treffen. Diese Lehren stimmen mit der allgemeinen Empfindung überein, daß die ethische Achtung über den Menschen hinausgehen sollte und bieten eine Alternative zu den Korrekturversuchen, die sich in der Christenheit entwickelt haben. Sie können eine spirituelle Grundlage dafür sein, daß wir eine aufgeklärtere Haltung zu unserer Umgangsweise mit uns selbst entwickeln und mit dem Planeten, auf dem wir leben.

14
Ökologie

Die endlose Aufzählung gesellschaftlicher Mißstände und Umweltsünden, die auf die Fleischproduktion zurückzuführen sind, könnte den Eindruck entstehen lassen, daß allein das Fleisch die Welt in einen Zustand der ökologischen Krise gebracht hat. Es sind viele Gefahren vorhanden, und es gibt gute Gründe für die Beschuldigung, daß Fleisch diese Gefahren verstärkt. Fleisch wird jedoch auch deshalb so umfassend angeklagt, weil der Fleischverzehr sich als *Symbol* eignet, auf das bestimmte Anschuldigungen konzentriert werden können.

Fleisch veranschaulicht mehr als alles andere eine bestimmte Haltung: die männliche Weltsicht, die umfassend von der hierarchischen Beherrschung der Natur, der Frauen und anderer Menschen ausgeht, sie schätzt und rechtfertigt und weniger dominierende Formen des Umgangs zwischen den Menschen und dem Rest der Natur geringschätzt. Diese allgegenwärtige Haltung ist jetzt zu ihrem logischen und vielleicht endgültigen Schluß gekommen, nachdem sie den Standort, auf den wir angewiesen sind, in seinen derzeitigen gefährdeten Zustand gebracht hat. Es gibt unausweichliche Anzeichen dafür, daß die mögliche Apokalypse für viele menschliche Gemeinschaften und Ökosysteme bereits eingetreten ist. Die Erkenntnis, daß fast überall eine Katastrophe droht, hat zumindest dazu geführt, daß die Werte, auf die wir unser Weltbild aufgebaut haben, in Frage gestellt werden. Die Umweltbeherrschung, die Fleisch immer noch verkörpert, trägt heute für viele Menschen negative Züge. Sie sind an die Stelle der im wesentlichen positiven Meinungen getreten, mit denen die Menschen früher ihre Herrschaft über die Umwelt sahen.

Lassen Sie uns zuerst einige der Umweltthemen behandeln, die im Zusammenhang mit einem hohen Fleischverzehr stehen. Am negativsten in bezug auf die Ökologie des Planeten wird Fleisch vielleicht in Verbindung mit dem Hunger und der Armut unter den politisch und ökonomisch Benachteiligten wahrgenommen. Der Anblick des reichen Westens, der Nahrung buchstäblich im Überfluß und Luxusfleisch in Unmengen besitzt, während andernorts Menschen verhungern, kann mindestens das Gefühl der Ungerechtigkeit heraufbeschwören:

> »Und es ist diese ganze Ungerechtigkeit, daß die Menschen auf der anderen Seite der Erde nicht genug zu essen haben, um über den Tag zu kommen, also, die ganze … Ernährung ist ein schreckliches Schuldproblem geworden. Besonders heutzutage, wo es eigentlich einen Überschuß an Fleisch gibt. Es wäre in Ordnung, wenn sie die Sachen an Ort und Stelle schaffen könnten, so daß sie die Leute mit Nahrung versorgen, die sie brauchen, aber davon sind wir weit entfernt. Da geht keine Regierung ran.«

Solche Befürchtungen werden durch die Erkenntnis verstärkt, wie niedrig die Energiebilanz der Fleischproduktion ist – die Umwandlung von Getreide in Tierfleisch erfordert ungefähr 10 Kalorien für jede Kalorie, die am Ende für den menschlichen Konsum zur Verfügung steht. Für die Produktion von einem Gramm Fleischprotein sind fünf Gramm Proteininput erforderlich, und bei Rindfleisch ist das Energieverhältnis sogar eher zwanzig zu eins (Pimental and Pimental 1979, S. 52; Wilson and Lawrence 1985, S. 25; Cox 1986, S. 193). Die Fleischproduktion ist so verschwenderisch, daß die heutige Bevölkerung des dichtbesiedelten England von 10 Millionen Morgen der vorhandenen 46 Millionen Morgen Ackerland ernährt werden könnte, wenn dort Ackerfrüchte angebaut und ohne weiteren Zwischenschritt verzehrt werden würden (Williams 1977). Weltweit wird über 1/3 allen Getreides angebaut, um später als Viehfutter zu dienen. Gleichzeitig sind mindestens 500 Millionen Menschen unterernährt (Icke 1989, S. 46).

> Der Großteil Englands und die flachen Gebiete von Schottland und Wales bestehen von Küste zu Küste aus aneinandergestückelten Feldern. Die meisten dieser Felder dienen der Produktion tierischer Nahrungsmittel, entweder als Weideland oder zum Anbau von Futtergetreide: auf nur einem von zehn Feldern wird unmittelbar Nahrung für Menschen produziert … Zusätzlich importieren wir Millionen von Tonnen an Futtermitteln, wobei vieles davon aus Entwicklungsländern stammt. Die Landwirtschaft wird weltweit von der Fleischproduktion beherrscht: überall konkurrieren domestizierte Tiere mit Wäldern und wilden Lebensformen und den grundlegenden Bedürfnissen von Menschen. Weniger Fleisch, weniger Milch-

> produkte und Eier zu produzieren und zu konsumieren, würde den Entwicklungsländern Land überlassen, und die Menschen dort könnten sich besser ernähren. (Frances 1989, S. 11)

Der reiche Westen wird nicht nur als unfähig betrachtet, die vorhandene Nahrung gerecht zu teilen, sondern auch beschuldigt, sich die Ressourcen anderer Völker anzueignen – oftmals nimmt er sie von den ärmsten Völkern der ärmsten Nationen, die es sich am wenigsten leisten können. In der europäischen Viehwirtschaft werden jährlich 22 Millionen importierte Futtermittel verfüttert, und in der »Dritten Welt« dienen 15 Millionen Hektar als Weideland für europäisches Vieh. Im Senegal erfüllen ungefähr 30 Prozent des kultivierten Bodens diese Funktion, Äthiopien exportiert sogar auf dem Höhepunkt der Hungersnot Protein, durch das sich jährlich ungefähr eine Million Menschen ernähren könnte (Busacker 1985, S. 17; Icke 1989, S. 46). Große Gebiete des Tropenwaldes werden unter anderem deshalb gefällt, weil dort Futtergetreide für europäisches und amerikanisches Vieh angebaut werden soll. Dies ruft bei vielen Menschen Mißtrauen hervor:

> »Ich werde wütend, weil McDonalds offenbar sehr umtriebige Werbeleute hat, die laufend an die Zeitungen schreiben und sich brüsten: ›Wir benutzen kein Rindfleisch aus dem Regenwald. Sind wir nicht nett!‹ – aber sie sagen nicht, woher ihr Fleisch kommt oder woher das Futter kommt, mit dem es gefüttert wird.«

Die Zusammenhänge, über die Fleisch am Prozeß der Umweltzerstörung beteiligt ist, die wahrscheinlich dazu führt, daß sich die Nahrungsmittelknappheit für viele Menschen noch weiter verschlimmert, sind oft komplex. Die Befriedigung der europäischen und amerikanischen Gier nach Rindfleisch verstärkt die Nachfrage nach Weideland oder Anbauflächen für Futtergetreide und ist damit eine wesentliche Ursache für die weltweite Abholzung. Für die Erfüllung dieser Nachfrage sorgen normalerweise große kommerzielle Unternehmen, häufig, indem sie die lokale Bevölkerung von ihrem angestammten Land vertreiben. Die Ausdehnung des Weidelandes geschieht zum großen Teil auf Kosten von Waldland:

> Der Bodyshop bittet seine Kunden, Briefe an den Präsidenten Brasiliens zu unterzeichnen ..., in denen Aktionen gefordert werden, um die Brandrodung von tropischem Regenwald durch Viehzüchter aufzuhalten, die neues Weideland brauchen, damit sie Fleisch für die Hamburgerketten der Welt produzieren können.
> (Blythman 1989, S. 29)

> Es erscheint beim Flug über Amazonien nahezu unvorstellbar, daß die Wälder gefährdet sein könnten, die sich Meile um Meile, über ein Gebiet von nahezu der Größe Australiens, unter uns erstrecken. Aber bei der Fahrt über den Transamazonien-Highway in beiden Richtungen von Altimira aus wird die Bedrohung nur allzu deutlich sichtbar. Der Wald ist auf beiden Seiten der Straße gerodet, soweit das Auge blicken kann. Zum größten Teil wurde er abgeholzt, damit dort Viehweiden entstehen. Es gibt heute im brasilianischen Amazonien über 8 Millionen Stück Vieh. Die Fleischproduktion ist extrem ineffizient (50 kg/Hektar/Jahr), und das macht die Viehwirtschaft zu einer so völlig unökonomischen Aktivität, daß sie wahrscheinlich nie im gegenwärtigen Ausmaß unternommen worden wäre, wenn die brasilianische Regierung nicht, mit Hilfe der Weltbank und anderer multilateraler Entwicklungsbanken, 2 Milliarden Pfund in die finanzielle Unterstützung der Viehindustrie Amazoniens gepumpt hätte. (Hildyard 1989, S. 53)

Wenn der Regenwald ganz für die Viehzucht abgeholzt ist, wird jeder Hamburger, der im ersten Jahr produziert wird, ungefähr eine halbe Tonne ausgewachsenen Waldes gekostet haben. Ein solcher Wald sorgt in der Natur pro Hektar für ungefähr 800000 Kilo Pflanzen und Tieren. Dieselbe Fläche als Weideland ergibt um die 1600 Hamburger:

> Der Preis dieser Mahlzeit in einem Brötchen sind ungefähr neun Quadratmeter unersetzbarer Naturreichtum – die Reichhaltigkeit und Vielfalt des Regenwaldes, der, wenn das Weideland zu gegebener Zeit aufgegeben wird, vielleicht nie wieder neu geschaffen werden kann. (*New Internationalist* 1987)

Die intensive Entwicklung nach westlichem Stil bringt in die Gebiete, denen sie aufgezwungen wird, neue Probleme. Traditionelle einheimische Formen einer Selbstversorgerlandwirtschaft, die sich über lange Zeit entwickelt hat und ganze Gemeinden versorgt, können sich in den betreffenden Gebieten nicht mehr halten. Die alles aus dem Land herausziehende »Entwicklung« führt meistens zu einer Polarisierung der Einkommen – in Botswana zum Beispiel fallen 75 Prozent des erzielten Einkommens an 10 Prozent der Landwirte (Opschoor 1985, S. 18) –, und das Ergebnis dieser Entwicklung ist, daß die weniger Mächtigen den Zugang zur Nahrungsmittelproduktion verlieren und ihnen nur Auswanderung oder Hunger bleiben.

> Weil soviel Land dazu benutzt wird, unsere Frühstücksteller und Steakhäuser zu versorgen und andere leicht verkäufliche Landbau-

produkte zu produzieren, müssen die Unterernährten häufig, um zu überleben, ihre eigenen Umweltbedingungen zerstören. Andere werden in Randgebiete verdrängt, wo das Land für eine landwirtschaftliche Nutzung zu unfruchtbar ist. Es verwandelt sich oftmals in Wüste. (Icke 1989, S. 46)

Der Verlust des Urwaldes hat viele Folgen, wie zum Beispiel den raschen Verlust von Boden, der manchmal bis zur Verwüstung geht, und ist einer der Gründe für die weltweite Klimaveränderung. Der Regenfall in tropischen Gebieten sinkt durch die Abholzung teilweise um 10–15 Prozent, und die weiteren Aussichten sind beängstigend (Bunyard 1985, S. 1920). Manche Menschen verstehen die ökologische und soziale Verödung ökonomisch benachteiligter Nationen als Warnung vor den katastrophalen Konsequenzen der Industriepolitik in der westlichen Welt:

Die lokale Bevölkerung beschwert sich schon heute über Wetteränderungen – der Regen fällt weniger regelmäßig und unvorhersehbarer. Wissenschaftler warnen davor, daß die hydrologischen Kreisläufe, die die Wiedergewinnung des Regenfalls in ganz Amazonien sicherstellen, durch die Abholzung unterbrochen werden. Gebiete, deren Wald nicht von der Abholzung betroffen ist, könnten eher durch Austrocknung als durch Brandrodung verlorengehen, da sie dem Rückenwind aus abgeholzten Gebieten ausgesetzt sind … Es wird befürchtet, daß der Prozeß noch über den Treibhauseffekt hinausgehen … und die Chemie der Atmosphäre wirklich verändern könnte, und zwar in einem solchen Ausmaß, daß die höheren Tiere vielleicht nicht mehr in der Lage wären zu überleben … so abwegig die Vorstellung von einem klimatischen Umschwung auch erscheinen mag, sollte man sich doch erinnern, daß die Atmosphäre der Erde über die meiste Zeit der Erdgeschichte hinweg nur bakterielles Leben ermöglichte. (Hildyard 1989, S. 59)

In der Geschichte der meisten, wenn nicht aller Länder der Dritten Welt waren die letzten dreißig Jahre die verheerendsten. Es gab massive Abholzung, Bodenerosion und eine Ausdehnung der Wüsten. Die Zahl der Überschwemmungen und Dürren ist ebenso wie ihre Zerstörungskraft dramatisch gestiegen. Das Bevölkerungswachstum hat einen neuen Höhepunkt erreicht, die Verstädterung gleichfalls. Es haben sich öde, schäbige Vorstädte entwickelt, in denen das menschliche Leben einen Grad an Elend erreicht hat, das, vielleicht abgesehen von Hitlers Konzentrationslagern, beispiellos ist. Mit solchen Entwicklungen gehen wachsende Unterernährung und Hunger einher; das hat dazu geführt, daß wir heute zum ersten Mal in der menschlichen Geschichte erleben, daß der Hunger ein *kontinentales*

> *Ausmaß* angenommen hat. Zweidrittel der afrikanischen Länder sind, in unterschiedlichem Umfang, von ihm betroffen.
>
> (Goldsmith 1985, S. 210)

Konventionelle Wirtschaftsexperten wenden ein, daß solche Analysen vereinfachend seien und die Fleischproduktion in den sogenannten Entwicklungsländern eine positive Rolle spielen könne (diese Länder werden dazu angehalten, sich nach dem westlichen Modell zu »entwickeln«, damit sie den ihnen zugewiesenen Part im weltweiten Handelssystem einnehmen – als Lieferanten billiger Rohstoffe für westliche Märkte). In Botswana zum Beispiel wird 10–20 Prozent des Bruttosozialprodukts mit Rindfleisch geschaffen, und es wird behauptet, daß es für ein Land, dessen Umwelt angeblich mit kaum etwas anderem ausgestattet ist, eine wichtige Quelle für fremde Währungen sei (Opschoor 1985, S. 18). Einige Menschen ziehen Parallelen dazu, daß im siebzehnten Jahrhundert der englische Appetit auf Fleisch den hungergeplagten Norden Schottlands eingekauft habe, weil England billiges Weideland mit Bargeld bezahlen konnte (Mitchison 1985, S. 3). Für andere liegen die deutlichen Parallelen, die die berüchtigten Rodungen der schottischen Highlands bieten, in der Art und Weise, wie die mächtige Oberklasse rücksichtslos die einheimische Bevölkerung von ihrem Land vertrieb, um entfernte reiche Märkte profitabel mit Vieh zu versorgen.

Es wird der Fleischproduktion ebenfalls vorgeworfen, außerordentlich verschwenderisch mit Ressourcen umzugehen und stark zur Umweltverschmutzung beizutragen. Europa produziert heute auf nur 6,5 Prozent des Ackerlandes der Welt 28 Prozent des Fleisches. Diese scheinbar hervorragende Produktivität wird mit dem Preis eines hohen Verbrauchs an Ressourcen erkauft: besonders von Energie, Metallen und Phosphaten. 270 Liter Wasser sind erforderlich, um ein Pfund Weizen zu produzieren, für die Produktion von einem Pfund Fleisch werden 11 300 Liter benötigt (Icke 1989, S. 46). Die Profitorientierung sorgt dafür, daß immer mehr Pestizide und Düngemittel eingesetzt und moderne Maschinen benutzt werden (Busacker 1985, S. 17–18; P. Stewart 1985, S. 4). Beides zieht zusätzliche Belastungen nach sich, wie z. B. das Entweichen von Chemikalien in die Umwelt. Die routinemäßige Medikamentierung des Viehs, mit der eine schnellere Wachstumszunahme erreicht werden soll, führt bei Menschen und anderen Tieren zur Immunität von Viren gegen Antibiotika (Teherani-Kronner 1985, S. 12; Cox 1986, S. 106–108). Die westliche Welt benutzt etwa achtmal so viele Ressourcen wie die ärmeren Nationen, obwohl berichtet wird, daß China durch den intensiven Gebrauch der menschlichen Arbeitskraft eine vergleichbare Produktivität erreicht (Stewart 1985, S. 5).

Eine der ökologischen Auswirkungen der Methoden, die in der intensiven Landwirtschaft angewandt werden, ist die Verseuchung des Trinkwassers mit Nitraten. Eine Hauptursache für diese Verseuchung ist die Jauche aus der intensiven Viehwirtschaft. Die Nitratverseuchung der öffentlichen Wasserversorgung übersteigt in vielen Teilen Großbritanniens regelmäßig europäische Grenzwerte und verursacht angeblich das »Blauer-Säugling-Syndrom«, eine seltene, tödliche Kinderkrankheit. Indirekt, über ein komplexes System von Einflüssen, ist die Nitratverseuchung auch für den sauren Regen verantwortlich: Stickstoff aus dem Ackerland gelangt in das Grundwasser und findet von dort seinen Weg in die Flüsse und in die Seen und Meere. Die Algenblüte in der Nordsee, die in den letzten Jahren verstärkt auftrat, wird auf diesen Anstieg der Wasserdüngung zurückgeführt. Bei deren Aufspaltung entstehen hohe Schwefelkonzentrationen, die sich im Zusammenwirken mit Meereswasser und Sonnenlicht in atmosphärische Schwefelsäure verwandeln. Nicht weniger als 30 Prozent des sauren Regens, der in Skandinavien fällt, könnte aus dieser Quelle stammen. Die von Landwirtschaftstieren produzierten Chemikalien tragen ebenfalls zum sauren Regen und der weltweiten Erwärmung bei:

> Methan ... ist bezüglich des Zurückhaltens der Sonnenstrahlung und der Erwärmung des Planeten zwanzigmal wirksamer als Kohlendioxide ... Die Menschheit besitzt 1,2 Milliarden Rinder, ganz zu schweigen von einer großen Anzahl Kamele, Pferde, Schweine, Schafe und Ziegen – sie rülpsen und blähen jedes Jahr ungefähr 73 Millionen Tonnen Methan in die Luft, das bedeutet einen 435prozentigen Anstieg in diesem Jahrhundert. Der Büffel und das Weißschwanzgnu rülpsten und furzten auch, aber sie waren nicht so zahlreich.
>
> (McKibben 1990, S. 14)

> Die hauptsächliche Quelle für den sauren Regen ist der Rauch aus Kraftwerken – der 1600 Kilometer durch die Atmosphäre ziehen kann – und Autos. Eine andere wesentliche Quelle, die erst vor relativ kurzer Zeit herausgefunden wurde, ist das Ammoniak, das unser immer zahlreicher werdendes domestiziertes Vieh erzeugt.
>
> (Macdonald 1990, S. 9)

Methan baut sich in der Atmosphäre mit einer Rate von ungefähr einem Prozent pro Jahr ab. Welche Konsequenzen daraus folgen, ist nicht absehbar (Bunyard 1985, S. 19–20).

> Der »Treibhauseffekt« könnte nach den Aussagen von T. R. Vidyasagar vom Max Planck Institut für Biochemie in Göttingen vermieden werden, wenn wir uns alle eine im wesentlichen vegetarische Ernährung zu eigen machen würden. …
>
> Vidyasagar rechnet damit, daß ein weltweites Ende des Konsums getreidegefütterten Viehs, kombiniert mit der Übernahme einer gesunden vegetarischen Ernährung, wichtige Auswirkungen hätte.
>
> Bei einem durchschnittlichen Pro-Kopf-Verbrauch von 200 kg Getreide im Jahr würden für die Ernährung der heutigen Weltbevölkerung nur 60 Prozent des jetzt kultivierten Bodens benötigt werden. Diese 60 Prozent sollten bei fortgeschrittener Technologie bis ins nächste Jahrhundert ausreichen, die Bedürfnisse der voraussichtlichen Weltbevölkerung abzudecken.
>
> Dies könnte nicht nur die weitere Entwaldung verhindern: es wäre dadurch möglich, ungefähr 40 Prozent des heute landwirtschaftlich genutzten Bodens wieder aufzuforsten. In dem Maße, wie die Bäume heranwachsen, würden sie in großem Umfang für die Aufnahme des Kohlendioxids aus der Luft sorgen. (*Guardian* 1987a, S. 24)

Die Ausweitung der Rindfleischproduktion kann auch zu Milchabsatzproblemen führen. Dies betrifft besonders die Länder des Ostens, da dort der Konsum von Milchprodukten nicht zur kulturellen Tradition gehört (Stewart 1985, S. 5). Die Viehwirtschaft wirkt sich ebenfalls auf das Aussehen der Landschaft aus. Jede Änderung im Umfang oder in den Methoden der Fleischproduktion würde deutlich sichtbare Konsequenzen haben, genauso wie schon früher in der Geschichte beachtliche Veränderungen der Landschaft vonstatten gingen. Wenn es weniger Wiederkäuer gäbe, könnten sich große Teile des Landes in Gemüseanbauland, Wald, Buschwerk, Naturschutzgebiete, Grasland oder Erholungsgebiet verwandeln (Korbey 1985, S. 14).

Es geht nicht nur um das Essen von Fleisch. Auch die Jagd wird beschuldigt, verschiedene negative Auswirkungen auf die Umwelt zu haben. Nicht zuletzt wird kritisiert, daß riesige Landflächen manchmal ausschließlich dem Unterhalt hoher Bestände an Jagdwild gewidmet sind, wie in den schottischen Schneehuhnmooren. Solches Land, wird gesagt, könnte ansonsten Zwecken wie zum Beispiel der Forstwirtschaft gewidmet werden, die für die Gesellschaft nützlicher wären, oder es könnte zugunsten wildlebender

Tiere und Pflanzen wieder zu einem natürlicheren Zustand zurückkehren. Es gibt auch Berichte darüber, daß der bei der Jagd übliche Leitschuß das Land verschmutzt. Dies ist vor allem in Gebieten mit einem hohen Säuregehalt des Bodens der Fall, wie in den offenen Mooren, in denen das Jagen oft stattfindet (BBC Radio 4 *PM* letters, 15. August 1989). Die beim Angeln verwendeten Bleigewichte werden für eine weitere Verschmutzung der Wasserläufe verantwortlich gemacht, und abgerissene Nylonangelschnüre bedrohen Vögel und das Leben in und am Wasser (*Comment*, Channel 4 TV, August 1989).

> »Ja, es macht mich wütend, daran zu denken, daß so große Teile des Landes wirklich unbrauchbar gemacht werden, damit ein paar reiche Leute ihre Ferien damit verbringen können, Vögel in Fetzen zu schießen.«
>
> Restaurants und Hotels nehmen dieses Jahr … aus Angst vor Demonstrationen der Gegner des Schneehuhnschießens eine zurückhaltende Haltung ein …
>
> Gruppen, die sich gegen die Jagd richten, haben eine Kampagne gegen das Schneehuhnschießen begonnen. Sie richten sich sowohl gegen das Leiden und den Tod von Vögeln als auch gegen die Umweltverschmutzung durch den Leitschuß. (Robertson 1989b, S. 3)

Die Fleischindustrie ist bei ökologischen Themen generell defensiv, da sie sich darüber bewußt ist, daß industrielle Viehzuchtmethoden äußerst unbeliebt sind. Fleischproduzenten sehen sich mit der dringenden Notwendigkeit konfrontiert, neue Wege zur Verteidigung der Rolle ihrer Industrie bezüglich der Umwelt zu finden. Dies spiegelt sich zum Beispiel in der Handelspresse wider, in der Bücher über die Zielsetzungen der Umweltbewegung, grüne Themen und das Image eines grünen Unternehmens angeboten werden. Die Fleischvermarktung versucht, ein Image natürlicher, zeitloser Tradition zu entwerfen, damit die KonsumentInnen bei ihrem Produkt die natürliche Schlichtheit assoziieren, die heute gefragt ist. Gleichzeitig werden Viehzuchtproduktionseinheiten (ehemals als Bauernhöfe bekannt) vom öffentlichen Blick abgeschirmt und Bitten um Zutritt oder Information immer häufiger abgelehnt. Es ist eine wichtige Maßnahme der Anti-Fleisch-StreiterInnen, die Öffentlichkeit darauf aufmerksam zu machen, daß die idyllische Werbung wenig Ähnlichkeit mit den Fabrikbedingungen hat, unter denen der Großteil der Tiere in Wirklichkeit aufgezogen wird.

Die Meinungen sind geteilt, mit welcher Strategie ökologischen Problemen am besten begegnet werden kann. In der Debatte haben sich im wesentlichen zwei Orientierungen herausgebildet, und zwischen ihnen gibt es noch viele andere Standpunkte.

Die erste Position ist, daß die menschliche Beeinflussung der Natur auf dem Weg zu Zivilisation und Reichtum vielleicht ein paar unvorhergesehene und unerwünschte Nebeneffekte hervorgebracht hat, es aber nur wenige oder gar keine Probleme gibt, die bei ausreichender Beachtung durch die Experten und durch die weitere Anwendung von Wissenschaft und Technologie nicht gelöst werden könnten. Diese Konzeption geht davon aus, daß das Problem eher die ungenügende Entwicklung der Technik ist, nicht, daß es zuviel Technik gibt. Von einer solchen Position werden meistens Menschen angezogen, die aus dem Status quo Vorteile ziehen, denen also Wissenschaft, Technologie und Industrie viel Gutes gebracht haben.

Die Gentechnologie zum Beispiel wird von ihnen als die neueste Lösung für eine Reihe von Umweltproblemen dargestellt, die durch unreife Technologien verursacht sind. Die Gentechnologie verspricht die Kontrolle über wilde, chaotische Naturprozesse. GentechnikerInnen werden gegebenenfalls nicht nur Geflügel mit so vielen Beinen schaffen, wie die AbnehmerInnen gefrorener Hähnchen es wünschen. Sie werden, wenn dadurch der Schinken billiger (und der Profit größer) wird, für Schweine in der Größe von Ochsen sorgen. Sie werden sogar die Gene des Tieres so programmieren, daß sie ihre eigenen wachstumsfördernden Hormone steuern und so die Überwachung entsprechender Medikamente durch kostspielige Veterinäre überflüssig machen. Die Moral steht bei diesem Forschritt nicht zur Debatte, die einzig wichtige Frage ist, ob er ökonomische Fortschritte mit sich bringt oder nicht (im Hinterkopf bleibt dabei stets die KonsumentInnenachfrage).

Menschen mit dieser Geisteshaltung halten Umweltprobleme im allgemeinen für nicht so wichtig, oder sie betrachten sie als eine weitere aufregende technologische Herausforderung. Die Tatsache, daß die Erwartungen der KonsumentInnen, die auf der einen Seite der Welt leben, ernste soziale und ökologische Folgen für die Menschen auf der anderen Seite des Planeten haben könnten, wird entweder als eine individuelle Gewissenssache abgetan oder als ein unseliger Nebeneffekt der unumstößlichen Gesetze der Marktwirtschaft betrachtet. Menschen, die mit der Fleischproduktion befaßt sind, sehen ihre Aktivitäten nicht etwa als schädlich für die Umwelt an, für sie sind sie eine positive Nutzung ländlicher Ressourcen.

> »Wir können Gras in eine gute Form des Proteins umwandeln – das heißt rotes Fleisch –, und das ergibt einen Sinn: guten ökonomischen Sinn. Außerdem haben wir nun einmal diese weiten Flächen und Felder, und wir müssen das Gras ausnutzen, etwas, das in Fleisch umgewandelt werden kann ... Nun, ich finde es gut, wenn die Dinge so natürlich wie möglich bleiben, aber Sie müssen die kommerzielle Seite bedenken, oder die Notwendigkeit ... daß Länder sich entwickeln müssen ... Ich glaube, solange es strenge, vernünftige Regelungen gibt, haben wir genügend natürliche Intelligenz, um das Gleichgewicht zwischen dem kommerziellen Profit und der Bewahrung wirklich wünschenswerter Elemente der Umwelt zu erhalten ...«

Menschen auf dem anderen Pol der Auseinandersetzung sind zu der Auffassung gelangt, daß die Umweltprobleme, die in den letzten Jahren die öffentliche Aufmerksamkeit auf sich ziehen, aus der Industriekultur entstehen. Sie halten es daher für grundsätzlich unmöglich, sie durch weitere technologische Tricks zu korrigieren. Die AnhängerInnen dieser Position betrachten die Probleme, die die natürlichen Systeme beeinträchtigen, oft in einem längerfristigen und globaleren Zusammenhang, als es bei ihren KritikerInnen üblich ist. Sie stellen zum Beispiel fest, daß die moderne Umweltkrise nur in bezug auf ihr Ausmaß neu ist:

> Der europäische Expansionismus der letzten fünfhundert Jahre überschattet – verdunkelt sogar fast vollständig – die Lehren, die wir aus dem wiederholten Aufstieg und Zusammenbruch alter landwirtschaftlicher Zivilisationen hätten ziehen sollen. Dies führte zu solchen möglicherweise fatalen kulturellen blinden Flecken wie der Verwundbarkeit unseres derzeitigen industriellen Landwirtschaftssystems. Aufgrund der Erfahrungen, die zwischen ungefähr 1450 und 1950 gemacht wurden – einem Zeitraum, der durch scheinbar unbegrenzte Expansion bestimmt war –, ist die westliche Industriewelt jetzt schlecht dafür gerüstet, die Probleme der ökologischen Anpassung, denen sich heutzutage alle Gesellschaften in unserer begrenzten Welt gegenübersehen, grundlegend zu verstehen, und sie ist politisch unfähig, sie anzusprechen. (Weiskel 1989, S. 99)

Die gegensätzlichen Standpunkte zur Lösung der Umweltkrise können beispielhaft an der folgenden Unterhaltung zwischen einem Viehzüchter und seiner Frau demonstriert werden. In diesem Gespräch sind wesentliche Züge der Auseinandersetzung erkennbar:

GERRY: »Sie haben am Nildelta und an ähnlichen Orten festgestellt, daß sie selbst da die natürliche Vegetation und den Boden und sowas total erschöpft haben, und mit der Vernichtung der natürlichen Vegetation sind alle ihre Häfen verschlammt. Und es war absehbar, daß sich die Dinge so entwickeln. Es ist erschreckend. Aber heute haben sie sowas wie große Ausbaggermaschinen und was nötig ist, um Flüsse und so zu entschlämmen. An dem Punkt hat der Mensch Fortschritte gemacht. Die Natur kann ihm jetzt eigentlich nicht mehr in die Quere kommen.«
LINDA: »Aber vielleicht hat die Natur eigene Wege, sich das ihre zurückzuholen ...«
GERRY: »... naja, du redest vielleicht von einem Erdbeben. Was meinst du damit, die Natur holt sich das ihre zurück?«
LINDA: »Nein, ich rede von Abholzung und Brandrodung, alle möglichen Leute machen Geld damit, den Regenwald abzuholzen und abzubrennen und die Natur zu berauben. Aber die Natur kriegt ihr Eigentum zurück, weite Bereiche des Landes werden überschwemmt, weil das Wasser nicht im Regenwald zurückgehalten wird.«
GERRY: »Also, die Länder haben sicher nicht den finanziellen Reichtum für irgendwelche Dämme ... und an den Flüssen Deiche anzulegen – und auf die Überschwemmungsprobleme zu achten. Da, wo wir jetzt sitzen, haben sie es irgendwie geschafft. Dieses Gebiet ist überschwemmungsgefährdet, aber die letzte große Flut war hier in den fünfziger Jahren. Danach haben sie eine Menge Geld dafür ausgegeben, sie haben vor allem den Meeresschutz dahinten verstärkt, dieser Ort ist jetzt sicher.«

Frage: »Selbst wenn das Meer um ein paar Meter ansteigt?«

GERRY: »Ja, ich glaube, das haben sie mit in Erwägung gezogen, als sie diese Spundwände eingezogen haben. Man kann nämlich sehen, daß die Leute, die früher von ihrem Haus aus einen wunderbaren Blick auf das Meer hatten, den jetzt völlig verloren haben.«

Frage: »Sie sind also im großen und ganzen davon überzeugt, daß die menschliche Technologie mit den meisten Problemen umgehen kann, wenn sie auftreten und gleich in dem Moment?«

GERRY: »Wenn es den finanziellen Rückhalt dafür gibt. Ja, sicher. Nicht unbedingt in dem Moment, in dem sie auftreten, aber nach einer gewissen Zeit gibt es bestimmt keine Überschwemmungsprobleme mehr, so wie bei den Flutgebieten in der westlichen Welt.«
LINDA: »Nicht in der westlichen Welt, vielleicht nicht, aber ich rede von Südamerika und Afrika und solchen Gegenden. Ich meine, wenn sich in Äthiopien eine große Dürre ereignet, können wir da Nahrung hinbringen solange wir wollen, aber das wird das Problem nicht lösen, nicht wahr? ... Und dann, die andere Seite davon, besonders in Äthiopien, jetzt, wo sie da nicht mehr so viel Wald haben, trocknen

sie den Tierdung und verbrennen ihn. Er sollte eigentlich auf die Felder gestreut werden, um das Getreide zu düngen, und das eröffnet wieder einen furchtbaren Kreislauf. Es gibt darauf keine kurzfristige Antwort. Alles muß sehr langfristig angelegt sein. Ich meine, wenn da eine Hungersnot ist, muß natürlich Nahrung hingebracht werden, aber das löst die Probleme nicht.«
GERRY: »Du kannst also sagen, wir sind die zivilisierte Welt, aber vielleicht sind wir einfach die Glücklichen, die in einem gemäßigten Klima leben, wir haben …
LINDA: »Naja, du kannst von Glück sagen, daß du hier geboren wurdest …«
GERRY: »Ja, ich weiß, aber weil uns die Verhältnisse höllisch begünstigen, haben wir es zustandegebracht, diesen trockeneren Gegenden weit vorauszueilen oder …«

Frage: »Sie würden also auf jeden Fall davon ausgehen, daß die Leute in Äthiopien lernen könnten, mit diesen Umweltproblemen fertigzuwerden, wenn das Land nur ökonomisch ›entwickelter‹ wäre?«

GERRY: »Nun, sie wären hoffentlich dazu in der Lage, ihre Landwirtschaft in Ordnung zu bringen. Das Problem ist, daß zu viele Menschen im wesentlichen vom Land leben. Sie kratzen sich ihren Lebensunterhalt zusammen, es gibt Bevölkerungen, wo 99 Prozent Bauern sind oder Sammler, die leben alle vom Land. Wenn sie ökonomisch so … [entwickelt wie in] Ägypten wären, vielleicht – da unten fangen sie jetzt mit ihren Wüstengebieten unglaubliche Dinge an. Die Dämmesysteme bewässern sie jetzt vom Nil, sie fangen an, Leben in Gegenden zurückzubringen, die einmal gut bewirtschaftet waren. Sie fangen jetzt neu an und versuchen diese Gebiete zu beherrschen. Es ist unglaublich, daß sie Vieh in diese Gegenden bringen, obwohl es witzig ist, Vieh zu sehen, das in Schutzgebieten gehalten wird, sie fangen damit an, es dahin zurückzubringen, es soll alles wieder in Gang kommen …«
LINDA: »Na, ich denke, daß wir die Natur studieren sollten und mehr ein Teil von ihr sein müssen, weil, mit dem Versuch, sie zu beherrschen … Ich glaube, daß der Großteil unseres Problems gerade ist, daß wir sie zu kontrollieren versuchen, wir rennen mit unseren Köpfen gegen eine Steinmauer, und je mehr wir das tun, desto größer werden die Probleme. Wir haben auf der einen Seite vielleicht einen kleinen Erfolg, aber auf der anderen schaffen wir ein eklig großes Problem.«

Es soll nicht bewertet werden, ob die aufgezeigten Beziehungen zwischen der Fleischproduktion und unserer Umwelt absolut falsch oder richtig sind, gut oder schlecht. Die Bedeutung liegt mehr darin zu erkennen, daß Fleisch an erstaunlich vielen Punkten, im

Expertenstreit wie in der Alltagskommunikation, mit einer Reihe ökologischer Befürchtungen in Verbindung gebracht wird, und oft spielt es dabei den Schurken des Dramas. Wenn wir die Zusammenhänge verstehen wollen, müssen wir hinter die wissenschaftlichen Einzelheiten blicken, auf die Kultur insgesamt. Das Anwachsen der ökologischen Ängste ist, wie Mary Douglas feststellt, teilweise ein symbolischer Vorgang, in dem das Unbehagen über antisoziales Verhalten – in diesem Fall wahrscheinlich das industrielle und ökonomische Verhalten, das unsere gemeinsame Sicherheit bedroht – durch ein passendes Mittel ausgedrückt wird. Die Klagen über die Umweltverschmutzung und die Sorgen über die persönliche Gesundheit sind so gesehen ein Anzeichen für tiefgehendere soziale Ängste. Die ökologischen Befürchtungen sind schon deshalb wohlbegründet und drängend, weil Fleisch eine Nahrungssubstanz ist. Aber die Aufmerksamkeit der Öffentlichkeit wird nicht unbedingt am wirkungsvollsten über den sorgfältigen Nachweis kausaler Zusammenhänge erlangt, die die UmweltwissenschaftlerInnen herausstellen:

> »Ein anderes Mißverständnis betrifft den Unterschied zwischen richtigen und falschen Vorstellungen von der Umwelt. Ich wiederhole die Einladung, sich diesem Gegenstand in Sciencefiction-Manier zu nähern. WissenschaftlerInnen finden wahre, objektive Dinge über die physische Natur heraus. Die menschliche Gesellschaft versieht diese Ergebnisse mit sozialer Bedeutung ... Das offensichtliche Risiko für die Umwelt lenkt in gewisser Weise ab ... wir können nicht nach einer zukünftigen Gesellschaft verlangen, in der wir lediglich an wirkliche, wissenschaftlich bewiesene Gefahren der Umweltverschmutzung glauben. Wir *müssen* dringend über Zeit, Geld, Gott und Natur reden, wenn wir hoffen, irgend etwas zustandezubringen. Wir müssen an die Beschränkungen und Grenzen der Natur glauben, die unsere Gemeinschaft wahrnimmt.
>
> (Douglas 1975, S. 242, 245–246)

Aber warum ist Fleisch solch ein *Brennpunkt* für Umweltängste, die eigentlich aus unendlich komplexen Systemen von Elementen und Wechselwirkungen bestehen? Warum zum Beispiel wurde die Verstrahlung von Lammfleisch durch den radioaktiven Fallout nach dem Tschernobyl-Unfall so besonders betont? Die Antwort liegt teilweise sicherlich darin, daß die Fleischproduktion die Ressourcen des Planeten stärker *beansprucht* als es bei der Produktion des entsprechenden Nährwertes nicht tierischen Ursprungs der Fall ist – sie benötigt im Durchschnitt viel mehr Land, mehr Energie und mehr Arbeitsstunden, und sie produziert direkt oder indirekt weit mehr Abfall, der die Umwelt verschmutzt. Es ist eine Tatsache, daß das Fleisch geschlachteter Schafe eine höhere Konzentration radioaktiver Verstrahlung als Pflanzenprodukte *enthielt*, weil es höher in der Nahrungskette angesiedelt ist.

Solche rationalen Antworten sagen trotzdem nicht die ganze Wahrheit. Fleisch wird auch deshalb angeklagt, weil der Verzehr von Tierfleisch ein deutlicher Ausdruck unserer Kontrolle der Natur ist – eine Angelegenheit, die in einer Welt, die sich zunehmend der Belastung durch die menschlichen Handlungen bewußt ist, immer weniger ein positives Echo hervorruft. Fleisch, das früher ein nahezu überall hochgeschätzter Beweis für die Beherrschung einer wilden und unzivilisierten Umwelt durch den Menschen war, verkörpert heute den Mißbrauch unserer Position der Verantwortung für einen begrenzten und verletzlichen Planeten. Fleisch verkörpert auch die Fehlbarkeit unserer fortgeschrittensten Technologien, wie sie beispielhaft an Atomkatastrophen zu erkennen ist.

> Lassen Sie uns zuerst die Ökologiebewegung mit anderen Bewegungen früherer Zeiten vergleichen. Ein ins Auge springendes Beispiel ist die Bewegung für die Abschaffung der Sklaverei vor einem Jahrhundert. Den Verfechtern der Sklavenbefreiung gelang es, das Menschenbild zu revolutionieren. Der Ökologiebewegung wird es in derselben Weise gelingen, unsere Vorstellung von der Natur zu verändern … Sie wird erfolgreich sein … teilweise wegen ihrer Hingabe und vor allem, weil die Zeit dafür reif ist. (Douglas 1975, S. 231)

Die zwei wesentlichen Stränge unseres Denkens benutzen beide die Wissenschaft, um die natürliche Welt zu verstehen: der eine mit dem Ziel, die Natur für unseren größeren Ruhm zu bezwingen, und der andere, um in Zusammenarbeit mit der Natur Verbesserungen zu erreichen. Diese beiden Ansichten über den besten Weg für das Voranschreiten der menschlichen Gesellschaft existieren gegenwärtig nebeneinander. Sie sind wechselseitig unvereinbar, und die Spannung zwischen ihnen drückt sich in zahllosen Formen aus, unter anderem in unseren Empfindungen dem Essen gegenüber.

Die Ablehnung, das Fleisch anderer Tiere zu essen, dient in dem Maße, wie die Besorgnis über die zerstörerischen Exzesse der industriellen Beherrschung des Planeten gewachsen ist, als eine ideale Möglichkeit, um eine Vorliebe für bestimmte menschliche Handlungsweisen kundzutun – für Handlungsweisen, die andere Ziele verfolgen als die Fortsetzung eines aussichtslosen Kampfes gegen unser eigenes Lebenserhaltungsystem.

15
Schlüsse

Die vorliegende Studie über Fleisch als gesellschaftliches Phänomen hat zwei Arten von Daten verwendet. Zum einen sind das »harte« archäologische oder statistische Belege für die Eßgewohnheiten der Menschen oder die medizinischen Gefahren und Vorzüge des Fleischessens. Zum andern hat sie sich mit dem auseinandergesetzt, was die Menschen sagen oder schreiben – mit ihren Meinungen. Diese Daten stimmen nur teilweise mit der ersten Art von Tatsachen überein. Sie mögen vergänglicher erscheinen, sind aber genauso real, und ihre Berücksichtigung ist unverzichtbar, wenn wir die erste Art der Beweise verstehen wollen. Das, wovon Menschen denken, daß es wahr sei, kann manchmal bedeutsamer sein als »Fakten«, denn das, was heute und in Zukunft konsumiert wird, wird letztlich durch die Vorlieben und Abneigungen der Menschen, durch ihre Überzeugungen, bestimmt. Lassen Sie uns beide Arten der Fakten der Reihe nach betrachten.

Die erste, statistische Art ist weniger reichlich vorhanden, als oft angenommen wird. Wir können ziemlich sicher davon ausgehen, daß die meisten Völker der Vorgeschichte Fleisch von gejagten oder gezüchteten Tieren gegessen haben, so wie es auch heute in den meisten Gesellschaften der Fall ist. *Wieviel* Fleisch unsere VorfahrInnen normalerweise aßen, ist schwieriger herauszufinden. In vielen modernen Substizenzgesellschaften ist Fleisch, selbst wenn es hochgeschätzt wird, ein unwesentlicher Bestandteil der Ernährung, und so ähnlich könnte es auch früher gewesen sein.

Durch schriftliche Überlieferungen – zum Beispiel von Steuereinnahmen oder Rezepten – haben wir von den Eßgewohnheiten während des Mittelalters ein etwas klareres Bild. Zu dieser Zeit genoß Tierfleisch offenbar schon ein hohes Ansehen. Die meisten Menschen konsumierten Fleisch in geringen Mengen oder nur gelegentlich, es war weitgehend ein Nebenprodukt, da Tiere nur als

Lieferanten für Milchprodukte und als Arbeitstiere gehalten wurden. Viele moderne Gerichte, wie zum Beispiel Pizza und Pasta, Irish Stew und Chop Suey, Shepherd's Pie und Stovies, sind aus traditionellen Bauerngerichten entstanden, bei denen ein hoher Anteil an Getreide durch etwas Fleisch oder Gemüse verfeinert wurde.

Genauere dokumentarische Daten über die Fleischproduktion und -verkäufe sind erst für die frühe Zeit der Moderne vorhanden. Das interessanteste Merkmal ist dabei, daß die meisten britischen Menschen im achtzehnten und neunzehnten Jahrhundert wesentlich mehr Fleisch verzehrten als zuvor. Die steigende Nachfrage nach Fleisch wurde durch Fortschritte in der Gefrier- und Transporttechnologie begünstigt, die Ende des neunzehnten Jahrhunderts eintraten. Durch sie war es möglich, Fleisch billig aus Überseegebieten heranzuschaffen. Dieser Aufwärtstrend erreichte Anfang des zwanzigsten Jahrhunderts einen Höhepunkt, danach fand kein weiterer Anstieg des Fleischkonsums mehr statt. Die Schwankungen der Kriegszeiten lassen klare Trends nur undeutlich erkennen, es gibt jedoch Anzeichen dafür, daß die Nachfrage nicht nur nicht mehr stieg, sondern zu sinken begonnen hatte. Durchschnittszahlen enthüllen zum Beispiel, daß die Nachfrage nach rotem Fleisch Ende des zwanzigsten Jahrhunderts zurückgegangen ist, und die Zahl der Menschen, die es vollständig ablehnen, Fleisch zu essen, stetig steigt. Diese Tendenz wurde teilweise dadurch ausgeglichen, daß einige FleischesserInnen mehr Fleisch essen. Sie tun das besonders mit Mahlzeiten, die außerhalb des Hauses eingenommen werden, häufig in Fast-Food-Einrichtungen.

Es gibt über die Nahrung nur wenige absolute Fakten. Es ist viel über die Gesundheitszuträglichkeit des Fleischessens geschrieben worden, wobei entweder die Vorteile angepriesen oder seine schwächenden Auswirkungen beklagt wurden, aber mit Sicherheit kann nur wenig gesagt werden. Wir wissen, daß sich die Menschen viele Jahrtausende lang mit einer gewissen Menge Tierfleisch ernährten und daß einige Gemeinschaften, wie zum Beispiel die Inuit der Arktis, von einer Nahrung lebten, die kaum etwas anderes enthielt. Dies läßt vermuten, daß Fleisch nicht ganz so schädlich für die Gesundheit sein kann, wie es einige seiner extremeren KritikerInnen glauben. Andererseits gibt es viele Hinweise darauf, daß ein hoher Konsum von Fleisch – insbesondere der modernen, intensiv aufgezogenen Art – negative Auswirkungen haben könnte.

Solche möglichen Auswirkungen sind die Verschlechterung der körperlichen Leistungsfähigkeit und eine Zunahme verschiedener degenerativer Krankheiten.

Genauso bedeutsam wie diese empirischen Belege sind soziale Fakten: das, was die Menschen schreiben, sagen und glauben. Die Tatsache zum Beispiel, daß die Gesellschaft des Westens lange Zeit die Anfänge des Jagens als einen Indikator für den Ursprung der Menschheit benutzt hat – und frühe menschliche Wesen (vermutlich irrigerweise) als ursprüngliche Jäger und deshalb als große Fleischesser charakterisiert wurden –, ist in erster Linie ein Beleg für unsere modernen Anschauungen, nicht für unsere vorgeschichtlichen Gewohnheiten. (Denken Sie z. B. an die riesigen Dinosauriersteaks, die die amüsant anachronistischen Charaktere der Comic-Familie Feuerstein verschlingen.) Dies ist ein kleiner Hinweis von vielen in dem Puzzle der Belege, die darauf hindeuten, daß die herausragende Stellung von Fleisch in unserem Ernährungssystem hauptsächlich darauf beruht, daß es für uns greifbar das Prinzip der menschlichen Macht über die Natur verkörpert. Im Fall der Datierung des Beginns der Menschheitsgeschichte auf den Zeitpunkt, ab dem die Menschen zu jagen begannen, sagt die versteckte Botschaft, daß wir nur dadurch zivilisiert wurden, daß wir unsere Fähigkeit, andere Wesen zu beherrschen, dazu benutzten, sie zu töten und zu essen.

Diese Auffassung durchzieht alle möglichen Zusammenhänge, die in der westlichen Welt mit Fleisch in Verbindung gebracht werden. Die Tiefe, bis zu der wir den Kannibalismus verabscheuen – das kann bis zu dem Punkt gehen, daß viele von uns es buchstäblich vorziehen zu sterben, statt so tief zu »sinken«, menschliches Fleisch zu essen –, veranschaulicht den absoluten Unterschied, den wir von jeher zwischen nicht eßbaren Menschen und eßbaren nicht menschlichen Tieren gemacht haben. Unsere Abneigung, Haustiere zu essen oder Fleischfresser oder andere Wesen, die uns in irgendeiner Weise zu nahe stehen, entspricht dieser Unterscheidung.

Die Vorstellung von der Kontrolle der Umwelt ist auch das Verbindungsglied zu den rationalen Gründen, auf die wir unsere Vorlieben zurückführen, Fleisch zu essen oder es nicht zu tun. Unser Wirtschaftssystem, das die Fleischproduktion und -konsumtion regelt, beruht auf Werturteilen, die stark von der Vorstellung der

Umweltkontrolle geprägt sind. Das gilt auch für unsere Anschauungen darüber, ob es für unseren Körper oder Geist gesund oder ungesund ist, viel Fleisch zu essen. Die medizinischen Spezialisten, die unsere diesbzüglichen Auffassungen unterstützen, sind von diesen Vorstellungen beeinflußt. Unsere moralischen Grundsätze bezüglich der richtigen Behandlung nicht menschlicher Tiere sind ebenfalls eindeutig von unserer Sicht der richtigen Beziehung der Menschen zur Umwelt im allgemeinen bestimmt. Das betrifft nicht zuletzt unsere Stellung zu der Frage, ob wir dazu berechtigt sind, nicht menschliche Tiere zu essen. In der heutigen Debatte über die ökologischen Bedrohungen für unsere weitere Existenz als Spezies, in der Fleisch regelmäßig eine Rolle spielt, ist die Frage der richtigen Beziehung zu unserer Umwelt ein zentrales Thema.

Es ergibt sich ein Bild von Fleisch als Symbol, durch das die westliche Gesellschaft – so wie viele andere Gesellschaften – lange Zeit ihre Beziehung zu der Welt ausgedrückt hat, in der sie lebt. Den Großteil unserer Geschichte und vermutlich der Vorgeschichte machten die Menschen die Erfahrung der Notwendigkeit, ihre Umwelt zu beherrschen: sie wollten die Bedrohung durch die Elemente und wilde Tiere verringern und in der Versorgung mit Nahrung und anderen Notwendigkeiten des Lebens eine gewisses Maß an Sicherheit erreichen. Es ist so gesehen verständlich, daß die meisten Selbstversorgungsgesellschaften, und ganz bestimmt die im mittelalterlichen Europa, Fleisch als Ergänzung der Grundnahrungsmittel Getreide und Gemüse schätzten. Grundsätzlich ausgenommen von dieser Regel waren Menschen, die nach politischer und ökonomischer Macht strebten. Sie verzehrten Fleisch in größeren als den durchschnittlichen Mengen. Menschen, die aus spirituellen Gründen der irdischen Macht entsagten, verzichteten oft gleichfalls auf Fleisch.

Es paßt ins Bild, daß die Fleischmengen, die die meisten Menschen verzehrten, ungefähr vom siebzehnten Jahrhundert an größer wurden, und Fleisch für sie eine größere Bedeutung erlangte. Die Wissenschaft hob in dieser Zeit die Notwendigkeit der Beherrschung der Natur hervor. Moralisch unterstützt wurde sie dabei durch mechanistische Philosophen, die die nicht menschlichen Tiere als verfeinerte Maschinen darstellten. War früher vielleicht die Umweltkontrolle für die meisten Menschen, die vom Land leben mußten, eine grundlegende Notwendigkeit, so entwickelte sie sich jetzt und in einem unvorhergesehenen Ausmaß zu einem ideologischen Grundsatz der urbanen Gesellschaft. Fleisch war das Mittel, durch das mustergültig die Macht der menschlichen Industrie demonstriert werden konnte.

Aber sogar in den Zeiten, in denen die neue Moral immer beliebter wurde, lehnten manche Menschen die Grundsätze dieser vorherrschenden Philosophie ab. Da die urbane Gesellschaft mit der Umwelt, von der sie letztlich abhing, im Alltag immer weniger Berührungspunkte hatte, begann eine bedeutende Minderheit von Menschen, den exzessiven Mißbrauch menschlicher Macht anzugreifen. Das achtzehnte und das neunzehnte Jahrhundert erlebten die Errichtung von Naturschutzgebieten, die Gründung von Tierschutzgesellschaften und vegetarischen Bewegungen – und es war nicht mehr das Vorrecht der Frommen, das Fleischessen aus moralischen Gründen abzulehnen.

Die Spannung zwischen diesen Alternativen hat sich im zwanzigsten Jahrhundert fortgesetzt, und der jeweilige Einfluß dieser alternativen Anschauungen erklärt viele der zeitgenössischen Ansichten, die wir von Fleisch haben. Die Argumente haben sich aufgesplittert und polarisiert. Auf der einen Seite wächst die extreme Militanz bei der Verteidigung der Tiere, und auf der anderen wird die Fleischversorgung immer weiter industrialisiert. Tiere werden von der Zeugung bis zum Schlachten mit einer Produktionslinie aufgezogen, die wenig Zugeständnisse an ihr Wohlergehen macht.

Bis jetzt hat sich keine einzelne alternative Philosophie herausgebildet, die das ausbeuterische industrielle Paradigma herausfordert – statt dessen versammelt sich unter einem grünen Schirm ein lose verknüpftes Bündel von Ansichten. Diese Ansichten schließen zum Beispiel VertreterInnen »hellgrüner« Konzepte ein, die zwar von der anthropozentrischen Haltung ausgehen, daß die Menschen eine »Leitungstätigkeit« wahrzunehmen haben, aber dafür eintreten, daß den Menschen auf den Planeten, den wir regieren, besser achtgeben sollten. Es gibt auch die »Dunkelgrünen«: Menschen, die die Trennung, die die Menschen abseits vom Rest der Natur und über ihr ansiedelt, für einen grundlegenden Irrtum halten. Sie gehen davon aus, daß wir diesen Irrtum einsehen und korrigieren müssen, damit wir lernen, die Interessen des Planeten als gleichberechtigt mit den unseren zu schätzen.

Auch die Menschen, die auf den Konsum von Fleisch verzichten, vertreten unterschiedliche Standpunkte. Viele glauben, daß das Essen von Tierfleisch unnötig, ungesund, ungerecht, barbarisch und deshalb ausgesprochen falsch ist. Eine solche extreme Meinung vertritt allerdings nicht jede Vegetarierin oder jeder Vegetarier. Es gibt unter ihnen viele, die es nicht generell verabscheuungswürdig finden, Fleisch zu essen, die industrialisierte Behandlung von Tieren jedoch ablehnen und keine Erzeugnisse dieses Prozesses konsumieren wollen. Andere finden es unannehmbar, die Verantwortung für das Töten an andere abzugeben, sagen aber, sie würden gerne das Fleisch von Tieren essen, die sie für sich selbst getötet hätten. Dann gibt es eine große Zahl von Menschen, deren Ernährung immer weniger Fleisch enthält und die organisches und Fleisch frei weidender Tiere vorziehen. Wieder andere vertreten, daß sie eine gewisse Menge Fleisch essen würden, wenn die Tiere humaner behandelt würden. Solange der überwiegende Teil der Fleischerzeugung nach dem derzeitigen industriellen Modell geschieht, lehnen sie es vollständig ab, Fleisch zu essen.

Die Antwort auf meine ursprüngliche Frage – »Warum schätzen wir Tierfleisch so sehr, obwohl es für die betroffenen Tiere so schreckliche Konsequenzen hat?« – war am Ende, daß wir Fleisch nicht *trotz* der Unterwerfung empfindungsfähiger Wesen so hoch bewerten. Abgesehen von den Gewissensbissen, die wir (individuell) verspüren, wenn wir unserer Verantwortung für den Tod eines lebenden Tieres ins Auge blicken, schätzen wir (als Gesellschaft) Fleisch gerade *wegen* dieser Unterwerfung. Es ist sicher nicht so, daß wir uns, wann immer wir in ein Stück Fleisch hineinbeißen, über unsere Beherrschung der Natur freuen, aber wir sind in einer Kultur aufgewachsen, die die Umweltbeherrschung als lobenswertes Ziel ansieht und Fleisch als ein wesentliches Mittel benutzt, um sie zu demonstrieren.

Die Erörterung hat sich auf die verschiedenen Arten konzentriert, wie wir über Fleisch denken, für alle jedoch, die sie zu beachten wünschen, birgt die Analyse weitere Schlußfolgerungen. Das Tragen von Tierpelzen zum Beispiel kann als eine dem Fleischessen verwandte Ausdrucksform menschlicher Autorität angesehen werden. Es könnte auch gesagt werden, daß Tierversuche und Produkterprobungen mit Tieren ähnliche Zwecke verfolgen. Der große Teil solcher Versuche ist weder notwendig noch verläßlich. Es geht wohl nicht zu weit anzunehmen, daß die Entwicklung der Vivisektion niemals nur dem Ermitteln wissenschaftlicher Daten diente – sie war wahrscheinlich ebenso dazu geeignet, den Wunsch des positivistisch beeinflußten Establishments zu befriedigen, seine Beherrschung der widerspenstigen Natur zu verdeutlichen.

Es ist keine große Vorstellungskraft erforderlich, um wahrzunehmen, daß die Ideologie der Macht das Gewebe unseres Lebens als durchgehender roter Faden durchzieht. Der Wunsch, die Grenzen der Natur zu überschreiten, durchdringt unsere westlichen Glaubensvorstellungen und Werte, ob er nun als »Leistung«, »Freiheit«, »Komfort« oder »Prestige« ausgedrückt wird. Die moderne Ergebenheit an das Auto zum Beispiel ist vor allem darauf zurückzuführen, daß diese Maschine die individuelle Mobilität erhöht. Die folgende Aussage illustriert, wie leicht eine solche an sich nicht tadelnswerte Bestrebung pervertiert werden kann. Das Auto ist heute nicht nur ein Mittel der Beweglichkeit, sondern ein Medium, durch das die Fähigkeit ausgedrückt wird, sich weiter, schneller, bequemer oder einfach mit höheren Kosten *als andere* fortzubewegen. Ein amerikanischer leitender Angestellter faßte es in diese Worte:

> Wenn ich an einem regnerischen Dezemberabend in die Limousine einsteige und aus dem Fenster blicke, denke ich nicht an die Geschwindigkeit. Um Himmels willen, die U-Bahn wäre schneller. Nein, ich sage mir: »Diese Leute dort draußen werden kalt und naß, und ich sitze hier drinnen warm und trocken.« Ich mußte durch eine Menge Mist durch, um dahin zu kommen, wo ich jetzt bin, aber wenn ich mir Leute ansehe, die im Regen auf den Bus warten, war es die Mühe wert. Sie wissen, daß ich es geschafft habe. Ich weiß, daß ich es geschafft habe. Deshalb geht nichts über eine Limousine.
>
> (Korda 1975, S. 213)

Auch wenn wir unberücksichtigt lassen, ob die Ideologie, die hier veranschaulicht wird, erstrebenswert ist: Erfolg als Befriedigung zu definieren, die durch die Macht über andere gewonnen wird, schließt unvermeidlich ein, daß es VerliererInnen gibt. Der Kampf um Macht kann gefährliche Auswirkungen haben. Die Sklaverei zum Beispiel war eine Begleiterscheinung der »ökonomischen Entwicklung« der westlichen Welt. Ihr Wert für die Sklavenhalter lag möglicherweise nicht nur in der körperlichen Arbeit der versklavten menschlichen Wesen: der besondere Akt, andere Menschen zu besitzen, beweist auch die Macht seines Besitzers. Eine moderne Nachfolgeerscheinung, die ökonomische Ausbeutung der »Dritten

Welt« durch industriell entwickelte Nationen, dient unter Umständen ähnlichen Zwecken. Die Vorstellung mag nicht erfreulich sein, aber die extreme Armut, die der westliche Reichtum in der Dritten Welt hervorruft, ist für uns vielleicht sogar auf eine finstere, verkommene Weise wichtig: als eine unterschwellige Vergewisserung, daß wir wirklich wohlhabend sind.

Es soll damit nicht gesagt werden, daß uns dies unbedingt bewußt befriedigt. Ich habe hervorzuheben versucht, daß solche Vorstellungen selten, wenn überhaupt, direkt gedacht werden müssen, und sie dennoch einen bedeutenden Einfluß haben können. Sie wirken mehr auf der Ebene der kulturellen Übereinstimmung als auf der des individuellen Bewußtseins und können auf diese Weise umso mächtiger sein. Der einzelne Mann muß nicht ausdrücklich ein Manifest befürworten, das für die männliche Vorherrschaft über die Frauen eintritt, um von einem gesellschaftlichen System beeinflußt zu sein, in dem die Möglichkeiten von Frauen stark begrenzt sind. Auch gegen seinen Willen trägt er wahrscheinlich dazu bei. Die Grundlage für das hohe Ansehen von Fleisch war unsere allgemeine Wertschätzung der Macht über die Natur, selbst wenn dieser Gedanke im einzelnen nur selten – von einigen wenigen WissenschaftlerInnen und PhilosophInnen – ausgesprochen wurde.

Das Streben der westlichen Gesellschaft nach einem Reichtum, der sich durch Vorteile gegenüber anderen definiert, trickst sich allerdings oft selbst aus. In dem Maße, wie mehr und mehr Menschen nach dem Prestige streben, das die individuell motorisierte Mobilität mit sich bringt, wird jeder einzelne, gefangen im Verkehrschaos, weniger beweglich. Der Rassismus, der sich in der Sklaverei und in der Ausbeutung des Reichtums der Nationen der »Dritten Welt« äußerte und äußert, hat ein gefährliches Vermächtnis sozialer und politischer Feindseligkeiten hinterlassen. Der Versuch unserer Kultur, eine unantastbare Autorität gegenüber der wilden Natur auszuüben, hat uns eine Umweltkatastrophe beschert, die, das ist jetzt klar, die menschliche Gesellschaft an den Rand des Untergangs führt.

Der Zustand der Fleischindustrie ist heutzutage durch beträchtliche Unsicherheit gekennzeichnet. Viele Produzenten fühlen sich durch die Tatsache, daß sich die Vorlieben der KonsumentInnen in den letzten Jahren rapide verändert haben, stark bedrängt. Es wird berichtet, daß die Verkäufe von britischem Rindfleisch in dem Moment, als die Öffentlichkeit von den möglichen Auswirkungen der epidemischen BSE erfuhr, zeitweise auf unter 50 Prozent abstürzten. Einige Experten sprechen dunkel von unvorstellbaren Konsequenzen für die menschliche Gesundheit oder für den Handel, während Sprecher der Regierung die Industrie mit »wissenschaftlichen« Beschwichtigungen zu verteidigen versuchen. Diese widerstreitenden Botschaften spiegeln alternative Ansichten über das Fleischsystem wider, die mit alternativen Ansichten über das Wesen der menschlichen Gesellschaft korrespondieren.

Es gibt auf der einen Seite den radikalen Standpunkt, daß das Fleischessen an sich entweder ungesund oder unmoralisch oder beides ist. Auf der anderen Seite wird immer noch der althergebrachte Standpunkt vertreten, daß Fleisch nahrhaft und sogar notwendig ist, obwohl das nicht gelten soll, wenn es zu hohe Anteile an gesättigten Fettsäuren enthält oder durch BSE, Salmonellen, Listeriose, BST, Hormone oder Antibiotikarückstände übermäßig vergiftet ist – oder durch etwas anderes, das gerade den letzten Skandal ausgelöst hat. Das Bild ist nicht ganz einfach.

Der Ladenverkauf von rotem Fleisch – dem Inbegriff von Fleisch – ist während der letzten Jahrzehnte ständig zurückgegangen. Die Erzeuger mußten ihr Produkt immer stärker von Assoziationen mit dem Fleisch wirklicher, lebender Tiere abgrenzen, um von den VerbraucherInnen, insbesondere von der jüngeren Generation, noch akzeptiert zu werden. Das Ergebnis dieser Bemühungen ist eine Fülle vorbereiteter oder fertig zubereiteter Produkte. Damit hat die Industrie wieder den Keim für ein Problem gelegt, das sich für sie als noch größer herausstellen könnte. Verstärkt angepriesene verhüllte »Nuggets« und exotische vakuumverpackte Gerichte haben zwar dazu beigetragen, daß die KonsumentInnen in verschiedenen neuen Formen weiterhin Fleisch kaufen, sie haben aber auch die Abneigung vieler Menschen dagegen bekräftigt, mit rohem Fleisch umzugehen. Die Gefahr für die Fleischproduzenten liegt darin, daß es vielleicht nur noch wenige neue Möglichkeiten gibt, das Produkt zu ummanteln, und geringe Aussichten, eine zunehmend kritische Öffentlichkeit dafür zu gewinnen, zu der alten Art Fleisch zurückzukehren. Der Verkauf von Fleisch ist davon abhängig, daß nicht nur das Vertrauen der Menschen in die Fleischindustrie ungetrübt bleibt, sondern auch ihr Vertrauen in die Wohltaten der industriellen Ökonomie insgesamt. Sollte dieses Vertrauen weiter untergraben werden, wäre die Nahrungsmittelindustrie im allgemeinen und besonders die Fleischindustrie in einer sehr verletzlichen Position.

Ein Zusammenbruch des KonsumentInnenvertrauens in die Produkte der industriellen Nahrungsmittelindustrie rückt zunehmend in den Bereich des Möglichen. Die Verkäufe von Fleisch, insbesondere von rotem Fleisch, das am meisten die Gefühle anspricht, haben bereits darunter gelitten, daß es als ein Symbol für die menschliche Beherrschung des Planeten verstanden wurde – und diese Beherrschung vielen Menschen zu weit geht. Die unmißverständlichen Belege für ernste Umweltschäden (und mittelbar gesellschaftliche Probleme) auf zahllosen Gebieten und das Bewußtsein darüber, daß eine Katastrophe von unvorhergesehenem Ausmaß in absehbarer Zeit möglich ist, führte in den letzten Jahrzehnten zu einem rasanten Anwachsen der Zahl der Menschen, die sich durch Umweltfragen betroffen fühlen. Parallel dazu wuchs die Zahl der Menschen, die sich entscheiden, weniger oder überhaupt kein Fleisch zu essen. Wir befinden uns in einem Kreislauf ökonomischen Wachstums, der anscheinend nicht zu durchbrechen ist. Da sich dieses Wachstum durch eine stets weiter anwachsende Produktion und den Verbrauch der materiellen Ressourcen definiert, ist die Wahrscheinlichkeit groß, daß die Umweltkrisen in absehbarer Zukunft offensichtlicher, häufiger und ernster werden.

Es gibt zwei typische Antworten auf die Umweltkrise. Die eine schlägt vor, den Grund für einzelne ökologische Probleme darin zu suchen, daß unser wissenschaftliches Verständnis und die Kontrolle noch nicht ausreichen. Korrigiert werden soll dies durch die weitere Anwendung der industriellen Technologie. Das ist die typische Antwort von Menschen, die an die Grundsätze der zeitgenössischen westlichen Industriekultur glauben. Sie sehen die Welt als eine unbegrenzte Ressource an und als eine Herausforderung, der begegnet werden muß. In diesem Weltbild sind die Menschen eine hervorgehobene, abgesonderte Spezies, die nicht durch die physischen Grenzen, die anderen Tieren gesetzt sind, eingeschränkt ist und die einzigartige Fähigkeit besitzt, die Welt nach ihrem Plan umzuwandeln. Solche wahren Gläubigen vertrauen meistens darauf, daß wir mit Hilfe von Wissenschaft und Technologie Lösungen für alles und für jedes Problem finden können, ohne daß wir auf die materiellen Bequemlichkeiten verzichten müssen, an die wir im Westen uns gewöhnt haben. Für solche Menschen, die nach wie vor die Mehrheit ausmachen, erfüllt Fleisch weiterhin seine traditionelle Funktion, den Wert menschlicher Vorherrschaft zu veranschaulichen. Bei ihnen bleibt Fleisch – abgesehen von einzelnen Gesundheitsbedenken – beliebt.

Auf dem anderen Meinungspol stehen die Menschen, die die Umweltkrise als Ergebnis unserer heutigen Kultur ansehen. Sie betrachten einzelne ökologische Probleme nicht isoliert, sondern als miteinander zusammenhängende Symptome einer umfassenderen Krankheit. Die meisten dieser Menschen glauben, auch wenn sie unterschiedliche Visionen von der Zukunft haben, daß katastrophale Verschlechterungen in den lokalen und globalen Ökosystemen nur abgewendet werden können, wenn wir uns eine sensiblere Herangehensweise an unseren Umgang mit dem Planeten angewöhnen. Dies schließt auch die Anerkennung der Tatsache ein, daß die nicht menschliche Umwelt Bedürfnisse hat, die in bestimmten Fällen dazu führen müssen, daß unsere unmittelbaren Ansprüche nicht erfüllt werden. In den Kreisen dieser Menschen hat das Ansehen von Fleisch als ein Symbol der menschlichen Unterwerfung der Natur am stärksten gelitten.

Es gibt im wesentlichen zwei Orientierungen: die industrielle und die ökologische (wobei beide bei näherer Betrachtung in eine kaleidoskopische Vielfalt von Standpunkten aufgesplittert sind). Der Widerspruch zwischen diesen Orientierungen kann sich in Zukunft nur vergrößern, da sich auch die Bedrohungen für die globale Umwelt und in der Folge die Bedrohungen für die Lebensqualität der Menschen weiter vergrößern. Die Auswirkungen der gesellschaftlichen Haltung, die gegenüber den Bedürfnissen der nicht menschlichen Welt freundlicher gesinnt ist, sind bereits zu erkennen. Sie zeigen sich nicht nur in der steigenden Beliebtheit des Vegetarismus, sondern zum Beispiel auch in der zunehmenden Nachfrage nach organischem Fleisch und Fleisch von frei weidenden Tieren, im Trend weg von »rotem« Fleisch hin zu »weißem«, in der Forderung nach einer humaneren und natürlicheren Behandlung gezüchteter Tiere. Auch die Militanz gegenüber Praktiken, die von manchen als sinnlos grausam betrachtet werden, wie zum Beispiel das Jagen oder die Vivisektion, ist ein Ergebnis dieser Haltung, ebenso wie die Tatsache, daß Fleisch in immer verdeckteren Formen verkauft wird, wie zum Beispiel als Hamburger oder Fertigkost. Und – nicht zuletzt – zeigen sich die Auswirkungen dieser Haltung darin, daß breite Teile der Öffentlichkeit Fleisch als irgendwie ungesund empfinden, im Gegensatz zu seinem herkömmlichen Image als wichtige, lebenspendende Nahrung.

Sollte in der Gesellschaft der Zukunft die allgemeine Meinung für einen sensibleren Umgang mit der Natur sorgen, könnte Fleisch zwar weiter als Ausdruck unserer Beziehung zu unserer Umwelt benutzt werden. Die Folge wäre aber, daß seine gesellschaftliche Akzeptanz sinkt. Es ist zumindest möglich, daß das Essen von Fleisch in einigen Jahren ein Image bekommt, das vielleicht dem ähnelt, das heute das Rauchen oder die Drogensucht haben – das Image einer relativ vulgären, ungesunden und antisozialen Leidenschaft.

Die Geschichte zeigt, daß öffentliche Werte sich ändern können. Eine Praxis wie die Sklaverei zum Beispiel, die einst allgemein anerkannt war und als völlig normal angesehen wurde, betrachten wir heute weitgehend mit Abscheu – als eine Handlungsweise, die nicht von hochentwickelter Zivilisation, sondern von barbarischer Brutalität zeugt. Es gibt keinen offensichtlichen Grund dafür, daß unser Konsum des Fleisches anderer Tiere einem ähnlichen Prozeß gegenüber immun sein sollte. Da die »Fleischfresserei« lange ein natürliches Symbol war, durch das wir das Streben unserer Gesellschaft nach Vorherrschaft ausgedrückt haben, ist der sinkende Status dieses Nahrungsmittels möglicherweise ein Symptom für das Verschwinden überholter Ideale. Die Tatsache, daß am Vorabend des dritten Jahrtausends das Ansehen von Fleisch heftig sinkt, könnte die Herausbildung neuer Werte ankündigen.

Bibliographie

Achebe, Chinua *Hoffnungen und Hindernisse*, 1992

Adair, J. *A History of the American Indians*, Dilly, London, 1775

Adams, C. J. *The Sexual Politics of Meat*, New York, Continuum, 1990

Adams, Douglas *Der lange, dunkle Fünfuhrtee der Seele*, Rogner & Bernhard, bei Zweitausendeins, Hamburg, 1989

Adams, R. »Untender traps and fatal attractions«, *The Guardian*, S. 9, 28. Januar 1989

Addis, W. und Arnold, T. (Hrsg.) *A Catholic Dictionary*, 9. Auflage, Virtue & Co., London, 1924

Andrewes, L. *A Pattern of Catechestical Doctrine*, Oxford, 1650, Auflage von 1846

Angyal, A. »Disgust and Related Aversions«, *Journal of Abnormal and Social Psychology* 36, 1941

Ardener, E. »Introductory Essay«, in *Social Anthropology and Language*, ASA Monographs 10, S. IX–CII, Tavistock, London, 1971

– »Belief and the Problem of Women«, in S. Ardener (Hrsg.) *Perceiving Women* S. 1–17, Dent, London, 1975

Arens, W. *The Man-Eating Myth: Anthropology and Anthropophagy*, Oxford University Press, New York, 1976

Aristoteles *Politik*, Rowohlt, München, 1968

Armstrong, B. K., van Merwick, A. J. und Coates, H. »Blood Pressure in Seventh Day Adventism Vegetarians«, in *American Journal of Epidemiology* 105, S. 444–449, 1977

Associated Press »Anti-Meat activists raiding ranches«, *San Francisco Sunday Examiner and Chronicle*, S. B 7, 26. November 1989

Atwood, M. *Die eßbare Frau*, Fischer, Frankfurt am Main, 1978

Bach, R. *Die Brücke über die Zeit*, Ullstein TB, 1990

Back, K. »Food Sex and Theory«, in T. K. Fitzgerald (Hrsg.) *Nutrition and Anthropology in Action*, S. 24–34, Van Gorcum, Amsterdam, 1977

Baker, R. »Red meat decadence«, *New York Times*, S. 43, 3. April 1973

Barthes, R. »Towards a Psychosociology of Contemporary Food Consumption«, in E. und F. Forster (Hrsg.) *European Diet, from Pre-Industrial to Modern Times*, S. 47–59, Harper & Row, New York, 1975

Bennet, M. K. *The World's Food*, Harper & Row, New York, 1954

Bentham, J. *Introduction to the Principles of Morals and Legislation*, T. Payne, London, 1789

Berlin, B. und Kay, P. *Basic Color Terms: Their Universality and Evolution*, University of California Press, Berkeley, 1969

Bernard, T. *Hatha Yoga*, Rider, London, 1982

Bingley, W. *Animal Biography, or Popular Zoology Illustrated by Authentic Anecdotes*, 6. Auflage, C. & J. Rivington, London, 1824

Birke, L. *Women, Feminism and Biology: The Feminist Challenge*, Wheatsheaf, Brighton, 1986

Bloch, M. »Religion and Ritual«, in A. Kuper und J. Kuper (Hrsg.) *The Social Science Encyclopedia*, Routledge and Kegan Paul, London, 1985

Blythman, J. »Briefing«, *Scotland on Sunday*, S. 30, 23. Juli 1989

Bold, A. (Hrsg.) Mounts of Venus: *The Picador Book of Erotic Prose*, Pan, London, 1980

Bourdieu, P. *Entwurf einer Theorie der Praxis*, Frankfurt, 1976

Bowle, J. *Geschichte Europas*. Von der Vorgeschichte bis ins 20. Jahrhundert, Piper, 1989

Bowser, D. »Stalking, Past and Present«, in *The Changing Scene*, Proceedings of the 1986 Deer Conference Organised by the British Deer Society and the Red Deer Commission, S. 22–24, 1986

Braudel, F. *Die Dynamik des Kapitalismus*, 1991

British Meat »Minister congratulates British meat industry on record exports – opportunities for further expansion ahead«, Milton Keynes, Meat and Livestock Commission, Sommer 2–3, 1987a

— »Commissioners urge product improvement«, Milton Keanes: Meat and Livestock Commission, Sommer 4, 1987b

Brody, J. *Jane Brody's Nutrition Book*, W. W. Norton, New York, 1981

Brown, J. E. *The North American Indians*, Aperture, New York, 1972

Brown, P. und Jordanova, L. J. »Oppressive Dichotomies: The Nature/Culture Debate«, in The Cambridge Women's Studies Group (Hrsg.) *Women in Society*, S. 224–241, Virago, London, 1982

Brownmiller, S. *Gegen unseren Willen*, Frankfurt, 1978

Bunyard, P. »Possible Consequences of Increased Rice Growing and Cattle Rising in the Tropics«, in Centre for Human Ecology (Hrsg.) *Focus on Meat*, S. 19–20, Transcript of proceedings of European Workshop in Human Ecology, 27.–31. Mai, Universität Edinburgh, 1985

Burnett, J. Plenty and Want: *A Social History of Diet in England from 1815 to the Present Day*, Nelson, London, 1966

Busacker, D. »Satisfied Livestock, Degraded Land and Hungry People: Foodstuff Imports as a Barrier to an Ecological Society«, in Centre for Human Ecology (Hrsg.) *Focus on Meat*, S. 17–18, transcript of proceedings of European Workshop in Human Ecology, 27.–31. Mai, Universität Edinburgh, 1985

Butcher and Processor Speed butchery equipment advertisement, Smithfield Publishing, 15. November, 1987a

— »More help for trade in new MLC Plan«, 5. November, Smithfield Publishing, London, 1987b

— »Colin likes to keep his business traditional«, 6. Dezember, Smithfield Publishing, London, 1987c

— »Supermarket giants still big threat to butchers«, 5. April, Smithfield Publishing, London, 1989a

— »Red packs quite a punch«, 19. Mai, Smithfield Publishing, London, 1989b

Carroll, L. *Alice hinter den Spiegeln*, Insel Verlag, 1963

Cecil, D. *The Stricken Deer; or, The Life of Cowper*, Constable, London, 1929

Central Statistical Office *Annual Abstract of Statistics*, HMSO, London, 1990

Centre for Human Ecology (Hrsg.) *Focus on Meat*, transcript of proceedings of European Workshop in Human Ecology, 27.–31. Mai, Centre for Human Ecology, Edinburgh, 1985

Chagnon, N. *Yanomamo, The Fierce People*, Holt, Rinehart & Winston, 1977

Chaitow, L. und Martin, S. *A World without AIDS*, Thorsons, Wellingborough, 1988

Chiltosky, M. U. »Cherokee Indian Foods«, in M. Arnott (Hrsg.) *Gastronomy: The Anthropology of Food and Food Habits*, S. 235–244, Mouton, The Hague, 1975

Chou, M. »The Preoccupation with Food Safety«, in M. Chou und D. P. Harmon (Hrsg.) *Critical Food Issues of the Eighties*, S. 18–41, Pergamon, New York, 1979

Clayton, H. »Soya producers fight on«, *The Times*, S. 6, 24. November 1978

Cockayne, O. *Leechdoms, Wortcunning, and Starcraft of Early England*, Longmann, London, 1864

Cohen, A. »Of Symbols and Boundaries, or, Does Ertie's Grearcoat Hold the Key?«, in A. Cohen (Hrsg.) *Symbolising Boundaries: Identity and Diversity in British Cultures*, S. 1–19, Manchester University Press, Manchester, 1986

Cohen, N. »Chilling fiction gives meat trade a novel boon«, *Independent*, S. 1, 22. Dezember 1987

Cohen, P. »Economic Analysis and Economic Man: Some Comments on a Controversy«, in R. Firth (Hrsg.) *Themes in Economic Anthropology*, ASA Monographs series 6, S. 91–118, Tavistock, London, 1967

Collier, J. und Rosaldo, M. »Politics and Gender in Simple Societies«, in Ortner und Whitehead (Hrsg.) *Sexual Meanings*, S. 275–329, Cambridge University Press, London

Comfort, A. *Freude am Sex*, Berlin, Frankfurt, 1976

Coon, C. *The History of Man: From the First Human to Primitive Culture and Beyond*, Cape, London, 1955

Cooper, C., Wise, T. und Mann, L. »Psychological and Cognitive Characteristics of Vegetarians«, *Psychosomatics* 26, 6, S. 521–527, 1985

Co-operative Women's Guild *Maternity: Letters from Working Women*, Virago, London, 1978

Cowart, B. J., »Development of Taste Perception in Human: Sensitivity and Preference Throughout the Life Spain«, *Psychological Bulletin* 90, 1, S. 43–73, 1981

Cox, M. und Crockett, D. *The Subversive Vegetarian; Tactics, Information and Recipes for the Conversion of Meat Eaters*, Thorsons, Wellingborough, 1979

Cox, P. *Why You Don't Need Meat*, Thorsons, Wellingborough, 1979

Crawford, R. »A Cultural Account of ›Health‹: Control, Release and the Social Body«, in J. McKinley (Hrsg.) *Issues in the Political Economy of Health Care*, S. 60–103, Tavistock, London, 1985

Crawshaw, S. »Meat eating in the States«, *The Independent*, S. 9, 5. Mai 1987

Culler, J. *Saussure*, The Hassocks, Harvester, Sussex, 1976

Daily Telegraph, »Cruelty« label for coats, S. 1, 8. Februar 1988

Dallas, E. *Kettner's Book of the Table*, Dulau, London, 1877

Dalton, G. »Economic Theory and Primitive Society, *American Anthropologist* 63, S. 1–25, Simon & Schuster, New York, 1961

Dando, W. A. *The Geography of Famine*, Arnold, London, 1980

Darlington, C. *The Evolution of Man and Society*, Simon & Schuster, New York, 1969

Davies, S. »Meal on a string«, *The Guardian*, S. 34, 12. Juli 1988

Davis, H. *Moral and Pastoral Theology* II, Sheed & Ward, London, 1946

Doddridge, P. *A Course of Lectures on the Principal Subjects in Pneumatology, Ethics and Divinity*, Robinson, London, 1763

Douglas, M. *Reinheit und Gefährdung*, Frankfurt, 1987

— *Ritual, Tabu und Körpersymbole*, Frankfurt, 1991

— (Hrsg.) *Rules and Meanings*, Penguin, Harmondsworth, 1973

— *Implicit Meanings*, Routledge & Kegan Paul, London, 1975

— *Culture*, in Annual Report of the Russell Sage Foundation, S. 55–81, New York, 1978

Douglas, M. und Isherwood, Baron *The World of Goods*, Penguin, Harmondsworth, 1980

Douglas, M. und Nicod, M. »Taking the Biscuit: The Structure of British Meals«, *New Society* 19, S. 744–747, 1974

Drowser, E. *The Mandaeans of Iraq and Iran: Their Cults, Customs, Magic, Legends, and Folklore*, Clarendon Press, Oxford, 1937

Dulverton, Lord »Introduction« to *The Changing Scene*, proceedings of the 1986 Deer Conference organised by the British Deer Society and the Red Deer Commission, S. 5–6, 1986

Dumont, L. *Homo Hierarchicus*, Paladin, London, 1972

Dwyer, J. J., Mayer, R. F., Kandel, R. F. und Mayer, J. *Journal of American Diet Association* 62, S. 503, 1973

Eagle, R. »Hidden hazards in the hamburger?« *Sunday Times*, S. 12, 17. September, Bericht über Science 210, 4359, 1978

Eckstein, E. F. *Food, People and Nutrition*, AVI, Westport, 1980

Edinburgh Evening News »Eating out«, S. 5, 5. Januar 1990

Ehrlichman, J. »Meat eaters swallow food poison risk«, *Guardian*, S. 3, 29. Januar 1990

Eisenstein, H. *Contemporary Feminist Thought*, Unwin, London, 1984

Elias, N. *Über den Prozeß der Zivilisation*, Bd.1 und 2, Frankfurt, 1976

Engels, F. »Die Lage der arbeitenden Klassen in England«, in Karl Marx, Friedrich Engels, Werke, Bd. 2, Berlin, 1974

Erhard, D. »The New Vegetarians«, *Nutrition Today* Nr. 8, S. 4–12, 1973

Evans, E. P. *The Criminal Prosecution and Punishment of Animals*, Faber & Faber, London, 1987

Evans, M. (Hrsg.) *The Woman Question*, Fontana, London, 1982

Feirstein, B. *Real Men Don't Eat Quiche*, New English Library, London, 1982

Fenton, A. und Kisbán, E. (Hrsg.) *Food in Change: Eating Habits from the Middle Ages to the Present Day*, John Donald, Edinburgh, 1986

Fiddes, N. *Meat: A Natural Symbol*, unveröffentlichte Doktorarbeit, Universität Edinburgh, 1989

Fieldhouse, P. *Food and Nutrition: Customs and Culture*, Croom Helm, London, 1986

Flowers, C. »Language of the interview«, *Scotland on Sunday*, S. 19, 25. Juni 1989

Fox, R. »The Conditions of Sexual Evolution«, in P. Ariès und A. Béjin (Hrsg.) *Western Sexuality: Practice and Precept in Past and Present Times*, S. 1–13, Blackwell, Oxford, 1985

Frances, M. *Small Change: a Pocketful of Practical Actions to Help the Environment*, Centre for Human Ecology, Universität Edinburgh, 1989

Frank, J. *Dietary Trends in the United Kingdom*, Food Police Unit, Universität Bradford, 1987

Gandhi, M. *Eine Autobiographie oder Die Geschichte meiner Experimente mit der Wahrheit*, Hinder und Deelmann, Gladenbach (Hessen), 1977

George, S. *Sie sterben an unserem Geld*, Rowohlt, 1988

Goldsmith, E. »Is Development the Solution or the Problem«, The Ecologist, 15, 5/6, S. 210–219, 1985

Goodall, J. »Chimpanzees on the Gombe Stream Reserve», in I. De Vore (Hrsg.) *Primate Behavior*, Holt, Rinehart & Winston, 1985

Goody, J. *Cooking, Cuisine and Class*, Cambridge University Press, Cambridge, 1982

Graham, T. *Modern Domestic Medicine*, Simpkin & Marshall, London, 1835

Greene, K. *The Archeology of the Roman Ecology*, University of California Press, Berkeley, 1986

Griffin, S. *Pornography and Silence: Culture's Revenge against Nature*, Women's Press, London, 1981

Griggs, B. *The Food Factor*, Viking, Harmondsworth, 1986

Gross, D. »Protein Capture and Cultural Development in the Amazon Basin«, *American Anthropologist* 77, S. 526–549

The Guardian, »Eating our way out of the greenhouse effect«, S. 24, 1. Mai 1987a

— »Moscow to get taste of Big Mac«, S. 6, 21. November 1987b

Guy-Gillet, G. »La cucina nel campo analitico«, *Rivista-di-Psicologia Analitica* 12, 23, S. 114–128, 1981

Hager, C. *Demand for nutrient and non-nutrient in household purchases of red meat, poultry, and fish products using a hedonic approach (theory, consumer demand, implicit prices, food consumption)*, unveröffentlichte Doktorarbeit, North Carolina State University, 1985

Hammet, R. C. und Nevell, W. H. *A Handbook on Meat and Textbook for Butchers*, The Meat Trades Journal Co. Ltd., London, 1929

Hardinge, M. G. und Crooks, H. »Non-Flesh Dietaries, 3: Adequate and Inadequate«, *Journal of the American Dietetic Association* 45, S. 537, 1964

Harlan, J. R. »The Plants and Animals that Nourish Man«, *Scientific American* 235, 3, S. 88–97, 1976

Harrington, G. *Meat in the Modern World*, Meat & Livestock Commission, Milton Keynes, 1985

Harris, M. *Cows, Pigs, Wars and Witches*, Vintage, New York, 1975

— *Wohlgeschmack und Widerwillen. Die Rätsel der Nahrungstabus*, Stuttgart, 1988

Harvey, B. und Hallett, J. *Environment and Society*, Macmillan, London, 1977

Haudricourt, A. »Domestication des animaux, culture des plantes et traitement d'autrui«, in *L'Homme* II, 1962

Health & Strength Magazine »About eating« 6, 3, S. 358–359, 1901

Hebert, H. »The naked and the dead«, *The Guardian*, S. 17, 31. Dezember 1987

Hegsted, D. M., Trulson, M. F., White, H. S., White, P. L., Vinas, E., Alvistur, E., Diaz, C., Vasquez, J., Loo, A., Toca, A., Collazos, C. und Ruiz, A. »Lysine and Methionine Supplementation of All Vegetable Diets for Adult Humans«, *Journal of Nutrition* 56, S. 555, 1955

Henderson, H., Lintott, J. und Sparrow, P. »Indicators of No Real Meaning«, in P. Ekins (Hrsg.) *The Living Economy*, S. 32–39, Routledge & Kegan Paul, London, 1986

Hildyard, N. »Adios Amazonia? A Report from the Altimira Gathering«, *The Ecologist* 19, 4, S. 53–62, 1989

Hill, G. B. (Hrsg.) *Boswell's Life of Johnson*, Oxford University Press, Oxford, 1964

Hopkins, E. *A Practical Exposition on the Ten Commandments*, 1692

Horigan, S. *Nature and Culture in Western Discourses*, Routledge, London, 1988

Hughes, J. D. *Ecology in Ancient Civilizations*, University of Mexico Press, Albuquerque, 1975

Icke, D. »Eaten out of house and home«, *The Times*, S. 46, 9. September 1989

IFAW »Every Time You Hear Korean Olympics Think of This!«, International Fund for Animal Welfare advertisement, *The Guardian*, S. 3, 27. Mai 1988

Illich, I. *Limits to Medicine. Medical Nemesis: The Expropriation of Health*, Penguin, Harmondsworth, 1976

Independent »Quote unquote«, S. 16, 6. Mai 1989

Ingold, T. *The Appropriation of Nature*, Manchester University Press, Manchester, 1986

Jackman, B. »The price of meat«, *Sunday Times Magazine*, S. 46–50, 12. November 1989a

— »Making a killing«, *Sunday Times Magazine*, S. 50–52, 12. November 1989b

Jacobs, A. H. »Masai Age-groups and some Functional Tasks«, East African Institute of Social Research Conference Proceedings, Makerere, 1958

Jancey, M. *Mappa Mundi*, Orphans Press, Leominster, Herfordshire, 1987

Jochelson, W. *The Koryak*, Jesup North Pacific Expedition VI, American Museum of Natural History Memoir 10, E. J. Brill, Leiden, 1908

Keating, F. »From a view to a death in the morning«, *The Guardian*, S. 17, 27. Dezember 1988

Kenton, L. und Kenton, S. *Kraftquelle Rohkost*, Heyne-Verlag, 1987

Kephart, J. *Primitive Woman as Nigger; or, The Origin of the Human Family as Viewed through the Role of Women*, unpublished M. A. Dissertation, Universität Maryland, 1970

Kerr, M. und Charles, N. »Servers and Providers: the Distribution of Food within the Family«, *Sociological Review* 34, 1, S. 115–157, 1986

King, W. *An Essay on the Origin of Evil*, 1731

Kisbán, E. »Food Habits in Change: The Example of Europe«, in Fenton und Kisbán (Hrsg.) *Food in Change, Eating from the Middle Ages to the Present Day*, S. 2–10, John Donald, Edinburgh, 1986

Klingender, F. *Animals in Art and Thought, to the End of the Middle Ages*, E. Antal und J. Harthan (Hrsg.), Routledge & Kegan Paul, London, 1971

Kolakowski, D. und Malina, R. M. »Spatial Ability, Throwing Accuracy and Man's Hunting Heritage«, in *Nature* 251, 5474, S. 410–412, 1974

Korbey, A. *Food Production and Our Rural Environment – The Way Ahead*, Centre for Agricultural Studies, Universität Reading, 1985

Korda, M. *Power, How to Get it, How to Use it*, Ballantine, New York, 1975

Lancaster, J. »The Evolution of Tool-using Behavior: Primate Field Studies, Fossil Apes and the Archaelogical Record«, *American Anthropologist* 70, S. 56–66, 1968

Land, H. *Large Families in London*, Bell, London, 1969

Leach, E. »Anthropological Aspects of Language: Animal Categories and Verbal Abuse«, in P. Maranda (Hrsg.) *Mythology*, Auflage von 1972, S. 39–67, Penguin, Harmondsworth, 1964

— (Hrsg.) *The Structural Study of Myth and Totemism*, ASA Monographs 5, Tavistock, London, 1967

— Lévi-Strauss zur Einführung, München, 1971

— Lévi-Strauss, überarbeitete Ausgabe, Fontana, London, 1974

Lecky, W. E. H. *History of European Morals from Augustus to Charlemagne*, Ausgabe von 1913, Watts, London, 1869

— *History of European Morals*, Brazilier, New York, 1955

Lee, R. B. »The !Kung Bushmen of Botswana«, in M. G. Bicchieri (Hrsg.) *Hunters and Gatherers Today*, Holt, Rinehart & Winston, New York, 1972

Le Gros Clark, F. »Food Habits as a Practical Nutrition Problem«, *World Review of Nutrition and Dietetics* 9, S. 56–84, 1968

LeMay, L. und Zall, P. M. (Hrsg.) *Benjamin Franklin's Autobiography*, Norton, New York, 1986

Le Roy Ladurie, E. *Montaillou. Ein Dorf vor dem Inquisitor*, Propyläen Verlag, 1980

Lévi-Strauss, C. *Strukturale Anthropologie*, Frankfurt, 1977

— »The Culinary Triangle«, *New Society* 166, S. 937–940, 1966

— *Die elementaren Strukturen der Verwandtschaft*, Frankfurt, 1981

— *Mythologica I. Das Rohe und das Gekochte*, Frankfurt, 1971

—*Mythologica II. Vom Honig zur Asche*, Frankfurt, 1972
—*Mythologica III. Der Ursprung der Tischsitten*, Frankfurt, 1973
—*Anthropology and Myth*, Blackwell, Oxford, 1987
Liebig, Baron Justus von *Die organische Chemie in ihrer Anwendung auf Physiologie und Pathologie* (meist »Tierchemie« genannt), Vieweg, Braunschweig, 1842
—*Chemische Untersuchungen über das Fleisch und seine Zubereitung zum Nahrungsmittel*, Winter, Heidelberg, 1847
Linzey, A. *The Status of Animals in the Christian Tradition*, Woodbroke College, Birmingham, 1985
Lovejoy, A. *The Great Chain of Being*, Harvard University Press, Cambridge, Massachusetts, 1936
McCormick, F. *Stockrearing in early Christian Ireland*, unveröffentlichte Doktorarbeit, Queen's University of Belfast, 1987
McCurdy, E. *The Mind of Leonardo da Vinci*, Cape, London, 1932
Macdonald, P. »Just how close is breaking point?«, *The Scotsman*, S. 9, 13. Januar 1990
McElroy, A. und Townsend, P. *Medical Anthropology in Ecological Perspective*, Westview Press, England
McGuinness, D. »Away from a Unisex Psychology: Individual Differences in Visual Sensory and Perceptual Processes«, Perception 5, S. 279–294, 1976
McKibben, B. *The End of Nature*, Viking, London, 1990
McLaughlin, T. *A Diet of Tripe: The Chequered History of Food Reform*, Newton Abbot, David & Charles, Devon, 1978
MAFF (Ministry of Agriculture, Fisheries and Food) Annual Report of the National Food Survey Committee, HMSO, London, 1982
Majumder, S. K. »Vegetarism: Fad, Faith or Fact?«, *American Scientist* 60, 175, S. 175–179, 1972
Margetts, B. M., Beilin, L. J., Vandongen, R. und Armstrong, B. K. »Vegetarian Diet in Mild Hypertension: A Randomised Controlled Trial«, *British Medical Journal* 293, 6560, S. 1468–1471, 1986
Markey, D. *On the edge of Empire: foodways in Western Australia*, 1829–1979, unveröffentliche Doktorarbeit, Pennsylvania State University, 1986
Marshall, L. *The !Kung of Nyae Nyae*, Harvard University Press, Cambridge, Massachusetts, 1976
Marvin, G. *Bullfight*, Basil Blackwell, Oxford, 1988
Maslow, A. H. »A Theory of Human Motivation«, *Psychological Review* 50, S. 370–396, 1943
Massarik, J. »Rusty Bruno cautious over Tyson fight«, *The Guardian*, S. 28, 26. März 1987
Matthews, W. und Wells, D. *Second Book of Food and Nutrition*, Forbes, London, 1982
Mauss, M. *Die Gabe. Form und Funktion des Austausches in archaischen Gesellschaften*, Frankfurt, 1988
Meat Trades Journal »Meat is just a way of life for British families«, S. 2, 2. Juli, International Thomson, 1987

— »Chicken tops new poll«, S. 15, 20. Juli, International Thomson, London, 1989a
— »Farmers flout loophole in hormone ban«, S. 1, 27. Juli, International Thomson, 1989b
— »Beef suspect source of rare organism«, S. 15, 27. Juli, International Thomson, London, 1989c
— »Chicken sales ›hit more‹ by poison scare«, S. 20, 27. Juli, International Thomson, London, 1989d
— »Smile please!«, S. 1, 3. August, International Thomson, London, 1989e
— »Sales slump in wake of poisonings«, S. 3, 3. August, International Thomson, London, 1989f
— »Good welfare saves money«, S. 20, 10. August, International Thomson, London, 1989g
Mennell, Stephen *All Manners of Food*, Blackwell, Oxford, 1985 [die dt. Ausgabe *Die Meisterköche*, Hain-Verlag, 1990 lag nicht vor]
Merchant, C. *Der Tod der Natur. Ökologie, Frauen und neuzeitliche Naturwissenschaft*, Beck-Verlag, 1987
Michell, K. *Practical Macrobiotic*, Thorsons, Wellingborough, 1987
Midgley, M. *Beast and Man*, Methuen, London, 1980
Miles, E. *A Boy's Control and Self Expression*, E. Miles, Cambridge, 1904
Millett, K. *Sexus und Herrschaft*, Kiepenheuer und Witsch, Köln, 1982
Mills, J. *Womanwards: A Vocabulary of Culture and Patriarchal Society*, Harlow, Longman, Essex, 1989
Mitchison, R. »A Case Study to Illustrate how the Demand by a Rich Area can Enable Poorer Areas to Obtain Money for Grain Purchase and thus Reduce Malnutrition«, S. 3, in Centre for Human Ecology (Hrsg.), 1985
Monsanto, »More Food«, company advertisement in *Scientific American* 253, 3, S. 124, 1976
More, H. *An Antidote Against Atheism*, 1662, überarbeitete Auflage, Morden, Cambridge, 1655
Moscovici, S. *Society Against Nature: The Emergence of Human Societies*, Harvester, London, 1976
Murcott, A. »On the Social Significance of the ›Cooked Dinner‹ in South Wales, *Social Science Information* 21, 4–5, S. 677–696, 1982
Naipaul, V. S. *An Area of Darknesss*, Andre Deutsch, London, 1964
Nakornthab, P. *Urbanization and national development: A study of Thailand's local urban governments*, unveröffentlichte Doktorarbeit, Cornell University, 1986
Nash, R. *The Wilderness and the American Mind*, Yale University Press, London, 1967
Needham, R. (Hrsg.) *Right and Left, Essays on Dual Symbolic Classification*, University of Chicago Press, London, 1973
— *Against the Tranquility of Axioms*, University of California Press, London, 1983
New Internationalist, Bericht über »World Food Association Bulletin«, 3 und 4 1986, Juli 1987

Niven, C. *History of the Humane Movement*, Johnson, London, 1967

Noren, K. *Studies on organochlorine contaminants in human milk (pesticides, polychlorinated biphenyls, dioxins)*, unveröffentlichte MEDDR-Arbeit, Karolinska Institutet, Schweden, 1987

Novak, G. *Empiricism and its Evolution*, Pathfinder Press, New York, 1971

O'Brien, P. K. »Agriculture and the Industrial Revolution« Economic History Review, 2. Serie XXX, S. 166–181, 1977

OED *The Shorter Oxford English Dictionary*, Oxford University Press, Oxford, 1973

Opschoor, H. »EC Policies, European Meat Consumption and Environmental Degradation in Botswana«, in Centre for Human Ecology (Hrsg.) *Focus on Meat*, S. 18–19, transcript of proceedings of European Workshop in Human Ecology, 27.–31. Mai, Universität Edinburgh, 1985

Ortner, S. »Is Female to Male as Nature is to Culture?«, in M. Evans (Hrsg.) The Woman Question, S. 485–507, Fontana, London, 1982

Ortner, S. und Whitehead, H. (Hrsg.) *Sexual Meanings*, Cambridge University Press, London, 1981

Orwell, G. *Der Weg nach Wigan Pier. Sozialreportage*, Diogenes-Verlag, Zürich, 1982

Palin, M., Chapman, G., Cleese, J., Idle, E., Jones, T. und Gilliam, T. *The Brand New Monthy Python Book*, Eyre Methuen, London, 1973

Parker, A. »Till diet do us part«, *Sun*, S. 13, 4. November 1987

Parrinder, P. »Conrad and Eliot and Prejudice«, Brief an die *London Review of Books*, S. 4, 14. September 1989

Pember Reeves, M. *Round about a Pound a Week*, Virago, London, 1979

Perisse, J. Sizaret, F. und Francois, P. »The Effects on Income in the Structure of Diet«, *Nutrition Newsletter*, 1969

Perl, L. *The Hamburger Book*, Seabury, New York, 1974

Perren, R. *The Meat Trade in Britain 1840–1914*, Routledge & Kegan Paul, 1978

Peters, G. H., Jones, G. T. und Hyder, K. *A Review of the Factors Influencing the Demand for Meats in the United Kingdom*, Institute of Agricultural Economics, Universität Oxford, 1983

Pimental, D. und M. *Food Energy and Society*, Edward Arnold, London, 1979

Polanyi, K. *The Livelihood of Man*, Academic Press, New York, 1977

Poole, F. J. P. »Cannibals, Tricksters and Witches: anthropophagic images among Bimin-Kukusmin«, in D. Tuzin und P. Brown (Hrsg.) *The Ethnography of Cannibalism*, Society for Psychological Anthropology, Washington, 1983

Pullar, P. *Consuming Passions: A History of English Food and Appetite*, Hamish Hamilton, London, 1970

Punch, M. *Progressive Retreat: A Sociological Study of Dartington Hall School*, Cambridge University Press, Cambridge, 1977

Radcliffe-Brown, A. R. *The Andaman-Islanders*, Auflage 1964, Free Press, New York, 1922

Raine, C. »Conrad and Prejudice«, *London Review of Books*, S. 16–18, 22. Juni 1989

Read, P. P. Alive, *The Story of the Andes Survivors*, Secker & Warburg, London, 1974

Realeat Surveys, Gallup Surveys into meat-eating and vegetarism conducted for the Realeat Company Ltd., London, 1984–1990

Reclus, E. »On Vegetarism«, *Humane Review*, S. 316–324, Januar, undatierte Ausgabe, Nachdruck durch Practical Parasite Publications, London, 1901

Reeves, P. »Spanish butter wouldn't melt in their mouths«, *Independent*, S. 1, 25. Januar 1988

Regan, T. *The Case for Animal Rights*, in P. Singer (Hrsg.) *In Defence of Animals*, S. 13–26, Blackwell, Oxford, 1985

Renfrew, J. *Food and Cooking in Prehistoric Britain: History and Recipes*, English Heritage, 1985a

— *Food and Cooking in Roman Britain: History and Recipes*, English Heritage, 1985b

Renner, H. D. *The Origin of Food Habits*, Faber & Faber, London, 1944

Reuter »East eats West as Big Mac arrives in Moscow«, *The Guardian*, S. 20, 1. Februar 1990

Richards, A. *Land, Labour and Diet in Northern Rhodesia*, Oxford University Press, London, 1939

Riches, A. *Northern Nomadic Hunter-Gatherers*, Academic Press, London, 1982

Rivers, J. *An Historical Perspective on Nutrition*, London School of Hygiene and Tropical Medicine: MSc & Diplom in Human Nutrition, 1981

Rivière, P. G. Review of Arens (1979), *Man* 15, 1, S. 203–205, 1980

Robertson, V. »Let's talk turkey on welfare of livestock«, *The Scotsman*, S. 18, 6. August 1989a

– »Protests could cook goose for grouse on 12th« *The Scotsman*, S. 3, 11. August 1989b

Robertson Smith, W. *The Religion of the Semites*, Black, Edinburgh, 1889

Rombauer, I. S. und Rombauer Becker, M. *Joy of Cooking*, Ausgabe von 1946, Dent, London, 1931

Rosaldo, M. und Atkinson, J. »Man the Hunter and Woman«, in R. Willis (Hrsg.) *The Interpretation of Symbolism*, S. 43–75, ASA Studies 2, Malaby Press, London, 1975

Rouse, I. L., Armstrong, B. K. und Beilin, L. J. »The Relationship of Blood Pressure to Diet and Lifestyle in Two Religious Populations«, *Journal of Hypertension* 1, S. 65–67, 1983a

Rowntree, S. *How the Labourers Live*, Nelson, London, 1913

Rozin, P. »Psychobiological and Cultural Determinants of Foodchoice«, in T. Silverstone (Hrsg.) *Appetite and Food Intake*, Life Sciences Research Report 2, Dahlem Workshop über Appetit und Nahrungsaufnahme, S. 285–312, Dahlem Konferenzen, Berlin, 1976

Russell, B. *Philosophie des Abendlandes*, Wien, 1975

Sacks, F. M., Castelli, W. P., Donner, A. und Kass, E. H. »Plasma lipids and lipoproteins in Vegetarians and Controls«, *New England Journal of Medicine* 292, S. 1148–1151, 1975

Sahlins, Marshall *Kultur und praktische Vernunft*, Frankfurt, 1981

— »Raw Women, Cooked Men, and Other ›Great Things‹ of the Fiji Islands, in D. Tuzin und P. Brown (Hrsg.), *The Ethnography of Cannibalism*, S. 72–93, Society for Psychological Anthropology, Washington, 1983

Sanday, P. R. *Divine Hunger: Cannibalism as a Cultural System*, Cambridge University Press, Cambridge, 1986

Schwartz, W. »Archbishop Preaches a Green Gospel«, *Guardian*, S. 2, 18. September 1989

Scott, W. *Die Verlobten*, Hoffmann'sche Verlags-Buchhandlung, Stuttgart, 1865

Seeger, A. *Nature and Society in Central Brazil: The Suya Indians of Mato grosso*, Harvard University Press, London, 1981

Serpell, James *Das Tier und wir*. Eine Beziehungsstudie, Rüschlikon, Zürich, 1990

Sharp, H. »The Null Case: The Chipewyan«, in F. Dahlberg (Hrsg.) *Woman the Gatherer*, S. 221–244, Yale University Press, New Haven, 1981

Shelley, P. B. *The Complete Poetical Works of Shelley*, Ausgabe von 1904, T. Hutchinson (Hrsg.), Clarendon, Oxford, 1813

Sherratt, A. »Plough and Pastoralism: Aspects of the Secondary Products Revolution«, in I. Hodder, G. Isaac und N. Hammond (Hrsg.) *Pattern of the Past: Studies in Honour of David Clarke*, S. 261–305, Cambridge University Press, Cambridge, 1981

Shields, S. *An economic history of nineteenth-century Mosul*, unveröffentlichte Doktorarbeit, Universität Chikago, 1986

Shoard, M. *This Land is Our Land*, Paladin, London, 1987

Shostak, M. *Nias erzählt. Das Leben einer Nomadenfrau in Afrika*, Reinbek, 1982

Simmel, G. *Philosophie des Geldes*, Frankfurt, 1989

Simoons, F. *Eat Not This Flesh: Food Avoidances in the Old World*, University of Wisconsin Press, Madison, Wisconsin, 1967

Singer, P. *Befreiung der Tiere*. Eine neue Ethik zur Behandlung der Tiere, Hirthammer-Verlag, München, 1982

Siskind, J. *To Hunt in the Morning*, Oxford University Press, Oxford, 1973

Skramlik, van *Handbuch der Physiologie der Niederen Sinne*, zitiert in Renner (1944), S. 19–29, 1926

Slocum, S. *Woman the Gatherer: Male Bias in Anthropology*, in M. Evans (Hrsg.) *The Woman Question*, S. 473–484, Fontana, London, 1982

Sloyan, M. »Economic Importance of the Meat Trade«, in Centre for Human Ecology (Hrsg.) *Focus on Meat*, S. 3–4, transcript of proceedings of European Workshop in Human Ecology, 27.–31. Mai, Universität Edinburgh, 1985

Smith, E. *Sixth Report of the Medical Officer to the Privy Council*, Appendix No. 6, Bericht von Dr. Edward Smith über: The Food of the Pourer Labouring Classes in England, 1863

Smith, G. »How Lucy lives on £ 4.35 a week!« *Edinburgh Evening News*, S. 14, 9. Dezember 1988

Social Trends 20 Government Statistical Service, HMSO, London, 1990

Soler, J. »The Semiotics of Food in the Bible«, in R. Foster und O. Ranum (Hrsg.) *Food and Drink in History: Selections from the Annales, Economies, Civilisations*, S. 126–138, Penguin, Baltimore, 1979

Spencer, C. »Kibbutzburgers and spring buds«, *The Guardian*, S. 23, 12. März 1988

Sperber, Dan *Über Symbolik*, Frankfurt, 1975

Spiegel, M. *The Dreaded Comparison: Human and Animal Slavery*, Heretic books, London, 1988

Spring Rice, M. *Working-Class Wives*, Virago, London, 1981

Stead, J. *Food and Cooking in 18th Century Britain: History and Recipes*, English Heritage, London, 1985

Stewart, J. »The meat trade needs to change – right now«, *Butcher & Processor*, S. 7, Juli 1989

Stewart, P. »European Meat Eating – The World Context« in Centre for Human Ecology (Hrsg.) *Focus on Meat*, S. 4–6, transcript of proceedings of European Workshop in Human Ecology, 27.–31. Mai, Universität Edinburgh, 1985

Strathern, M. »No Nature, No Culture: The Hagen Case« in C. MacCormack und M. Strathern (Hrsg.) *Nature, Culture and Gender*, S. 174–222, Cambridge University Press, Cambridge, 1980

Tambiah, S. *Culture, Thought and Social Action*, Harvard University Press, Cambridge, Massachusetts, 1985

Tannahill, R. *Food in History*, überarbeitete Auflage, Penguin, London, 1988

Teherani-Kronner, P. »An Opportunity for, or an Obstacle to, Ecologically Sound Agriculture – meat production in the FGR and the Liquid Manure Order of North Rhine Westfalia«, in Centre for Human Ecology (Hrsg.) Focus on Meat, S. 12–14, transcript of proceedings of European Workshop in Human Ecology, 27.–31. Mai, Universität Edinburgh, 1985

Teleki, G. und Harding, R. *Omnivorous Primates: Gathering and Hunting in Human Evolution*, Colombia University Press, New York, 1981

Teuteberg, H. J. »Periods and Turning-points in the History of European Diet: A Preliminary Outline of Problems and Methods«, in A. Fenton und E. Kisbán (Hrsg.) *Food in Change: Eating Habits from the Middle Ages to the Present Day*, S. 11–23, John Donald, Edinburgh, siehe auch: H. J. Teuteberg und E. Wiegelmann *Unsere tägliche Kost*, F. Coppenrath Verlag, Münster, 1986

Thirsk, J. *Horses in Early Modern England*, Reading University Press, Reading, 1978

Thomas, K. *Man and the Natural World*, Penguin, Harmondsworth, 1983

Todhunter, E. N. »Food Habits, Food Faddism and Nutrition«, in M. Rechcigl (Hrsg.) *Food, Nutrition and Health: World Review of Nutrition and Dietetics* 16, S. 186–317, Karger, Basel, 1973

Trueman, I. »Jap who ate our troups for dinner«/»Pilot on the menu at Jap general's dinner« *Daily Star*, S. 1, 5, 2. Februar 1989

Tudge, C. *The Food Connection: The BBC Guide to Healthy Eating*, BBC Publications, London, 1985

Turner, E. S. *Heaven in a Rage*, Michael Joseph, London, 1964

Tuzin, D. und Brown, P. (Hrsg.) *The Ethnography of Cannibalism*, Society for Psychological Anthropology, Washington, 1983

Twigg, J. »Vegetarism and the Meanings of Meat«, in A. Murcott (Hrsg.) *The Sociology of Food and Eating: Essays on the Sociological Significance of Food*, Gower, Aldershot, 1983

Veblen, T. *The Theory of the Leisure Class*, Auflage von 1959, Allen & Unwich, London, 1899

Voinovich, V. »The bald and the hairy«, *The Guardian*, S. 13, 28.Dezember 1987

Voltaire *Dictionnaire Philosophique*, »Bêtes«, 1764

Vulliamy, E. »Fur trade hits back at leg trap labels«, *The Guardian*, S. 6, 7. April 1988

Wallace, A. F. C. »Revitalisation Movements«, *American Anthropologist* 58, 2, S. 264–281, 1956

Washburn, S. und Lancaster, C. S. »The Evolution of Hunting«, in R. Lee und I. DeVore (Hrsg.) *Man the Hunter*, S. 293–303, Aldine, Chikago, 1968

Weinstein, L. und de-Man, A. »Vegetarism vs. Meatarianism and Emotional Upset«, *Bulletin of the Psychonomic Society* 19, 2, S. 99–100, 1982

Weiskel, T. »The Ecological Lessons of the Past? An Anthropology of Environmental Decline«, *The Ecologist* 19, 3, S. 98–103, 1989

Wellenkamp, J. *A psychological study of loss and death among the Toraja (Sulawesi, Indonesia; funerals)*, unveröffentlichte Doktorarbeit, University of California, San Diego, 1984

Westermarck, E. *The Origin and Development of the Moral Ideas*, Macmillan, London, 1924

White, L. »Energy and the Evolution of Culture«, in L. White (Hrsg.) *The Science of Culture*, Farrar, Strauss, New York, 1949

White, L. Jr. »The Historical Roots of our Ecological Crisis«, *Science* 11, S. 1203 bis 1207, 1967

Williams, W. »UK Food Production: Resources and Alternatives«, *New Scientist* 76, 1081, S. 626–628, 1977

Wilson, P. und Lawrence, A. »Improved Biological and Energetic Efficiences of Meat versus Crop Production«, in Centre for Human Ecology (Hrsg.) *Focus on Meat*, S. 24–26, proceedings of European Workshop in Human Ecology, 27.–31. Mai, Universität Edinburgh, 1985

Wollaston, W. *The Religion of Nature Delineated*, Knapton, London, 1722

Young, J. Z. »Influence of the Mouth on the Evolution of the Brain«, in P. Person (Hrsg.) *Biology of the Brain*, American Association for the Advancement of Science, 1968

Zeuner, F. E. *A History of Domesticated Animals*, Harper & Row, New York, 1963

Zola, I. »Medicine as an Institution of Social Control«, *Sociological Review* 20, S. 487–504, 1972

Namenverzeichnis

Stichwortverzeichnis